해커스 공인중개사

공인중개사 1위 해커스
한경비즈니스 2024 한국브랜드만족지수 교육(온·오프라인 공인중개사 학원) 1위

무료가입만 해도
6가지 특별혜택 제공!

전과목 강의 0원

스타교수진 최신강의
100% 무료수강
* 7일간 제공

합격에 꼭 필요한 교재 무료배포

최종합격에 꼭 필요한
다양한 무료배포 이벤트
* 비매품

기출문제 해설특강

시험 전 반드시 봐야 할
기출문제 해설강의 무료

전국모의고사 서비스 제공

실전모의고사와
해설강의까지 무료 제공

막판 점수 UP! 파이널 학습자료

시험 직전 핵심자료 &
반드시 풀어야 할 600제 무료
* 비매품 | 이벤트 신청 시

개정법령 업데이트 서비스

계속되는 법령 개정도
끝까지 책임지는 해커스!

공인중개사 1위 해커스
지금 무료가입하고 이 모든 혜택 받기

1588-2332　　　　　　　　　　　　　　　　　　　　　land.Hackers.com

해커스 공인중개사

공인중개사 1위 해커스
한경비즈니스 2024 한국브랜드만족지수 교육(온·오프라인 공인중개사 학원) 1위

다른 곳에서 불합격해도 해커스에선 합격,
시간 낭비하기 싫으면 해커스!

제 친구는 타사에서 공부를 했는데, 떨어졌어요. 친구가 '내 선택이 잘못됐었나?' 이런 얘기를 하더라고요. 그래서 제가 '그러게 내가 말했잖아, 해커스가 더 좋다고.'라고 얘기했죠. 해커스의 모든 과정을 거치고 합격을 해보니까 알겠어요. **어디 내놔도 손색없는 1등 해커스 스타교수님들과 해커스 커리큘럼으로 합격할 수 있었습니다.**

— 해커스 합격생 은*주 님

아는 언니가 타학원 OOO에서 공부했는데 1, 2차 다 불합격했고, **해커스를 선택한 저만 합격했습니다.** 타학원은 적중률이 낮아서 불합격했다는데, 어쩜 해커스 교수님이 낸 모의고사에서 뽑아낸 것처럼 시험이 나왔는지, 정말 감사드립니다. 해커스를 선택한 게 제일 잘한 일이에요.

— 해커스 합격생 임*연 님

타사에서 3년 재수.. 해커스에서 해내다.. ^^

어린 아들을 둘 키우다 보니 학원은 엄두도 못내고, 인강으로만 해야 했는데, 사실 다른 사이트에서 인강 3년을 들었어요. 그리고 올해 해커스로 큰맘 먹고 바꾸고, 두 아들이 6살 7살이 된 올해 말도 안되게 합격했습니다. 진작 갈아 탔으면 하는 생각이 듭니다. 솔직히 그 전에 하던 곳과는 너무 차이가 났습니다. **특히 마지막 요약과 정리는 저처럼 시간을 많이 못 내는 사람들에게는 최고입니다.**

— 해커스 합격생 김*정 님

타사에서 재수하고 해커스에서 합격!

저는 타사에서 공부했던 수험생입니다. 열심히 했지만 작년 시험에서 떨어졌습니다. 실제 시험에서 출제되었던 모든 문제의 난이도와 유형이 그 타사 문제집의 난이도와는 상상할 수 없이 달랐습니다. 저는 교재 수정도 잘 안되고 난잡했던 타사 평생회원반을 버리고 해커스로 옮겨보기로 결심했습니다. 해커스 학원에서 강의와 꾸준한 복습으로 6주, 정확하게는 **올해 3개월 공부해서 2차 합격했습니다.** 이는 모두 해커스 공인중개사 교수님들의 혼신을 다하신 강의의 질이 너무 좋았다고 밖에 평가되지 않습니다. 저의 이번 성공을 많은 분들이 함께 아시고 저처럼 헤매지 마시고 빠르게 공인중개사가 되는 길을 찾으셨으면 좋겠습니다.

— 해커스 합격생 이*환 님

1588-2332　　　　　　　　　　　　　　　　　land.Hackers.com

해커스 공인중개사 한종민 핵심요약집

2차 부동산공법

한종민

약력
서울시립대학교 법학과 졸업 및 동대학원 수료

현 | 해커스 공인중개사학원 부동산공법 대표강사
　　　해커스 공인중개사 부동산공법 동영상강의 대표강사
전 | EBS 명품직업 공인중개사 부동산공법 전임강사

저서
부동산공법(기본서), 해커스패스, 2021~2026
부동산공법(체계도), 해커스패스, 2021~2025
부동산공법(한손노트), 해커스패스, 2023~2025
부동산공법(핵심요약집), 해커스패스, 2024~2025
부동산공법(단원별 기출문제집), 해커스패스, 2025
부동산공법(출제예상문제집), 해커스패스, 2021~2025
공인중개사 2차(기초입문서), 해커스패스, 2021~2026
공인중개사 2차(핵심요약집), 해커스패스, 2021~2023
공인중개사 2차(단원별 기출문제집), 해커스패스, 2021~2024
공인중개사 2차(회차별 기출문제집), 해커스패스, 2022~2025
공인중개사 2차(실전모의고사), 해커스패스, 2024

서문

지금 이 순간에도 공인중개사 시험 합격을 위해 열심히 공부에 매진하고 있을 수험생 여러분을 생각하며 최고의 요약집을 쓰겠다는 일념으로 본서를 집필했습니다. 부디 본 교재를 통해 수험생 여러분이 보다 효율적인 방법으로 부동산공법 과목을 공부하시길 바라며, 앞으로도 수험생의 입장에서 더욱 열심히 노력하고 정진하는 강사가 되겠습니다.

수험생의 정확하고 효율적인 이론학습을 위하여 본서는 다음과 같은 내용에 중점을 두고 저술했습니다.

첫째, 기본서의 방대한 내용을 압축해서 정리했습니다.

부동산공법 기본서의 내용 중 출제경향을 벗어나거나 큰 비중을 차지하지 않는 부분은 과감하게 생략했습니다. 교재의 내용을 간소화하고 학습의 효율성을 높이는 대신 가급적 법조문을 그대로 실어 수험생의 문장해석력을 키울 수 있도록 했습니다.

둘째, 기본서의 목차를 그대로 배치했습니다.

부동산공법 기본서의 '용어 + 내용 + 체계'를 그대로 배열하여 기본서에서 요약집으로 넘어와도 혼란스럽지 않고 자연스러운 학습에 도움이 되도록 했습니다.

셋째, 최신의 개정법령과 기출문제를 모두 반영했습니다.

부동산공법의 개정된 내용은 시험에 출제될 가능성이 매우 높기 때문에 중요한 개정사항은 빠짐없이 수록했습니다. 또한 보조단에 최신 기출지문을 배치하여 출제경향 및 출제비중을 확인할 수 있도록 했습니다. 이후에 개정되는 내용은 **해커스 공인중개사(land.Hackers.com)** 온라인 서점에 교재 개정자료로 게재하겠습니다.

본서가 출간되기까지 많은 도움을 주신 (주)챔프스터디 전재윤 대표님께 깊은 감사를 드리며, 깔끔한 편집과 정확한 교정으로 도움을 주신 해커스 출판사 팀원들에게도 고마운 마음을 전합니다. 그리고 본서를 애용해 주시는 수험생 여러분, 언제나 믿음과 격려로 함께 해주시는 동료 교수님들께도 진심으로 감사드립니다.

"모든 수험생 여러분이 이 책을 통하여 한 번에 합격(一通)하시기를 진심으로 기원합니다."

2025년 11월
한종민

이 책의 구성

눈에 쏙! 빈출 파악

공인중개사법령 및 실무
빈출개념 TOP 30

용어의 정의	p.14
중개대상물	p.17
공인중개사 정책심의위원회	p.21
자격증 대여 등의 금지	p.24
등록기준(요건)	p.26
등록의 결격사유 등	p.31
중개사무소	p.33
게시·명칭·광고 등	p.35
겸업	p.39
고용인	p.40
휴업 및 폐업	p.43
전속중개계약	p.45

제1편 공인중개사법령

① 빈출개념 TOP 30

중점을 두고 학습하여야 하는 과목별 빈출개념을 미리 파악하고, 우선순위를 두어 학습하면 최소의 시간으로 최대의 효과를 낼 수 있습니다.

개념 쏙! 이론학습

TIP
- 복합개념의 부동산(복합개념)은 부동산의 명칭이 아니다.
- '복합개념의 부동산'과 '복합부동산'은 동의어가 아니므로 유의하여야 한다.
- 법률적 개념에 대한 문제가 상대적으로 출제빈도가 높은 편이다.

01 복합개념의 ㅂ

복합개념의 부동산이 개념으로 이해하는 ㄱ
① 부동산의 기술적(준다.
② 부동산의 경제적 준다.

③ Tip

압축된 이론의 이해를 돕고 학습의 길잡이가 되어 필요한 정보와 수험 방향을 친절히 제시함으로써 1:1로 학습하는 효과를 느낄 수 있습니다.

01 토지의 자연적 특성 [빈출]

부동성·비이동성·위치의 고정성

토지는 물리적·절대적 위치가 고
① 부동산과 동산을 구별하는 근ㄱ
② 부동산활동(⇨ 임장활동·정보활 르게 나타난다.
③ 지역(국지적)시장·부분시장이
④ 입지분석(입지론)의 근거를 제 킨다.

② 빈출

빈출개념 TOP 30에서 제시된 본문페이지를 바로 확인하여 빈출내용을 쉽게 찾아 연계학습 할 수 있습니다.

★ 암기 PLUS | 한국표준산업분류상 부동산업(세분류)
- 부동산임대업
- 부동산개발 및 공급업
- 부동산관리업
- 부동산중개, 자문 및 감정평가업

★ 개념 PLUS | 기준시점(「감정평가에 관한 규칙」)
- '기준시점'이란 대상물건의 감정평가액을 결정하는 기준이 되는 날짜를 말한다.
- 기준시점은 대상물건의 가격조사를 완료한 날짜로 한다. 다만, 기준시점을 미리 정하였을 때에는 그 날짜에 가격조사가 가능한 경우에만 기준시점으로 할 수 있다(제9조).
- 부동산의 가치형성요인이 변동하므로 기준시점의 확정이 중요하다. ⇨ 변동의 원칙

1/20	감정평가 의뢰일
2/2	가격조사 개시일(시작일)
3/2	가격조사를 완료한 날짜(기준시점)

④ 암기/개념 PLUS

핵심이론 중에서도 확실하게 암기하면 좋을 내용은 암기 PLUS로 선별하였고, 이론학습에 도움이 되는 부가적인 내용은 개념 PLUS로 구성하여 설명하였습니다.

실력 쏙! 확인학습

수정감내료에 감내면적을 곱하여 구한 소득이다.
제28회

02 ( )은 가능총소득에 공실 및 불량부채에 대한 손실과 기타수입을 반영한 것이다. 제28회

기출정답
01 가능총소득
02 유효총소득

순영업
+ 대체충
− 이자지
− 감가상
―――――
과세소
× 세율
―――――
영업소

+ 부동산투자

⑤ **기출**

기출지문 괄호넣기를 통하여 본문 내용을 이해하였는지 바로 점검할 수 있어 학습한 내용을 효과적으로 확인할 수 있습니다.

공인중개사 시험안내

공인중개사 시험은 어떻게 접수하나요?

- 국가자격시험 공인중개사 홈페이지(www.Q-Net.or.kr/site/junggae) 및 모바일큐넷(APP)에 접속하여 소정의 절차를 거쳐 원서를 접수합니다.
  * 5일간 정기 원서접수 시행, 2일간 빈자리 추가접수 도입(정기 원서접수 기간 종료 후 환불자 범위 내에서만 선착순으로 빈자리 추가접수를 실시하므로 조기 마감될 수 있음)
- 원서접수 시 최근 6개월 이내 촬영한 여권용 사진(3.5cm×4.5cm) JPG파일이 필요하므로 미리 준비해 두세요.
- 제36회 시험 기준 응시수수료는 1차 13,700원, 2차 14,300원, 1·2차 동시 응시의 경우 28,000원입니다.

공인중개사 시험과목과 시험시간이 어떻게 되나요?

공인중개사 시험은 1년에 1회 시행하며, 1차 시험과 2차 시험을 같은 날에 구분하여 시행합니다.

차수	시험과목		시험범위	시험시간
1차 2과목 과목당 40문제	부동산학개론		• 부동산학개론: 부동산학 총론, 부동산학 각론 • 부동산감정평가론	09:30~11:10 (100분)
	민법 및 민사특별법 중 부동산 중개에 관련되는 규정		• 민법: 총칙 중 법률행위, 질권을 제외한 물권법, 계약법 중 총칙·매매·교환·임대차 • 민사특별법: 주택임대차보호법, 상가건물 임대차보호법, 집합건물의 소유 및 관리에 관한 법률, 가등기담보 등에 관한 법률, 부동산 실권리자명의 등기에 관한 법률	
2차 3과목 과목당 40문제	1교시	공인중개사의 업무 및 부동산 거래신고에 관한 법령 및 중개실무	• 공인중개사법 • 부동산 거래신고 등에 관한 법률 • 중개실무(부동산거래 전자계약 포함)	13:00~14:40 (100분)
		부동산공법 중 부동산 중개에 관련되는 규정	• 국토의 계획 및 이용에 관한 법률 • 도시개발법 • 도시 및 주거환경정비법 • 주택법 • 건축법 • 농지법	
	2교시	부동산공시에 관한 법령 및 부동산 관련 세법	• 부동산등기법 • 공간정보의 구축 및 관리 등에 관한 법률(제2장 제4절 및 제3장) • 부동산 관련 세법(상속세, 증여세, 법인세, 부가가치세 제외)	15:30~16:20 (50분)

* 부동산공시에 관한 법령 및 부동산 관련 세법 과목은 내용의 구성 편의상 '부동산공시법령'과 '부동산세법'으로 분리하였습니다.
* 답안은 시험시행일 현재 시행되고 있는 법령 등을 기준으로 작성합니다.
* 시험시작 30분 전 입실합니다.

공인중개사 시험 당일 챙겨야 할 준비물이 있나요?

인정 신분증

필기구
(검정색 사인펜,
수정테이프 포함)

시계

수험표

최종 정답과 합격자 발표는 어떻게 확인하나요?

최종 정답 발표	인터넷(www.Q-Net.or.kr/site/junggae)을 통하여 확인 가능합니다.
합격자 발표	최종 합격자 발표는 시험을 치른 약 한달 후에 인터넷(www.Q-Net.or.kr/site/junggae)을 통하여 확인 가능합니다.
합격자 결정 방법	• 1·2차 시험 공통으로 매 과목 100점 만점으로 하여 매 과목 40점 이상, 전 과목 평균 60점 이상 득점자를 합격자로 합니다. • 1차 시험에 불합격한 사람의 2차 시험은 무효로 합니다. • 1차 시험 합격자는 다음 회의 시험에 한하여 1차 시험을 면제합니다.

이 책의 구성	4	학습플랜	9
공인중개사 시험안내	6	출제경향분석	10
목차	8		

제1편 국토의 계획 및 이용에 관한 법률

제1장	총칙	14
제2장	광역도시계획	20
제3장	도시·군기본계획	24
제4장	도시·군관리계획	28
제5장	용도지역·용도지구·용도구역	38
제6장	도시·군계획시설	66
제7장	지구단위계획	82
제8장	개발행위의 허가 등	88
제9장	보칙 및 벌칙	102

제2편 도시개발법

제1장	도시개발구역의 지정 등	104
제2장	도시개발사업의 시행	112
제3장	비용부담 등	132

제3편 도시 및 주거환경정비법

제1장	총칙	136
제2장	기본계획의 수립 및 정비구역의 지정	139
제3장	정비사업의 시행	152
제4장	비용의 부담 등	183

제4편 건축법

제1장	총칙	188
제2장	적용범위	190
제3장	건축물의 건축	201
제4장	건축물의 대지와 도로	213
제5장	건축물의 구조 및 재료	219
제6장	지역·지구의 건축물	222
제7장	특별건축구역 등	227
제8장	건축협정 및 결합건축	230
제9장	보칙 및 벌칙	233

제5편 주택법

제1장	총칙	238
제2장	주택의 건설 등	244
제3장	주택의 공급	265
제4장	리모델링	278
제5장	보칙 및 벌칙	281

제6편 농지법

제1장	총칙	286
제2장	농지의 소유	288
제3장	농지의 이용	294
제4장	농지의 보전 등	298

학습플랜

7일완성 플랜 – 하루에 한 과목씩 끝낸다!

- 시험 직전 반복적으로 회독하고 싶은 수험생에게 추천합니다.
- 1차를 3일, 2차를 4일 만에 1회독하는 방법으로 요약집의 모든 내용을 꼼꼼하게 회독하는 것이 아닌 자주 틀리는 파트, 정확하게 이해하지 못하고 있는 파트를 중심으로 학습해 주세요.

	월	화	수	목	금	토	일
[7일]	부동산학개론	민법 및 민사특별법	1차 약점파트	공인중개사 법령 및 실무	부동산공법	부동산 공시법령 / 부동산세법	2차 약점파트

부동산공법 집중완성 플랜 – 7일동안 한 과목씩 끝낸다!

- 부동산공법을 7일동안 집중적으로 공부하고 싶은 수험생에게 추천합니다.
- 마지막 날에는 약점파트를 중점적으로 학습해 주세요.

	학습 범위	1회독	2회독	3회독
월	제1편 제1장 ~ 제6장			
화	제1편 제7장 ~ 제2편			
수	제3편			
목	제4편			
금	제5편			
토	제6편			
일	약점파트 복습			

출제경향분석

 최근 7개년 동안 부동산공법은 어떻게 출제되었나요?

7개년 편별 출제비중

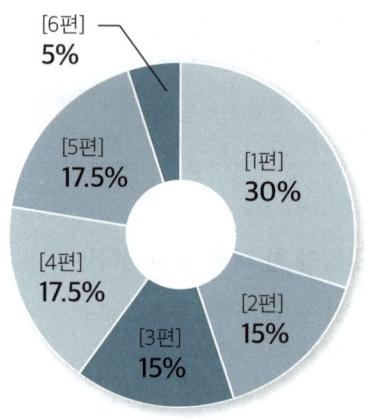

편별 출제문제 수

*평균: 최근 7개년 동안 출제된 각 편별 평균문제 수입니다.

구분	평균*	제36회	제35회	제34회	제33회	제32회	제31회	제30회
국토의 계획 및 이용에 관한 법률	12	12	12	12	12	12	12	12
도시개발법	6	6	6	6	6	6	6	6
도시 및 주거환경정비법	6	6	6	6	6	6	6	6
건축법	7	7	7	7	7	7	7	7
주택법	7	7	7	7	7	7	7	7
농지법	2	2	2	2	2	2	2	2
총계	40	40	40	40	40	40	40	40

제36회 시험은 어떻게 출제되었나요?

제36회 공인중개사 부동산공법 시험 문제는 난이도 상인 문제가 12개(30%), 중인 문제가 10개, 하인 문제가 18개 가량으로 분석되어 예년 수준으로 어렵게 출제되었습니다. 특히 「국토의 계획 및 이용에 관한 법률」, 「건축법」에서 경미하거나 지엽적인 사항, 시행령 별표나 시행규칙의 내용까지 물어보는 어려운 문제가 6문제이고, 난이도 중인 문제도 지문 하나하나에 함정을 두어 실제 수험생이 느끼는 체감 난이도는 더욱 어려웠을 것이라고 생각됩니다.

제37회 시험을 어떻게 대비해야 할까요?

편별 수험대책

1편	「국토의 계획 및 이용에 관한 법률」은 출제비중(12문제, 30%)이 가장 높기 때문에 반드시 정복해야 합니다. 이 법은 국토의 先계획 및 後개발 체계를 다루고 있으므로 광역도시계획, 도시·군기본계획, 도시·군관리계획 등 토지계획이 중점을 두어 공부해야 할 부분입니다. 다음으로 도시·군관리계획의 내용인 용도지역·용도지구·용도구역, 공간재구조화계획으로 지정하는 용도구역, 도시·군계획시설과 도시·군계획시설사업, 장기미집행 시설부지의 매수청구 및 지구단위계획이 중요합니다. 후개발 체계에서는 개발행위허가, 성장관리계획, 개발밀도관리구역 및 기반시설부담구역에 관한 부분이 핵심입니다. 방대한 내용인 만큼 국토계획법은 체계도를 중심으로 용어·내용 및 절차를 확실하게 정리해서 고득점이 필요한 법률입니다.
2편	「도시개발법」은 도시개발사업의 절차법으로 체계도를 중심으로 내용정리가 필요한 법률입니다. 이 법에서 특히 중요하게 공부해야 할 부분은 개발계획, 도시개발구역의 지정, 시행자, 도시개발조합, 수용방식, 환지방식(환지계획, 환지처분), 비용부담 및 도시개발채권에 관한 부분입니다.
3편	「도시 및 주거환경정비법」은 정비사업에 관한 절차법으로 체계도를 중심으로 내용정리가 필요합니다. 「도시개발법」에 비해 그 내용이 더 많고 지엽적이고 어려운 내용을 물어보는 문제가 대부분이라 많은 수험생이 특히 어렵다고 느끼는 법률입니다. 이 법에서는 용어정의, 정비기본계획, 재건축진단, 정비구역, 시행방법·시행자, 정비사업조합, 사업시행계획, 관리처분계획, 이전·고시, 비용부담 등 중요 논점 위주로 공부해야 합니다.
4편	「건축법」은 국토계획법과 더불어 부동산공법의 기본적인 내용을 담고 있는 핵심법률로서 건축물의 건축과 관련된 기술적인 색채가 강한 법률입니다. 건축허가를 기본으로 건축절차의 이해와 건축기준과 관련된 암기사항도 많기 때문에 반복학습이 필요합니다. 이 법에서 중요하게 공부해야 할 내용은 「건축법」의 적용대상인 건축물과 용도, 건축·대수선 및 용도변경, 건축허가·건축신고, 대지의 조경, 공개공지, 구조안전확인, 면적·높이 등의 산정, 건축물의 높이제한, 특별건축구역, 건축협정 및 결합건축에 관한 부분입니다.
5편	「주택법」은 주택의 집단적인 건설과 공급, 리모델링 등에 관한 법률입니다. 주택 및 용어정의, 사업주체로서 등록사업자와 주택조합, 주택건설절차로서 사업계획승인과 사용검사, 주택공급규제로서 분양가상한제, 투기과열지구·조정대상지역과 전매제한, 리모델링, 주택상환사채 등이 자주 출제되는 내용으로 이에 대한 중점적인 학습이 필요합니다. 또한 개정되는 사항도 시사적인 문제로 종종 출제되니 반드시 정리해야 합니다.
6편	「농지법」은 출제비중(2문제, 5%)이 가장 낮기 때문에 심화학습보다는 용어와 중요 내용 위주로 정리가 필요한 법률입니다. 이 법에서 중요하게 공부해야 되는 부분은 용어정의, 농지소유제한, 농지취득자격증명, 위탁경영, 농지의 임대차, 농업진흥지역 및 농지의 전용에 관한 사항입니다.

부동산공법
빈출개념 TOP 30

제1편 국토의 계획 및 이용에 관한 법률	용어정의	p.15
	광역도시계획	p.20
	도시 · 군관리계획	p.28
	용도지역	p.38
	도시 · 군계획시설	p.66
	개발행위허가	p.88
	기반시설부담구역	p.98
제2편 도시개발법	도시개발구역	p.104
	도시개발조합	p.114
	수용방식	p.119
	환지방식	p.124
	도시개발채권	p.133
제3편 도시 및 주거환경정비법	정비기본계획	p.139
	정비사업의 시행방법 · 시행자	p.152
	정비사업조합	p.156
	관리처분계획	p.172
	청산금	p.182
제4편 건축법	용어정의	p.188
	적용대상물	p.190
	적용대상행위	p.197
	건축허가	p.201
	대지	p.213
	면적 · 높이 및 층수의 산정	p.223
제5편 주택법	용어정의	p.238
	주택조합	p.247
	사업계획의 승인	p.253
	분양가상한제	p.265
	리모델링	p.278
제6편 농지법	용어정의	p.286
	농지의 소유	p.288

부동산공법에서 자주 출제되는 개념들을 정리하였습니다. 본문에서 빈출 표시가 되어 있는 부분을 중점적으로 학습하세요.

해커스 공인중개사
핵심요약집
land.Hackers.com

제1편

국토의 계획 및 이용에 관한 법률

제1장　총칙
제2장　광역도시계획
제3장　도시·군기본계획
제4장　도시·군관리계획
제5장　용도지역·용도지구·용도구역
제6장　도시·군계획시설
제7장　지구단위계획
제8장　개발행위의 허가 등
제9장　보칙 및 벌칙

제1장 총칙

기본서 p.19~28

[선계획] **광역도시계획**
1. **의의**: 광역계획권의 장기발전방향 제시
2. **광역계획권의 지정권자**: 국토교통부장관, 도지사
3. **광역도시계획의 수립권자**: 국토교통부장관, 시·도지사, 시장·군수

↓

도시·군기본계획
1. **의의**: 특별시·광역시·특별자치시·특별자치도·시 또는 군 및 생활권의 장기발전방향 제시
2. **수립권자**: 특별시장·광역시장·특별자치시장·특별자치도지사·시장 또는 군수

↓

도시·군관리계획
1. **의의**: 특별시·광역시·특별자치시·특별자치도·시 또는 군의 개발·정비·보전
2. **입안권자**: 특별시장·광역시장·특별자치시장·특별자치도지사·시장 또는 군수, 국토교통부장관, 도지사
3. **결정권자**: 국토교통부장관, 시·도지사, 시장 또는 군수

↓

내용
① 용도지역·용도지구의 지정 또는 변경
② 용도구역(개발제한구역·도시자연공원구역·시가화조정구역·수산자원보호구역)의 지정 또는 변경
③ 기반시설의 설치·정비·개량
④ 도시개발사업 또는 정비사업
⑤ 지구단위계획구역의 지정 또는 변경과 지구단위계획
⑥ 도시·군계획시설입체복합구역의 지정 또는 변경

공간재구조화 계획 ┌ ⑦ 도시혁신구역의 지정 또는 변경과 도시혁신계획
　　　　　　　　 └ ⑧ 복합용도구역의 지정 또는 변경과 복합용도계획

[후개발] **도시·군계획사업**
1. 도시·군계획시설사업
2. 도시개발사업
3. 정비사업

× ↓

개발행위허가
1. **허가권자**: 특별시장·광역시장·특별자치시장·특별자치도지사·시장 또는 군수
2. **허가대상**
　① 건축물의 건축
　② 공작물의 설치
　③ 토지의 형질변경
　④ 토석채취
　⑤ 토지분할
　⑥ 물건을 1개월 이상 쌓아놓는 행위
3. **성장관리계획구역**: 녹지지역, 관리·농림·자연환경보전지역
4. **성장관리계획**: 성장관리계획구역(녹지지역·관리지역·농림지역·자연환경보전지역)의 난개발 방지, 계획적 개발유도

↓

기반시설의 설치
1. **개발밀도관리구역**: 기반시설의 설치가 곤란한 지역(기개발지)
　⇨ 건폐율이나 용적률을 강화 적용
2. **기반시설부담구역**: 기반시설의 설치가 필요한 지역(신개발지)
　⇨ 기반시설을 설치하거나 필요한 용지 확보 의무 부과

01 행정청(기관)

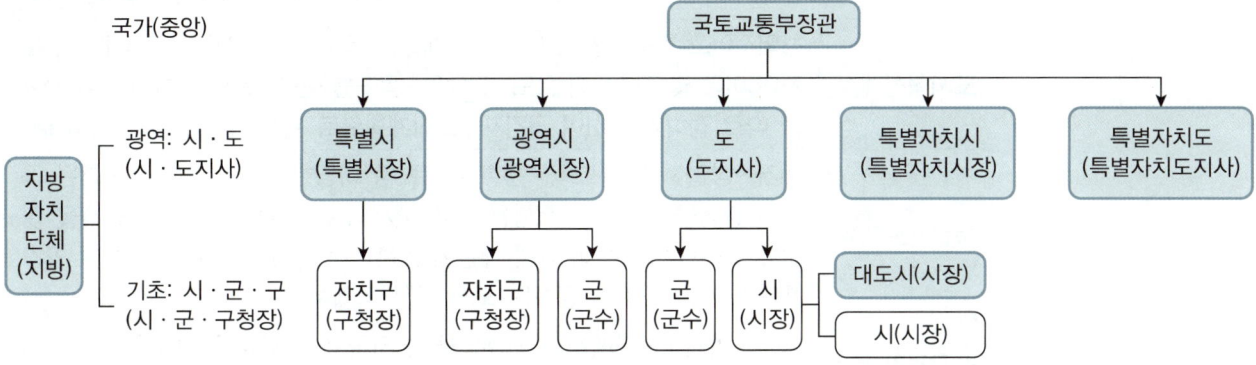

02 용어정의 빈출

광역도시계획	광역계획권의 장기발전방향을 제시하는 계획
도시·군계획	특별시·광역시·특별자치시·특별자치도·시 또는 군(광역시에 있는 군은 제외)의 관할 구역에 대하여 수립하는 공간구조와 발전방향에 대한 계획으로서 도시·군기본계획과 도시·군관리계획으로 구분함
도시·군기본계획	특별시·광역시·특별자치시·특별자치도·시 또는 군의 관할 구역 및 생활권에 대하여 기본적인 공간구조와 장기발전방향을 제시하는 종합계획으로서 도시·군관리계획 수립의 지침이 되는 계획
도시·군관리계획	특별시·광역시·특별자치시·특별자치도·시 또는 군의 개발·정비 및 보전을 위하여 수립하는 토지이용, 교통, 환경, 경관, 안전, 산업, 정보통신, 보건, 복지, 안보, 문화 등에 관한 다음의 계획[1] 1. 용도지역·용도지구의 지정 또는 변경에 관한 계획 2. 용도구역(개발제한구역, 도시자연공원구역, 시가화조정구역, 수산자원보호구역)의 지정 또는 변경에 관한 계획 3. 기반시설의 설치·정비 또는 개량에 관한 계획 4. 도시개발사업이나 정비사업에 관한 계획 5. 지구단위계획구역의 지정 또는 변경에 관한 계획과 지구단위계획 6. 도시·군계획시설입체복합구역의 지정 또는 변경에 관한 계획 7. 도시혁신구역의 지정 또는 변경에 관한 계획과 도시혁신계획 8. 복합용도구역의 지정 또는 변경에 관한 계획과 복합용도계획
지구단위계획	도시·군계획 수립대상 지역의 일부에 대하여 토지이용을 합리화하고 그 기능을 증진시키며 미관을 개선하고 양호한 환경을 확보하며, 그 지역을 체계적·계획적으로 관리하기 위하여 수립하는 도시·군관리계획

[1] 개발밀도관리구역·성장관리계획구역의 지정은 도시·군관리계획의 내용이 아니다.

기출

01 도시·군계획은 도시·군( )계획과 도시·군( )계획으로 구분한다. 제21회

02 지구단위계획은 도시·군계획 수립대상 지역의 ( )에 대하여 수립하는 도시·군관리계획을 말한다. 제30회

기출정답
01 기본, 관리 02 일부

공간재구조화 계획	토지의 이용 및 건축물이나 그 밖의 시설의 용도·건폐율·용적률·높이 등을 완화하는 용도구역의 효율적이고 계획적인 관리를 위하여 수립하는 계획
도시혁신계획	창의적이고 혁신적인 도시공간의 개발을 목적으로 도시혁신구역에서의 토지의 이용 및 건축물의 용도·건폐율·용적률·높이 등의 제한에 관한 사항을 따로 정하기 위하여 공간재구조화계획으로 결정하는 도시·군관리계획
복합용도계획	주거·상업·산업·교육·문화·의료 등 다양한 도시기능이 융복합된 공간의 조성을 목적으로 복합용도구역에서의 건축물의 용도별 구성비율 및 건폐율·용적률·높이 등의 제한에 관한 사항을 따로 정하기 위하여 공간재구조화계획으로 결정하는 도시·군관리계획
성장관리계획	성장관리계획구역에서의 난개발을 방지하고 계획적인 개발을 유도하기 위하여 수립하는 계획
기반시설	1. 교통시설: 도로·철도·항만·공항·주차장·자동차정류장·궤도, 차량 검사 및 면허시설 2. 공간시설: 광장·공원·녹지·유원지·공공공지 3. 유통·공급시설: 유통업무설비, 수도·전기·가스·열공급설비, 방송·통신시설, 공동구·시장, 유류저장 및 송유설비 4. 공공·문화체육시설: 학교, 공공청사·문화시설·공공필요성이 인정되는 체육시설·연구시설·사회복지시설·공공직업훈련시설·청소년수련시설 5. 방재시설: 하천·유수지(遊水池)·저수지, 방화설비·방풍설비·방수설비·사방설비·방조설비 6. 보건위생시설: 장사시설, 도축장, 종합의료시설 7. 환경기초시설: 하수도, 폐기물처리 및 재활용시설, 빗물저장 및 이용시설, 수질오염방지시설, 폐차장
도시·군계획 시설	기반시설 중 도시·군관리계획으로 결정된 시설
도시·군계획 사업	도시·군관리계획을 시행하기 위한 다음의 사업 1. 도시·군계획시설사업: 도시·군계획시설을 설치·정비 또는 개량하는 사업 2. 「도시개발법」에 따른 도시개발사업 3. 「도시 및 주거환경정비법」에 따른 정비사업
도시·군계획 사업시행자	이 법¹ 또는 다른 법률에 따라 도시·군계획사업을 하는 자
공공시설	도로·공원·철도·수도, 그 밖에 다음의 공공용 시설 1. 항만·공항, 광장·녹지·공공공지, 공동구, 하천·유수지·방화설비·방풍설비·방수설비·사방설비·방조설비, 하수도, 구거(溝渠: 도랑) 2. 행정청이 설치하는 시설로서 주차장, 저수지, 운동장, 화장장·공동묘지·봉안시설

⚡ 기출

01 장사시설은 ( )시설에 해당한다. 제28회

02 도시·군관리계획을 시행하기 위한 「도시개발법」에 따른 ( )은 도시·군계획사업에 포함된다. 제29회

03 행정청이 설치하는 공동묘지는 ( )에 해당한다. 제35회

1 「국토의 계획 및 이용에 관한 법률」 ⇨ 이하 이 편에서 '법'이라 한다.

기출정답
01 보건위생
02 도시개발사업
03 공공시설

국가계획	중앙행정기관이 법률에 따라 수립하거나 국가의 정책적인 목적을 이루기 위하여 수립하는 계획 중 도시·군기본계획의 내용이나 도시·군관리계획으로 결정해야 할 사항이 포함된 계획
용도지역	토지의 이용 및 건축물의 용도, 건폐율, 용적률, 높이 등을 제한함으로써 토지를 경제적·효율적으로 이용하고 공공복리의 증진을 도모하기 위하여 서로 중복되지 않게 도시·군관리계획으로 결정하는 지역
용도지구	용도지역의 제한을 강화하거나 완화하여 적용함으로써 용도지역의 기능을 증진시키고 경관·안전 등을 도모하기 위하여 도시·군관리계획으로 결정하는 지역
용도구역	용도지역 및 용도지구의 제한을 강화하거나 완화하여 따로 정함으로써 시가지의 무질서한 확산방지, 계획이고 단계적인 토지이용의 도모, 혁신적이고 복합적인 토지활용의 촉진, 토지이용의 종합적 조정·관리 등을 위하여 도시·군관리계획으로 결정하는 지역
기반시설 설치비용	단독주택 및 숙박시설 등의 신·증축행위로 인하여 유발되는 기반시설을 설치하거나 그에 필요한 용지를 확보하기 위하여 부과·징수하는 금액

⚡ **기출**

01 ( )란 토지의 이용 및 건축물의 용도·건폐율·용적률·높이 등에 대한 용도지역의 제한을 강화하거나 완화하여 적용함으로써 용도지역의 기능을 증진시키고 경관·안전 등을 도모하기 위하여 도시·군관리계획으로 결정하는 지역을 말한다.
제30회

> ★ **개념 PLUS | 기반시설을 유발하는 시설에서 제외되는 건축물(영 별표1)**
> 1. 국가 또는 지방자치단체가 건축하는 건축물
> 2. 녹지지역·관리지역·농림지역 및 자연환경보전지역에 설치하는 다음에 해당하는 **건축물**: 동물 및 식물 관련 시설, 농수산물집하장 등
> 3. 「도시재정비 촉진을 위한 특별법」에 따라 공급하는 임대주택
> 4. 「유아교육법」에 따른 사립유치원
> 5. **다음의 지역 등에서 지구단위계획을 수립하여 개발하는 토지에 건축하는 건축물**: 택지개발예정지구, 산업단지, 도시개발구역, 정비구역 등
> 6. 주한 외국정부기관, 주한 국제기구 소유의 건축물
> 7. 「건축법 시행령」의 종교집회장 등

03 국가계획, 광역도시계획 및 도시·군계획의 관계 등

(1) 위계질서

① 광역도시계획 및 도시·군계획은 국가계획에 부합되어야 하며, 광역도시계획 또는 도시·군계획의 내용이 국가계획의 내용과 다를 때에는 국가계획의 내용이 우선한다.

기출정답

01 용도지구

> **기출**
>
> 01 도시·군기본계획의 내용이 광역도시계획의 내용과 다를 때에는 (　　) 계획의 내용이 우선한다.
> 제35회

TIP
행정계획의 위계질서
1. 상위계획은 하위계획 수립의 지침이 된다.
2. 하위계획은 상위계획에 부합해야 한다.
3. 상위계획과 하위계획의 내용이 다른 경우에는 상위계획이 우선한다.
4. 하위계획이 상위계획에 부합하지 않아도 당연무효가 되는 것은 아니다.

TIP
도시계획의 위계질서
국가계획
⇩
광역도시계획
⇩
도시·군계획: 기본 ⇨ 관리
⇩
토지이용계획: 다른 법률

② 광역도시계획이 수립되어 있는 지역에 대하여 수립하는 도시·군기본계획은 그 광역도시계획에 부합되어야 하며, 도시·군기본계획의 내용이 광역도시계획의 내용과 다를 때에는 광역도시계획의 내용이 우선한다.

(2) 도시·군계획의 법적 지위

① 도시·군계획은 특별시·광역시·특별자치시·특별자치도·시 또는 군의 관할 구역에서 수립되는 다른 법률에 따른 토지의 이용·개발 및 보전에 관한 계획의 기본이 된다.
② 특별시장·광역시장·특별자치시장·특별자치도지사·시장 또는 군수가 관할 구역에 대하여 다른 법률에 따른 환경·교통·수도·하수도·주택 등에 관한 부문별 계획을 수립할 때에는 도시·군기본계획의 내용에 부합되게 해야 한다.

(3) 도시의 지속가능성 및 생활인프라 수준 평가

국토교통부장관은 도시의 지속가능성 및 생활인프라(교육시설, 문화·체육시설, 교통시설 등) 수준을 평가할 수 있다. 국가와 지방자치단체는 평가 결과를 도시·군계획의 수립 및 집행에 반영해야 한다.

04 다른 법률에 따른 토지이용에 관한 구역 등의 지정 제한 등

(1) 원칙

중앙행정기관의 장이나 지방자치단체의 장은 다른 법률에 따라 토지이용에 관한 지역·지구·구역 또는 구획 등(이하 '구역 등')을 지정하려면 그 구역 등의 지정목적이 이 법에 따른 용도지역·용도지구 및 용도구역의 지정목적에 부합되도록 해야 한다.

(2) 협의·승인 등

① **협의·승인**: 중앙행정기관의 장이나 지방자치단체의 장은 다른 법률에 따라 지정되는 구역 등 중 1km²(「도시개발법」에 의한 도시개발구역의 경우에는 5km²) 이상의 구역 등을 지정하거나 변경하려면 중앙행정기관의 장은 국토교통부장관과 협의해야 하며, 지방자치단체의 장은 국토교통부장관의 승인을 받아야 한다.
② **예외**: ①에도 불구하고 다음의 어느 하나에 해당하는 경우에는 국토교통부장관과의 협의를 거치지 않거나 국토교통부장관 또는 시·도지사의 승인을 받지 않는다.

기출정답
01 광역도시

> 1. 다른 법률에 따라 지정하거나 변경하려는 구역 등이 도시·군기본계획에 반영된 경우
> 2. 보전관리지역·생산관리지역·농림지역 또는 자연환경보전지역에서 다음의 지역을 지정하려는 경우
>   ① 「농지법」에 따른 농업진흥지역
>   ② 「한강수계 상수원수질개선 및 주민지원 등에 관한 법률」에 따른 수변구역
>   ③ 「수도법」에 따른 상수원보호구역
>   ④ 「자연환경보전법」에 따른 생태·경관보전지역
>   ⑤ 「야생생물 보호 및 관리에 관한 법률」에 따른 야생생물 특별보호구역
>   ⑥ 「해양생태계의 보전 및 관리에 관한 법률」에 따른 해양보호구역
> 3. 군사상 기밀을 지켜야 할 필요가 있는 구역 등을 지정하려는 경우
> 4. 협의 또는 승인을 받은 구역 등을 대통령령으로 정하는 범위에서 변경하려는 경우[1]

③ **의견청취**: 중앙행정기관의 장이나 지방자치단체의 장은 다른 법률에 따라 지정된 토지이용에 관한 구역 등을 변경하거나 해제하려면 도시·군관리계획의 입안권자의 의견을 들어야 한다.

[1] **대통령령으로 정하는 범위에서 변경하려는 경우**
1. 협의 또는 승인을 받은 구역 등의 면적의 10%의 범위 안에서 면적을 증감시키는 경우
2. 협의 또는 승인을 받은 구역 등의 면적산정의 착오를 정정하기 위한 경우

제2장 광역도시계획 · 빈출

기본서 p.29~35

01 의의 및 내용

(1) 의의

광역도시계획이란 광역계획권의 장기발전방향을 제시하는 계획을 말한다.

(2) 내용

광역도시계획에는 다음의 사항 중 그 광역계획권의 지정목적을 이루는 데 필요한 사항에 대한 정책방향이 포함되어야 한다.**1**

> 1. 광역계획권의 공간구조와 기능분담에 관한 사항
> 2. 광역계획권의 녹지관리체계와 환경보전에 관한 사항
> 3. 광역시설의 배치 · 규모 · 설치에 관한 사항
> 4. 경관계획에 관한 사항
> 5. 그 밖에 광역계획권에 속하는 특별시 · 광역시 · 특별자치시 · 특별자치도 · 시 또는 군 상호간의 기능연계에 관한 사항
>   ① 광역계획권의 교통 및 물류유통체계에 관한 사항
>   ② 광역계획권의 문화 · 여가공간 및 방재에 관한 사항

02 광역계획권의 지정

(1) 지정권자 등

국토교통부장관 또는 도지사는 다음의 구분에 따라 인접한 둘 이상의 특별시 · 광역시 · 특별자치시 · 특별자치도 · 시 또는 군의 관할 구역 전부 또는 일부**2**를 광역계획권으로 지정할 수 있다.

> 1. 광역계획권이 둘 이상의 특별시 · 광역시 · 특별자치시 · 도 또는 특별자치도(이하 '시 · 도')의 관할 구역에 걸쳐 있는 경우: 국토교통부장관이 지정
> 2. 광역계획권이 도의 관할 구역에 속하여 있는 경우: 도지사가 지정

TIP
광역도시계획은 비구속적 행정계획으로서 행정쟁송의 대상이 되지 않는다.

1 광역계획권의 교육시설 확충 및 부동산가격 안정화에 관한 사항은 광역도시계획의 내용에 해당하지 않는다.

⚡기출
01 광역계획권이 둘 이상의 시 · 도의 관할 구역에 걸쳐 있는 경우에는 (   )이 광역계획권을 지정한다. 제29회

02 중앙행정기관의 장, 시 · 도지사, 시장 또는 군수는 국토교통부장관이나 도지사에게 광역계획권의 지정 또는 변경을 (   )할 수 있다. 제33회

2 관할 구역의 일부를 광역계획권에 포함시키려는 때에는 구 · 군 · 읍 또는 면의 단위로 해야 한다.

기출정답
01 국토교통부장관
02 요청

(2) 지정절차

① **지정요청**: 중앙행정기관의 장, 시·도지사, 시장 또는 군수는 국토교통부장관이나 도지사에게 광역계획권의 지정 또는 변경을 요청할 수 있다.
② 국토교통부장관은 광역계획권을 지정하거나 변경하려면 관계 시·도지사, 시장 또는 군수의 의견을 들은 후 중앙도시계획위원회의 심의를 거쳐야 한다.
③ 도지사가 광역계획권을 지정하거나 변경하려면 관계 중앙행정기관의 장, 관계 시·도지사, 시장 또는 군수의 의견을 들은 후 지방도시계획위원회의 심의를 거쳐야 한다.
④ **통보**: 국토교통부장관 또는 도지사는 광역계획권을 지정하거나 변경하면 지체 없이 관계 시·도지사, 시장 또는 군수에게 그 사실을 통보해야 한다.

> **TIP**
> **도시계획위원회**
> 이 법에 따라 도시계획에 관한 조사와 연구를 수행하고, 중요한 도시계획사항을 심의 또는 자문하기 위해 도시계획전문가로 구성된 위원회를 말한다.
> 1. **국토교통부**: 중앙도시계획위원회 ⇨ 국토교통부장관
> 2. **시·도, 시·군·구**: 지방도시계획위원회 ⇨ 시·도지사, 시장·군수·구청장

03 광역도시계획의 수립

(1) 수립권자

국토교통부장관, 시·도지사, 시장 또는 군수는 다음의 구분에 따라 광역도시계획을 수립해야 한다.

> 1. **광역계획권이 같은 도의 관할 구역에 속하여 있는 경우**: 관할 시장 또는 군수가 공동으로 수립
> 2. **광역계획권이 둘 이상의 시·도의 관할 구역에 걸쳐 있는 경우**: 관할 시·도지사가 공동으로 수립
> 3. 광역계획권을 지정한 날부터 3년이 지날 때까지 관할 시장 또는 군수로부터 광역도시계획의 승인신청이 없는 경우: 관할 도지사가 수립
> 4. 국가계획과 관련된 광역도시계획의 수립이 필요한 경우나 광역계획권을 지정한 날부터 3년이 지날 때까지 관할 시·도지사로부터 광역도시계획의 승인신청이 없는 경우: 국토교통부장관이 수립

> **TIP**
> 광역계획권은 실효나 해제되는 사유에 해당하지 않는다.

> **⚡기출**
> 01 광역계획권이 같은 도의 관할 구역에 속하여 있는 경우 관할 ( )가 광역도시계획을 수립해야 한다. 제32회

(2) 공동수립

① 국토교통부장관은 시·도지사가 요청하는 경우에는 관할 시·도지사와 공동으로 광역도시계획을 수립할 수 있다.
② 도지사는 시장 또는 군수가 요청하는 경우에는 관할 시장 또는 군수와 공동으로 광역도시계획을 수립할 수 있으며, 시장 또는 군수가 협의를 거쳐 요청하는 경우에는 단독으로 광역도시계획을 수립할 수 있다.

기출정답
01 시장 또는 군수

(3) 광역도시계획의 조정

① **조정신청**: 광역도시계획을 공동으로 수립하는 시·도지사는 그 내용에 관하여 서로 협의가 되지 않으면 공동이나 단독으로 국토교통부장관에게 조정(調停)을 신청할 수 있다.

② **재협의 권고**: 국토교통부장관은 단독으로 조정신청을 받은 경우에는 기한을 정하여 당사자간에 다시 협의를 하도록 권고할 수 있으며, 기한까지 협의가 이루어지지 않는 경우에는 직접 조정할 수 있다.**❶**

> **❶ 심의**
> 국토교통부장관은 중앙도시계획위원회의 심의를 거쳐 광역도시계획의 내용을 조정해야 한다.

③ **도지사의 조정**: 광역도시계획을 공동으로 수립하는 시장 또는 군수는 그 내용에 관하여 서로 협의가 되지 않으면 공동이나 단독으로 도지사에게 조정을 신청할 수 있다. 도지사가 광역도시계획을 조정하는 경우에는 ②의 규정을 준용한다.

(4) 수립기준

광역도시계획의 수립기준 등**❷**은 국토교통부장관이 정한다.

> **❷**
> 여건변화에 탄력적으로 대응할 수 있도록 포괄적이고 개략적으로 수립하도록 하되, 특정 부문 위주로 수립하는 경우에는 도시·군기본계획이나 도시·군관리계획에 명확한 지침을 제시할 수 있도록 구체적으로 수립하도록 할 것 등

> ★ **개념 PLUS | 광역계획권의 지정권자 및 광역도시계획의 수립권자**
>
> 1. 광역계획권이 같은 도의 관할 구역에 속하는 경우
>   ① 도지사가 광역계획권 지정
>   ② 시장 또는 군수가 공동 수립 ⇨ 도지사의 승인
>
>   [예] 경기도 (성남)(용인)
>
> 2. 광역계획권이 둘 이상 시·도의 관할 구역에 걸치는 경우
>   ① 국토교통부장관이 광역계획권 지정
>   ② 시·도지사가 공동 수립 ⇨ 국토교통부장관의 승인   시·도
>
>   [예]

04 수립 및 승인절차

(1) 수립절차

① **기초조사의무**: 국토교통부장관, 시·도지사, 시장 또는 군수는 광역도시계획을 수립하거나 변경하려면 미리 인구, 경제, 사회, 문화, 토지이용, 환경, 교통, 주택, 그 밖에 필요한 사항을 조사하거나 측량(이하 '기초조사')해야 한다.

> **TIP**
> 국토교통부장관, 시·도지사, 시장 또는 군수는 기초조사정보체계를 구축해야 하고, 등록된 정보의 현황을 '5년마다' 확인하고 변동사항을 반영해야 한다.

② **공청회**: 국토교통부장관, 시·도지사, 시장 또는 군수는 광역도시계획을 수립하거나 변경하려면 미리 공청회를 열어 주민과 관계 전문가 등으로부터 의견을 들어야 하며, 공청회에서 제시된 의견이 타당하다고 인정하면 광역도시계획에 반영해야 한다.

> 1. 공청회를 개최하려면 개최목적, 일시 및 장소 등을 일간신문, 관보·공보, 인터넷 홈페이지 또는 방송 등의 방법으로 개최예정일 14일 전까지 1회 이상 공고해야 한다.
> 2. 공청회는 광역계획권 단위로 개최하되, 필요한 경우에는 광역계획권을 여러 개의 지역으로 구분하여 개최할 수 있다.

③ **지방자치단체의 의견청취**: 시·도지사, 시장 또는 군수는 광역도시계획을 수립하거나 변경하려면 미리 관계 시·도, 시 또는 군의 의회와 관계 시장 또는 군수의 의견을 들어야 한다. 이 경우 시·도, 시 또는 군의 의회와 관계 시장 또는 군수는 특별한 사유가 없으면 30일 이내에 의견을 제시해야 한다.

(2) 승인절차

① **국토교통부장관의 승인**: 시·도지사는 광역도시계획을 수립하거나 변경하려면 국토교통부장관의 승인을 받아야 한다. 다만, 도지사가 수립하는 광역도시계획은 그러하지 않다.

② **협의·심의**: 국토교통부장관은 광역도시계획을 승인하거나 직접 광역도시계획을 수립 또는 변경하려면 관계 중앙행정기관과 협의한 후 중앙도시계획위원회의 심의를 거쳐야 한다. 이 경우 협의요청을 받은 관계 중앙행정기관의 장은 특별한 사유가 없으면 30일 이내에 의견을 제시해야 한다.

③ **송부 및 공고·열람**: 국토교통부장관은 직접 광역도시계획을 수립 또는 변경하거나 승인하였을 때에는 관계 중앙행정기관의 장과 시·도지사에게 관계 서류를 송부해야 하며, 관계 서류를 받은 시·도지사는 그 내용을 해당 시·도의 공보와 인터넷 홈페이지에 공고하고 일반이 30일 이상 열람할 수 있도록 해야 한다.

④ **도지사의 승인**: 시장 또는 군수는 광역도시계획을 수립하거나 변경하려면 도지사의 승인을 받아야 한다. 도지사가 광역도시계획을 승인하거나 직접 광역도시계획을 수립 또는 변경하려면 ②·③을 준용한다.

TIP
광역도시계획의 승인권자는 광역계획권의 지정권자가 된다. 따라서 지정권자인 국토교통부장관이나 도지사가 수립하는 경우에는 승인이 없다.

⚡기출
01 ( )가 관할 시장 또는 군수와 공동으로 광역도시계획을 수립하는 경우에는 국토교통부장관의 승인을 받지 않고 광역도시계획을 수립할 수 있다. 제27회

기출정답
01 도지사

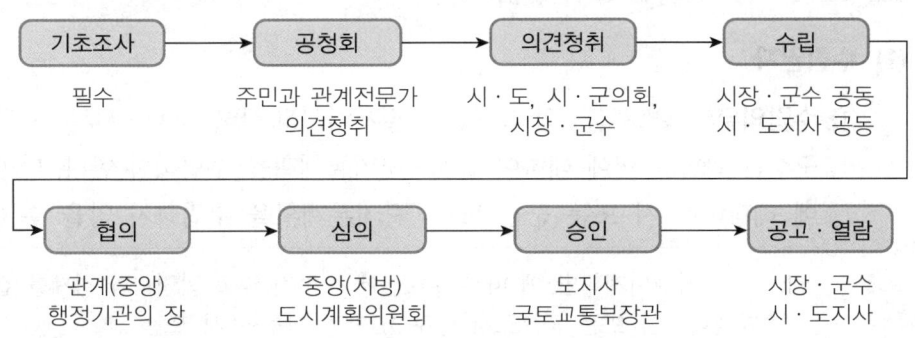

제3장 도시·군기본계획

기본서 p.36~41

01 의의 및 내용

(1) 의의

도시·군기본계획이란 특별시·광역시·특별자치시·특별자치도·시 또는 군의 관할 구역 및 생활권에 대하여 기본적인 공간구조와 장기발전방향을 제시하는 종합계획으로서 도시·군관리계획 수립의 지침이 되는 계획을 말한다.

(2) 내용

도시·군기본계획에는 다음의 사항에 대한 정책방향이 포함되어야 한다.

> 1. 지역적 특성 및 계획의 방향·목표에 관한 사항
> 2. 공간구조 및 인구의 배분에 관한 사항
> 3. 생활권의 설정과 생활권역별 개발·정비 및 보전 등에 관한 사항
> 4. 토지의 이용 및 개발에 관한 사항
> 5. 토지의 용도별 수요 및 공급에 관한 사항
> 6. 환경의 보전 및 관리에 관한 사항
> 7. 기반시설, 공원·녹지에 관한 사항
> 8. 경관에 관한 사항
> 9. 기후변화 대응 및 에너지절약에 관한 사항
> 10. 방재·방범 등 안전에 관한 사항
> 11. 위 2.부터 10.까지에 규정된 사항의 단계별 추진에 관한 사항 등

TIP
도시·군기본계획의 법적 성격
1. 법정계획
2. 장기계획
3. 종합계획
4. 비구속적 계획: 행정쟁송의 대상 ×
5. 과정계획: 5년마다 타당성 검토

TIP
국토교통부장관이나 도지사는 도시·군기본계획의 수립권자가 아니다.

02 도시·군기본계획의 수립

(1) 수립권자

① **수립의무:** 특별시장·광역시장·특별자치시장·특별자치도지사·시장 또는 군수는 관할 구역에 대하여 도시·군기본계획을 수립해야 한다. 다만, 다음에 해당하는 시 또는 군은 도시·군기본계획을 수립하지 않을 수 있다.

> 1. 「수도권정비계획법」에 따른 수도권에 속하지 않고 광역시와 경계를 같이하지 않은 시 또는 군으로서 인구 10만명 이하인 시 또는 군

⚡기출
01 「수도권정비계획법」에 의한 수도권에 속하지 않고 광역시와 경계를 같이하지 않은 시 또는 군으로서 인구 (   )명 이하인 시 또는 군은 도시·군기본계획을 수립하지 않을 수 있다. 제32회

기출정답
01 10만

2. 관할 구역 전부에 대하여 광역도시계획이 수립되어 있는 시 또는 군으로서 그 광역도시계획에 도시·군기본계획의 내용이 모두 포함되어 있는 시 또는 군

② **연계수립**: 특별시장·광역시장·특별자치시장·특별자치도지사·시장 또는 군수는 지역여건상 필요하다고 인정되면 인접한 특별시·광역시·특별자치시·특별자치도·시 또는 군의 관할 구역 전부 또는 일부를 포함하여 도시·군기본계획을 수립할 수 있다. 이 경우 미리 그 인접한 특별시장·광역시장·특별자치시장·특별자치도지사·시장 또는 군수와 협의해야 한다.

(2) 생활권계획 수립의 특례

① 특별시장·광역시장·특별자치시장·특별자치도지사·시장 또는 군수는 생활권역별 개발·정비 및 보전 등에 필요한 경우 생활권계획을 따로 수립할 수 있다.**❶**
② 생활권계획이 수립 또는 승인된 때에는 해당 계획이 수립된 생활권에 대해서는 도시·군기본계획이 수립 또는 변경된 것으로 본다.

(3) 수립기준

도시·군기본계획의 수립기준 등**❷**은 국토교통부장관이 정한다.

03 수립, 확정 및 승인절차

(1) 수립절차

① **기초조사 및 공청회**: 도시·군기본계획을 수립하거나 변경하는 경우에는 광역도시계획의 수립을 위한 기초조사(법 제13조)와 공청회(법 제14조)를 준용한다.
② **토지적성평가 등**: 시·도지사, 시장 또는 군수는 기초조사의 내용에 토지의 토양·입지·활용가능성 등에 대한 토지적성평가와 재해취약성분석을 포함해야 한다. 다만, 도시·군기본계획 입안일부터 5년 이내에 실시한 경우 토지적성평가를 실시한 경우 등 대통령령으로 정하는 경우에는 토지적성평가 또는 재해취약성분석을 하지 않을 수 있다.

---

❶ 준용
생활권계획을 수립할 때에는 법 제20조(기초조사 및 공청회), 제21조(지방의회의 의견청취), 제22조(특별시·광역시·특별자치시·특별자치도의 도시·군기본계획의 확정) 및 제22조의2(시·군 도시·군기본계획의 승인)를 준용한다.

❷
여건변화에 탄력적으로 대응할 수 있도록 포괄적이고 개략적으로 수립하도록 할 것

⚡ 기출

01 도시·군기본계획 입안일부터 ( )년 이내에 토지적성평가를 실시한 경우에는 토지적성평가를 하지 않을 수 있다. 제31회
02 도시·군기본계획의 수립권자가 생활권계획을 따로 수립한 때에는 해당 계획이 수립된 생활권에 대해서는 도시·군( ) 계획이 수립된 것으로 본다.
제35회

기출정답

01 5
02 기본

③ **지방의회 의견청취**: 특별시장·광역시장·특별자치시장·특별자치도지사·시장 또는 군수는 도시·군기본계획을 수립하거나 변경하려면 미리 그 특별시·광역시·특별자치시·특별자치도·시 또는 군 의회의 의견을 들어야 한다. 이 경우 특별시·광역시·특별자치시·특별자치도·시 또는 군의 의회는 특별한 사유가 없으면 30일 이내에 의견을 제시해야 한다.

(2) 특별시·광역시·특별자치시·특별자치도의 도시·군기본계획의 확정

① **협의·심의**: 특별시장·광역시장·특별자치시장 또는 특별자치도지사는 도시·군기본계획을 수립하거나 변경하려면 관계 행정기관의 장(국토교통부장관 포함)과 협의한 후 지방도시계획위원회의 심의를 거쳐야 한다. 이 경우 협의요청을 받은 관계 행정기관의 장은 특별한 사유가 없으면 30일 이내에 의견을 제시해야 한다.

② **공고·열람**: 특별시장·광역시장·특별자치시장 또는 특별자치도지사는 도시·군기본계획을 수립하거나 변경한 경우에는 관계 행정기관의 장에게 관계 서류를 송부해야 하며, 해당 특별시·광역시·특별자치시·특별자치도의 공보와 인터넷 홈페이지에 공고하고 일반인이 30일 이상 열람할 수 있도록 해야 한다.

> **TIP**
> 특별시장·광역시장·특별자치시장 또는 특별자치도지사는 도시·군기본계획에 대하여 국토교통부장관의 승인을 받지 않는다.

(3) 시·군 도시·군기본계획의 승인

① **도지사의 승인**: 시장 또는 군수는 도시·군기본계획을 수립하거나 변경하려면 도지사의 승인을 받아야 한다.

② **협의·심의**: 도지사는 도시·군기본계획을 승인하려면 관계 행정기관의 장(국토교통부장관 포함)과 협의한 후 지방도시계획위원회의 심의를 거쳐야 한다. 이 경우 협의요청을 받은 관계 행정기관의 장은 특별한 사유가 없으면 30일 이내에 의견을 제시해야 한다.

③ **송부 및 공고·열람**: 도지사는 도시·군기본계획을 승인하면 관계 행정기관의 장과 시장 또는 군수에게 관계 서류를 송부해야 하며, 관계 서류를 받은 시장 또는 군수는 해당 시·군의 공보와 인터넷 홈페이지에 공고하고 일반인이 30일 이상 열람할 수 있도록 해야 한다.

> **기출**
> 01 시장 또는 군수는 도시·군기본계획의 승인을 받으려면 도시·군기본계획안에 ( ) 결과 등을 첨부하여 도지사에게 제출해야 한다. 제33회

기출정답
01 기초조사

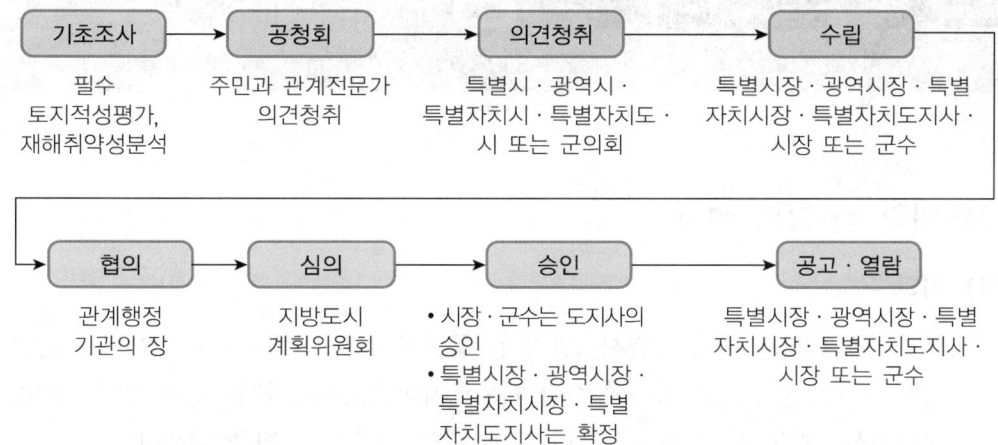

(4) 타당성 검토

특별시장·광역시장·특별자치시장·특별자치도지사·시장 또는 군수는 5년마다 관할 구역의 도시·군기본계획에 대하여 타당성을 전반적으로 재검토하여 정비해야 한다.

> **TIP**
>
> **5년마다 타당성 검토**
> 1. 도시·군기본계획
> 2. 도시·군관리계획
> 3. 성장관리계획
> 4. 정비기본계획
> 5. 리모델링기본계획
> 6. 농지관리기본계획(임의적)
>
> **⚡기출**
>
> **01** 시장 또는 군수는 ( )년마다 관할 구역의 도시·군기본계획에 대하여 그 타당성 여부를 전반적으로 재검토하여 정비해야 한다. 제31회
>
> **기출정답**
>
> 01 5

제4장 도시·군관리계획 빈출

01 의의 및 법적 성격

(1) 의의

도시·군관리계획이란 특별시·광역시·특별자치시·특별자치도·시 또는 군의 개발·정비 및 보전을 위하여 수립하는 토지이용, 교통, 환경, 경관, 안전, 산업, 정보통신, 보건, 복지, 안보, 문화 등에 관한 다음의 계획을 말한다.

> 1. 용도지역·용도지구의 지정 또는 변경에 관한 계획
> 2. 용도구역(개발제한구역, 도시자연공원구역, 시가화조정구역, 수산자원보호구역)의 지정 또는 변경에 관한 계획
> 3. 기반시설의 설치·정비 또는 개량에 관한 계획
> 4. 도시개발사업이나 정비사업에 관한 계획
> 5. 지구단위계획구역의 지정 또는 변경에 관한 계획과 지구단위계획
> 6. 도시·군계획시설입체복합구역의 지정 또는 변경에 관한 계획
> 7. 도시혁신구역의 지정 또는 변경에 관한 계획과 도시혁신계획
> 8. 복합용도구역의 지정 또는 변경에 관한 계획과 복합용도계획

TIP

도시·군관리계획의 내용이 아닌 것
1. 광역계획권의 지정
2. 용도지역·용도지구의 행위제한
3. 개발밀도관리구역의 지정
4. 기반시설부담구역의 지정
5. 성장관리계획구역의 지정

(2) 법적 성격

도시·군관리계획은 행정청은 물론 일반 사인(私人)에게도 행위제한 등의 직접적인 효력이 발생하는 구속적 행정계획(행정처분)이며, 행정쟁송의 대상이 된다.

02 도시·군관리계획의 입안

(1) 입안권자(행정청)

① **원칙**: 특별시장·광역시장·특별자치시장·특별자치도지사·시장 또는 군수는 관할 구역에 대하여 도시·군관리계획을 입안해야 한다.

② **연계 입안**: 특별시장·광역시장·특별자치시장·특별자치도지사·시장 또는 군수는 다음에 해당하면 인접한 특별시·광역시·특별자치시·특별자치도·시 또는 군의 관할 구역 전부 또는 일부를 포함하여 도시·군관리계획을 입안할 수 있다.

1. 지역여건상 필요하다고 인정하여 미리 인접한 특별시장·광역시장·특별자치시장·특별자치도지사·시장 또는 군수와 협의한 경우
   2. 인접한 특별시·광역시·특별자치시·특별자치도·시 또는 군의 관할 구역을 포함하여 도시·군기본계획을 수립한 경우

③ **협의:** 인접한 특별시·광역시·특별자치시·특별자치도·시 또는 군의 관할 구역에 대한 도시·군관리계획은 관계 특별시장·광역시장·특별자치시장·특별자치도지사·시장 또는 군수가 협의하여 공동으로 입안하거나 입안할 자를 정한다. 다만, 협의가 성립되지 않는 경우 같은 도의 관할 구역에 속할 때에는 관할 도지사가, 둘 이상의 시·도의 관할 구역에 걸쳐 있을 때에는 국토교통부장관(수산자원보호구역의 경우 해양수산부장관)이 입안할 자를 지정·고시해야 한다.

④ **국토교통부장관:** 국토교통부장관은 다음에 해당하는 경우에는 직접 또는 관계 중앙행정기관의 장의 요청에 의하여 도시·군관리계획을 입안할 수 있다.

   1. 국가계획과 관련된 경우
   2. 둘 이상의 시·도에 걸쳐 지정되는 용도지역·용도지구 또는 용도구역과 둘 이상의 시·도에 걸쳐 이루어지는 사업의 계획 중 도시·군관리계획으로 결정해야 할 사항이 있는 경우
   3. 특별시장·광역시장·특별자치시장·특별자치도지사·시장 또는 군수가 조정기한까지 국토교통부장관의 도시·군관리계획 조정요구에 따라 도시·군관리계획을 정비하지 않는 경우

⑤ **도지사:** 도지사는 다음의 경우에는 직접 또는 시장이나 군수의 요청에 의하여 도시·군관리계획을 입안할 수 있다.

   1. 둘 이상의 시·군에 걸쳐 지정되는 용도지역·용도지구 또는 용도구역과 둘 이상의 시·군에 걸쳐 이루어지는 사업의 계획 중 도시·군관리계획으로 결정해야 할 사항이 포함되어 있는 경우
   2. 도지사가 직접 수립하는 사업의 계획으로서 도시·군관리계획으로 결정해야 할 사항이 포함되어 있는 경우

⚡기출

01 인접한 특별시·광역시·특별자치시·특별자치도·시 또는 군의 관할 구역에 대한 도시·군관리계획은 관계 특별시장·광역시장·특별자치시장·특별자치도지사·시장 또는 군수가 협의해 (   )으로 입안하거나 입안할 자를 정한다.
제32회

02 국토교통부장관은 (   )과 관련된 경우 직접 도시·군관리계획을 입안할 수 있다. 제32회

기출정답

01 공동 **02** 국가계획

(2) 수립기준 등

① 도시·군관리계획은 광역도시계획과 도시·군기본계획(생활권계획을 포함)에 부합되어야 한다.
② 도시·군관리계획은 계획의 상세정도, 기반시설의 종류 등에 대하여 도시 및 농·산·어촌지역의 인구밀도, 토지이용의 특성 및 주변환경 등을 종합적으로 고려하여 **차등을 두어 입안해야** 한다.
③ 도시·군관리계획의 수립기준❶, 도시·군관리계획도서 및 계획설명서의 작성기준 등은 **국토교통부장관**이 정한다.

(3) 입안의 제안

① **제안사항:** 주민(이해관계자 포함)은 다음의 사항❷에 대하여 도시·군관리계획을 입안할 수 있는 자에게 도시·군관리계획의 입안을 제안할 수 있다. 이 경우 제안서에는 도시·군관리계획도서와 계획설명서를 첨부해야 한다.

> 1. 기반시설의 설치·정비 또는 개량에 관한 사항
> 2. 지구단위계획구역의 지정 및 변경과 지구단위계획의 수립 및 변경에 관한 사항
> 3. **다음에 해당하는 용도지구의 지정 및 변경에 관한 사항**
>   (1) 산업·유통개발진흥지구: 다음의 요건을 모두 갖춘 지역으로 한다.
>   ① 면적은 1만m² 이상 3만m² 미만일 것
>   ② 자연녹지지역·생산관리지역 또는 계획관리지역일 것
>   ③ 지정대상 지역의 전체 면적에서 계획관리지역의 면적이 차지하는 비율이 100분의 50 이상일 것
>   (2) 용도지구 중 해당 용도지구에 따른 건축물이나 그 밖의 시설의 용도·종류 및 규모 등의 제한을 지구단위계획으로 대체하기 위한 용도지구
> 4. 도시·군계획시설입체복합구역의 지정 및 변경과 도시·군계획시설입체복합구역의 건축제한·건폐율·용적률·높이 등에 관한 사항

② **제안 전 동의:** 도시·군관리계획의 입안을 제안하려는 자는 다음의 구분에 따라 토지소유자의 동의를 받아야 한다. 이 경우 토지면적에서 국·공유지는 제외한다.

> 1. 기반시설의 설치·정비 또는 개량에 관한 사항, 도시·군계획시설입체복합구역의 지정 및 변경과 도시·군계획시설입체복합구역의 건축제한·건폐율·용적률·높이 등에 관한 사항에 대한 제안의 경우: 대상 토지면적의 5분의 4 이상
> 2. 지구단위계획구역의 지정 및 변경과 지구단위계획의 수립 및 변경에 관한 사항, 용도지구의 지정 및 변경에 관한 사항에 대한 제안의 경우: 대상 토지면적의 3분의 2 이상

---

❶ 광역도시계획 및 도시·군기본계획(생활권계획을 포함) 등에서 제시한 내용을 수용하고 개별 사업계획과의 관계 및 도시의 성장추세를 고려하여 수립하도록 할 것

❷ 용도지역, 개발제한구역·시가화조정구역은 제안사항에 해당하지 않는다.

⚡기출

01 주민은 (　　)개발진흥지구의 지정 및 변경에 관한 사항에 대하여 도시·군관리계획의 입안을 제안할 수 있다. 제33회

02 주민이 기반시설의 설치·정비 및 개량에 관한 사항에 대하여 도시·군관리계획의 입안을 제안하려는 경우 국·공유지를 제외한 대상 토지면적의 (　　) 이상의 토지소유자의 동의를 받아야 한다. 제29·36회

기출정답
01 산업·유통　02 5분의 4

③ **처리결과의 통보**: 입안의 제안을 받은 국토교통부장관, 시·도지사, 시장 또는 군수는 제안일부터 45일 이내에 도시·군관리계획 입안에의 반영 여부를 제안자에게 통보해야 한다. 다만, 부득이한 사정이 있는 경우에는 1회에 한하여 30일을 연장할 수 있다.

④ **비용부담**: 입안을 제안받은 자는 제안자와 협의하여 제안된 도시·군관리계획의 입안 및 결정에 필요한 비용의 전부 또는 일부를 제안자에게 부담시킬 수 있다.

(4) 기초조사 등

① **기초조사의무**: 도시·군관리계획을 입안하는 경우에는 광역도시계획의 기초조사(법 제13조)를 준용한다. 다만, 경미한 사항❶을 입안하는 경우에는 그러하지 않다.

② **환경성 검토 및 토지적성평가 등**: 국토교통부장관, 시·도지사, 시장 또는 군수는 기초조사의 내용에 도시·군관리계획이 환경에 미치는 영향 등에 대한 환경성 검토 및 토지적성평가와 재해취약성분석을 포함해야 한다.

③ **기초조사 등의 생략**: 도시·군관리계획으로 입안하려는 지역이 도심지에 위치하거나 개발이 끝나 나대지가 없는 등 다음의 요건에 해당하면 기초조사, 환경성 검토, 토지적성평가 또는 재해취약성분석을 하지 않을 수 있다.

> 1. 기초조사를 실시하지 않을 수 있는 경우
>   ① 해당 지구단위계획구역이 도심지(상업지역과 상업지역에 연접한 지역을 말함)에 위치하는 경우
>   ② 해당 지구단위계획구역 안의 나대지 면적이 구역 면적의 2%에 미달하는 경우
>   ③ 너비 12m 이상 도로의 설치계획이 없는 경우
>   ④ 기존의 용도지구를 폐지하고 지구단위계획을 수립 또는 변경하여 그 용도지구에 따른 건축제한을 그대로 대체하려는 경우
>   ⑤ 해당 도시·군계획시설의 결정을 해제하려는 경우 … (이하 생략)
> 2. 환경성 검토를 실시하지 않을 수 있는 경우
>   ① 1.의 어느 하나에 해당하는 경우
>   ② 「환경영향평가법」에 따른 전략환경영향평가대상인 경우
> 3. 토지적성평가를 실시하지 않을 수 있는 경우
>   ① 1.의 어느 하나에 해당하는 경우
>   ② 도시·군관리계획 입안일부터 5년 이내에 토지적성평가를 실시한 경우
>   ③ 주거지역·상업지역 또는 공업지역에 도시·군관리계획을 입안하는 경우
>   ④ 개발제한구역에서 조정 또는 해제된 지역에 대하여 도시·군관리계획을 입안하거나 개발제한구역 안에 기반시설을 설치하는 경우

---

❶ **경미한 사항**
1. 도시·군계획시설부지면적의 5% 미만의 변경
2. 도시·군계획시설의 근소한 위치변경
3. 도시·군계획시설의 세부시설의 변경
4. 도시지역의 축소에 따른 용도지역 등의 변경 등

⚡기출

01 도시·군관리계획으로 입안하려는 지구단위계획구역이 (　　)지역에 위치하는 경우에는 재해취약성분석을 하지 않을 수 있다. 제32회

02 도시·군계획시설부지에서 도시·군관리계획을 입안하는 경우에는 그 계획의 입안을 위한 (　　)를 실시하지 않을 수 있다. 제26회

03 해당 지구단위계획구역 안의 나대지 면적이 구역 면적의 (　　)%에 미달하는 경우 기초조사를 실시하지 않을 수 있다. 제36회

기출정답
01 상업　02 토지적성평가
03 2

⑤ 지구단위계획구역 또는 도시·군계획시설부지에서 도시·군관리계획을 입안하는 경우
⑥ 주거지역·상업지역·공업지역 또는 계획관리지역 외의 용도지역 상호간의 변경(자연녹지지역으로 변경하는 경우는 제외)의 경우
… (이하 생략)

4. 재해취약성분석을 실시하지 않을 수 있는 경우
① 1.의 어느 하나에 해당하는 경우
② 도시·군관리계획 입안일부터 5년 이내에 재해취약성분석을 실시한 경우
… (이하 생략)

(5) 주민과 지방의회의 의견청취

① **주민의 의견청취**: 국토교통부장관, 시·도지사, 시장 또는 군수는 도시·군관리계획을 입안할 때에는 주민의 의견을 들어야 하며,❶ 그 의견이 타당하다고 인정되면 도시·군관리계획안에 반영해야 한다. 다만, 국방상 또는 국가안전보장상 기밀을 지켜야 할 필요가 있는 사항(관계 중앙행정기관의 장이 요청하는 것만 해당)이거나 경미한 사항인 경우에는 그러하지 아니하다.

> 1. **공고·열람**: 주민의견청취에 필요한 사항은 대통령령으로 정하는 기준에 따라 해당 지방자치단체의 조례로 정한다.
>   (1) 도시·군관리계획안의 주요 내용을 다음의 매체에 각각 공고할 것
>   ① 해당 지방자치단체의 공보나 둘 이상의 일반일간신문
>   ② 해당 지방자치단체의 인터넷 홈페이지 등의 매체
>   ③ 국토교통부장관이 구축·운영하는 국토이용정보체계
>   (2) 도시·군관리계획안을 14일 이상의 기간 동안 일반인이 열람할 수 있도록 할 것
> 2. **의견서 제출**: 공고된 도시·군관리계획안의 내용에 대하여 의견이 있는 자는 열람기간 내에 특별시장·광역시장·특별자치시장·특별자치도지사·시장 또는 군수에게 의견서를 제출할 수 있다.
> 3. **결과 통보**: 국토교통부장관, 시·도지사, 시장 또는 군수는 제출된 의견을 도시·군관리계획안에 반영할 것인지 여부를 검토하여 그 결과를 열람기간이 종료된 날부터 60일 이내에 해당 의견을 제출한 자에게 통보해야 한다.

② **지방의회의 의견청취**: 국토교통부장관, 시·도지사, 시장 또는 군수는 도시·군관리계획을 입안하려면 다음의 사항에 대하여 해당 지방의회의 의견을 들어야 한다. 다만, 경미한 사항 및 지구단위계획으로 결정 또는 변경결정하는 사항은 제외한다.

---

❶ 주민의견청취를 거치지 않은 도시·군관리계획은 절차상 중대하고 명백한 하자가 있는 경우로서 위법 무효이다.

⚡ **기출**

01 도시지역의 ( )에 따른 용도지역의 변경을 내용으로 하는 도시·군관리계획을 입안하는 경우에는 주민 및 지방의회 의견청취를 생략할 수 있다. 제24회 수정

02 입안권자가 용도지역·용도지구 또는 용도구역의 지정에 관한 도시·군관리계획을 입안하려면 해당 ( )의 의견을 들어야 한다. 제23회

기출정답
01 축소 02 지방의회

1. 용도지역·용도지구 또는 용도구역의 지정 또는 변경지정
2. 광역도시계획에 포함된 광역시설의 설치·정비 또는 개량에 관한 결정 또는 변경결정
3. 다음에 해당하는 기반시설의 설치·정비 또는 개량에 관한 결정 또는 변경결정. 다만, 지방의회의 권고대로 도시·군계획시설결정을 해제하기 위한 경우는 제외한다.
   ① 도로 중 주간선도로, 철도 중 도시철도
   ② 자동차정류장 중 여객자동차터미널(시외버스운송사업용에 한함)
   ③ 학교 중 대학, 공공청사 중 지방자치단체의 청사 등

(6) 동시 입안의 특례

국토교통부장관, 시·도지사, 시장 또는 군수는 도시·군관리계획을 조속히 입안해야 할 필요가 있다고 인정되면 광역도시계획이나 도시·군기본계획을 수립할 때에 도시·군관리계획을 함께 입안할 수 있다.

03 도시·군관리계획의 결정

(1) 결정권자

① **원칙**: 도시·군관리계획은 시·도지사가 직접 또는 시장·군수의 신청에 따라 결정한다. 다만, 인구 50만 이상의 대도시의 경우에는 해당 대도시 시장이 직접 결정한다.

② **시장 또는 군수**: 다음의 도시·군관리계획은 시장 또는 군수가 직접 결정한다.

1. 시장 또는 군수가 입안한 지구단위계획구역의 지정·변경과 지구단위계획의 수립·변경에 관한 도시·군관리계획
2. 지구단위계획으로 대체하는 용도지구 폐지에 관한 도시·군관리계획(도지사와 미리 협의한 경우로 한정)

③ **국토교통부장관**: 다음의 도시·군관리계획은 국토교통부장관이 결정한다.

1. 국토교통부장관이 입안한 도시·군관리계획
2. 개발제한구역의 지정 및 변경에 관한 도시·군관리계획
3. (국가계획과 연계하여 필요한 경우) 시가화조정구역의 지정 및 변경에 관한 도시·군관리계획

⚡기출

01 국가계획과 연계하여 시가화조정구역의 지정이 필요한 경우 (   )이 직접 그 지정을 도시·군관리계획으로 결정할 수 있다. 제28회

02 시장 또는 군수가 입안한 (   )의 수립·변경에 관한 도시·군관리계획은 시장 또는 군수가 직접 결정한다. 제35회

기출정답
01 국토교통부장관
02 지구단위계획

④ **해양수산부장관**: 수산자원보호구역의 지정 및 변경에 관한 도시·군관리계획은 해양수산부장관이 결정한다.

> ★ **개념 PLUS** ㅣ 도시·군관리계획의 입안권자 및 결정권자
>
> | 입안권자 | 결정권자 |
> |---|---|
> | 특별시장·광역시장·도지사·특별자치시장·특별자치도지사(시·도지사) | 특별시장·광역시장·도지사·특별자치시장·특별자치도지사(시·도지사) |
> | 시장 또는 군수 | 도지사. 다만, 지구단위계획구역과 지구단위계획은 시장 또는 군수가 직접 결정 |
> | 대도시의 시장 | 대도시의 시장 |
> | 국토교통부장관 | 국토교통부장관 |
> | 해양수산부장관(수산자원보호구역) | 해양수산부장관(수산자원보호구역) |

(2) 협의와 심의

① **협의**: 시·도지사는 도시·군관리계획을 결정하려면 관계 행정기관의 장과 미리 협의해야 하며, 국토교통부장관(수산자원보호구역의 경우 해양수산부장관)은 관계 중앙행정기관의 장과 미리 협의해야 한다. 이 경우 협의요청을 받은 기관의 장은 특별한 사유가 없으면 30일 이내에 의견을 제시해야 한다.

② **국토교통부장관과 협의**: 시·도지사는 국토교통부장관이 입안하여 결정한 도시·군관리계획을 변경하거나 그 밖에 대통령령으로 정하는 중요한 사항[1]에 관한 도시·군관리계획을 결정하려면 미리 국토교통부장관과 협의해야 한다.

③ **심의**: 국토교통부장관은 도시·군관리계획을 결정하려면 중앙도시계획위원회의 심의를 거쳐야 하며, 시·도지사는 시·도도시계획위원회의 심의를 거쳐야 한다. 다만, 시·도지사가 지구단위계획을 결정하려면 시·도건축위원회와 도시계획위원회가 공동으로 하는 심의를 거쳐야 한다.

④ **협의·심의의 생략**: 국토교통부장관이나 시·도지사는 국방상 또는 국가안전보장상 기밀을 지켜야 할 필요가 있다고 인정되면(관계 중앙행정기관의 장이 요청할 때만 해당) 그 도시·군관리계획의 전부 또는 일부에 대하여 협의와 심의절차를 생략할 수 있다.

---

[1] **대통령령으로 정하는 중요한 사항**
1. 광역도시계획과 관련하여 시·도지사가 입안한 도시·군관리계획
2. 개발제한구역이 해제되는 지역에 대하여 해제 이후 최초로 결정되는 도시·군관리계획
3. 둘 이상의 시·도에 걸치는 기반시설의 설치·정비 또는 개량에 관한 도시·군관리계획

⚡ **기출**

01 시·도지사는 국가계획과 관련되어 국토교통부장관이 입안하여 결정한 도시·군관리계획을 변경하려면 미리 국토교통부장관과 (   )해야 한다. 제35회

02 시·도지사가 (   )을 결정하려면 「건축법」에 따라 시·도에 두는 건축위원회와 도시계획위원회가 공동으로 하는 심의를 거쳐야 한다. 제31회

기출정답
01 협의   02 지구단위계획

⑤ **변경**: 결정된 도시·군관리계획을 변경하려는 경우에는 협의 및 심의 규정을 준용한다. 다만, 다음의 경미한 사항을 변경하는 경우에는 그러하지 않다.

> 1. 다음의 어느 하나에 해당하는 경우
>   ① 단위 도시·군계획시설부지 면적 또는 도시·군계획시설입체복합구역 면적의 5% 미만의 변경인 경우
>   ② 지형사정으로 인한 도시·군계획시설의 근소한 위치변경
>   ③ 이미 결정된 도시·군계획시설의 세부시설을 변경하는 경우로서 세부시설 면적, 건축물 연면적 또는 건축물 높이의 변경이 포함되지 않는 경우
>   ④ 도시지역의 축소에 따른 용도지역·지구·구역 또는 지구단위계획구역의 변경
>   ⑤ 도시혁신구역 면적 또는 복합용도구역 면적의 10% 이내의 변경 등
> 2. 지구단위계획 중 다음의 어느 하나에 해당하는 경우. 다만, ⑭에 해당하는 경우에는 공동위원회의 심의를 거쳐야 한다.[1]
>   ① 가구(街區)면적의 10% 이내의 변경인 경우
>   ② 획지(劃地) 면적의 30% 이내의 변경인 경우
>   ③ 건축물 높이의 20% 이내의 변경인 경우(층수변경이 수반되는 경우 포함)
>   ④ 건축물의 배치·형태 또는 색채의 변경인 경우
>   ⑤ 지구단위계획구역 면적의 10%(용도지역 변경을 포함하는 경우에는 5%) 이내의 변경
>   … (이하 ⑥부터 ⑬까지 생략)
>   ⑭ 「건축법」 등 다른 법령의 규정에 따른 건폐율 또는 용적률 완화 내용을 반영하기 위해 지구단위계획을 변경하는 경우

[1] 「건축법」 등 다른 법령의 규정에 따른 건폐율 또는 용적률 완화 내용을 반영하기 위한 지구단위계획의 변경은 건축위원회와 도시계획위원회의 공동위원회의 심의를 거쳐야 한다.

(3) 고시·열람

국토교통부장관이나 시·도지사는 도시·군관리계획을 결정하면 관보나 시·도의 공보와 인터넷 홈페이지에 게재하는 방법으로 그 결정을 고시하고, 국토교통부장관이나 도지사는 관계 서류를 관계 특별시장·광역시장·특별자치시장·특별자치도지사·시장 또는 군수에게 송부하여 일반이 열람할 수 있도록 해야 하며, 특별시장·광역시장·특별자치시장·특별자치도지사는 관계 서류를 일반이 열람할 수 있도록 해야 한다.

TIP
시장 또는 군수가 도시·군관리계획을 결정하는 경우에는 (2)부터 (3)까지의 규정을 준용한다.

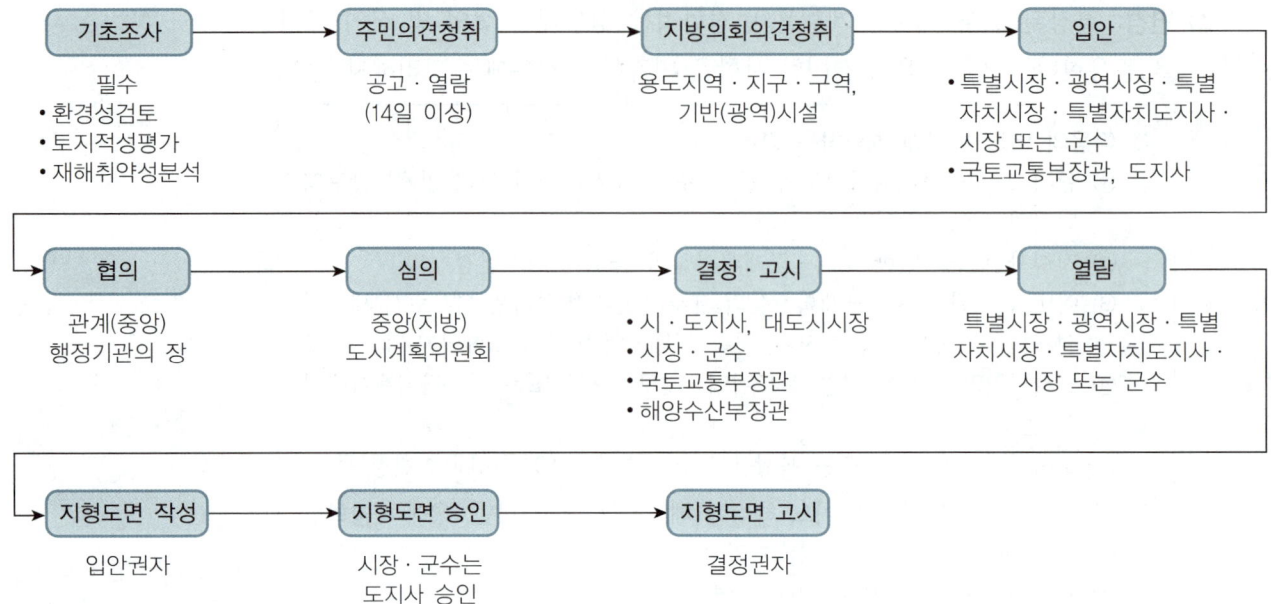

04 지형도면의 고시 등

(1) 지형도면의 작성(입안권자)

① **원칙**: 특별시장·광역시장·특별자치시장·특별자치도지사·시장 또는 군수는 도시·군관리계획결정이 고시되면 **지적(地籍)이 표시된 지형도**에 도시·군관리계획에 관한 사항을 자세히 밝힌 도면(이하 '지형도면')을 작성해야 한다.

② **승인**: **시장**(대도시 시장은 제외)**이나 군수**는 지형도면(지구단위계획구역의 지정·변경과 지구단위계획의 수립·변경은 제외)을 작성하면 **도지사의 승인**을 받아야 한다. 이 경우 도지사는 그 지형도면과 결정·고시된 도시·군관리계획을 대조하여 착오가 없다고 인정되면 **30일 이내**에 그 지형도면을 승인해야 한다.

③ **예외**: **국토교통부장관**(수산자원보호구역의 경우 해양수산부장관)이나 **도지사**는 도시·군관리계획을 직접 입안한 경우에는 직접 지형도면을 작성할 수 있다.

(2) 지형도면의 고시(결정권자)

국토교통부장관, 시·도지사, 시장 또는 군수는 직접 지형도면을 작성하거나 지형도면을 승인한 경우에는 이를 고시해야 한다.

> ⚡ **기출**
>
> **01** 국토교통부장관이 도시·군관리계획을 직접 입안한 경우에는 (　　)이 직접 지형도면을 작성할 수 있다. 제35회
>
> **기출정답**
>
> 01 국토교통부장관

05 도시·군관리계획결정의 효력

(1) 효력발생

도시·군관리계획결정의 효력은 **지형도면을 고시한 날**부터 발생한다.

(2) 시행 중인 공사에 대한 특례(기득권 보호)

① **원칙**: 도시·군관리계획결정 당시 이미 사업이나 공사에 **착수**한 자는 그 도시·군관리계획결정과 **관계없이** 사업이나 공사를 계속할 수 있다.

② **예외**: **시가화조정구역이나 수산자원보호구역**의 지정에 관한 도시·군관리계획결정 당시 이미 사업 또는 공사에 **착수**한 자는 도시·군관리계획결정의 고시일부터 **3개월 이내**에 그 사업 또는 공사의 내용을 관할 특별시장·광역시장·특별자치시장·특별자치도지사·시장 또는 군수에게 **신고**하고 계속할 수 있다.

> **TIP**
> 광역도시계획과 도시·군기본계획은 효력발생시기에 대한 규정이 없다.

> **⚡기출**
> 01 도시·군관리계획결정의 효력은 지형도면을 (　)부터 발생한다. 제35회
> 02 시가화조정구역의 지정에 관한 도시·군관리계획의 결정 당시 이미 사업 또는 공사에 착수한 자는 도시·군관리계획결정의 고시일부터 (　) 이내에 신고하고 계속할 수 있다. 제35회

06 도시·군관리계획의 정비

(1) 타당성 검토

특별시장·광역시장·특별자치시장·특별자치도지사·시장 또는 군수는 **5년마다** 관할 구역의 도시·군관리계획에 대하여 그 타당성을 전반적으로 재검토하여 정비해야 한다.

(2) 장기발전구상 포함

도시·군기본계획을 수립하지 않는 시·군의 시장·군수는 도시·군관리계획을 정비하는 때에는 계획설명서에 해당 시·군의 장기발전구상을 포함시켜야 하며, 공청회를 개최하여 이에 관한 주민의 의견을 들어야 한다.

> **TIP**
> 도시·군기본계획과 도시·군관리계획은 5년마다 타당성 여부를 검토해야 하나, 광역도시계획은 타당성 검토가 없다.

> **기출정답**
> 01 고시한 날　02 3개월

📙 암기 PLUS | 도시계획의 비교

구분	광역도시계획	도시·군기본계획	도시·군관리계획
수립대상 지역	광역계획권	특별시·광역시·특별자치시·특별자치도·시 또는 군 및 생활권	특별시·광역시·특별자치시·특별자치도·시 또는 군
구속력	×(행정규칙)	×(행정규칙)	○(행정처분)
행정쟁송대상	×	×	○
주민의견청취	공청회	공청회	공고·열람
일반열람기간	30일 이상	30일 이상	무제한
효력발생시기	×	×	지형도면의 고시일
타당성 검토	×	5년마다	5년마다

제5장 용도지역·용도지구·용도구역

기본서 p.58~115

구분	용도지역	용도지구	용도구역
지정목적	토지의 경제적·효율적 이용, 공공복리의 증진	용도지역의 기능증진, 경관·안전 등을 도모	시가지의 무질서한 확산방지, 계획적·단계적 토지이용의 도모, 혁신적·복합적 토지활용의 촉진, 토지이용의 종합적 조정·관리 등
지정범위	전국의 토지(필수적). 다만, 미지정 지역이 있을 수 있음	일부 토지(국지적)	일부 토지(국지적)
중복지정	×	○	○
지정절차	도시·군관리계획결정. 다만, 지정(·고시)의 특례 있음	도시·군관리계획결정	도시·군관리계획(공간재구조화계획)결정
지정효과[1]	건축물의 용도, 건폐율·용적률 제한(1차적, 수평적 토지이용제한)	용도지역의 제한을 강화 또는 완화(2차적, 수직적·입체적 건축제한)	용도지역·용도지구의 제한을 강화 또는 완화하여 따로 정함(독자적)

TIP
동일한 토지에 중복지정 가능 여부
1. 용도지역 + 용도지역: ×
2. 용도지역 + 용도지구: ○
3. 용도지구 + 용도지구: ○

[1] 용도지역·지구·구역의 지정에 따른 행위제한은 공공복리를 위한 토지소유권에 대한 사회적(내재적) 제약으로 보아 별도의 손실보상의 대상이 되지 않는다.

제1절 용도지역 빈출

용도지역이란 토지의 이용 및 건축물의 용도, 건폐율, 용적률, 높이 등을 제한함으로써 토지를 경제적·효율적으로 이용하고 공공복리의 증진을 도모하기 위하여 서로 중복되지 않게 도시·군관리계획으로 결정하는 지역을 말한다.

01 종류·세분

국토는 토지의 이용실태 및 특성, 장래의 토지이용 방향, 지역간 균형발전 등을 고려하여 다음의 용도지역으로 구분하며, 주거지역·상업지역·공업지역 및 녹지지역은 대통령령으로 정하는 바에 따라 세분하여 지정하거나 변경할 수 있다.

⚡ **기출**
01 용도지역은 서로 중복되게 지정할 수 (   ).
제35회

기출정답
01 없다

(1) 도시지역

인구와 산업이 밀집되어 있거나 밀집이 예상되어 그 지역에 대하여 체계적인 개발·정비·관리·보전 등이 필요한 지역

① **주거지역**: 거주의 안녕과 건전한 생활환경의 보호를 위하여 필요한 지역

전용주거지역	제1종	단독주택 중심의 양호한 주거환경을 보호하기 위하여 필요한 지역
	제2종	공동주택 중심의 양호한 주거환경을 보호하기 위하여 필요한 지역
일반주거지역	제1종	저층주택을 중심으로 편리한 주거환경을 조성하기 위하여 필요한 지역
	제2종	중층주택을 중심으로 편리한 주거환경을 조성하기 위하여 필요한 지역
	제3종	중고층주택을 중심으로 편리한 주거환경을 조성하기 위하여 필요한 지역
준주거지역		주거기능을 위주로 이를 지원하는 일부 상업기능 및 업무기능을 보완하기 위하여 필요한 지역

② **상업지역**: 상업이나 그 밖의 업무의 편익을 증진하기 위하여 필요한 지역

근린상업지역	근린지역에서의 일용품 및 서비스의 공급을 위하여 필요한 지역
유통상업지역	도시 내 및 지역간 유통기능의 증진을 위하여 필요한 지역
일반상업지역	일반적인 상업기능 및 업무기능을 담당하게 하기 위하여 필요한 지역
중심상업지역	도심·부도심의 상업기능 및 업무기능의 확충을 위하여 필요한 지역

③ **공업지역**: 공업의 편익을 증진하기 위하여 필요한 지역

전용공업지역	주로 중화학공업, 공해성 공업 등을 수용하기 위하여 필요한 지역
일반공업지역	환경을 저해하지 않는 공업의 배치를 위하여 필요한 지역
준공업지역	경공업 그 밖의 공업을 수용하되, 주거기능·상업기능 및 업무기능의 보완이 필요한 지역

TIP

시·도지사 또는 대도시 시장은 도시·군계획조례로 정하는 바에 따라 도시·군관리계획결정으로 세분된 주거지역·상업지역·공업지역·녹지지역을 추가적으로 세분하여 지정할 수 있다.

⚡ 기출

01 저층주택 중심의 편리한 주거환경을 조성하기 위하여 필요한 지역은 ( )주거지역으로 지정한다. 제24회

02 환경을 저해하지 않는 공업의 배치를 위하여 필요한 지역은 ( )공업지역으로 지정한다. 제24회

기출정답
01 제1종 일반 02 일반

④ **녹지지역**: 자연환경·농지 및 산림의 보호, 보건위생, 보안과 도시의 무질서한 확산을 방지하기 위하여 녹지의 보전이 필요한 지역

보전녹지지역	도시의 자연환경·경관·산림 및 녹지공간을 보전할 필요가 있는 지역
생산녹지지역	주로 농업적 생산을 위하여 개발을 유보할 필요가 있는 지역
자연녹지지역	도시의 녹지공간의 확보, 도시확산의 방지, 장래 도시용지의 공급 등을 위하여 보전할 필요가 있는 지역으로서 불가피한 경우에 한하여 제한적인 개발이 허용되는 지역

(2) 관리지역

도시지역의 인구와 산업을 수용하기 위하여 도시지역에 준하여 체계적으로 관리하거나 농림업의 진흥, 자연환경 또는 산림의 보전을 위하여 농림지역 또는 자연환경보전지역에 준하여 관리할 필요가 있는 지역

보전관리지역	자연환경보호, 산림보호, 수질오염방지, 녹지공간확보 및 생태계보전 등을 위하여 보전이 필요하나, 주변 용도지역과의 관계 등을 고려할 때 자연환경보전지역으로 지정하여 관리하기가 곤란한 지역
생산관리지역	농업·임업·어업 생산 등을 위하여 관리가 필요하나, 주변 용도지역과의 관계 등을 고려할 때 농림지역으로 지정하여 관리하기가 곤란한 지역
계획관리지역	도시지역으로의 편입이 예상되는 지역이나 자연환경을 고려하여 제한적인 이용·개발을 하려는 지역으로서 계획적·체계적인 관리가 필요한 지역

TIP
계획관리지역은 도시지역에 해당하지 않는다.

(3) 농림지역

도시지역에 속하지 않는 「농지법」에 따른 농업진흥지역 또는 「산지관리법」에 따른 보전산지 등으로서 농림업을 진흥시키고 산림을 보전하기 위하여 필요한 지역

(4) 자연환경보전지역

자연환경·수자원·해안·생태계·상수원 및 국가유산의 보전과 수산자원의 보호·육성 등을 위하여 필요한 지역

02 지정절차

(1) 원칙

국토교통부장관, 시·도지사 또는 대도시 시장은 용도지역의 지정 또는 변경을 도시·군관리계획으로 결정한다.

(2) 공유수면매립지의 특례

① **지정 의제**: 공유수면(바다만 해당)의 매립목적이 그 매립구역과 이웃하고 있는 용도지역의 내용과 같으면 도시·군관리계획의 입안·결정절차 없이 그 매립준공구역은 매립의 준공인가일부터 이와 이웃하고 있는 용도지역으로 지정된 것으로 본다. 이 경우 관계 특별시장·광역시장·특별자치시장·특별자치도지사·시장 또는 군수는 그 사실을 지체 없이 고시해야 한다.

② **도시·군관리계획의 결정**: 공유수면의 매립목적이 그 매립구역과 이웃하고 있는 용도지역의 내용과 다른 경우 및 그 매립구역이 둘 이상의 용도지역에 걸쳐 있거나 이웃하고 있는 경우 그 매립구역이 속할 용도지역은 도시·군관리계획결정으로 지정해야 한다.

(3) 다른 법률에 따라 지정된 구역 등의 특례

① **도시지역으로 결정·고시 의제**: 다음의 구역 등으로 지정·고시된 지역은 도시지역으로 결정·고시된 것으로 본다.

> 1. 「항만법」에 따른 항만구역으로서 도시지역에 연접한 공유수면
> 2. 「어촌·어항법」에 따른 어항구역으로서 도시지역에 연접한 공유수면
> 3. 「산업입지 및 개발에 관한 법률」에 따른 국가산업단지, 일반산업단지 및 도시첨단산업단지(농공단지는 제외)
> 4. 「택지개발촉진법」에 따른 택지개발지구
> 5. 「전원개발촉진법」에 따른 전원개발사업구역 및 예정구역(수력발전소 또는 송·변전설비만을 설치하기 위한 경우는 제외)

② **관리지역에서의 특례**: 관리지역에서 「농지법」에 따른 농업진흥지역으로 지정·고시된 지역은 농림지역으로, 관리지역의 산림 중 「산지관리법」에 따라 보전산지로 지정·고시된 지역은 그 고시에서 구분하는 바에 따라 농림지역 또는 자연환경보전지역으로 결정·고시된 것으로 본다.

⚡기출

01 바다인 공유수면의 매립구역이 둘 이상의 용도지역과 이웃하고 있는 경우 그 매립구역이 속할 용도지역은 (   )결정으로 지정해야 한다. 제35회

02 「택지개발촉진법」에 따른 택지개발지구로 지정·고시된 지역은 (   )지역으로 결정·고시된 것으로 본다. 제33회

03 관리지역에서 「농지법」에 따른 농업진흥지역으로 지정·고시된 지역은 (   )지역으로 결정·고시된 것으로 본다. 제35회

기출정답
01 도시·군관리계획
02 도시   03 농림

③ **용도지역의 환원**: ①에 해당하는 구역 등이 해제되는 경우(개발사업의 완료로 해제되는 경우는 제외) 이 법 또는 다른 법률에서 따로 정하고 있지 않은 경우에는 이를 지정하기 이전의 용도지역으로 환원된 것으로 본다. 이 경우 지정권자는 용도지역이 환원된 사실을 고시해야 한다.

03 행위제한

(1) 건축제한

① **원칙**: 용도지역에서의 건축물이나 그 밖의 시설의 용도·종류 및 규모 등의 제한에 관한 사항은 대통령령으로 정한다.

구분	건축할 수 있는 건축물	도시·군계획조례가 정하는 바에 따라 건축할 수 있는 건축물
제1종 전용 주거 지역	1. 단독주택(다가구주택은 제외) 2. 제1종 근린생활시설(1천m² 미만)	1. 단독주택 중 다가구주택 2. 공동주택 중 연립주택 및 다세대주택 3. 제2종 근린생활시설 중 종교집회장 4. 교육연구시설 중 유치원·초등학교·중학교 및 고등학교 5. 노유자시설 6. 자동차 관련 시설 중 주차장
제2종 전용 주거 지역	1. 단독주택 2. 공동주택 3. 제1종 근린생활시설(1천m² 미만)	1. 제2종 근린생활시설 중 종교집회장 2. 교육연구시설 중 유치원·초등학교·중학교 및 고등학교 3. 노유자시설 4. 자동차 관련 시설 중 주차장
제1종 일반 주거 지역 (4층 이하)	1. 단독주택 2. 공동주택(아파트는 제외) 3. 제1종 근린생활시설 4. 교육연구시설 중 유치원·초등학교·중학교 및 고등학교 5. 노유자시설	1. 제2종 근린생활시설(단란주점·안마시술소는 제외) 2. 문화 및 집회시설(공연장·관람장은 제외) 3. 종교시설 4. 의료시설(격리병원은 제외) 5. 수련시설 … (이하 20.까지 생략)

자연환경보전지역	1. 단독주택으로서 농어가주택(「농지법」에 따른 농·어업인 주택) 2. 교육연구시설 중 초등학교	1. 제1종 근린생활시설 2. 제2종 근린생활시설 중 종교집회장(지목이 종교용지) 3. 동·식물 관련 시설 중 작물재배사, 종묘배양시설, 온실과 양어시설 … (이하 9.까지 생략)

TIP

농림지역에서는 부지면적이 1천m² 미만인 단독주택을 건축할 수 있다.

② 그 밖의 건축물의 용도제한

아파트	제1종 전용주거지역, 제1종 일반주거지역(4층 이하), 유통상업지역, 전용공업지역, 일반공업지역, 보전·생산·자연녹지지역(4층 이하), 보전·생산·계획관리지역(4층 이하), 농림지역과 자연환경보전지역에서 건축 금지
기타	1. 주택은 유통상업지역과 전용공업지역에서 건축 금지. 다만, 전용공업지역에서 기숙사는 도시·군계획조례로 정하면 건축 가능 2. 위락시설은 상업지역에서, 숙박시설은 상업지역·준공업지역·자연녹지지역 및 계획관리지역에서 건축 가능 3. 준주거지역, 상업지역, 준공업지역 및 계획관리지역은 건축할 수 없는 건축물을 규정(소극적 건축제한)

⚡ 기출

01 아파트는 제2종 전용주거지역, 제2종 일반주거지역, 제3종 일반주거지역, 준주거지역, 중심상업지역, 일반상업지역, 근린상업지역 및 준공업지역에서 건축할 수 ( ). 제29회

③ 건축제한에 관한 특별규정

농공단지	「산업입지 및 개발에 관한 법률」에서 정하는 바에 따름
농림지역	농업진흥지역은 「농지법」, 보전산지는 「산지관리법」, 초지는 「초지법」에서 정하는 바에 따름
자연환경보전지역	공원구역은 「자연공원법」, 상수원보호구역은 「수도법」, 지정문화유산은 「문화유산의 보존 및 활용에 관한 법률」, 천연기념물은 「자연유산의 보존 및 활용에 관한 법률」, 해양보호구역은 「해양생태계의 보전 및 관리에 관한 법률」, 수산자원보호구역인 경우에는 「수산자원관리법」에서 정하는 바에 따름

(2) 건폐율·용적률 제한

① 의의

1. **건폐율**: 대지면적[1]에 대한 건축면적[2](대지에 건축물이 둘 이상 있는 경우에는 이들 건축면적의 합계)의 비율

$$건폐율 = \frac{건축면적}{대지면적} \times 100$$

[1] 대지의 수평투영면적

[2] 건축물 외벽의 중심선으로 둘러싸인 부분의 수평투영면적

기출정답

01 있다

[1] 각 층의 바닥면적의 합계 (용적률 산정시 지하층, 주차장 면적 등은 제외)

2. **용적률**: 대지면적에 대한 연면적[1](대지에 건축물이 둘 이상 있는 경우에는 이들 연면적의 합계)의 비율

$$용적률 = \frac{연면적}{대지면적} \times 100$$

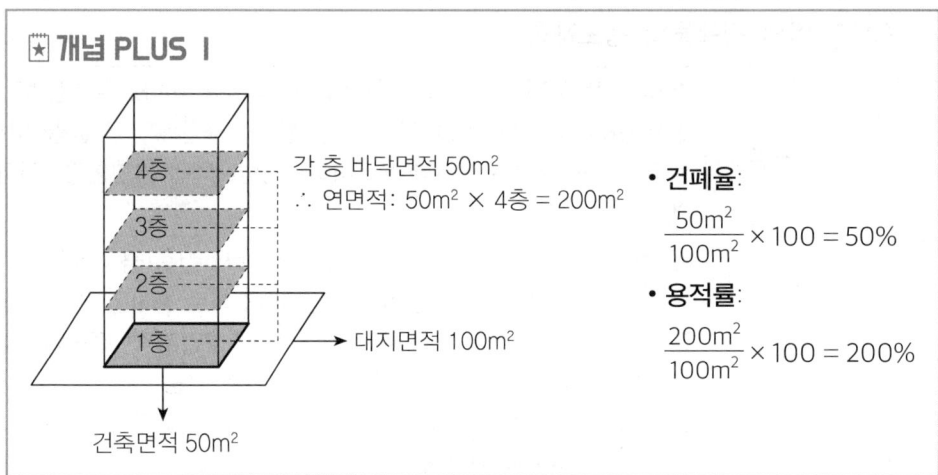

개념 PLUS |

각 층 바닥면적 50m²
∴ 연면적: 50m² × 4층 = 200m²

대지면적 100m²

건축면적 50m²

- 건폐율: $\frac{50m^2}{100m^2} \times 100 = 50\%$
- 용적률: $\frac{200m^2}{100m^2} \times 100 = 200\%$

② **원칙**: 용도지역에서 건폐율·용적률의 최대한도는 법률의 범위에서 대통령령으로 정하는 기준에 따라 특별시·광역시·특별자치시·특별자치도·시 또는 군의 도시·군계획조례가 정하는 비율 이하로 한다.

용도지역			건폐율		용적률	
			법률	대통령령	법률	대통령령
도시 지역	주거 지역	전용 제1종	70%	50%	500%	50% 이상 100% 이하
		전용 제2종		50%		50% 이상 150% 이하
		일반 제1종		60%		100% 이상 200% 이하
		일반 제2종		60%		100% 이상 250% 이하
		일반 제3종		50%		100% 이상 300% 이하
		준		70%		200% 이상 500% 이하
	상업 지역	근린	90%	70%	1,500%	200% 이상 900% 이하
		유통		80%		200% 이상 1,100% 이하
		일반		80%		200% 이상 1,300% 이하
		중심		90%		200% 이상 1,500% 이하

⚡기출

01 준공업지역( )% > 제1종 일반주거지역( )% > 제2종 전용주거지역( )% > 계획관리지역( )%의 순으로 건폐율의 최대한도가 크다. 제25회

02 준주거지역( )% > 준공업지역( )% > 일반공업지역( )% > 생산녹지지역( )%의 순서대로 용적률의 최대한도가 크다. 제36회

기출정답

01 70, 60, 50, 40
02 500, 400, 350, 100

공업지역	전용	70%	70%	400%	150% 이상 300% 이하
	일반		70%		150% 이상 350% 이하
	준		70%		150% 이상 400% 이하
녹지지역	보전	20%	20%	100%	50% 이상 80% 이하
	생산		20%		50% 이상 100% 이하
	자연		20%		50% 이상 100% 이하
관리지역	보전	20%	20%	80%	50% 이상 80% 이하
	생산	20%	20%	80%	50% 이상 80% 이하
	계획	40%	40%	100%	50% 이상 100% 이하
농림지역		20%	20%	80%	50% 이상 80% 이하
자연환경보전지역		20%	20%	80%	50% 이상 80% 이하

③ 건폐율의 특례

1. **건폐율의 조정**: 다음에 해당하는 지역에서의 건폐율에 관한 기준은 80% 이하의 범위에서 대통령령으로 정하는 기준에 따라 조례로 정하는 비율 이하로 한다.
   ① **취락지구**: 60% 이하(집단취락지구에 대하여는 개발제한구역의 지정 및 관리에 관한 특별조치법령이 정하는 바에 따름)
   ② **개발진흥지구**: 도시지역 외의 지역은 40%(계획관리지역에 지정된 산업·유통개발진흥지구는 60%) 이하, 자연녹지지역은 30% 이하
   ③ **수산자원보호구역**: 40% 이하
   ④ **자연공원**: 60% 이하
   ⑤ **농공단지**: 70% 이하. 다만, 해당 지방도시계획위원회의 심의를 거쳐 도로·상하수도 등의 기반시설이 충분히 확보되었다고 인정되거나 도시·군계획조례로 정하는 기반시설 확보 요건을 갖춘 경우에는 80% 이하
   ⑥ **공업지역에 있는 국가·일반·도시첨단산업단지, 준산업단지**: 80% 이하
2. **방재지구**: 녹지지역·관리지역·농림지역 및 자연환경보전지역의 건축물로서 방재지구의 재해저감대책에 부합하게 재해예방시설을 설치한 건축물은 해당 용도지역별 건폐율의 150% 이하의 범위에서 도시·군계획조례로 정하는 비율을 초과할 수 없다.

④ 용적률의 특례

1. **용적률의 조정**: 다음에 해당하는 지역에서의 용적률에 대한 기준은 200% 이하의 범위에서 대통령령으로 정하는 기준에 따라 조례로 따로 정한다.
   ① 도시지역 외의 지역에 지정된 개발진흥지구: 100% 이하
   ② 수산자원보호구역: 80% 이하

기출

01 「산업입지 및 개발에 관한 법률」에 따른 농공단지의 경우 도시·군계획조례로 정할 수 있는 건폐율의 최대한도는 (   )%이다. 　제29회

TIP

용적률은 강화하는 특례가 없다.

기출정답

01 70

> ③ 자연공원: 100% 이하
> ④ 도시지역 외의 지역에 지정된 농공단지: 150% 이하
> 2. **방재지구**: 방재지구의 재해저감대책에 부합하게 재해예방시설을 설치하는 건축물의 경우 주거지역·상업지역과 공업지역에서는 해당 용적률의 140% 이하의 범위에서 도시·군계획조례로 정하는 비율로 할 수 있다.
> 3. **200% 완화**: 다음의 지역 등에서 건축물을 건축하려는 자가 대지의 일부를 공공시설부지로 제공하는 경우에는 그 건축물에 대한 용적률은 해당 용적률의 200% 이하의 범위에서 대지면적의 제공비율에 따라 도시·군계획조례가 정하는 비율로 할 수 있다.
>   ① 상업지역
>   ② 「도시 및 주거환경정비법」에 따른 재개발사업·재건축사업을 시행하기 위한 정비구역

(3) 미지정 또는 미세분 지역에서의 행위제한

① **미지정 지역**: 도시지역, 관리지역, 농림지역 또는 자연환경보전지역으로 용도가 지정되지 않은 지역에 대하여는 용도지역에서의 건축물의 건축제한, 건폐율 및 용적률의 규정을 적용할 때에 자연환경보전지역에 관한 규정을 적용한다.

② **미세분 지역**: 도시지역 또는 관리지역이 세부용도지역으로 지정되지 않은 경우에는 용도지역에서의 건축물의 건축제한, 건폐율 및 용적률의 규정을 적용할 때에 해당 용도지역이 도시지역인 경우에는 보전녹지지역, 관리지역인 경우에는 보전관리지역에 관한 규정을 적용한다.

(4) 도시지역에서 적용배제

도시지역에 대하여는 다음의 법률규정을 적용하지 않는다.

> 1. 「도로법」에 따른 접도구역
> 2. 「농지법」에 따른 농지취득자격증명. 다만, 녹지지역의 농지로서 도시·군계획시설사업에 필요하지 않은 농지에 대하여는 그러하지 않다.

⚡**기출**

01 도시지역이 세부용도지역으로 지정되지 아니한 경우에는 용도지역의 용적률 규정을 적용할 때에 ( )지역에 관한 규정을 적용한다. 제26회

기출정답
01 보전녹지

제2절 용도지구

용도지구[1]란 토지의 이용 및 건축물의 용도·건폐율·용적률·높이 등에 대한 용도지역의 제한을 강화하거나 완화하여 적용함으로써 용도지역의 기능을 증진시키고 경관·안전 등을 도모하기 위하여 도시·군관리계획으로 결정하는 지역을 말한다.

[1] 국지적, 추가적, 임의적, 중복지정 가능

01 용도지구의 지정

(1) 종류·세분

국토교통부장관, 시·도지사 또는 대도시 시장은 다음에 해당하는 용도지구의 지정 또는 변경을 도시·군관리계획으로 결정한다.

경관지구		경관의 보전·관리 및 형성
	자연	산지·구릉지 등 자연경관을 보호하거나 유지
	시가지	지역 내 주거지, 중심지 등 시가지의 경관을 보호·유지하거나 형성
	특화	지역 내 주요수계의 수변 또는 문화적 보존가치가 큰 건축물 주변의 경관 등 특별한 경관을 보호·유지하거나 형성
고도지구		쾌적한 환경조성 및 토지의 효율적 이용을 위하여 건축물 높이의 최고한도를 규제
방화지구		화재의 위험을 예방
방재지구		풍수해, 산사태, 지반의 붕괴, 그 밖의 재해를 예방
	시가지	건축물·인구가 밀집되어 있는 지역으로서 시설개선 등을 통하여 재해예방
	자연	토지의 이용도가 낮은 해안변, 하천변, 급경사지 주변 등의 지역으로서 건축제한 등을 통하여 재해예방
보호지구		국가유산, 중요시설물 및 문화적·생태적으로 보존가치가 큰 지역의 보호와 보존
	역사문화환경	국가유산·전통사찰 등 역사·문화적으로 보존가치가 큰 시설 및 지역의 보호와 보존
	중요시설물	중요시설물(항만, 공항, 공용시설, 교정시설 및 군사시설)의 보호와 기능의 유지 및 증진
	생태계	야생동식물서식처 등 생태적으로 보존가치가 큰 지역의 보호와 보존

TIP

조례에 의한 세분
시·도지사 또는 대도시 시장은 지역여건상 필요한 때에는 해당 시·도 또는 대도시의 도시·군계획조례로 정하는 바에 따라 경관지구를 추가적으로 세분(특화경관지구의 세분을 포함)하거나 중요시설물보호지구 및 특정용도제한지구를 세분하여 지정할 수 있다.

⚡ 기출

01 ( )취락지구란 개발제한구역 안의 취락을 정비하기 위하여 필요한 지구를 말한다. 제34회

02 ( )방재지구란 토지의 이용도가 낮은 해안변, 하천변, 급경사지 주변 등의 지역으로서 건축제한 등을 통하여 재해예방이 필요한 지구를 말한다. 제36회

03 복합개발진흥지구란 주거기능, ( )기능, 유통·물류기능 및 관광·휴양기능 중 둘 이상의 기능을 중심으로 개발·정비를 말한다. 제34회

04 개발진흥지구는 주거개발진흥지구, ( )개발진흥지구, 관광·휴양개발진흥지구, 복합개발진흥지구 및 ( )개발진흥지구로 세분하여 지정할 수 있다. 제35회

05 시·도지사 또는 대도시 시장은 일반( )지역·일반( )지역 및 ( )관리지역에 복합용도지구를 지정할 수 있다. 제34회

취락지구		녹지지역·관리지역·농림지역·자연환경보전지역·개발제한구역 또는 도시자연공원구역의 취락을 정비
	자연	녹지지역·관리지역·농림지역 또는 자연환경보전지역 안의 취락을 정비
	보호	녹지지역·관리지역·농림지역 또는 자연환경보전지역 안의 취락을 농촌의 주거환경 보호와 주거기능 강화를 목적으로 정비하기 위한 지구
	집단	개발제한구역 안의 취락을 정비
개발진흥지구		주거·상업·공업기능, 유통·물류기능, 관광·휴양기능 등을 집중적으로 개발·정비
	주거	주거기능을 중심으로 개발·정비
	산업·유통	공업기능 및 유통·물류기능을 중심으로 개발·정비
	관광·휴양	관광·휴양기능을 중심으로 개발·정비
	복합	주거기능, 공업기능, 유통·물류기능 및 관광·휴양기능 중 둘 이상의 기능을 중심으로 개발·정비
	특정	주거기능, 공업기능, 유통·물류기능 및 관광·휴양기능 외의 기능을 중심으로 특정한 목적을 위하여 개발·정비
특정용도 제한지구		주거 및 교육환경 보호나 청소년 보호 등의 목적으로 오염물질 배출시설, 청소년 유해시설 등 특정시설의 입지를 제한
복합용도 지구		지역의 토지이용상황, 개발수요 및 주변여건 등을 고려하여 효율적이고 복합적인 토지이용을 도모하기 위하여 특정시설의 입지를 완화

(2) 용도지구의 신설

시·도지사 또는 대도시 시장은 지역여건상 필요하면 다음의 기준에 따라 그 시·도 또는 대도시의 조례로 용도지구의 명칭 및 지정목적, 건축제한에 관한 사항 등을 정하여 법령에서 정한 용도지구 외의 용도지구의 지정 또는 변경을 도시·군관리계획으로 결정할 수 있다.

1. 용도지구의 신설은 부득이한 사유가 있는 경우에 한할 것
2. 행위제한은 그 용도지구의 지정목적 달성에 필요한 최소한도에 그치도록 할 것
3. 용도지역 또는 용도구역의 행위제한을 완화하는 용도지구를 신설하지 않을 것

(3) 복합용도지구의 지정

① **지정대상**: 시·도지사 또는 대도시 시장은 일반주거지역·일반공업지역 및 계획관리지역에 복합용도지구를 지정할 수 있다.

기출정답
01 집단 02 자연
03 공업
04 산업·유통, 특정
05 주거, 공업, 계획

② **지정기준**: 시·도지사 또는 대도시 시장은 복합용도지구를 지정하는 경우에는 다음의 기준을 따라야 한다.

> 1. 용도지역의 변경시 기반시설이 부족해지는 등의 문제가 우려되어 해당 용도지역의 건축제한만을 완화하는 것이 적합한 경우에 지정할 것
> 2. 용도지역의 지정목적이 크게 저해되지 않도록 해당 용도지역 전체 면적의 3분의 1 이하의 범위에서 지정할 것

(4) 방재지구의 지정의무

시·도지사 또는 대도시 시장은 연안침식이 진행 중이거나 우려되는 지역 등 대통령령으로 정하는 지역(풍수해, 산사태 등의 동일한 재해가 최근 10년 이내 2회 이상 발생하여 인명 피해를 입은 지역으로서 향후 동일한 재해 발생시 상당한 피해가 우려되는 지역 등)에 대해서는 방재지구의 지정 또는 변경을 도시·군관리계획으로 결정해야 한다. 이 경우 도시·군관리계획의 내용에는 재해 저감대책을 포함해야 한다.

⚡기출

01 시·도지사 또는 대도시 시장은 재해의 반복 발생이 우려되는 지역에 대해서는 ( )지구의 지정 또는 변경을 도시·군관리계획으로 결정해야 한다.
제33회

02 용도지구에서의 건축제한

(1) 건축제한

① **원칙**: 용도지구에서의 건축물이나 그 밖의 시설의 용도·종류 및 규모 등의 제한에 관한 사항은 이 법 또는 다른 법률에 특별한 규정이 있는 경우 외에는 대통령령으로 정하는 기준에 따라 특별시·광역시·특별자치시·특별자치도·시 또는 군의 조례(도시·군계획조례)로 정할 수 있다.

② **경관지구**: 경관지구 안에서는 그 지구의 경관의 보전·관리·형성에 장애가 된다고 인정하여 도시·군계획조례가 정하는 건축물을 건축할 수 없다. 경관지구 안에서의 건축물의 건폐율·용적률·높이·최대너비·색채 및 대지 안의 조경 등에 관하여는 그 지구의 경관의 보전·관리·형성에 필요한 범위에서 도시·군계획조례로 정한다.

(2) 예외

① **고도지구**: 고도지구에서는 도시·군관리계획으로 정하는 높이를 초과하는 건축물을 건축할 수 없다.

TIP

건축제한
1. **용도지역**: 대통령령
2. **용도지구**: 도시·군계획조례

기출정답

01 방재

[1] 「국토의 계획 및 이용에 관한 법률 시행령」 ⇨ 이하 이 편에서 '영'이라 한다.

⚡ **기출**

01 고도지구 안에서는 ( )으로 정하는 높이를 초과하는 건축물을 건축할 수 없다. 제29회

02 자연취락지구 안에서는 4층 이하의 동물 전용의 장례식장을 건축할 수 ( ). 제31회

03 도시·군계획시설에 대하여는 용도( )·용도( ) 안에서의 건축제한의 규정을 적용하지 않는다. 제33회

② **자연취락지구**(영[1] 제78조 제1항): 4층 이하의 건축물에 한한다.

건축할 수 있는 건축물	도시·군계획조례가 정하는 바에 따라 건축할 수 있는 건축물
1. 단독주택 2. 제1종 근린생활시설 3. 제2종 근린생활시설(휴게음식점, 일반음식점, 제조업소·수리점, 단란주점·안마시술소는 제외) 4. 운동시설 5. 창고(농업·임업·축산업·수산업용만 해당) 6. 동물 및 식물 관련 시설 7. 교정시설 8. 국방·군사시설 9. 방송통신시설 10. 발전시설	1. 공동주택(아파트는 제외) 2. 제2종 근린생활시설 중 휴게음식점·제과점, 일반음식점, 제조업소·수리점 및 안마시술소 3. 문화 및 집회시설 4. 종교시설 5. 판매시설 중 농수산공판장, 농수산물직판장(1만m² 미만) 6. 의료시설 중 종합병원·병원·치과병원·한방병원 및 요양병원 7. 교육연구시설 8. 노유자시설 9. 수련시설 10. 숙박시설로서 「관광진흥법」에 따라 지정된 관광지 및 관광단지에 건축하는 것 11. 공장 중 도정공장 및 식품공장과 읍·면지역에 건축하는 제재업의 공장 및 첨단업종의 공장 12. 위험물저장 및 처리시설 13. 자동차 관련 시설 중 주차장 및 세차장 14. 자원순환 관련 시설 15. 야영장 시설

③ **보호취락지구**(영 제78조 제2항): 4층 이하의 건축물로 한정한다.

건축할 수 있는 건축물	도시·군계획조례가 정하는 바에 따라 건축할 수 있는 건축물
1. 단독주택 2. 제1종 근린생활시설 3. 제2종 근린생활시설(휴게음식점, 일반음식점, 제조업소·수리점, 단란주점 및 안마시술소는 제외) 4. 운동시설 5. 창고(200m² 이하인 농업·임업·축산업·수산업용 창고)	1. 공동주택(아파트는 제외) 2. 제2종 근린생활시설 중 휴게음식점, 일반음식점, 수리점 및 안마시술소 3. 문화 및 집회시설 4. 종교시설 5. 판매시설 중 농수산물공판장, 농수산물직판장(1만m² 미만)

기출정답
01 도시·군관리계획
02 없다 03 지역, 지구

6. 동물 및 식물 관련 시설(작물재배사, 종묘배양시설 및 온실)
7. 교정시설
8. 국방·군사시설
9. 방송통신시설
10. 발전시설
	6. 의료시설 중 종합병원·병원·치과병원·한방병원 및 요양병원
	7. 교육연구시설
	8. 노유자시설
	9. 수련시설
	10. 숙박시설 중 다음의 어느 하나에 해당하는 것
	  ① 「관광진흥법」에 따라 지정된 관광지 및 관광단지에 건축하는 것
	  ② 「농어촌정비법」에 따른 농어촌관광휴양사업에 따라 건축하는 것
	11. 위험물 저장 및 처리 시설(위험물 제조소, 유독물 보관시설, 도시가스 제조시설 및 화약류 저장소는 제외한다)
	12. 자동차 관련 시설 중 주차장 및 세차장
	13. 동물 및 식물 관련 시설(축사, 가축시설로서 해당 용도에 쓰이는 바닥면적의 합계가 도시·군계획조례로 정하는 규모 미만인 것만 해당한다)
	14. 자원순환 관련 시설(1일 하수처리용량이 500m³ 미만인 하수처리시설만 해당한다)
	15. 관광휴게시설
	16. 야영장 시설

④ **집단취락지구**: 집단취락지구에서의 건축제한에 관하여는 개발제한구역의 지정 및 관리에 관한 특별조치법령이 정하는 바에 따른다.

⑤ **개발진흥지구**: 개발진흥지구에서는 지구단위계획 또는 관계 법률에 따른 개발계획에 위반하여 건축물을 건축할 수 없으며, 지구단위계획 또는 개발계획이 수립되기 전에는 도시·군계획조례로 정하는 건축물을 건축할 수 있다. 다만, 지구단위계획 또는 개발계획을 수립하지 않는 개발진흥지구에서는 해당 용도지역에서 허용되는 건축물을 건축할 수 있다.

(3) 용도지역·용도지구에서의 건축제한의 특례

① **도시·군계획시설의 특례**: 도시·군계획시설에 대하여는 용도지역·용도지구에서의 건축제한의 규정을 적용하지 않는다.

TIP

용도지구의 건축제한 예외
1. **고도지구**: 도시·군관리계획으로 정하는 높이 초과 ×
2. **자연취락지구**: 대통령령(4층 이하)
3. **보호취락지구**: 대통령령(4층 이하)
4. **집단취락지구**: 개특법령
5. **개발진흥지구**: 지구단위계획 또는 개발계획

② 경관지구 또는 고도지구에서 「건축법 시행령」에 따른 리모델링이 필요한 건축물에 대해서는 건축물의 높이·규모 등의 제한을 완화하여 제한할 수 있다.
③ 방재지구에서는 용도지역의 건축제한 중 층수제한에 있어서는 1층 전부를 필로티 구조로 하는 경우 필로티 부분을 층수에서 제외한다.

(4) 복합용도지구에서의 건축제한

복합용도지구에서는 해당 용도지역에서 허용되는 건축물 외에 다음에 따른 건축물 중 도시·군계획조례가 정하는 건축물을 건축할 수 있다.

> **⚡기출**
>
> 01 일반주거지역에 지정된 복합용도지구에서는 장례시설을 건축할 수 (   ).
> 제29회

일반주거 지역	준주거지역에서 허용되는 건축물. 다만, 다음의 건축물은 제외 1. 제2종 근린생활시설 중 안마시술소 2. 문화 및 집회시설 중 관람장 3. 공장 4. 위험물저장 및 처리시설 5. 동물 및 식물 관련 시설 6. 장례시설
일반공업 지역	준공업지역에서 허용되는 건축물. 다만, 다음의 건축물은 제외 1. 공동주택 중 아파트 2. 제2종 근린생활시설 중 단란주점 및 안마시술소 3. 노유자시설
계획관리 지역	다음의 어느 하나에 해당하는 건축물 1. 제2종 근린생활시설 중 일반음식점·휴게음식점 2. 판매시설 3. 숙박시설 4. 위락시설 중 테마파크업의 시설, 그 밖에 이와 비슷한 시설

(5) 취락지구에 대한 지원

국가나 지방자치단체는 취락지구 안의 주민의 생활편익과 복지증진 등을 위하여 다음의 사업을 시행하거나 그 사업을 지원할 수 있다.

> 1. **자연취락지구**
>   ① 도로·수도공급설비·하수도 등의 정비
>   ② 어린이놀이터·공원·녹지·주차장·학교·마을회관 등의 설치·정비
>   ③ 쓰레기처리장·하수처리시설 등의 설치·개량
>   ④ 하천정비 등 재해방지를 위한 시설의 설치·개량
>   ⑤ 주택의 신축·개량

기출정답

01 없다

2. **보호취락지구**: 농촌공간 재구조화 및 재생지원에 관한 법령에서 정하는 바에 따른다.
3. **집단취락지구**: 개발제한구역의 지정 및 관리에 관한 특별조치법령에서 정하는 바에 따른다.

제3절 용도구역

용도구역이란 토지의 이용 및 건축물의 용도·건폐율·용적률·높이 등에 대한 용도지역 및 용도지구의 제한을 강화하거나 완화하여 따로 정함으로써 시가지의 무질서한 확산방지, 계획적이고 단계적인 토지이용의 도모, 혁신적이고 복합적인 토지활용의 촉진, 토지이용의 종합적 조정·관리 등을 위하여 도시·군관리계획으로 결정하는 지역을 말한다.

01 용도구역의 비교

구분	지정권자	지정목적	행위제한
개발제한 구역	국토교통부 장관	1. 도시의 무질서한 확산을 방지하고 도시주변의 자연환경을 보전하여 도시민의 건전한 생활환경을 확보하기 위하여 도시의 개발을 제한 2. 국방부장관의 요청이 있어 보안상 도시의 개발을 제한	따로 법률[「개발제한구역의 지정 및 관리에 관한 특별조치법」(이하 '「개특법」')]로 정함
도시자연 공원구역	시·도지사, 대도시 시장	도시지역 안에서 식생(植生)이 양호한 산지(山地)의 개발을 제한	따로 법률(「도시공원 및 녹지 등에 관한 법률」)로 정함
수산자원 보호구역	해양수산부 장관	수산자원을 보호·육성하기 위하여 필요한 공유수면이나 그에 인접한 토지	• **건축제한**: 「수산자원관리법」 • 건폐율 40%, 용적률 80%

⚡ 기출

01 국토교통부장관은 국방부장관의 요청이 있어 보안상 도시의 개발을 제한할 필요가 있다고 인정되면 (   )구역의 지정 또는 변경을 도시·군관리계획으로 결정할 수 있다.
제20회

기출정답

01 개발제한

02 시가화조정구역

(1) 시가화조정구역의 지정

① **지정권자:** 시·도지사는 도시지역과 그 주변지역의 무질서한 시가화를 방지하고 계획적·단계적인 개발을 도모하기 위하여 5년 이상 20년 이내의 기간 동안 시가화를 유보할 필요가 있다고 인정되면 시가화조정구역의 지정 또는 변경을 도시·군관리계획으로 결정할 수 있다. 다만, 국가계획과 연계하여 시가화조정구역의 지정 또는 변경이 필요한 경우에는 **국토교통부장관**이 직접 도시·군관리계획으로 결정할 수 있다.

② **시가화유보기간:** 국토교통부장관 또는 시·도지사는 시가화조정구역을 지정 또는 변경하려는 때에는 도시·군관리계획으로 시가화유보기간을 정해야 한다.

③ **실효·고시:** 시가화조정구역의 지정에 관한 도시·군관리계획의 결정은 시가화유보기간이 끝난 날의 다음 날부터 그 효력을 잃는다. 이 경우 국토교통부장관 또는 시·도지사는 관보나 공보 및 인터넷 홈페이지에 게재하여 그 사실을 고시해야 한다.

(2) 행위제한 등

① **도시·군계획사업:** 시가화조정구역에서의 도시·군계획사업은 대통령령으로 정하는 사업(국방상 또는 공익상 사업시행이 불가피한 것으로서 관계 중앙행정기관의 장의 요청에 의하여 **국토교통부장관**이 그 지정목적 달성에 지장이 없다고 인정하는 도시·군계획사업)만 시행할 수 있다.

② **허가대상:** 시가화조정구역에서는 도시·군계획사업의 경우 외에는 다음에 해당하는 행위에 한정하여 특별시장·광역시장·특별자치시장·특별자치도지사·시장 또는 군수의 허가를 받아 그 행위를 할 수 있다.

> 1. 농업·임업 또는 어업을 영위하는 자가 농업·임업 또는 어업용의 건축물이나 그 밖의 시설을 건축하는 행위
>   ① 축사, 퇴비사, 잠실, 양어장
>   ② 창고(저장 및 보관시설 포함), 생산시설(단순가공시설 포함)
>   ③ 관리용건축물로서 기존 관리용건축물의 면적을 포함하여 $33m^2$ 이하인 것
> 2. 마을공동시설, 공익시설·공공시설, **광공업** 등 주민의 생활을 영위하는 데에 필요한 행위
>   ① 주택의 증축(기존 주택의 면적을 포함하여 $100m^2$ 이하)
>   ② **마을공동시설의 설치:** 농로·제방 및 사방시설, 정자 등 간이휴게소, 농기계수리소 등

시가화조정구역에서 도시·군계획사업이 아닌 경우 허가사항만 있고, 신고사항이나 허가 없이 할 수 있는 행위는 없다.

⚡기출

01 시가화유보기간은 ( )년 이상 ( )년 이내의 범위에서 도시·군관리계획으로 정한다. 제32회

02 시가화조정구역 안에서 농업·임업 또는 어업을 영위하는 자가 기존 면적을 포함하여 ( )m^2 이하인 관리용건축물을 건축하는 행위는 허가를 받아 할 수 있다. 제33회

기출정답
01 5, 20 02 33

③ 종교시설의 증축(새로운 대지조성은 허용되지 않으며, 증축면적은 200%를 초과할 수 없음)
④ 기존 건축물의 동일한 용도 및 규모 안에서의 개축·재축 및 대수선
⑤ 시가화조정구역 지정 당시 이미 관계법령의 규정에 의하여 설치된 공장의 부대시설의 설치(새로운 대지조성은 허용되지 않으며, 기존공장 부지 안에서의 건축에 한함)
⑥ 공장·주택 등 시가화조정구역 안에서의 신축이 금지된 시설의 용도를 근린생활시설(수퍼마켓·일용품소매점·취사용가스판매점·일반음식점·다과점·다방·이용원·미용원·세탁소·목욕탕·사진관·목공소·의원·약국·접골시술소·안마시술소·침구시술소·조산소·동물병원·기원·당구장·장의사·탁구장 등 간이운동시설 및 간이수리점에 한함) 또는 종교시설로 변경하는 행위 등

3. 입목의 벌채, 조림, 육림, 토석의 채취, 그 밖의 경미한 행위

> ⚡ **기출**
>
> 01 공장·주택 등 시가화조정구역 안에서의 신축이 금지된 시설의 용도를 동물병원으로 변경하는 행위는 (　　)를 받아야 할 수 있다. 제36회

03 도시·군계획시설입체복합구역

(1) 지정대상

도시·군관리계획의 결정권자❶는 도시·군계획시설의 입체복합적 활용을 위하여 다음의 어느 하나에 해당하는 경우에 도시·군계획시설이 결정된 토지의 전부 또는 일부를 도시·군계획시설입체복합구역(이하 '입체복합구역')으로 지정할 수 있다.

1. 도시·군계획시설 준공 후 10년이 경과한 경우로서 해당 시설의 개량 또는 정비가 필요한 경우
2. 주변지역 정비 또는 지역경제 활성화를 위하여 기반시설의 복합적 이용이 필요한 경우
3. 첨단기술을 적용한 새로운 형태의 기반시설 구축 등이 필요한 경우
4. 그 밖에 효율적이고 복합적인 도시·군계획시설의 조성을 위하여 필요한 경우로서 대통령령으로 정하는 경우

❶ 결정권자
국토교통부장관, 시·도지사, 대도시의 시장

(2) 행위제한❷

입체복합구역에서의 도시·군계획시설과 도시·군계획시설이 아닌 시설에 대한 건축물이나 그 밖의 시설의 용도·종류 및 규모 등의 제한(이하 '건축제한'), 건폐율, 용적률, 높이 등은 대통령령으로 정하는 다음의 범위에서 따로 정할 수 있다. 다만, 다른 법률에 따라 정해진 건축제한, 건폐율, 용적률, 높이 등을 완화하는 경우에는 미리 관계 기관의 장과 협의해야 한다.

❷ 완화 상한
(2)에 따라 정하는 건폐율과 용적률은 해당 용도지역별 최대한도의 200% 이하로 한다.

기출정답
01 허가

1. **건축제한**: 다음의 구분에 따른 범위
   ① **도시지역의 경우**: 도시지역에서 허용되는 범위
   ② **관리지역, 농림지역 및 자연환경보전지역의 경우**: 계획관리지역에서 허용되는 범위
2. **건폐율**: 해당 용도지역별 건폐율의 최대한도의 150% 이하의 범위
3. **용적률**: 해당 용도지역별 용적률의 최대한도의 200% 이하의 범위[1]
4. **건축물의 높이**: 다음의 구분에 따른 범위
   ① 「건축법」 제60조(건축물의 높이 제한)에 따라 제한된 높이의 150% 이하의 범위
   ② 「건축법」 제61조(일조 등의 확보를 위한 건축물의 높이 제한) 제2항에 따른 채광 등의 확보를 위한 건축물의 높이 제한의 200% 이하의 범위

[1] 이 경우 건폐율 또는 용적률은 도시·군계획시설과 도시·군계획시설이 아닌 시설의 건축면적 또는 바닥면적의 합을 기준으로 한다.

제4절 공간재구조화계획으로 지정하는 용도구역

01 공간재구조화계획[2]

1. 공간재구조화계획의 입안

(1) 입안권자[3]

① **원칙**: 특별시장·광역시장·특별자치시장·특별자치도지사·시장 또는 군수는 다음의 용도구역을 지정하고 해당 용도구역에 대한 계획을 수립하기 위하여 공간재구조화계획을 입안해야 한다.

1. 도시혁신구역 및 도시혁신계획
2. 복합용도구역 및 복합용도계획
3. 도시·군계획시설입체복합구역(1. 또는 2.과 함께 구역을 지정하거나 계획을 입안하는 경우로 한정)

② **국토교통부장관의 입안**: 국토교통부장관은 도시의 경쟁력 향상, 특화발전 및 지역 균형발전 등을 위하여 필요한 때에는 관할 특별시장·광역시장·특별자치시장·특별자치도지사·시장 또는 군수의 요청에 따라 공간재구조화계획을 입안할 수 있다.

[2] **공간재구조화계획**
토지의 이용 및 건축물이나 그 밖의 시설의 용도·건폐율·용적률·높이 등을 완화하는 용도구역의 효율적이고 계획적인 관리를 위하여 수립하는 계획을 말한다.

[3] **준용**
공간재구조화계획의 입안과 관련하여 법 제24조(도시·군관리계획의 입안권자) 제2항부터 제6항까지를 준용한다.

(2) 입안의 기준 등

① **계획도서 작성**: 공간재구조화계획을 입안하려는 국토교통부장관, 시·도지사, 시장 또는 군수(이하 '공간재구조화계획 입안권자')는 공간재구조화계획도서(계획도와 계획조서를 말함) 및 이를 보조하는 계획설명서(기초조사결과·재원조달방안 및 경관계획을 포함)를 작성해야 한다.

② **입안기준**: 공간재구조화계획의 입안범위와 기준, 공간재구조화계획도서 및 계획설명서의 작성기준·작성방법 등은 국토교통부장관이 정한다.

(3) 공간재구조화계획의 내용

공간재구조화계획에는 다음의 사항을 포함해야 한다.

> 1. 위 **(1)** ①의 용도구역 지정 위치 및 용도구역에 대한 계획 등에 관한 사항
> 2. 그 밖에 위 **(1)** ①의 용도구역을 지정함에 따라 인근 지역의 주거·교통·기반시설 등에 미치는 영향 등 대통령령으로 정하는 사항 **1**

1 대통령령으로 정하는 사항
1. 공간재구조화계획의 범위 설정에 관한 사항
2. 공간재구조화계획 기본구상 및 토지이용계획
3. 도시혁신구역 및 복합용도구역 내의 도시·군기본계획 변경 및 도시·군관리계획 결정·변경에 관한 사항
4. 도시혁신구역 및 복합용도구역 외의 지역에 대한 주거·교통·기반시설 등에 미치는 영향 및 이에 대한 관리방안(도시·군관리계획 결정·변경에 관한 사항을 포함함)
5. 환경관리계획 또는 경관계획

2. 공간재구조화계획 입안의 제안

(1) 입안제안

① **제안사항**: 주민(이해관계자를 포함)은 위 **01 (1)** ①의 용도구역 지정을 위하여 공간재구조화계획 입안권자에게 공간재구조화계획의 입안을 제안할 수 있다. 이 경우 제안서에는 공간재구조화계획도서와 계획설명서를 첨부해야 한다.

② **제안 전 동의**: 공간재구조화계획의 입안을 제안하려는 자는 다음의 구분에 따라 토지소유자의 동의를 받아야 한다. 이 경우 동의 대상 토지면적에서 국유지 및 공유지는 제외한다.

> 1. **도시혁신구역 또는 복합용도구역의 지정을 제안하는 경우**: 대상 토지면적의 3분의 2 이상
> 2. **입체복합구역의 지정을 제안하는 경우(도시혁신구역 또는 복합용도구역과 함께 입체복합구역을 지정하는 경우로 한정)**: 대상 토지면적의 5분의 4 이상

③ **반영 여부의 통보**: 입안 제안을 받은 공간재구조화계획 입안권자는 제안일부터 45일 이내에 공간재구조화계획 입안에의 반영 여부를 제안자에게 통보해야 한다. 다만, 부득이한 사정이 있는 경우에는 1회에 한정하여 30일을 연장할 수 있다. **2**

2 도시계획위원회의 자문
공간재구조화계획 입안권자는 제안을 공간재구조화계획 입안에 반영할지 여부를 결정함에 있어서 필요한 경우에는 중앙도시계획위원회 또는 지방도시계획위원회의 자문을 거칠 수 있다.

(2) 제3자의 제안

① **제안내용의 공고**: 공간재구조화계획의 입안을 제안받은 공간재구조화계획 입안권자는 국유재산·공유재산이 공간재구조화계획으로 지정된 용도구역 내에 포함된 경우 등 대통령령으로 정하는 경우[1]에는 제안자 외의 제3자에 의한 제안이 가능하도록 제안내용의 개요를 공고해야 한다.

② **공고기간**: 공간재구조화계획 입안권자는 제안내용의 개요를 공고하려는 경우에는 90일 이상의 기간을 정하여 해당 제안내용의 개요를 다음의 매체에 각각 공고해야 하고, 제안자에게 사전에 알려야 한다.

> 1. 관보나 공보 및 둘 이상의 일반일간신문
> 2. 인터넷 홈페이지 등의 매체
> 3. 국토교통부장관이 구축·운영하는 국토이용정보체계

③ **제안서 제출**: ②에 따라 공고된 제안내용의 개요에 대해 의견이 있는 자는 공고기간 내에 공간재구조화계획 입안권자에게 의견서 또는 제안서를 제출할 수 있다.

(3) 입안에 반영 등

① 공간재구조화계획 입안권자는 **(1)**에 따른 최초 제안자 및 **(2)**에 따른 제3자의 제안서에 대하여 토지이용계획의 적절성 등 대통령령으로 정하는 바에 따라 검토·평가한 후 제출한 제안서 내용의 전부 또는 일부를 공간재구조화계획의 입안에 반영할 수 있다.[2]

② **비용 부담**: 공간재구조화계획 입안권자는 제안자 또는 제3자와 협의하여 제안된 공간재구조화계획의 입안 및 결정에 필요한 비용의 전부 또는 일부를 제안자 또는 제3자에게 부담시킬 수 있다.

3. 공간재구조화계획 수립을 위한 기초조사, 의견청취 등

(1) 준용

공간재구조화계획의 입안을 위한 기초조사, 주민과 지방의회의 의견청취 등에 관하여는 제27조(도시·군관리계획의 입안을 위한 기초조사 등) 및 제28조(주민과 지방의회의 의견청취)를 준용한다.

(2) 기초조사 등 면제사유

기초조사, 환경성 검토, 토지적성평가 또는 재해취약성분석은 공간재구조화계획 입안일부터 5년 이내 기초조사를 실시한 경우 등 대통령령으로 정하는 바에 따라 생략할 수 있다.

---

[1] **대통령령으로 정하는 경우**
공간재구조화계획으로 지정된 용도구역 내 국유재산·공유재산의 면적의 합이 공간재구조화계획으로 지정된 용도구역 면적의 100분의 50을 초과하는 경우

[2] **통지**
공간재구조화계획 입안권자가 제안서 내용의 채택 여부 등을 결정한 경우에는 그 결과를 제안자와 제3자에게 알려야 한다.

1. 기초조사를 생략할 수 있는 경우
   ① 공간재구조화계획의 입안일부터 5년 이내에 기초조사를 실시한 경우
   ② 해당 도시혁신구역, 복합용도구역 또는 입체복합구역이 도심지(상업지역과 상업지역에 연접한 지역을 말함)에 위치하는 경우
   ③ 해당 도시혁신구역, 복합용도구역 또는 입체복합구역 안의 나대지면적이 구역면적의 2%에 미달하는 경우
   ④ 해당 도시혁신구역, 복합용도구역 또는 입체복합구역이 다른 법률에 따라 지역·지구 등으로 지정되거나 개발계획이 수립된 경우
   ⑤ 해당 도시혁신구역, 복합용도구역 또는 입체복합구역의 지정목적이 해당 구역을 정비 또는 관리하려는 경우로서 공간재구조화계획의 내용에 너비 12m 이상 도로의 설치계획이 없는 경우
2. 환경성 검토를 생략할 수 있는 경우
   ① 공간재구조화계획의 입안일부터 5년 이내에 환경성 검토를 실시한 경우
   ② 1. ②부터 ⑤까지의 경우
   ③ 「환경영향평가법」에 따른 전략환경영향평가 대상인 공간재구조화계획을 입안하는 경우
3. 토지적성평가를 생략할 수 있는 경우
   ① 공간재구조화계획의 입안일부터 5년 이내에 토지적성평가를 실시한 경우
   ② 1. ②부터 ⑤까지의 경우
   ③ 주거지역·상업지역 또는 공업지역에 공간재구조화계획을 입안하는 경우
   ④ 지구단위계획구역 또는 도시·군계획시설부지에서 공간재구조화계획을 입안하는 경우
   ⑤ 주거지역·상업지역·공업지역 또는 계획관리지역 외의 용도지역 상호간의 변경(자연녹지지역으로 변경하는 경우는 제외) … (이하 생략)
4. 재해취약성분석을 생략할 수 있는 경우
   ① 공간재구조화계획의 입안일부터 5년 이내에 재해취약성분석을 실시한 경우
   ② 1. ②부터 ⑤까지의 경우 … (이하 생략)

4. 공간재구조화계획의 결정 및 효력

(1) 결정권자

공간재구조화계획은 시·도지사가 직접 또는 시장·군수의 신청에 따라 결정한다. 다만, 국토교통부장관이 입안한 공간재구조화계획은 **국토교통부장관**이 결정한다.

(2) 결정절차

① **협의·심의**: 국토교통부장관 또는 시·도지사가 공간재구조화계획을 결정하려면 미리 관계 행정기관의 장(국토교통부장관을 포함)과 협의하고 중앙도시계획위원회 또는 지방도시계획위원회의 심의를 거쳐야 한다. 이 경우 협의 요청을 받은 기관의 장은 특별한 사유가 없으면 그 요청을 받은 날부터 30일(도시혁신구역의 경우에는 근무일 기준으로 10일) 이내에 의견을 제시해야 한다.

② **심의**: 다음의 어느 하나에 해당하는 사항은 중앙도시계획위원회의 심의를 거친다. 이 외에 공간재구조화계획에 대하여는 지방도시계획위원회의 심의를 거친다.

> 1. 국토교통부장관이 결정하는 공간재구조화계획
> 2. 시·도지사가 결정하는 공간재구조화계획 중 도시혁신구역과 복합용도구역의 지정 및 입지 타당성 등에 관한 사항

③ **고시·열람**: 국토교통부장관 또는 시·도지사는 공간재구조화계획을 결정하면 대통령령으로 정하는 바에 따라 그 결정을 고시하고, 국토교통부장관이나 도지사는 관계 서류를 관계 특별시장·광역시장·특별자치시장·특별자치도지사·시장 또는 군수에게 송부하여 일반이 열람할 수 있도록 해야 하며, 특별시장·광역시장·특별자치시장·특별자치도지사는 관계 서류를 일반이 열람할 수 있도록 해야 한다.

(3) 결정의 효력 등

① **효력발생**: 공간재구조화계획 결정의 효력은 지형도면을 고시한 날부터 발생한다. 다만, 지형도면이 필요 없는 경우에는 결정을 고시한 날부터 효력이 발생한다.**[1]**

② **준용**: 지형도면 고시 등에 관하여는 제32조(도시·군관리계획에 관한 지형도면의 고시 등)를 준용한다. 이 경우 '도시·군관리계획'은 '공간재구조화계획'으로 본다.

③ **기득권 보호**: ①에 따라 고시를 할 당시에 이미 사업이나 공사에 착수한 자는 그 공간재구조화계획 결정과 관계없이 그 사업이나 공사를 계속할 수 있다.

④ **관리**: ①에 따라 고시된 공간재구조화계획의 내용은 도시·군계획으로 관리해야 한다.

---

[1] 의제
①에 따라 고시를 한 경우에 해당 구역 지정 및 계획 수립에 필요한 내용에 대해서는 고시한 내용에 따라 도시·군기본계획의 수립·변경(인구의 배분 등은 전체 인구 규모의 5% 미만의 범위로 한정)과 도시·군관리계획의 결정(변경결정을 포함) 고시를 한 것으로 본다.

02 도시혁신구역

(1) 도시혁신구역의 지정

공간재구조화계획 결정권자는 다음의 어느 하나에 해당하는 지역을 도시혁신구역으로 지정할 수 있다.

> 1. 도시·군기본계획에 따른 도심·부도심 또는 생활권의 중심지역
> 2. 주요 기반시설과 연계하여 지역의 거점 역할을 수행할 수 있는 지역
> 3. 그 밖에 도시공간의 창의적이고 혁신적인 개발이 필요하다고 인정되는 경우로서 **대통령령으로 정하는 지역**: 유휴토지 또는 대규모 시설의 이전부지

(2) 도시혁신계획[1]

도시혁신계획에는 다음에 관한 사항이 포함되어야 한다.

> 1. 용도지역·용도지구, 도시·군계획시설 및 지구단위계획의 결정에 관한 사항
> 2. 주요 기반시설의 확보에 관한 사항
> 3. 건축물의 건폐율·용적률·높이에 관한 사항
> 4. 건축물의 용도·종류 및 규모 등에 관한 사항
> 5. 다른 법률 규정 적용의 완화 또는 배제에 관한 사항
> 6. 도시혁신구역 내 개발사업 및 개발사업의 시행자 등에 관한 사항
> 7. 그 밖에 도시혁신구역의 체계적 개발과 관리에 필요한 사항

[1] **도시혁신계획**
창의적이고 혁신적인 도시공간의 개발을 목적으로 도시혁신구역에서의 토지의 이용 및 건축물의 용도·건폐율·용적률·높이 등의 제한에 관한 사항을 따로 정하기 위하여 공간재구조화계획으로 결정하는 도시·군관리계획을 말한다.

(3) 결정 등

① **결정**: 도시혁신구역의 지정 및 변경과 도시혁신계획은 다음의 사항을 종합적으로 고려하여 공간재구조화계획으로 결정한다.[2][3]

> 1. 도시혁신구역의 지정 목적
> 2. 해당 지역의 용도지역·기반시설 등 토지이용 현황
> 3. 도시·군기본계획 등 상위계획과의 부합성
> 4. 주변 지역의 기반시설, 경관, 환경 등에 미치는 영향 및 도시환경 개선·정비 효과
> 5. 도시의 개발 수요 및 지역에 미치는 사회적·경제적 파급효과

② **지정 제한**: 다른 법률에서 공간재구조화계획의 결정을 의제하고 있는 경우에도 이 법에 따르지 않고 도시혁신구역의 지정과 도시혁신계획을 **결정할 수 없다.**

[2] **의견 회신**
결정권자가 공간재구조화계획을 결정하기 위하여 관계 행정기관의 장과 협의하는 경우 협의요청을 받은 기관의 장은 그 요청을 받은 날부터 10일(근무일 기준) 이내에 의견을 회신해야 한다.

[3]
도시혁신구역의 지정 및 변경과 도시혁신계획의 수립 및 변경에 관한 세부적인 사항은 국토교통부장관이 정하여 고시한다.

③ **준용**: 도시혁신구역 및 도시혁신계획에 관한 도시·군관리계획 결정의 실효, 도시혁신구역에서의 건축 등에 관하여 다른 특별한 규정이 없으면 제53조(지구단위계획구역의 지정 및 지구단위계획에 관한 도시·군관리계획결정의 실효 등) 및 제54조(지구단위계획구역에서의 건축 등)를 준용한다.

(4) 도시혁신구역에서의 행위제한

용도지역 및 용도지구에 따른 제한에도 불구하고 도시혁신구역에서의 토지의 이용, 건축물이나 그 밖의 시설의 용도·종류 및 규모의 제한, 건폐율·용적률·높이 등에 관한 제한에 관하여는 도시혁신계획으로 따로 정한다.

(5) 도시혁신구역에서의 다른 법률의 적용 특례

① **특례 규정**: 도시혁신구역에 대하여는 다음의 법률 규정에도 불구하고 도시혁신계획으로 따로 정할 수 있다.

> 1. 「주택법」에 따른 주택의 배치, 부대시설·복리시설의 설치기준 및 대지조성기준
> 2. 「주차장법」에 따른 부설주차장의 설치
> 3. 「문화예술진흥법」에 따른 건축물에 대한 미술작품의 설치
> 4. 「건축법」에 따른 공개공지 등의 확보
> 5. 「도시공원 및 녹지 등에 관한 법률」에 따른 도시공원 또는 녹지 확보기준
> 6. 「학교용지 확보 등에 관한 특례법」에 따른 학교용지의 조성·개발기준

② **특별건축구역 의제**: 도시혁신구역으로 지정된 지역은 「건축법」에 따른 특별건축구역으로 지정된 것으로 본다. [1]
③ **도시개발구역 의제**: 도시혁신구역의 지정·변경 및 도시혁신계획 결정의 고시는 「도시개발법」에 따른 개발계획의 내용에 부합하는 경우 도시개발구역의 지정 및 개발계획 수립의 고시로 본다. [2]

03 복합용도구역

(1) 복합용도구역의 지정

공간재구조화계획 결정권자는 다음의 어느 하나에 해당하는 지역을 복합용도구역으로 지정할 수 있다.

⚡ **기출**

01 도시혁신구역이나 복합용도구역으로 지정된 지역은 「건축법」에 따른 ( )으로 지정된 것으로 본다. 제35회

[1] 시·도지사 또는 시장·군수·구청장은 도시혁신구역에서 건축하는 건축물을 「건축법」 제73조(관계 법령의 적용특례)에 따라 건축기준 등의 특례사항을 적용하여 건축할 수 있는 건축물에 포함시킬 수 있다.

[2] 도시혁신계획에서 정한 시행자는 같은 법에 따른 사업시행자 지정요건 및 도시개발구역 지정 제안요건 등을 갖춘 경우에 한정하여 도시개발사업의 시행자로 지정된 것으로 본다.

기출정답
01 특별건축구역

> 1. 산업구조 또는 경제활동의 변화로 복합적 토지이용이 필요한 지역
> 2. 노후 건축물 등이 밀집하여 단계적 정비가 필요한 지역
> 3. 그 밖에 복합된 공간이용을 촉진하고 다양한 도시공간을 조성하기 위하여 계획적 관리가 필요하다고 인정되는 경우로서 대통령령으로 정하는 지역: 복합용도구역으로 지정하려는 지역이 둘 이상의 용도지역에 걸치는 경우로서 토지를 효율적으로 이용하기 위해 건축물의 용도, 종류 및 규모 등을 통합적으로 관리할 필요가 있는 지역

(2) 복합용도계획[1]

복합용도계획에는 다음에 관한 사항이 포함되어야 한다.

> 1. 용도지역·용도지구, 도시·군계획시설 및 지구단위계획의 결정에 관한 사항
> 2. 주요 기반시설의 확보에 관한 사항
> 3. 건축물의 용도별 복합적인 배치비율 및 규모 등에 관한 사항
> 4. 건축물의 건폐율·용적률·높이에 관한 사항
> 5. 특별건축구역계획에 관한 사항
> 6. 그 밖에 복합용도구역의 체계적 개발과 관리에 필요한 사항

[1] **복합용도계획**
주거·상업·산업·교육·문화·의료 등 다양한 도시기능이 융복합된 공간의 조성을 목적으로 복합용도구역에서의 건축물의 용도별 구성비율 및 건폐율·용적률·높이 등의 제한에 관한 사항을 따로 정하기 위하여 공간재구조화계획으로 결정하는 도시·군관리계획을 말한다.

(3) 결정 등

① **결정**: 복합용도구역의 지정 및 변경과 복합용도계획은 다음의 사항을 종합적으로 고려하여 **공간재구조화계획으로 결정한다.**[2]

> 1. 복합용도구역의 지정 목적
> 2. 해당 지역의 용도지역·기반시설 등 토지이용 현황
> 3. 도시·군기본계획 등 상위계획과의 부합성
> 4. 주변 지역의 기반시설, 경관, 환경 등에 미치는 영향 및 도시환경 개선·정비 효과

② **준용**: 복합용도구역 및 복합용도계획에 관한 도시·군관리계획 결정의 실효, 복합용도구역에서의 건축 등에 관하여 다른 특별한 규정이 없으면 제53조(지구단위계획구역의 지정 및 지구단위계획에 관한 도시·군관리계획결정의 실효 등) 및 제54조(지구단위계획구역에서의 건축 등)를 준용한다.

③ **특별건축구역 의제**: 복합용도구역으로 지정된 지역은 「건축법」에 따른 특별건축구역으로 지정된 것으로 본다.[3]

[2] 복합용도구역의 지정 및 변경과 복합용도계획의 수립 및 변경에 관한 세부적인 사항은 국토교통부장관이 정하여 고시한다.

[3] 시·도지사 또는 시장·군수·구청장은 복합용도구역에서 건축하는 건축물을 「건축법」 제73조(관계 법령의 적용특례)에 따라 건축기준 등의 특례사항을 적용하여 건축할 수 있는 건축물에 포함시킬 수 있다.

(4) 복합용도구역에서의 행위 제한

① **건축제한**: 용도지역 및 용도지구에 따른 제한에도 불구하고 복합용도구역에서의 건축물이나 그 밖의 시설의 용도·종류 및 규모 등의 제한에 관한 사항은 대통령령으로 정하는 범위(도시지역에서 허용되는 범위)에서 복합용도계획으로 따로 정한다.

② **건폐율·용적률**: 복합용도구역에서의 건폐율과 용적률은 용도지역별 건폐율과 용적률의 최대한도의 범위에서 복합용도계획으로 정한다.

제5절 행위제한의 적용기준

01 둘 이상의 용도지역 등에 걸치는 대지에 대한 적용기준

(1) 원칙

하나의 대지가 둘 이상의 용도지역·용도지구 또는 용도구역(이하 '용도지역 등')에 걸치는 경우로서 각 용도지역 등에 걸치는 부분 중 가장 작은 부분의 규모가 330m²(다만, 도로변에 띠 모양으로 지정된 상업지역에 걸쳐 있는 토지의 경우에는 660m²) 이하인 경우

① **전체 대지의 건축제한 등에 관한 사항**: 그 대지 중 가장 넓은 면적이 속하는 용도지역 등에 관한 규정을 적용한다.

② **전체 대지의 건폐율 및 용적률**: 각 부분이 전체 대지면적에서 차지하는 비율을 고려하여 다음의 구분에 따라 각 용도지역 등별 건폐율 및 용적률을 가중평균한 값을 적용한다.[1]

$$\text{가중평균한 건폐율 및 용적률} = \frac{(f_1 X_1 + f_2 X_2 + \cdots + f_n X_n)}{\text{전체 대지면적}}$$

[1] f_1부터 f_n까지는 각 용도지역 등에 속하는 토지 부분의 면적, X_1부터 X_n까지는 해당 토지 부분이 속하는 각 용도지역 등의 건폐율 및 용적률, n은 용도지역 등에 걸치는 각 토지 부분의 총개수를 말한다.

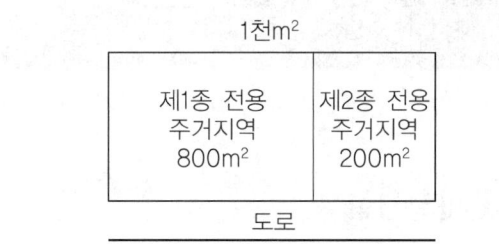

1. **제1종 전용주거지역**: 건폐율 50%, 용적률 100%
2. **제2종 전용주거지역**: 건폐율 50%, 용적률 150%
3. **건축제한**: 대지 전부에 제1종 전용주거지역의 규정을 적용
4. **건폐율**: 50%
5. **용적률** = $\dfrac{800\text{m}^2 \times 100\% + 200\text{m}^2 \times 150\%}{1{,}000\text{m}^2}$ = 110%

(2) 예외

① **고도지구의 특례**: 건축물이 고도지구에 걸쳐 있는 경우에는 그 건축물 및 대지의 전부에 대하여 고도지구의 건축물 및 대지에 관한 규정을 적용한다.

② **방화지구의 특례**: 하나의 건축물이 방화지구와 그 밖의 용도지역 등에 걸쳐 있는 경우에는 그 **건축물 전부**에 대하여 방화지구의 건축물에 관한 규정을 적용한다. 다만, 방화지구와 그 밖의 용도지역 등의 **경계가** 「건축법」에 따른 **방화벽**으로 구획되는 경우 그 밖의 용도지역 등에 있는 부분에 대하여는 그러하지 않다.

③ **녹지지역의 특례**: 하나의 대지가 녹지지역과 그 밖의 용도지역 등에 걸쳐 있는 경우(규모가 가장 작은 부분이 녹지지역으로서 해당 녹지지역이 330m² 이하인 경우는 제외)에는 **각각**의 용도지역 등의 건축물 및 토지에 관한 규정을 적용한다. 다만, 녹지지역의 건축물이 고도지구 또는 방화지구에 걸쳐 있는 경우에는 ①이나 ②에 따른다.

> **⚡기출**
>
> **01** 녹지지역의 건축물이 고도지구에 걸쳐 있는 경우에는 그 건축물 및 대지의 전부에 대하여 (　　)에 관한 규정을 적용한다.
> 제24회

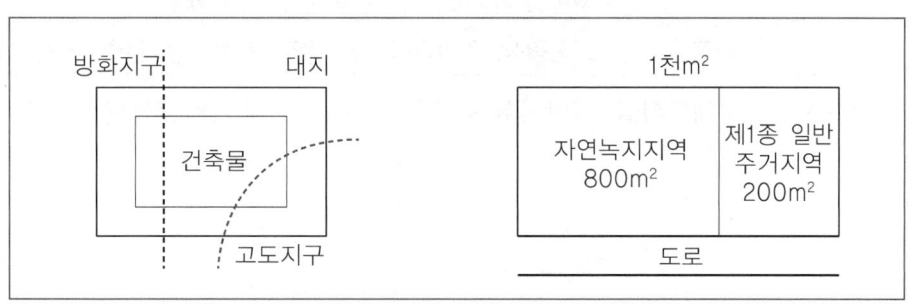

기출정답

01 고도지구

제6장 도시·군계획시설 빈출

기본서 p.116~140

제1절 도시·군계획시설

01 도시·군계획시설의 설치·관리

(1) 의의 등

① **기반시설**: 대통령령으로 정하는 다음의 시설을 말한다.

교통시설	도로·철도·항만·공항·주차장·자동차정류장·궤도, 차량검사 및 면허시설
공간시설	광장·공원·녹지·유원지·공공공지
유통·공급시설	유통업무설비, 수도·전기·가스·열공급설비, 방송·통신시설, 공동구·시장, 유류저장 및 송유설비
공공·문화 체육시설	학교, 공공청사·문화시설·공공필요성이 인정되는 체육시설·연구시설·사회복지시설·공공직업훈련시설·청소년수련시설
방재시설	하천·유수지(遊水池)·저수지·방화설비·방풍설비·방수설비·사방설비·방조설비
보건위생시설	장사시설, 도축장, 종합의료시설
환경기초시설	하수도, 폐기물처리 및 재활용시설, 빗물저장 및 이용시설, 수질오염방지시설, 폐차장

② **세분**: 도로·자동차정류장 및 광장은 다음과 같이 세분할 수 있다.

도로	일반도로, 자동차전용도로, 보행자전용도로, 보행자우선도로, 자전거전용도로, 고가도로, 지하도로
자동차정류장	여객자동차터미널, 물류터미널, 공영차고지, 공동차고지, 화물자동차 휴게소, 복합환승센터, 환승센터
광장	교통광장, 일반광장, 경관광장, 지하광장, 건축물부설광장

③ **도시·군계획시설**: 기반시설 중 도시·군관리계획으로 결정된 시설을 말한다.

⚡ **기출**

01 폐기물처리 및 재활용시설은 ( )시설에 해당한다. 제32회

02 ( )은 여객자동차터미널, 물류터미널, 공영차고지, 공동차고지, 화물자동차 휴게소, 복합환승센터, 환승센터로 세분할 수 있다. 제27회 수정

03 자전거전용도로는 ( )에 해당한다. 제35회

기출정답
01 환경기초
02 자동차정류장
03 기반시설

(2) 도시·군계획시설의 설치·관리

① **설치**: 지상·수상·공중·수중 또는 지하에 기반시설을 설치하려면 그 시설의 종류·명칭·위치·규모 등을 미리 도시·군관리계획으로 결정해야 한다.❶ 다만, 다음의 경우에는 그러하지 않다.

> 1. 주차장, 차량 검사 및 면허시설, 공공공지, 열공급설비, 방송·통신시설, 시장·공공청사·문화시설·공공필요성이 인정되는 체육시설·연구시설·사회복지시설·공공직업훈련시설·청소년수련시설·저수지·방화설비·방풍설비·방수설비·사방설비·방조설비·장사시설·종합의료시설·빗물저장 및 이용시설·폐차장
> 2. 「도시공원 및 녹지 등에 관한 법률」의 규정에 따라 점용허가대상이 되는 공원 안의 기반시설
> 3. 그 밖에 **국토교통부령으로 정하는 시설**
>   ① 도심공항터미널, 전세버스운송사업용 여객자동차터미널
>   ② 건축물부설광장
>   ③ 전기공급설비(발전시설, 옥외에 설치하는 변전시설 및 지상에 설치하는 전압 15만 4천볼트 이상의 송전선로는 제외)
>   ④ 신·재생에너지설비(연료전지설비)
>   ⑤ 액화석유가스 충전시설, 수소연료공급시설
>   ⑥ 유치원, 특수학교, 대안학교, 방송대학·통신대학 및 방송통신대학
>   ⑦ 대지면적이 500m² 미만인 도축장, 산업단지 내에 설치하는 도축장
>   ⑧ 마을상수도, 재활용시설 … (이하 ⑫까지 생략)

② **기준 등**: 도시·군계획시설의 결정·구조 및 설치의 기준 등에 필요한 사항은 **국토교통부령**으로 정한다. 다만, 이 법 또는 다른 법률에 특별한 규정이 있는 경우에는 그에 따른다.

③ **관리**: 설치한 도시·군계획시설의 관리에 관하여 이 법 또는 다른 법률에 특별한 규정이 있는 경우 외에는 국가가 관리하는 경우에는 **대통령령**(「국유재산법」에 따른 중앙관서의 장이 관리), 지방자치단체가 관리하는 경우에는 조례로 정한다.

02 공동구

공동구란 전기·가스·수도 등의 공급설비, 통신시설, 하수도시설 등 **지하매설물을 공동 수용**함으로써 미관의 개선, 도로구조의 보전 및 교통의 원활한 소통을 위하여 지하에 설치하는 시설물을 말한다.

---

❶ 효율적인 토지이용을 위하여 둘 이상의 도시·군계획시설을 같은 토지에 함께 결정하거나 도시·군계획시설이 위치하는 공간의 일부를 구획하여 도시·군계획시설을 결정할 수 있다.

⚡기출

01 도시지역에서 옥외에 설치하는 (   )은 도시·군관리계획으로 결정하지 않고 설치할 수 있는 시설에 해당하지 않는다.
제36회

TIP
국토교통부령
1. 도시·군계획시설의 결정·구조·설치기준
2. 환지계획의 작성기준

TIP
도시·군계획시설을 공중·수중·수상 또는 지하에 설치하는 경우 그 높이나 깊이의 기준과 그 설치로 인하여 토지나 건물의 소유권 행사에 제한을 받는 자에 대한 보상 등에 관하여는 따로 법률로 정한다.

기출정답
01 변전시설

(1) 공동구의 설치

① **설치의무**: 다음에 해당하는 지역 등이 200만m²를 초과하는 경우에는 개발사업을 시행하는 자는 공동구를 설치해야 한다.

> 1. 「도시개발법」에 따른 도시개발구역, 「택지개발촉진법」에 따른 택지개발지구
> 2. 「경제자유구역의 지정 및 운영에 관한 특별법」에 따른 경제자유구역
> 3. 「도시 및 주거환경정비법」에 따른 정비구역
> 4. 그 밖에 대통령령으로 정하는 지역: 공공주택지구, 도청이전신도시

② **설치비용**: 공동구의 설치에 필요한 비용은 이 법 또는 다른 법률에 특별한 규정이 있는 경우를 제외하고는 **공동구를 점용하려는 자**(이하 '공동구 점용예정자')와 사업시행자가 부담한다.[1]

(2) 공동구에의 수용

① **수용의무**: 공동구가 설치된 경우에는 공동구에 수용해야 할 시설이 모두 수용되도록 해야 한다.

> 1. **공동구에 수용해야 하는 시설**: 전선로, 통신선로, 수도관, 열수송관, 중수도관, 쓰레기수송관
> 2. **공동구협의회의 심의를 거쳐 수용할 수 있는 시설**: 가스관, 하수도관

② **개별통지**: 사업시행자는 공동구의 설치공사를 완료한 때에는 지체 없이 다음의 사항을 공동구 점용예정자에게 개별적으로 통지해야 한다.[2]

> 1. 공동구에 수용될 시설의 점용공사기간, 점용공사시 고려할 사항
> 2. 공동구 설치위치 및 설계도면, 공동구에 수용할 수 있는 시설의 종류

(3) 공동구의 관리

① **공동구관리자**: 공동구는 특별시장·광역시장·특별자치시장·특별자치도지사·시장 또는 군수(이하 '공동구관리자')가 관리한다. 다만, 공동구의 효율적인 관리·운영을 위하여 필요하다고 인정하는 경우에는 대통령령으로 정하는 기관에 위탁할 수 있다.

② **안전 및 유지관리계획**: 공동구관리자는 5년마다 해당 공동구의 안전 및 유지관리계획을 수립·시행해야 한다.

TIP
산업단지는 해당하지 않는다.

⚡기출
01 「택지개발촉진법」에 따른 택지개발지구가 ( )m²를 초과하는 경우에는 공동구를 설치해야 한다. 제35회
02 ( ), ( )은 공동구협의회의 심의를 거쳐 공동구에 수용할 수 있다. 제36회
03 공동구관리자는 ( )마다 해당 공동구의 안전 및 유지관리계획을 수립·시행해야 한다. 제29회

[1] 공동구 점용예정자는 공동구설치공사가 착수되기 전에 부담액의 3분의 1 이상을 납부해야 하며, 그 나머지 금액은 점용공사기간 만료일(만료일 전에 공사가 완료된 경우에는 그 공사의 완료일을 말함) 전까지 납부해야 한다.

[2] 공동구 점용예정자는 점용공사 기간 내에 공동구에 수용될 시설을 공동구에 수용해야 한다. 다만, 그 기간 내에 점용공사를 완료하지 못하는 특별한 사정이 있어서 미리 사업시행자와 협의한 경우에는 그러하지 않다.

기출정답
01 200만
02 가스관, 하수도관
03 5년

③ **안전점검**: 공동구관리자는 1년에 1회 이상 공동구의 안전점검을 실시해야 하며, 안전점검결과 이상이 있다고 인정되는 때에는 지체 없이 정밀안전진단 · 보수 · 보강 등 필요한 조치를 해야 한다.

④ **관리비용**: 공동구의 관리에 소요되는 비용은 그 공동구를 **점용하는 자**가 함께 부담하되, 부담비율은 점용면적을 고려하여 공동구관리자가 정한다.[1]

⑤ **점용 · 사용허가**: 공동구 설치비용을 부담하지 않은 자(부담액을 완납하지 않은 자를 포함)가 공동구를 점용하거나 사용하려면 공동구관리자의 허가를 받아야 한다.[2]

[1] 공동구관리자는 공동구의 관리비용을 연 2회로 분할하여 납부하게 해야 한다.

[2] 공동구를 점용 · 사용하는 자는 조례로 정하는 바에 따라 점용료 · 사용료를 납부해야 한다.

03 광역시설

(1) 의의

광역시설이란 기반시설 중 광역적인 정비체계가 필요한 다음의 시설을 말한다.

1. 둘 이상의 특별시 · 광역시 · 특별자치시 · 특별자치도 · 시 또는 군의 관할 구역에 걸치는 시설	도로 · 철도 · 광장 · 녹지, 수도 · 전기 · 가스 · 열공급설비, 방송 · 통신시설, 공동구, 유류저장 및 송유설비, 하천 · 하수도(하수종말처리시설은 제외)
2. 둘 이상의 특별시 · 광역시 · 특별자치시 · 특별자치도 · 시 또는 군이 공동으로 이용하는 시설	항만 · 공항 · 자동차정류장 · 공원 · 유원지 · 유통업무설비 · 문화시설 · 공공필요성이 인정되는 체육시설 · 사회복지시설 · 공공직업훈련시설 · 청소년수련시설 · 유수지 · 장사시설 · 도축장 · 하수도(하수종말처리시설에 한함) · 폐기물처리 및 재활용시설 · 수질오염방지시설 · 폐차장

TIP

광장은 걸치는 시설, 공원은 공동이용시설로 분류한다.

(2) 설치 · 관리

① **원칙**: 광역시설의 설치 및 관리는 도시 · 군계획시설의 설치 · 관리(법 제43조)에 따른다.

② **협약 · 협의회**: 관계 특별시장 · 광역시장 · 특별자치시장 · 특별자치도지사 · 시장 또는 군수는 협약을 체결하거나 협의회 등을 구성하여 광역시설을 설치 · 관리할 수 있다. 다만, 협약의 체결이나 협의회 등의 구성이 이루어지지 않는 경우 그 시 또는 군이 같은 도에 속할 때에는 관할 **도지사**가 광역시설을 설치 · 관리할 수 있다.

③ **법인**: 국가계획으로 설치하는 광역시설은 그 광역시설의 설치 · 관리를 사업목적 또는 사업종목으로 하여 다른 법률에 따라 설립된 법인이 설치 · 관리할 수 있다.

⚡ 기출

01 광역시설의 설치 및 관리는 (   )의 규정에 따른다. 제28회

기출정답

01 도시 · 군계획시설

제2절 도시·군계획시설사업의 시행

도시·군계획시설사업이란 도시·군계획시설을 설치·정비 또는 개량하는 사업을 말한다.

TIP
도시·군계획사업
도시·군관리계획을 시행하기 위한 사업
1. 도시·군계획시설사업
2. 「도시개발법」에 따른 도시개발사업
3. 「도시 및 주거환경정비법」에 따른 정비사업

⚡**기출**
01 도시·군관리계획으로 결정된 하천의 정비사업은 (　　)사업에 해당한다. 제27회

02 「도시 및 주거환경정비법」에 따라 도시·군관리계획의 결정이 의제되는 경우에는 해당 도시·군계획시설결정의 고시일부터 (　　) 이내에 단계별 집행계획을 수립할 수 있다. 제34회

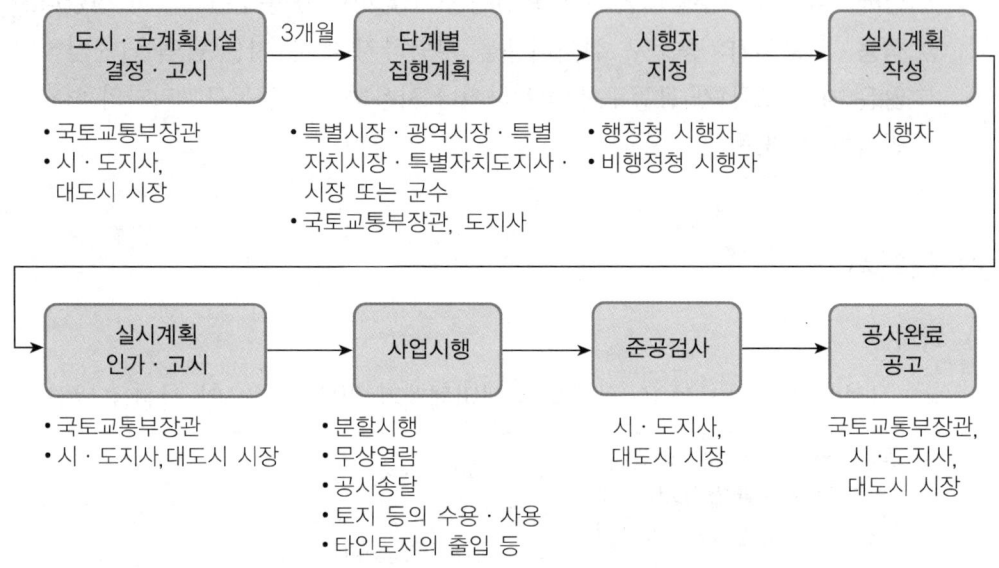

01 단계별 집행계획의 수립

(1) 수립권자(입안자)

① **원칙**: 특별시장·광역시장·특별자치시장·특별자치도지사·시장 또는 군수는 도시·군계획시설결정의 고시일부터 3개월 이내에 재원조달계획, 보상계획 등을 포함하는 단계별 집행계획을 수립해야 한다. 다만, 대통령령으로 정하는 법률❶에 따라 도시·군관리계획의 결정이 의제되는 경우에는 해당 도시·군계획시설결정의 고시일부터 2년 이내에 단계별 집행계획을 수립할 수 있다.

② **예외**: 국토교통부장관이나 도지사가 직접 입안한 도시·군관리계획인 경우 **국토교통부장관이나 도지사**는 단계별 집행계획을 수립하여 해당 특별시장·광역시장·특별자치시장·특별자치도지사·시장 또는 군수에게 송부할 수 있다.

❶ **대통령령으로 정하는 법률**
1. 「도시 및 주거환경정비법」
2. 「도시재정비 촉진을 위한 특별법」
3. 「도시재생 활성화 및 지원에 관한 특별법」

기출정답
01 도시·군계획시설
02 2년

(2) 구분

단계별 집행계획은 제1단계 집행계획과 제2단계 집행계획으로 구분하여 수립하되, 3년 이내에 시행하는 도시·군계획시설사업은 제1단계 집행계획에, 3년 후에 시행하는 도시·군계획시설사업은 제2단계 집행계획에 포함되도록 해야 한다.[1]

(3) 수립절차

① **협의 및 의견청취**: 특별시장·광역시장·특별자치시장·특별자치도지사·시장 또는 군수는 단계별 집행계획을 수립 또는 변경하려는 때에는 미리 관계 행정기관의 장과 협의해야 하며, 해당 지방의회의 의견을 들어야 한다.

② **공고**: 특별시장·광역시장·특별자치시장·특별자치도지사·시장 또는 군수는 단계별 집행계획을 수립 또는 변경하거나 받은 때에는 지체 없이 그 사실을 공보와 인터넷 홈페이지 등에 게재하여 그 사실을 공고해야 한다.

02 도시·군계획시설사업의 시행자

(1) 행정청 시행자(입안자)

① **원칙**: 특별시장·광역시장·특별자치시장·특별자치도지사·시장 또는 군수는 이 법 또는 다른 법률에 특별한 규정이 있는 경우 외에는 관할 구역의 도시·군계획시설사업을 시행한다.

② **연계시행**: 도시·군계획시설사업이 둘 이상의 특별시·광역시·특별자치시·특별자치도·시 또는 군의 관할 구역에 걸쳐 시행되게 되는 경우에는 관계 특별시장·광역시장·특별자치시장·특별자치도지사·시장 또는 군수가 서로 협의하여 시행자를 정한다. 다만, 협의가 성립되지 않는 경우 같은 도의 관할 구역에 속하는 경우에는 관할 도지사가, 둘 이상의 시·도의 관할 구역에 걸치는 경우에는 국토교통부장관이 시행자를 지정한다.

③ **국토교통부장관**: 국토교통부장관은 국가계획과 관련되거나 그 밖에 특히 필요하다고 인정되는 경우에는 직접 도시·군계획시설사업을 시행할 수 있다.

④ **도지사**: 도지사는 광역도시계획과 관련되거나 특히 필요하다고 인정되는 경우에는 직접 도시·군계획시설사업을 시행할 수 있다.

---

[1] 특별시장·광역시장·특별자치시장·특별자치도지사·시장 또는 군수는 매년 제2단계 집행계획을 검토하여 3년 이내에 도시·군계획시설사업을 시행할 도시·군계획시설은 이를 제1단계 집행계획에 포함시킬 수 있다.

TIP
단계별 집행계획은 도시계획위원회의 심의절차가 없다.

⚡ 기출

01 ( ) 이내에 시행하는 도시·군계획시설사업은 제1단계 집행계획에 포함되도록 해야 한다. 제34회

02 도시·군계획시설사업이 같은 도의 관할 구역에 속하는 둘 이상의 시 또는 군에 걸쳐 시행되는 경우로서 협의가 성립되지 않는 경우에는 ( )가 시행자를 지정한다. 제32회

03 국토교통부장관은 ( )계획과 관련되는 경우에는 직접 도시·군계획시설사업을 시행할 수 있다. 제34회

기출정답
01 3년   02 도지사
03 국가

(2) 비행정청 시행자

① **시행자 지정**: 행정청인 시행자 외의 자는 국토교통부장관, 시·도지사, 시장 또는 군수로부터 시행자로 **지정**을 받아 도시·군계획시설사업을 시행할 수 있다.

② **민간시행자의 요건**: 다음에 해당하지 않는 자가 시행자로 지정을 받으려면 도시·군계획시설사업의 대상인 **토지**(국·공유지는 제외)면적의 3분의 2 이상에 해당하는 토지를 소유하고, 토지소유자 총수의 2분의 1 이상의 동의를 받아야 한다.

> 1. 국가 또는 지방자치단체
> 2. **공공기관**: 한국토지주택공사, 한국도로공사, 한국철도공사 등
> 3. 그 밖에 **대통령령으로 정하는 자**: 지방공사 및 지방공단 등

TIP
공공시행자[국가·지방자치단체(행정청) + 공공기관, 지방공사] ⇔ 민간시행자

⚡기출
01 한국토지주택공사는 도시·군계획시설사업대상 토지소유자 동의요건을 갖추지 않아도 도시·군계획시설사업의 시행자로 지정받을 수 (   ). 제34회

02 국토교통부장관이 지정한 시행자는 도시·군계획시설사업의 실시계획에 대하여 (   )의 인가를 받아야 한다. 제21회

03 실시계획

(1) 실시계획의 작성

① **작성**: 도시·군계획시설사업의 시행자는 다음의 사항이 포함된 도시·군계획시설사업에 관한 실시계획을 작성해야 한다.

> 1. 사업의 종류 및 명칭, 면적 또는 규모
> 2. 사업시행자의 성명 및 주소(법인은 법인 명칭·소재지와 대표자 성명·주소)
> 3. 사업의 착수예정일 및 준공예정일

② **내용**: 실시계획에는 사업시행에 필요한 **설계도서**, 자금계획, 시행기간, 그 밖에 대통령령으로 정하는 사항을 자세히 밝히거나 첨부해야 한다.

③ **분할시행**: 도시·군계획시설사업을 분할시행하는 때에는 분할된 지역별로 실시계획을 작성할 수 있다.

(2) 실시계획의 인가·고시

① **인가권자(결정권자)**: 시행자(국토교통부장관, 시·도지사와 대도시 시장은 제외)는 실시계획을 작성하면 국토교통부장관이 지정한 시행자는 **국토교통부장관**의 인가를 받아야 하며, 그 밖의 시행자는 시·도지사 또는 대도시 시장의 인가를 받아야 한다. 다만, 준공검사를 받은 후에 경미한 사항을 변경하기 위하여 실시계획을 작성하는 경우에는 인가를 받지 않는다.

기출정답
01 있다
02 국토교통부장관

② **변경인가 등**: 인가받은 실시계획을 변경하거나 폐지하는 경우에도 인가를 받아야 한다. 다만, 다음의 경미한 사항을 변경하는 경우에는 그러하지 않다.

> 1. 사업명칭을 변경하는 경우
> 2. 구역경계의 변경이 없는 범위에서 건축물 또는 공작물의 연면적 10% 미만의 변경과 「학교시설사업 촉진법」에 따른 학교시설의 변경인 경우 등

③ **조건부 인가**: 국토교통부장관, 시·도지사 또는 대도시 시장은 기반시설의 설치나 그에 필요한 용지의 확보, 위해방지, 환경오염방지, 경관조성, 조경 등의 조치를 할 것을 조건으로 실시계획을 인가할 수 있다.[1]

④ **이행보증금**: 특별시장·광역시장·특별자치시장·특별자치도지사·시장 또는 군수는 기반시설의 설치나 그에 필요한 용지의 확보, 위해방지, 환경오염방지, 경관조성, 조경 등을 위하여 필요하다고 인정되는 경우에는 그 이행을 담보하기 위하여 시행자에게 이행보증금을 예치하게 할 수 있다. 다만, 다음에 해당하는 자는 그러하지 않다.

> 1. 국가 또는 지방자치단체
> 2. **공공기관**: 한국토지주택공사, 한국도로공사, 한국철도공사 등
> 3. **그 밖에 대통령령으로 정하는 자**: 지방공사 및 지방공단 등

⑤ **공고·열람**: 국토교통부장관, 시·도지사 또는 대도시 시장은 실시계획을 인가하려면 미리 그 사실을 공고하고, 관계 서류의 사본을 14일 이상 일반이 열람할 수 있도록 해야 한다.

⑥ **고시**: 국토교통부장관, 시·도지사 또는 대도시 시장은 실시계획을 작성(변경작성을 포함), 인가(변경인가를 포함), 폐지하거나 실시계획이 효력을 잃은 경우에는 관보나 공보 및 인터넷 홈페이지에 게재하여 그 내용을 고시해야 한다.

(3) 실시계획의 실효

① **실효사유**: 도시·군계획시설결정의 고시일부터 10년 이후에 실시계획을 작성하거나 인가받은 도시·군계획시설사업의 시행자(이하 '장기미집행 시행자')가 실시계획 고시일부터 5년 이내에 「공익사업을 위한 토지 등의 취득 및 보상에 관한 법률」에 따른 재결신청을 하지 않은 경우에는 그 5년이 지난 다음 날에 그 실시계획은 효력을 잃는다. 다만, 장기미집행 시행자가 재결신청을 하지 않고 실시계획 고시일부터 5년이 지나기 전에 해당 도시·군계획시설사업에 필요한 토지면적의 3분의 2 이상을 소유하거나 사용할 수 있는 권원을 확보하고 실시계획 고시일부터 7년 이내에 재결신청을 하지 않은 경우 그 7년이 지난 다음 날에 그 실시계획은 효력을 잃는다.[2]

---

[1] 국토교통부장관, 시·도지사 또는 대도시 시장은 실시계획이 도시·군계획시설의 결정·구조 및 설치의 기준 등에 맞다고 인정하는 경우에는 인가해야 한다.

⚡기출

01 도시·군계획시설사업의 시행자인 지방공사는 비탈면에 조경을 할 필요가 있는 경우에 그 이행을 담보하기 위한 (　　)을 예치하지 않아도 된다. 제36회

02 실시계획인가 내용과 다르게 도시·군계획시설사업을 하여 토지의 원상회복명령을 받은 자가 원상회복을 하지 아니하면 (　　)에 따라 원상회복을 할 수 있다. 제32회

[2] ①에도 불구하고 장기미집행 시행자가 재결신청 없이 도시·군계획시설사업에 필요한 모든 토지 등을 소유하거나 사용할 수 있는 권원을 확보한 경우 그 실시계획은 효력을 유지한다.

기출정답
01 이행보증금
02 행정대집행

② **실효일자**: 실시계획이 폐지되거나 효력을 잃은 경우 해당 도시·군계획시설 결정은 다음에서 정한 날 효력을 잃는다. 이 경우 시·도지사 또는 대도시 시장은 지체 없이 그 사실을 고시해야 한다.

> 1. 도시·군계획시설결정의 고시일부터 20년이 되기 전에 실시계획이 폐지되거나 효력을 잃고 다른 도시·군계획시설사업이 시행되지 않는 경우: 도시·군계획시설결정의 고시일부터 20년이 되는 날의 다음 날
> 2. 도시·군계획시설결정의 고시일부터 20년이 되는 날의 다음 날 이후 실시계획이 폐지되거나 효력을 잃은 경우: 실시계획이 폐지되거나 효력을 잃은 날

04 사업시행을 위한 조치

(1) 도시·군계획시설사업의 분할시행

시행자는 도시·군계획시설사업을 효율적으로 추진하기 위하여 필요하다고 인정되면 사업시행대상 지역 또는 대상 시설을 둘 이상으로 분할하여 시행할 수 있다.

(2) 관계 서류의 열람 등

시행자는 도시·군계획시설사업을 시행하기 위하여 필요하면 등기소나 관계 행정기관의 장에게 필요한 서류의 열람·복사나 그 등·초본의 발급을 무료로 청구할 수 있다.

(3) 공시 송달

도시·군계획시설사업의 시행자는 이해관계인에게 서류를 송달할 필요가 있으나 이해관계인의 주소 또는 거소(居所)가 불분명하거나 그 밖의 사유로 서류를 송달할 수 없는 경우에는 그 서류의 송달에 갈음하여 그 내용을 공시할 수 있다.[1]

(4) 토지 등의 수용 및 사용

① **수용·사용의 대상**: 시행자는 도시·군계획시설사업에 필요한 다음의 물건 또는 권리(이하 '토지 등')를 수용하거나 사용할 수 있다.

> 1. 토지·건축물 또는 그 토지에 정착된 물건
> 2. 토지·건축물 또는 그 토지에 정착된 물건에 관한 소유권 외의 권리

② **일시사용**: 시행자는 사업시행을 위하여 특히 필요하다고 인정되면 도시·군계획시설에 인접한 토지 등을 일시사용할 수 있다.

TIP

시행자의 특권
1. 분할시행
2. 관계 서류의 무상열람 등
3. 공시 송달
4. 토지 등의 수용·사용
5. 타인토지의 출입 등

[1] 행정청이 아닌 시행자는 국토교통부장관, 시·도지사 또는 대도시 시장의 승인

③ **준용법률**: 수용 및 사용에 관하여는 이 법에 특별한 규정이 있는 경우 외에는 「공익사업을 위한 토지 등의 취득 및 보상에 관한 법률」[1]을 준용한다.

④ **사업인정·고시 의제**: 실시계획을 고시한 경우에는 「공취법」에 따른 사업인정 및 그 고시가 있었던 것으로 본다.

⑤ **재결신청기간의 연장**: 재결신청은 「공취법」에도 불구하고 실시계획에서 정한 도시·군계획시설사업의 시행기간에 해야 한다.

[1] 이하 '「공취법」'이라 한다.

암기 PLUS | 토지 등의 수용 또는 사용(「공취법」의 특례)

구분	사업인정·고시	재결신청	비고	절차
도시·군계획시설사업	실시계획의 고시	사업시행기간 이내	-	사업인정·고시 → 국토교통부장관 ↓ 1년 토지·물건조서 작성 ⇨ 소유자와 협의 재결신청 → 사업시행자 ↓ 수용재결 → 토지수용위원회 ↓ 수용개시일까지 사전현금보상 → 보상금 지급·공탁 ↓ 수용 → 권리의 취득
도시개발사업	토지 등의 세목고시		민간은 토지면적 3분의 2 이상 소유 + 토지소유자 총수 2분의 1 이상 동의	
정비사업	사업시행계획 인가·고시		재건축사업은 천재·지변 등 긴급한 경우에 한함	
국민주택 건설사업	사업계획승인		공공사업주체 + 국민주택 건설	

(5) 타인토지의 출입 등

① **출입 등의 사유**: 국토교통부장관, 시·도지사, 시장 또는 군수나 도시·군계획시설사업의 시행자는 다음의 행위를 하기 위하여 필요하면 타인의 토지에 출입하거나 타인의 토지를 재료적치장 또는 임시통로로 일시사용할 수 있으며, 특히 필요한 경우에는 나무, 흙, 돌, 그 밖의 장애물을 변경하거나 제거할 수 있다.[2]

1. 도시·군계획, 광역도시계획에 관한 기초조사
2. 개발밀도관리구역, 기반시설부담구역 및 기반시설설치계획에 관한 기초조사
3. 도시·군계획시설사업에 관한 조사·측량 또는 시행
4. 지가의 동향 및 토지거래의 상황에 관한 조사

[2] **증표의 제시**
출입 등의 행위를 하려는 자는 그 권한을 표시하는 증표와 허가증을 지니고 이를 관계인에게 내보여야 한다.

⚡기출

01 (　　)구역, (　　)구역 및 기반시설설치계획에 관한 기초조사를 하기 위하여 필요하면 타인의 토지에 출입 등을 할 수 있다. 제33회

기출정답

01 개발밀도관리, 기반시설부담

② **출입절차**: 타인의 토지에 출입하려는 자는 특별시장·광역시장·특별자치시장·특별자치도지사·시장 또는 군수의 허가를 받아야 하며, 출입하려는 날의 7일 전까지 그 토지의 소유자·점유자 또는 관리인에게 그 일시와 장소를 알려야 한다. 다만, **행정청인 시행자**는 허가를 받지 않고 타인의 토지에 출입할 수 있다.

③ **일시사용 등의 동의**: 타인의 토지를 재료적치장 또는 임시통로로 일시사용하거나 나무, 흙, 돌, 그 밖의 장애물을 변경 또는 제거하려는 자는 토지의 소유자·점유자 또는 관리인의 동의를 받아야 한다. 다만, 토지나 장애물의 소유자 등이 현장에 없거나 주소 또는 거소가 불분명하여 그 동의를 받을 수 없는 경우에는 행정청인 시행자는 관할 특별시장·광역시장·특별자치시장·특별자치도지사·시장 또는 군수에게 그 사실을 통지해야 하며, 행정청이 아닌 시행자는 미리 관할 특별시장·광역시장·특별자치시장·특별자치도지사·시장 또는 군수의 허가를 받아야 한다.

④ **일시사용 등의 통지**: 토지를 일시사용하거나 장애물을 변경 또는 제거하려는 자는 3일 전까지 그 토지나 장애물의 소유자 등에게 알려야 한다.

⑤ **출입제한**: 일출 전이나 일몰 후에는 그 토지 **점유자의 승낙** 없이 택지나 담장 또는 울타리로 둘러싸인 타인의 토지에 출입할 수 없다.

⑥ **수인의무**: 토지의 점유자는 정당한 사유 없이 출입 등의 행위를 방해하거나 거부하지 못한다.

⑦ **손실보상**: 출입 등의 행위로 인하여 손실을 입은 자가 있으면 그 행위자가 속한 **행정청**이나 도시·군계획시설사업의 **시행자**가 그 손실을 보상해야 하며, 손실보상에 관하여는 그 손실을 보상할 자와 손실을 입은 자가 협의해야 한다.❶

(6) 국·공유지의 처분제한

도시·군관리계획결정을 고시한 경우에는 국·공유지로서 도시·군계획시설사업에 필요한 토지는 그 도시·군관리계획으로 정하여진 목적 외의 목적으로 매각하거나 양도할 수 없다. 이를 위반한 행위는 무효로 한다.

(7) 행정심판

이 법에 따른 도시·군계획시설사업 시행자의 처분에 대하여는 「행정심판법」에 따라 행정심판을 제기[처분청의 직근(直近) 상급 행정청에게 제기]할 수 있다. 이 경우 행정청이 아닌 시행자의 처분에 대하여는 그 시행자를 **지정한 자**에게 행정심판을 제기해야 한다.

⚡ **기출**

01 타인의 토지에 출입하려는 행정청인 사업시행자는 출입하려는 날의 (　　) 전까지 그 토지의 소유자·점유자 또는 관리인에게 그 일시와 장소를 알려야 한다. 제34회

02 (　　)인 도시·군계획시설사업의 시행자는 허가를 받지 않고 타인의 토지에 출입할 수 있다. 제34회

03 타인의 토지를 일시사용하거나 장애물을 변경 또는 제거하려는 자는 토지의 소유자·점유자 또는 관리인의 (　　)를 받아야 한다. 제34회

04 일출 전이나 일몰 후에는 그 토지 (　　)의 승낙 없이 택지나 담장 또는 울타리로 둘러싸인 타인의 토지에 출입할 수 없다. 제34회

❶ 손실을 보상할 자나 손실을 입은 자는 협의가 성립되지 않거나 협의를 할 수 없는 경우에는 관할 토지수용위원회에 재결을 신청할 수 있다.

기출정답
01 7일　02 행정청
03 동의　04 점유자

05 공사완료의 공고 등

(1) 준공검사
시행자(국토교통부장관, 시·도지사와 대도시 시장은 제외)는 도시·군계획시설사업의 공사를 마친 때에는 공사완료보고서를 작성하여 시·도지사나 대도시 시장의 준공검사를 받아야 한다.

(2) 공사완료의 공고
시·도지사나 대도시 시장은 준공검사를 한 결과 실시계획대로 완료되었다고 인정되는 경우에는 시행자에게 준공검사증명서를 발급하고 공사완료 공고를 해야 한다. 다만, **국토교통부장관, 시·도지사 또는 대도시 시장인 시행자**는 도시·군계획시설사업의 공사를 마친 때에는 공사완료 공고를 해야 한다.

06 비용

(1) 시행자 부담의 원칙
광역도시계획 및 도시·군계획의 수립과 도시·군계획시설사업에 관한 비용은 이 법 또는 다른 법률에 특별한 규정이 있는 경우 외에는 국가가 하는 경우에는 국가예산에서, 지방자치단체가 하는 경우에는 해당 **지방자치단체가**, 행정청이 아닌 자가 하는 경우에는 그 자가 부담함을 원칙으로 한다.

(2) 지방자치단체의 비용부담(수익자 부담의 예외)
① 국토교통부장관이나 시·도지사는 그가 시행한 도시·군계획시설사업으로 현저히 이익을 받는 시·도, 시 또는 군이 있으면 사업비용의 일부를 그 이익을 받는 시·도, 시 또는 군에 부담시킬 수 있다. 다만, 부담하는 비용의 총액은 그 사업에 소요된 비용(조사·측량비, 설계비 및 관리비는 제외)의 **50%를 넘지 못한다.**
② **시장이나 군수**는 그가 시행한 도시·군계획시설사업으로 현저히 이익을 받는 다른 지방자치단체가 있으면 사업비용의 **일부**를 그 이익을 받는 다른 지방자치단체와 협의하여 그 지방자치단체에 부담시킬 수 있다. 다만, 협의가 성립되지 않는 경우 다른 지방자치단체가 같은 도에 속할 때에는 관할 **도지사가** 결정하는 바에 따르며, 다른 시·도에 속할 때에는 **행정안전부장관**이 결정하는 바에 따른다.

> **⚡기출**
> 01 도지사가 시행한 도시·군계획시설사업으로 그 도에 속하지 않는 군이 현저히 이익을 받는 경우, 해당 도지사와 군수간의 비용부담에 관한 협의가 성립되지 아니하는 때에는 (　　)장관이 결정하는 바에 따른다. 제24회
>
> **기출정답**
> 01 행정안전부

(3) 보조 또는 융자

① 시·도지사, 시장 또는 군수가 수립하는 광역도시·군계획 또는 도시·군계획에 관한 기초조사나 지형도면의 작성에 드는 비용은 대통령령(80% 이하의 범위)으로 정하는 바에 따라 그 비용의 전부 또는 일부를 국가예산에서 보조할 수 있다.

② 행정청이 시행하는 도시·군계획시설사업에 드는 비용은 대통령령(조사·측량비, 설계비 및 관리비를 제외한 공사비와 감정비를 포함한 보상비의 50% 이하)으로 정하는 바에 따라 그 비용의 전부 또는 일부를 국가예산에서 보조하거나 융자할 수 있으며, 행정청이 아닌 자가 시행하는 도시·군계획시설사업에 드는 비용의 일부는 대통령령(3분의 1 이하의 범위)으로 정하는 바에 따라 국가 또는 지방자치단체가 보조하거나 융자할 수 있다.

제3절 장기미집행 도시·군계획시설에 대한 조치

01 도시·군계획시설부지에서의 개발행위

(1) 원칙

특별시장·광역시장·특별자치시장·특별자치도지사·시장 또는 군수는 도시·군계획시설의 설치장소로 결정된 지상·수상·공중·수중 또는 지하는 그 도시·군계획시설이 아닌 건축물의 건축이나 공작물의 설치를 허가해서는 안 된다. 다만, 대통령령으로 정하는 경우에는 그러하지 않다(법 제64조 제1항).

(2) 예외적 허가

> **TIP**
> **원상회복**
> 사업이 시행되는 경우 그 시행예정일 3개월 전까지 가설건축물이나 공작물 소유자의 부담으로 철거 등 원상회복에 필요한 조치를 명해야 한다.

특별시장·광역시장·특별자치시장·특별자치도지사·시장 또는 군수는 도시·군계획시설결정의 고시일부터 2년이 지날 때까지 사업이 시행되지 않은 도시·군계획시설 중 ① 단계별 집행계획이 수립되지 않거나, ② 제1단계 집행계획에 포함되지 않은 도시·군계획시설의 부지에 대하여는 다음의 개발행위를 허가할 수 있다.

1. 가설건축물(「건축법」 제20조 제1항)의 건축과 이에 필요한 범위에서의 토지의 형질변경

2. 도시·군계획시설의 설치에 지장이 없는 공작물의 설치와 이에 필요한 범위에서의 토지의 형질변경
3. 건축물의 개축 또는 재축과 이에 필요한 범위에서의 토지의 형질변경

02 장기미집행 시설부지의 매수청구 `빈출`

(1) 매수청구사유·매수청구권자 및 매수청구의 상대방

도시·군계획시설결정의 고시일부터 10년 이내에 그 도시·군계획시설의 설치에 관한 도시·군계획시설사업이 시행되지 않는 경우(실시계획의 인가나 그에 상당하는 절차가 진행된 경우는 제외) 그 도시·군계획시설의 부지로 되어 있는 토지 중 지목(地目)이 대(垈)인 토지(건축물 및 정착물 포함)의 소유자는 특별시장·광역시장·특별자치시장·특별자치도지사·시장 또는 군수에게 그 토지의 매수를 청구할 수 있다. 다만, 다음에 해당하는 경우에는 그에 해당하는 자(이하 '매수의무자')에게 그 토지의 매수를 청구할 수 있다.

1. 이 법에 따라 해당 도시·군계획시설사업의 시행자가 정해진 경우에는 그 시행자
2. 이 법 또는 다른 법률에 따라 도시·군계획시설을 설치하거나 관리해야 할 의무가 있는 자가 있으면 그 의무가 있는 자. 이 경우 설치하거나 관리할 의무자가 서로 다른 경우에는 설치의무자에게 매수청구해야 한다.

(2) 매수절차 등

① **매수절차**: 매수의무자는 매수청구를 받은 날부터 6개월 이내에 매수 여부를 결정하여 토지소유자와 특별시장·광역시장·특별자치시장·특별자치도지사·시장 또는 군수에게 알려야 하며, 매수하기로 결정한 토지는 매수결정을 알린 날부터 2년 이내에 매수해야 한다.

② **준용법률**: 매수청구된 토지의 매수가격·매수절차 등에 관하여 이 법에 특별한 규정이 있는 경우 외에는 「공취법」을 준용한다.

(3) 매수대금

① **원칙**: 매수의무자는 매수청구를 받은 토지를 매수할 때에는 현금으로 그 대금을 지급한다.

② **예외**: 다음에 해당하는 경우로서 매수의무자가 지방자치단체[1]인 경우에는 채권(이하 '도시·군계획시설채권')을 발행하여 지급할 수 있다.

기출

01 도시·군계획시설결정의 고시일부터 ( ) 이내에 도시·군계획시설사업이 시행되지 않는 경우 그 도시·군계획시설의 부지 중 지목이 ( )인 토지의 소유자는 그 토지의 매수를 청구할 수 있다. 제35회

02 매수의무자는 매수청구를 받은 날부터 ( ) 이내에 매수 여부를 결정하여 토지소유자에게 알려야 하며, 매수하기로 결정한 토지는 매수결정을 알린 날부터 ( ) 이내에 매수해야 한다. 제32회

03 도시·군계획시설부지의 매수의무자인 ( )는 토지소유자가 원하는 경우 도시·군계획시설채권을 발행하여 그 대금을 지급할 수 있다. 제32회

[1] 매수의무자가 국가나 지방공사인 경우에는 도시·군계획시설채권을 발행할 수 없다.

기출정답
01 10년, 대
02 6개월, 2년
03 지방자치단체

⚡ **기출**

01 비업무용 토지로서 매수대금이 ( )원을 초과하는 경우 ( )인 매수의무자는 그 초과하는 금액에 대해서 도시·군계획시설채권을 발행하여 지급할 수 있다. 제25회

02 도시·군계획시설채권의 상환기간은 ( ) 이내로 한다. 제32회

03 도시·군계획시설결정·고시일부터 ( )년이 지날 때까지 도시·군계획시설사업이 시행되지 않는 경우 그 도시·군계획시설결정은 그 고시일부터 ( )년이 되는 날의 ( )에 그 효력을 잃는다. 제35회

1. 토지소유자가 원하는 경우
2. 부재부동산 소유자의 토지 또는 비업무용 토지로서 매수대금이 3천만원을 초과하여 그 초과하는 금액을 지급하는 경우

③ **상환기간·이율**: 도시·군계획시설채권의 상환기간은 10년 이내로 하며, 그 이율은 채권발행 당시 은행의 1년 만기 정기예금금리의 평균 이상이어야 하며, 구체적인 상환기간과 이율은 특별시·광역시·특별자치시·특별자치도·시 또는 군의 조례로 정한다.

④ **적용법률**: 도시·군계획시설채권의 발행절차나 그 밖에 필요한 사항에 관하여 이 법에 특별한 규정이 있는 경우 외에는 「지방재정법」에서 정하는 바에 따른다.

(4) 건축제한의 완화

매수청구를 한 토지의 소유자는 매수의무자가 ① 매수하지 않기로 결정한 경우 또는 ② 매수결정을 알린 날부터 2년이 지날 때까지 해당 토지를 매수하지 않는 경우 개발행위허가를 받아 다음의 건축물 또는 공작물을 설치할 수 있다.

1. 단독주택으로서 3층 이하인 것
2. 제1종 근린생활시설로서 3층 이하인 것
3. 제2종 근린생활시설(다중생활시설, 단란주점, 안마시술소 및 노래연습장은 제외)로서 3층 이하인 것
4. 공작물

03 도시·군계획시설결정의 실효 빈출

(1) 실효사유

도시·군계획시설결정이 고시된 도시·군계획시설에 대하여 그 고시일부터 20년이 지날 때까지 그 시설의 설치에 관한 도시·군계획시설사업이 시행되지 않는 경우 그 도시·군계획시설결정은 그 고시일부터 20년이 되는 날의 다음 날에 그 효력을 잃는다.

(2) 실효고시

국토교통부장관, 시·도지사 또는 대도시 시장은 도시·군계획시설결정이 효력을 잃으면 지체 없이 그 사실을 고시해야 한다.

기출정답
01 3천만, 지방자치단체
02 10년
03 20, 20, 다음 날

04 도시·군계획시설결정의 해제

(1) 지방의회에 보고

① **보고의무**: 특별시장·광역시장·특별자치시장·특별자치도지사·시장 또는 군수(이하 '지방자치단체의 장')는 도시·군계획시설결정이 고시된 도시·군계획시설(국토교통부장관이 결정·고시한 도시·군계획시설은 제외)을 설치할 필요성이 없어진 경우 또는 고시일부터 **10년**이 지날 때까지 그 사업이 시행되지 않는 경우에는 그 현황과 단계별 집행계획을 해당 **지방의회에 보고**해야 한다.

② **해제권고**: 보고를 받은 지방의회는 해당 지방자치단체의 장에게 도시·군계획시설결정의 해제를 권고할 수 있다.

(2) 해제결정

① **해제결정의무**: 지방자체단체의 장은 상위계획과의 연관성, 단계별 집행계획 등을 고려하여 해제할 수 없다고 인정하는 특별한 사유가 있는 경우를 제외하고는 해당 장기미집행 도시·군계획시설의 해제권고를 받은 날부터 **1년 이내**에 해제를 위한 도시·군관리계획을 결정해야 한다.

② **해제결정의 신청**: 시장 또는 군수는 도지사가 결정한 도시·군관리계획의 해제가 필요한 경우에는 도지사에게 그 결정을 신청해야 하며, 도지사는 특별한 사유가 없으면 신청을 받은 날부터 **1년 이내**에 해당 도시·군계획시설의 해제를 위한 도시·군관리계획결정을 해야 한다.

(3) 도시·군계획시설결정의 해제신청

① **해제입안 신청**: 도시·군계획시설결정의 고시일부터 **10년 이내**에 그 사업이 시행되지 않은 경우로서 단계별 집행계획상 해당 도시·군계획시설의 실효시까지 집행계획이 없는 경우 그 도시·군계획시설부지로 되어 있는 **토지의 소유자**는 입안권자에게 그 토지의 도시·군계획시설결정 해제를 위한 도시·군관리계획 입안을 신청할 수 있다. 이 경우 입안권자는 신청을 받은 날부터 3개월 이내에 입안 여부를 결정하여 토지소유자에게 알려야 한다.

② **해제결정 신청**: 입안신청을 한 토지소유자는 해당 도시·군계획시설결정의 해제를 위한 도시·군관리계획이 입안되지 않는 경우 등에는 결정권자에게 그 도시·군계획시설결정의 해제를 신청할 수 있다. 이 경우 결정권자는 신청을 받은 날부터 2개월 이내에 결정 여부를 정하여 토지소유자에게 알려야 한다.

TIP

장기(10년)미집행 시설부지에서의 효과
1. **매수청구**: 지목이 대인 토지소유자
2. **지방의회 보고**: 지방자치단체의 장
3. **해제입안 신청**: 시설부지의 토지소유자

⚡ 기출

01 장기미집행 도시·군계획시설결정의 해제를 신청받은 도지사는 특별한 사유가 없으면 신청을 받은 날부터 ( ) 이내에 해당 도시·군계획시설의 해제를 위한 도시·군관리계획결정을 해야 한다. 제23회

02 도시·군계획시설결정의 고시일부터 10년 이내에 도시·군계획시설사업이 시행되지 않은 경우로서 실효시까지 집행계획이 없는 경우에는 그 도시·군계획시설 부지로 되어 있는 ( )는 해제를 위한 도시·군관리계획의 입안을 신청할 수 있다. 제35회

기출정답
01 1년 02 토지의 소유자

제7장 지구단위계획

기본서 p.141~151

01 의의 등

(1) 의의 및 결정

① **의의:** 지구단위계획이란 도시·군계획 수립대상 지역[1]의 일부에 대하여 토지이용을 합리화하고 그 기능을 증진시키며 미관을 개선하고 양호한 환경을 확보하며, 그 지역을 체계적·계획적으로 관리하기 위하여 수립하는 도시·군관리계획을 말한다.

② **결정:** 지구단위계획구역 및 지구단위계획은 국토교통부장관, 시·도지사, 시장 또는 군수가 도시·군관리계획으로 결정한다.

(2) 수립기준

지구단위계획의 수립기준 등은 국토교통부장관이 정한다.[2]

02 지구단위계획구역의 지정

(1) 도시지역

① **임의적 지정대상:** 국토교통부장관, 시·도지사, 시장 또는 군수는 다음에 해당하는 지역의 전부 또는 일부에 대하여 지구단위계획구역을 지정할 수 있다.

> 1. 용도지구(예 취락지구)
> 2. **개발예정 지역:** 도시개발구역, 정비구역, 택지개발지구, 대지조성사업지구, 산업단지와 준산업단지 및 관광단지와 관광특구
> 3. **난개발의 우려가 있는 지역:** 개발제한구역·도시자연공원구역·시가화조정구역 또는 공원에서 해제되는 구역, 녹지지역에서 주거·상업·공업지역으로 변경되는 구역과 새로 도시지역으로 편입되는 구역 중 계획적인 개발 또는 관리가 필요한 지역
> 4. **도시지역 내 주거·상업·업무 등의 기능을 결합하는 등 복합적인 토지이용을 증진시킬 필요가 있는 지역**(역세권 복합용도개발형 지구단위계획구역): 일반주거지역, 준주거지역, 상업지역 및 준공업지역 + 세 개 이상의 노선이 교차하는 대중교통 결절지로부터 1km 이내에 위치한 지역 등

---

[1] 도시·군계획 수립대상 지역 = 특별시·광역시·특별자치시·특별자치도·시 또는 군

[2] 지구단위계획은 해당 용도지역의 특성을 고려하여 수립한다.

⚡기출

01 시장 또는 군수가 입안한 지구단위계획구역의 지정·변경과 지구단위계획의 수립·변경에 관한 도시·군관리계획은 ( )가 직접 결정한다. 제35회

02 도시지역 내 복합적인 토지이용을 증진시킬 필요가 있는 지역으로서 지구단위계획구역을 지정할 수 있는 지역은 ( )지역, 준주거지역, 상업지역 및 ( )지역이다. 제34회

기출정답
01 시장 또는 군수
02 일반주거, 준공업

5. 도시지역 내 유휴토지를 효율적으로 개발하거나 교정시설, 군사시설, 그 밖에 대통령령으로 정하는 시설을 이전 또는 재배치하여 토지이용을 합리화하고, 그 기능을 증진시키기 위하여 집중적으로 정비가 필요한 지역: 5천m² 이상으로서 도시·군계획조례로 정하는 면적 이상의 유휴토지 또는 대규모 시설의 이전부지 등
6. 도시지역의 체계적·계획적인 관리 또는 개발이 필요한 지역
7. 그 밖에 양호한 환경의 확보나 기능 및 미관의 증진 등을 위하여 필요한 지역으로서 대통령령으로 정하는 지역: 시범도시, 개발행위허가 제한지역 등

② **의무적 지정대상**: 국토교통부장관, 시·도지사, 시장 또는 군수는 다음에 해당하는 지역은 지구단위계획구역으로 **지정해야 한다.**

1. 정비구역 및 택지개발지구에서 시행되는 사업이 끝난 후 10년이 지난 지역
2. 면적이 30만m² 이상으로서 체계적·계획적인 개발 또는 관리가 필요한 다음의 지역
   ① 시가화조정구역 또는 공원에서 해제되는 지역
   ② 녹지지역에서 주거지역·상업지역 또는 공업지역으로 변경되는 지역

(2) 도시지역 외의 지역

① **계획관리지역**: 지정하려는 구역 면적의 100분의 50 이상이 계획관리지역으로서 다음의 요건에 해당하는 지역

1. 계획관리지역 외 지구단위계획구역으로 포함할 수 있는 나머지 용도지역은 생산관리지역 또는 보전관리지역일 것[1]
2. 지구단위계획구역으로 지정하려는 토지의 면적이 다음의 요건에 해당할 것
   (1) 아파트 또는 연립주택의 건설계획이 포함되는 경우에는 30만m² 이상일 것
   (2) 아파트 또는 연립주택의 건설계획이 포함되는 경우로서 다음에 해당하는 경우에는 10만m² 이상일 것
      ① 지구단위계획구역이 「수도권정비계획법」에 따른 자연보전권역인 경우
      ② 초등학교용지를 확보하여 관할 교육청의 동의를 얻은 경우
   (3) 위 (1) 및 (2)의 경우를 제외하고는 3만m² 이상일 것
3. 해당 지역에 도로·수도공급설비·하수도 등 기반시설을 공급할 수 있을 것
4. 자연환경·경관·미관 등을 해치지 않고 국가유산의 훼손우려가 없을 것

기출

01 정비구역과 택지개발지구에서 시행되는 사업이 끝난 후 (　　)이 지난 지역은 지구단위계획구역으로 지정해야 한다.
　　　제34회

02 도시지역 외의 지역도 지구단위계획구역으로 지정될 수 (　　). 제28회

03 도시지역 외의 지역을 지구단위계획구역으로 지정하려면 지정하려는 구역 면적의 100분의 (　　) 이상이 계획관리지역이어야 한다. 제34회

[1]
보전관리지역의 면적은 다음의 구분에 따른 요건을 충족해야 한다.
1. 전체 지구단위계획구역 면적이 10만m² 이하인 경우: 20% 이내
2. 전체 지구단위계획구역 면적이 10만m² 초과 20만m² 이하인 경우: 2만m²
3. 전체 지구단위계획구역 면적이 20만m²를 초과하는 경우: 10% 이내

기출정답

01 10년   02 있다
03 50

② **개발진흥지구**: 다음의 요건에 해당하는 지역

> 1. 계획관리지역의 2.부터 4.까지의 요건에 해당할 것
> 2. 해당 개발진흥지구가 다음의 지역에 위치할 것
>   ① 주거개발진흥지구, 복합개발진흥지구(주거기능이 포함된 경우) 및 특정개발진흥지구: 계획관리지역
>   ② 산업·유통개발진흥지구 및 복합개발진흥지구(주거기능이 포함되지 않은 경우): 생산관리지역·계획관리지역 또는 농림지역
>   ③ 관광·휴양개발진흥지구: 도시지역 외의 지역

③ 용도지구를 폐지하고 그 용도지구에서의 행위제한 등을 지구단위계획으로 대체하려는 지역

⚡ **기출**

01 계획관리지역·생산관리지역 또는 (　　)지역에 위치한 산업·유통개발진흥지구는 지구단위계획구역으로 지정할 수 있다.
제34회

03 지구단위계획의 수립

(1) 내용

지구단위계획에는 다음의 사항 중 3.과 5.의 사항을 포함한 둘 이상의 사항이 포함되어야 한다. 다만, 2.를 내용으로 하는 지구단위계획의 경우에는 그러하지 않다.

> 1. **용도지역이나 용도지구를 대통령령으로 정하는 범위에서 세분하거나 변경하는 사항**: 주거지역·상업지역·공업지역 및 녹지지역 또는 경관지구·방재지구·보호지구·취락지구 및 개발진흥지구를 그 범위 안에서 세분 또는 변경하는 것으로 한다.❶
> 2. 기존의 용도지구를 폐지하고 그 용도지구에서의 건축물이나 그 밖의 시설의 용도·종류 및 규모 등의 제한을 대체하는 사항
> 3. 대통령령으로 정하는 기반시설의 배치와 규모
> 4. 도로로 둘러싸인 일단의 지역(街區) 또는 계획적인 개발·정비를 위하여 구획된 일단의 토지[획지(劃地)]의 규모와 조성계획
> 5. 건축물의 용도제한, 건축물의 건폐율·용적률, 건축물 높이의 최고한도·최저한도
> 6. 건축물의 배치·형태·색채 또는 건축선에 관한 계획
> 7. 환경관리계획 또는 경관계획
> 8. 보행안전 등을 고려한 교통처리계획
> 9. 그 밖에 토지이용의 합리화, 도시나 농·산·어촌의 기능증진 등에 필요한 사항으로서 대통령령으로 정하는 사항❷

TIP

개발밀도와 조화

지구단위계획은 도로, 상하수도 등 대통령령으로 정하는 도시·군계획시설의 처리·공급 및 수용능력이 지구단위계획구역에 있는 건축물의 연면적, 수용인구 등 개발밀도와 적절한 조화를 이룰 수 있도록 해야 한다.

❶
- 제1종 일반주거지역 ⇨ 제3종 일반주거지역(○)
- 준주거지역 ⇨ 일반상업지역(×)

❷ **대통령령으로 정하는 사항**
1. 지하 또는 공중공간에 설치할 시설물의 높이·깊이·배치 또는 규모
2. 대문·담 또는 울타리의 형태 또는 색채
3. 간판의 크기·형태·색채 또는 재질
4. 장애인·노약자 등을 위한 편의시설계획 등

기출정답

01 농림

(2) 법률규정의 완화적용

① **완화규정**: 지구단위계획구역에서는 다음의 각 법률의 규정을 대통령령으로 정하는 범위에서 지구단위계획으로 완화하여 적용할 수 있다.

「국토법」[1]	용도지역 및 용도지구에서의 건축물의 건축제한 등(법 제76조), 용도지역의 건폐율(법 제77조), 용도지역에서의 용적률(법 제78조)
「건축법」[2]	대지의 조경(법 제42조), 공개공지 등의 확보(법 제43조), 대지와 도로의 관계(법 제44조), 건축물의 높이제한(법 제60조), 일조 등의 확보를 위한 높이제한(법 제61조)
「주차장법」	부설주차장의 설치·지정(법 제19조), 부설주차장 설치계획서(법 제19조의2)

[1] 「국토의 계획 및 이용에 관한 법률」

[2] 「건축법」상 대지의 분할 제한 규정은 완화적용할 수 없다.

② **도시지역 내 지구단위계획구역에서의 건폐율 등의 완화적용**

1. **공공시설 등 부지의 제공**: 지구단위계획구역에서 건축물을 건축하려는 자가 그 대지의 일부를 공공시설 등의 부지로 제공하거나 공공시설 등을 설치하여 제공하는 경우에는 그 건축물에 대하여 지구단위계획으로 다음의 구분에 따라 건폐율·용적률 및 높이제한을 완화하여 적용할 수 있다.
   ① **완화할 수 있는 건폐율** = 해당 용도지역에 적용되는 건폐율 × (1 + 공공시설 등의 부지로 제공하는 면적 ÷ 원래의 대지면적) 이내
   ② **완화할 수 있는 용적률** = 해당 용도지역에 적용되는 용적률 + [1.5 × (공공시설 등의 부지로 제공하는 면적 × 공공시설 등 제공 부지의 용적률) ÷ 공공시설 등의 부지 제공 후의 대지면적] 이내
   ③ **완화할 수 있는 높이** = 「건축법」에 따라 제한된 높이 × (1 + 공공시설 등의 부지로 제공하는 면적 ÷ 원래의 대지면적) 이내

2. **주차장 설치기준**: 지구단위계획구역의 지정목적이 다음에 해당하는 경우에는 지구단위계획으로 「주차장법」에 따른 주차장 설치기준을 100%까지 완화하여 적용할 수 있다.
   ① 한옥마을을 보존하려는 경우
   ② 차 없는 거리를 조성하려는 경우
   ③ 그 밖에 국토교통부령이 정하는 경우: 차량진입금지구간을 지정한 경우

3. **건축물 높이제한**: 도시지역에 지정된 개발진흥지구를 지구단위계획구역으로 지정한 경우에는 지구단위계획으로 「건축법」에 따른 건축물 높이의 120% 이내에서 높이제한을 완화하여 적용할 수 있다.

4. **완화상한**: 완화하여 적용되는 건폐율 및 용적률은 해당 용도지역 또는 용도지구에 적용되는 건폐율의 150% 및 용적률의 200%를 각각 초과할 수 없다.

5. **역세권 복합용도개발형 지구단위계획구역 내 준주거지역**
   ① 대지의 일부를 공공시설부지로 제공하거나 도심 공공주택 복합사업 또는 소규모재개발사업을 시행하는 경우 용적률 140% 이내에서 완화적용
   ② 채광 등의 확보를 위한 건축물의 높이제한을 200% 이내에서 완화적용

⚡기출

01 지구단위계획으로 차량진입금지구간을 지정한 경우 「주차장법」에 따른 주차장 설치기준을 최대 (　)%까지 완화하여 적용할 수 있다. 제28회

02 도시지역 내 지구단위계획구역에서 완화하여 적용되는 건폐율 및 용적률은 해당 용도지역 또는 용도지구에 적용되는 건폐율의 (　)% 및 용적률의 (　)%를 각각 초과할 수 없다. 제24회

기출정답

01 100　02 150, 200

6. **도시재생활성화계획**: 지구단위계획구역 내 제1·2종 전용주거지역 또는 제1·2종 일반주거지역이 「도시재생 활성화 및 지원에 관한 특별법」에 따른 도시재생활성화계획이 수립되어 있는 경우에는 해당 지역에 건축하는 단독주택, 연립주택 및 다세대주택의 부지에 대해서 지구단위계획으로 용도지역별 용적률 최대한도의 120% 이내의 범위에서 용적률을 완화하여 적용할 수 있다.

③ **도시지역 외 지구단위계획구역에서의 건폐율 등의 완화적용**[1]

1. **건폐율·용적률 제한**: 해당 용도지역 또는 개발진흥지구에 적용되는 건폐율의 150% 및 용적률의 200% 이내에서 건폐율 및 용적률을 완화하여 적용할 수 있다. 다만, 계획관리지역에 지정된 산업·유통개발진흥지구(60%)는 건폐율의 120% 이내의 범위에서 건폐율을 완화하여 적용할 수 있다.
2. **건축제한**: 용도지역·용도지구에서의 건축물의 용도·종류 및 규모 등을 완화하여 적용할 수 있다. 다만, 개발진흥지구(계획관리지역은 제외)에 지정된 지구단위계획구역은 공동주택 중 아파트 및 연립주택은 허용되지 않는다.

[1] 도시지역 외의 지구단위계획구역에서는 건축물의 높이제한은 완화적용할 수 없다.

암기 PLUS | 지구단위계획구역에서 행위제한 등의 완화기준

구분	건축제한	건폐율	용적률	높이제한	주차장 설치
도시지역	완화적용	150%	200%	120%	100%
도시지역 외	완화적용	150%	200%	×	×

(3) 지구단위계획구역에서의 건축 등

지구단위계획구역에서 건축물을 건축 또는 용도변경하거나 공작물을 설치하려면 그 지구단위계획에 맞게 해야 한다. 다만, 다음의 어느 하나에 해당하는 가설건축물은 제외한다.

1. 존치기간이 3년의 범위에서 도시·군계획조례로 정한 존치기간 이내인 가설건축물[2]
2. 재해복구기간 중 이용하는 재해복구용 가설건축물
3. 공사기간 중 이용하는 공사용 가설건축물

[2] 다음에 해당하는 가설건축물의 경우에는 각각 다음의 기준에 따라 존치기간을 연장할 수 있다.
1. 국가 또는 지방자치단체가 공익목적으로 건축하는 가설건축물 또는 전시를 위한 견본주택: '횟수별 3년'의 범위에서 도시·군계획조례로 정하는 횟수만큼
2. 「건축법」에 따라 도시·군계획시설 및 그 예정지에서 건축하는 가설건축물: 도시·군계획사업이 시행될 때까지

(4) 실효[1]

① **지구단위계획구역의 실효**: 지구단위계획구역의 지정에 관한 도시·군관리계획결정의 고시일부터 3년 이내에 그 지구단위계획이 결정·고시되지 않으면 그 3년이 되는 날의 다음 날에 그 지구단위계획구역의 지정에 관한 도시·군관리계획결정은 효력을 잃는다.

② **지구단위계획의 실효**: 지구단위계획(주민이 입안을 제안한 것에 한정)에 관한 도시·군관리계획결정의 고시일부터 5년 이내에 이 법 또는 다른 법률에 따라 허가·인가·승인 등을 받아 사업이나 공사에 착수하지 않으면 그 5년이 된 날의 다음 날에 그 지구단위계획에 관한 도시·군관리계획결정은 효력을 잃는다.[2]

---

[1] **실효고시**
국토교통부장관, 시·도지사, 시장 또는 군수는 지구단위계획구역 및 지구단위계획이 효력을 잃으면 지체 없이 그 사실을 고시해야 한다.

[2] 이 경우 지구단위계획과 관련한 도시·군관리계획결정에 관한 사항은 해당 지구단위계획구역 지정 당시의 도시·군관리계획으로 환원된 것으로 본다.

⚡기출

01 지구단위계획(주민이 입안을 제안한 것에 한정한다)에 관한 도시·군관리계획결정의 고시일부터 (   )년 이내에 사업이나 공사에 착수하지 않으면 그 (   )년이 된 날의 다음 날에 그 지구단위계획에 관한 도시·군관리계획결정은 효력을 잃는다.
제34회

기출정답
01 5, 5

제8장 개발행위의 허가 등

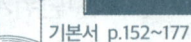
기본서 p.152~177

제1절 개발행위허가 〈빈출〉

01 허가대상

(1) 허가권자 및 허가대상

다음에 해당하는 개발행위를 하려는 자는 **특별시장·광역시장·특별자치시장·특별자치도지사·시장 또는 군수의 허가**를 받아야 한다. 다만, **도시·군계획사업**에 의한 행위는 그러하지 아니다.

1. 건축물의 건축	「건축법」에 따른 건축물의 건축
2. 공작물의 설치	인공을 가하여 제작한 시설물의 설치
3. 토지의 형질변경	절토(땅깎기)·성토(흙쌓기)·정지(땅고르기)·포장 등의 방법으로 토지의 형상을 변경하는 행위와 **공유수면의 매립**. 다만, **경작**을 위한 경우로서 다음에 해당하지 않는 형질변경은 제외 ① **지목의 변경을 수반하는 경우(전·답 사이의 변경은 제외)** ② 옹벽설치 또는 2m 이상의 절토·성토가 수반되는 경우
4. 토석의 채취	흙·모래·자갈·바위 등의 토석을 채취하는 행위. 다만, 토지의 형질변경을 목적으로 하는 것을 제외
5. 토지분할	다음에 해당하는 토지의 분할(「건축법」에 따른 건축물이 있는 대지는 제외) ① **녹지지역·관리지역·농림지역 및 자연환경보전지역** 안에서 관계 법령에 따른 허가·인가 등을 받지 않고 하는 토지의 분할 ② 「건축법」에 따른 **분할제한 면적**❶ 미만으로의 토지의 분할 ③ 관계 법령에 따른 허가·인가 등을 받지 않고 하는 **너비 5m 이하로의 토지의 분할**
6. 물건을 쌓아놓는 행위	**녹지지역·관리지역 또는 자연환경보전지역** 안에서 「건축법」에 따라 사용승인을 받은 건축물의 울타리 안에 위치하지 않은 토지에 물건을 **1개월 이상** 쌓아놓는 행위

⚡ 기출

01 도시·군계획사업에 의하여 10층 이상의 건축물을 건축하려는 경우에는 개발행위허가를 (   ). 제35회

02 전·답 사이의 지목변경을 수반하는 (   )을 위한 토지의 형질변경은 개발행위허가의 대상이 아니다. 제25회

03 (   )지역에서 물건을 1개월 이상 쌓아놓는 행위는 개발행위허가의 대상이 아니다. 제34회

❶ 대지분할제한 면적
1. 주거지역: 60m²
2. 상업·공업지역: 150m²
3. 녹지지역: 200m²
4. 기타: 60m²

기출정답
01 받지 않는다 02 경작
03 농림

(2) 변경허가 등

개발행위허가를 받은 사항을 변경하는 경우에도 허가를 받아야 한다. 다만, 다음에 해당하는 경미한 사항을 변경하는 경우에는 그러하지 않다.[1]

> 1. 사업기간을 단축하는 경우
> 2. 부지면적 또는 건축물 연면적을 5% 범위에서 축소(공작물의 무게·부피·수평투영면적 또는 토석채취량을 5% 범위에서 축소하는 경우를 포함)하는 경우 등

(3) 허가가 필요 없는 행위

다음에 해당하는 행위는 개발행위허가를 받지 않고 할 수 있다.

① 재해복구나 재난수습을 위한 응급조치. 다만, 응급조치를 한 경우에는 1개월 이내에 허가권자에게 신고해야 한다.

② 그 밖에 대통령령으로 정하는 경미한 행위

1. 건축물의 건축	「건축법」에 따른 건축허가 또는 건축신고 및 가설건축물의 건축허가 또는 축조신고대상에 해당하지 않는 건축물의 건축
2. 공작물의 설치	① 도시지역 또는 지구단위계획구역에서 무게가 50t 이하, 부피가 50m³ 이하, 수평투영면적이 50m² 이하인 공작물의 설치 ② 녹지지역·관리지역 또는 농림지역 안에서의 농림어업용 비닐하우스(양식장은 제외)의 설치 ③ 개발행위허가를 받아 설치한 공작물의 철거 후 재설치(보수를 포함하며, 토지의 형질변경을 수반하지 않고 기존의 규모 이내로서 용도의 변경이 없을 것)
3. 토지의 형질변경	① 높이 50cm 이내 또는 깊이 50cm 이내의 절토·성토·정지 등(포장은 제외하며, 여러 차례에 걸쳐 이루어지는 경우에는 누적하여 산정) ② 조성이 완료된 기존 대지에 건축물이나 그 밖의 공작물을 설치하기 위한 토지의 형질변경(지하구조물 설치를 위한 터파기 및 되메우기를 포함하되, 그 밖의 절토 및 성토는 제외) ③ 국가 또는 지방자치단체가 공익상의 필요에 의하여 직접 시행하는 사업을 위한 토지의 형질변경
4. 토지분할	① 「사도법」에 따른 사도개설허가를 받은 토지의 분할 ② 토지의 일부를 국유지 또는 공유지로 하거나 공공시설로 사용하기 위한 토지의 분할 ③ 행정재산 중 용도폐지되는 부분의 분할 또는 일반재산을 매각·교환 또는 양여하기 위한 분할 ④ 토지의 일부가 도시·군계획시설로 지형도면 고시가 된 해당 토지의 분할

[1] 경미한 사항을 변경한 때에는 지체 없이 그 사실을 허가권자에게 통지해야 한다.

⚡기출

01 허가를 받은 건축물의 연면적을 5% 범위에서 축소한 때에는 지체 없이 그 사실을 허가권자에게 (   )해야 한다.
　　　　　　제35회

기출정답
01 통지

02 개발행위허가의 절차

(1) 허가절차

① **신청서 제출**: 개발행위를 하려는 자는 그 개발행위에 따른 기반시설의 설치나 그에 필요한 용지의 확보, 위해(危害)방지, 환경오염방지, 경관·조경 등에 관한 계획서를 첨부한 신청서를 개발행위허가권자에게 제출해야 한다. 다만, 개발밀도관리구역**❶** 안에서는 기반시설의 설치나 그에 필요한 용지의 확보에 관한 계획서를 제출하지 않는다.

② **처분기간**: 특별시장·광역시장·특별자치시장·특별자치도지사·시장 또는 군수는 개발행위허가의 신청에 대하여 특별한 사유가 없으면 15일 이내(심의 또는 협의기간은 제외)에 허가 또는 불허가의 처분을 해야 한다. 이 경우 지체 없이 그 신청인에게 허가내용이나 불허가처분의 사유를 서면 또는 국토이용정보체계를 통하여 알려야 한다.

❶
개발밀도관리구역은 기반시설의 설치가 곤란한 지역이다.

⚡ **기출**
01 허가권자는 개발행위허가의 신청에 대하여 특별한 사유가 없으면 (   )일[심의 또는 협의기간을 (   )한다] 이내에 허가 또는 불허가의 처분을 해야 한다. 제35회

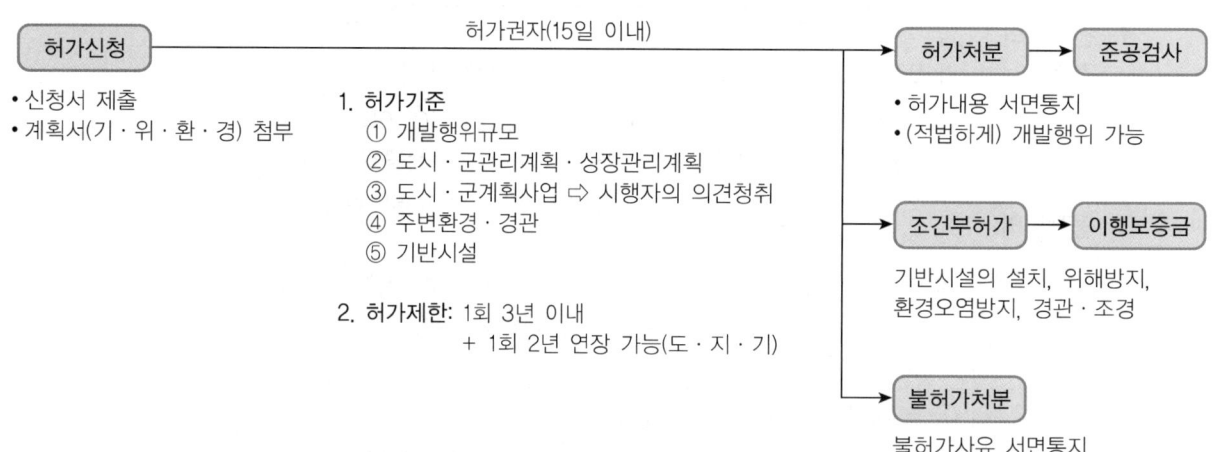

(2) 허가기준 등

① **허가기준**: 허가권자는 개발행위허가의 신청내용이 다음의 기준에 맞는 경우에만 허가 또는 변경허가를 해야 한다.

> 1. 다음에 해당하는 개발행위의 규모(토지의 형질변경면적을 말함)에 적합할 것. 이 경우 허가대상인 토지가 둘 이상의 용도지역에 걸치는 때에는 각각의 용도지역의 개발행위의 규모에 관한 규정을 적용한다. 다만, 허가대상인 토지의 총면적이 개발행위의 규모가 가장 큰 용도지역의 개발행위의 규모를 초과해서는 안 된다.
>   ① 주거지역, 상업지역, 생산녹지지역 및 자연녹지지역: 1만m^2 미만
>   ② 공업지역, 관리지역 및 농림지역: 3만m^2 미만
>   ③ 보전녹지지역 및 자연환경보전지역: 5천m^2 미만

TIP
자금조달계획은 허가기준에 해당하지 않는다.

기출정답
01 15, 제외

2. 도시·군관리계획 및 성장관리계획의 내용에 어긋나지 않을 것
3. 도시·군계획사업의 시행에 지장이 없을 것. 이 경우 도시·군계획사업 시행자의 의견을 들어야 한다.
4. 주변지역의 토지이용실태 또는 토지이용계획, 건축물의 높이, 토지의 경사도, 수목의 상태, 물의 배수, 하천·호소·습지의 배수 등 주변환경이나 경관과 조화를 이룰 것
5. 해당 개발행위에 따른 기반시설의 설치나 그에 필요한 용지의 확보계획이 적절할 것

개념 PLUS | 개발행위 규모의 제한을 받지 않는 경우

1. 지구단위계획으로 정한 가구 및 획지의 범위 안에서 토지의 형질변경으로서 기반시설이 이미 설치되었거나 기반시설의 설치가 동시에 이루어지는 경우
2. 개발행위가 「농어촌정비법」에 따른 농어촌정비사업이나 「국방·군사시설 사업에 관한 법률」에 따른 국방·군사시설사업으로 이루어지는 경우
3. 초지조성, 농지조성, 영림 또는 토석채취를 위한 경우
4. 건축물의 건축, 공작물의 설치 또는 지목의 변경을 수반하지 않고 시행하는 토지복원사업 등

② **허가기준의 구분**: 허가의 기준은 지역의 특성, 지역의 개발상황, 기반시설의 현황 등을 고려하여 다음의 구분에 따라 대통령령으로 정한다.

1. **시가화 용도**: 용도지역의 제한에 따라 허가기준을 적용하는 주거지역, 상업지역 및 공업지역
2. **유보 용도**: 도시계획위원회의 심의를 통하여 허가기준을 강화 또는 완화하여 적용할 수 있는 자연녹지지역, 생산관리지역 및 계획관리지역
3. **보전 용도**: 도시계획위원회의 심의를 통하여 허가기준을 강화하여 적용할 수 있는 보전녹지지역, 생산녹지지역, 보전관리지역, 농림지역 및 자연환경보전지역

(3) 도시계획위원회의 심의

관계 행정기관의 장은 건축물의 건축·공작물의 설치, 토지의 형질변경 및 토석의 채취행위로서 대통령령이 정하는 개발행위를 허가 또는 변경허가를 하려면 도시계획위원회의 심의를 거쳐야 한다. 다만, 다음에 해당하는 개발행위는 그러하지 않다.

TIP

녹지지역
1. **생산녹지지역**: 주로 농업적 생산을 위하여 개발을 유보할 필요가 있는 지역
2. **자연녹지지역**: 도시의 녹지공간의 확보 등을 위하여 보전할 필요가 있는 지역으로서 불가피한 경우에 한하여 제한적인 개발이 허용되는 지역

기출

01 (　　)녹지지역에서는 도시계획위원회의 심의를 통하여 개발행위허가의 기준을 강화 또는 완화하여 적용할 수 있다. 제25회

02 지구단위계획이 수립된 지역에서는 토석채취량이 5만m³ 이상이라도 도시계획위원회의 (　　)를 거치지 않고 허가를 받을 수 있다. 제20회

기출정답
01 자연 02 심의

⚡ 기출

01 「사방사업법」에 따른 사방사업을 위한 개발행위에 대하여 허가를 하는 경우 도시계획위원회의 심의를 (   ). 제34회

02 환경오염방지조치를 할 것을 조건으로 개발행위허가를 하려는 경우에는 미리 개발행위허가를 (   )의 의견을 들어야 한다. 제30회

03 국가나 지방자치단체가 시행하는 개발행위는 (   )을 예치하지 않는다. 제30회

❶ 이행보증금의 예치금액은 총공사비의 20% 이내가 되도록 하고, 현금으로 납입하되 이행보증서 등으로 갈음할 수 있다.

---

1. 이 법 또는 다른 법률에 따라 도시계획위원회의 심의를 받는 구역에서 하는 개발행위
2. 지구단위계획 또는 성장관리계획을 수립한 지역에서 하는 개발행위
3. 「산림자원의 조성 및 관리에 관한 법률」에 따른 산림사업 및 「사방사업법」에 따른 사방사업을 위한 개발행위 … (이하 7.까지 생략)

(4) 조건부 허가 등

① **조건부 허가**: 허가권자는 그 개발행위에 따른 기반시설의 설치 또는 그에 필요한 용지의 확보, 위해방지, 환경오염방지, 경관·조경 등에 관한 조치를 할 것을 조건으로 개발행위허가를 할 수 있다. 이 경우 미리 개발행위허가를 신청한 자의 의견을 들어야 한다.

② **이행보증금 예치**: 허가권자는 다음의 경우에는 이의 이행을 보증하기 위하여 개발행위허가를 받는 자로 하여금 이행보증금을 예치하게 할 수 있다.❶

1. 건축물의 건축 또는 공작물의 설치, 토지의 형질변경 및 토석의 채취로 인하여 도로·수도공급설비·하수도 등 기반시설의 설치가 필요한 경우
2. 토지의 굴착으로 인하여 인근의 토지가 붕괴될 우려가 있거나 인근의 건축물이나 공작물이 손괴될 우려가 있는 경우 또는 토석의 발파로 인한 낙석·먼지 등에 의하여 인근지역에 피해가 발생할 우려가 있는 경우
3. 토석을 운반하는 차량의 통행으로 인하여 통행로 주변의 환경이 오염될 우려가 있는 경우
4. 토지의 형질변경이나 토석의 채취가 완료된 후 비탈면에 조경을 할 필요가 있는 경우

③ **예외**: 다음에 해당하는 경우에는 이행보증금을 예치하지 않는다.

1. 국가나 지방자치단체가 시행하는 개발행위
2. 대통령령으로 정하는 공공기관이 시행하는 개발행위
3. 그 밖에 해당 지방자치단체의 조례로 정하는 공공단체가 시행하는 개발행위

④ 이행보증금은 준공검사를 받은 때에는 즉시 이를 반환해야 한다.

기출정답

01 거치지 않는다
02 신청한 자
03 이행보증금

03 개발행위허가의 제한

(1) 제한권자 및 제한사유·기간

국토교통부장관, 시·도지사, 시장 또는 군수는 다음에 해당되는 지역으로서 도시·군관리계획상 특히 필요하다고 인정되는 지역에 대해서는 중앙도시계획위원회나 지방도시계획위원회의 심의를 거쳐 한 차례만 3년 이내의 기간 동안 개발행위허가를 제한할 수 있다. 다만, 3.부터 5.까지에 해당하는 지역에 대해서는 도시계획위원회의 심의를 거치지 않고 한 차례만 2년 이내의 기간 동안 개발행위허가의 제한을 연장할 수 있다.

> 1. 녹지지역이나 계획관리지역으로서 수목이 집단적으로 자라고 있거나 조수류 등이 집단적으로 서식하고 있는 지역 또는 우량농지 등으로 보전할 필요가 있는 지역
> 2. 개발행위로 인하여 주변의 환경·경관·미관·국가유산 등이 크게 오염되거나 손상될 우려가 있는 지역
> 3. 도시·군기본계획이나 도시·군관리계획을 수립하고 있는 지역으로서 용도지역·용도지구 또는 용도구역의 변경이 예상되고 그에 따라 개발행위허가의 기준이 크게 달라질 것으로 예상되는 지역
> 4. 지구단위계획구역으로 지정된 지역
> 5. 기반시설부담구역으로 지정된 지역

(2) 절차 등

① **의견청취**: 개발행위허가를 제한하려는 자가 국토교통부장관 또는 시·도지사인 경우에는 도시계획위원회의 심의 전에 미리 제한하려는 지역을 관할하는 시장 또는 군수의 의견을 들어야 한다.
② **심의**: 개발행위허가를 제한하려는 자가 국토교통부장관인 경우에는 중앙도시계획위원회, 시·도지사 또는 시장·군수인 경우에는 지방도시계획위원회의 심의를 거쳐야 한다.

04 허가의 효과

(1) 관련 인·허가 등의 의제

개발행위허가 또는 변경허가를 할 때에 허가권자가 그 개발행위에 대한 다른 법률에 따른 인가·허가·승인 또는 심사 등(이하 '인·허가 등')에 관하여 미리 관계 행정기관의 장과 협의한 사항에 대하여는 그 인·허가 등을 받은 것으로 본다.

⚡기출

01 지구단위계획구역으로 지정된 지역에 대해서는 최장 ( )의 기간 동안 개발행위허가를 제한할 수 있다. 제34회

02 국토교통부장관은 개발행위로 인하여 주변의 환경이 크게 오염될 우려가 있는 지역에서 개발행위허가를 제한하고자 하는 경우 ( )도시계획위원회의 심의를 거쳐야 한다. 제33회

03 국토교통부장관이 기반시설부담구역으로 지정된 지역에 대하여 허가의 제한을 연장하려는 경우 중앙도시계획위원회의 심의를 ( ). 제35회

TIP

해제의무
국토교통부장관, 시·도지사, 시장 또는 군수는 개발행위를 제한할 사유가 없어진 경우에는 그 제한 기간이 끝나기 전이라도 지체 없이 개발행위허가의 제한을 해제하고, 그 사실을 고시해야 한다.

TIP
「건축법」에 따른 건축허가는 의제되지 않는다.

기출정답
01 5년 02 중앙
03 거치지 않는다

TIP
토지분할, 물건의 적치는 준공검사대상이 아니다.

(2) 준공검사

① 건축물의 건축, ② 공작물의 설치, ③ 토지의 형질변경 및 ④ **토석채취** 행위에 대한 허가를 받은 자는 그 개발행위를 마치면 허가권자의 준공검사를 받아야 한다. 다만, 「건축법」에 따른 건축물의 **사용승인**을 받은 경우에는 그러하지 않다.

[1] 벌칙
개발행위허가 또는 변경허가를 받지 않거나, 속임수나 그 밖의 부정한 방법으로 허가 또는 변경허가를 받아 개발행위를 한 자는 3년 이하의 징역 또는 3천만원 이하의 벌금에 처한다.

(3) 원상회복 등[1]

① **원상회복명령**: 허가권자는 허가를 받지 않고 개발행위를 하거나 허가내용과 다르게 개발행위를 하는 자에게는 그 토지의 원상회복을 명할 수 있다.
② **행정대집행**: 허가권자는 원상회복을 하지 않으면 허가를 받은 자가 예치한 이행보증금을 사용하여 「행정대집행법」에 따른 행정대집행에 따라 원상회복을 할 수 있다. 이 경우 잔액이 있는 때에는 즉시 이행보증금의 예치자에게 반환해야 한다.

(4) 개발행위에 따른 공공시설 등의 귀속

① 귀속주체

⚡ 기출
01 개발행위허가를 받은 자가 행정청인 경우 개발행위허가를 받은 자가 새로 공공시설을 설치한 경우, 새로 설치된 공공시설은 그 시설을 관리할 (   )에 무상으로 귀속된다. 제33회

허가받은 자	새로 설치된 공공시설	용도폐지되는 종래의 공공시설
행정청인 경우	관리청에 무상 귀속	허가받은 자에게 무상 귀속
행정청이 아닌 경우	관리청에 무상 귀속	설치비용의 범위에서 허가받은 자에게 **무상으로 양도 가능**

② **귀속시기**: 개발행위허가를 받은 자가 행정청인 경우 개발행위가 끝나 준공검사를 마친 때에는 해당 시설의 관리청에 공공시설의 종류와 토지의 세목(細目)을 통지해야 한다. 이 경우 공공시설은 그 **통지한 날**에 해당 시설을 관리할 관리청과 개발행위허가를 받은 자에게 각각 귀속된 것으로 본다.
③ **의견청취**: 허가권자는 공공시설의 귀속에 관한 사항이 포함된 개발행위허가를 하려면 미리 해당 공공시설이 속한 관리청의 의견을 들어야 한다.[2]
④ **사용제한**: 개발행위허가를 받은 자가 행정청인 경우 개발행위허가를 받은 자는 그에게 귀속된 공공시설의 처분으로 인한 수익금을 도시·군계획사업 외의 목적에 사용하여서는 안 된다.

[2]
관리청이 불분명한 경우에는 도로 등에 대하여는 국토교통부장관, '하천에 대하여는 기후에너지환경부장관'을 관리청으로 보고, 그 외의 재산에 대하여는 재정경제부장관을 관리청으로 본다.

기출정답
01 관리청

제2절 성장관리계획

01 성장관리계획구역의 지정 등

(1) 지정권자 및 지정대상

특별시장·광역시장·특별자치시장·특별자치도지사·시장 또는 군수는 녹지지역, 관리지역, 농림지역 및 자연환경보전지역 중 다음의 어느 하나에 해당하는 지역의 전부 또는 일부에 대하여 성장관리계획구역을 지정할 수 있다.

1. 개발수요가 많아 무질서한 개발이 진행되고 있거나 진행될 것으로 예상되는 지역
2. 주변의 토지이용이나 교통여건 변화 등으로 향후 시가화가 예상되는 지역
3. 주변지역과 연계하여 체계적인 관리가 필요한 지역
4. 「토지이용규제 기본법」에 따른 지역·지구 등의 변경으로 토지이용에 대한 행위제한이 완화되는 지역
5. 그 밖에 난개발의 방지와 체계적인 관리가 필요한 지역으로서 대통령령으로 정하는 지역

⚡기출

01 (　　)지역·(　　)지역 및 (　　)지역은 성장관리계획구역을 지정할 수 있는 지역이 아니다. 제33회

02 시장 또는 군수는 성장관리계획구역을 지정하려면 성장관리계획구역안을 (　　)일 이상 일반이 열람할 수 있도록 해야 한다. 제33회

(2) 지정절차

① **의견청취 및 협의·심의**: 특별시장·광역시장·특별자치시장·특별자치도지사·시장 또는 군수는 성장관리계획구역을 지정하거나 변경하려면 미리 주민[공고·열람(14일 이상)]과 해당 지방의회의 의견을 들어야 하며, 관계 행정기관과의 협의 및 지방도시계획위원회의 심의를 거쳐야 한다. 다만, 경미한 사항을 변경(성장관리계획구역의 면적을 10% 이내에서 변경)하는 경우에는 그러하지 않다.

② **의견제시 기한**: 특별시·광역시·특별자치시·특별자치도·시 또는 군의 의회는 특별한 사유가 없으면 60일 이내에 의견을 제시해야 하고, 협의요청을 받은 관계 행정기관의 장은 특별한 사유가 없으면 요청을 받은 날부터 30일 이내에 의견을 제시해야 한다.

③ **재공고·열람**: 특별시장·광역시장·특별자치시장·특별자치도지사·시장 또는 군수는 청취한 주민 및 해당 지방의회의 의견이나 관계 행정기관과의 협의 또는 지방도시계획위원회의 심의 결과를 반영하여 성장관리계획구역을 지정 또는 변경하려는 경우로서 그 내용이 해당 지방자치단체의 도시·군계획조례로 정하는 중요한 사항인 경우에는 그 내용을 다시 공고·열람하게 하여 주민의 의견을 들어야 한다.

TIP

성장관리계획구역의 지정은 도시·군관리계획으로 결정하는 사항이 아니다.

기출정답

01 주거, 상업, 공업
02 14

02 성장관리계획[1]의 수립 등

[1] 성장관리계획
성장관리계획구역에서의 난개발을 방지하고 계획적인 개발을 유도하기 위하여 수립하는 계획을 말한다.

(1) 수립권자 및 내용

특별시장·광역시장·특별자치시장·특별자치도지사·시장 또는 군수는 성장관리계획구역을 지정할 때에는 다음의 사항을 포함하여 성장관리계획을 수립해야 한다.

> 1. 도로, 공원 등 기반시설의 배치와 규모에 관한 사항
> 2. 건축물의 용도제한, 건축물의 건폐율 또는 용적률
> 3. 건축물의 배치, 형태, 색채 및 높이
> 4. 환경관리 및 경관계획
> 5. 그 밖에 난개발의 방지와 체계적인 관리에 필요한 사항으로서 대통령령으로 정하는 사항: 성장관리계획구역 내 토지개발·이용, 기반시설, 생활환경 등의 현황 및 문제점 등

(2) 완화적용

① **건폐율의 완화:** 성장관리계획구역에서는 다음의 구분에 따른 범위에서 성장관리계획으로 건폐율을 완화하여 적용할 수 있다.

> 1. 계획관리지역: 50% 이하
> 2. 생산녹지지역·자연녹지지역 및 생산관리지역·농림지역: 30% 이하[2]

[2]
보전녹지지역·보전관리지역 및 자연환경보전지역은 해당하지 않는다.

⚡**기출**
01 성장관리계획구역 내 생산녹지지역·자연녹지지역 및 생산관리지역·농림지역에서는 (   )% 이하의 범위에서 성장관리계획으로 건폐율을 완화하여 적용할 수 있다. 제35회

02 성장관리계획구역 내 (   )지역에서는 125% 이하의 범위에서 성장관리계획으로 정하는 바에 따라 용적률을 완화하여 적용할 수 있다. 제33회

기출정답
01 30   02 계획관리

② **용적률의 완화:** 성장관리계획구역 내 계획관리지역에서는 125% 이하의 범위에서 성장관리계획으로 용적률을 완화하여 적용할 수 있다.

(3) 수립절차 등

① **준용:** 성장관리계획의 수립 및 변경에 관한 절차는 성장관리계획구역의 지정 등(법 제75조의2)의 규정을 준용한다.
② **타당성 검토:** 특별시장·광역시장·특별자치시장·특별자치도지사·시장 또는 군수는 5년마다 관할 구역 내 수립된 성장관리계획에 대하여 그 타당성 여부를 전반적으로 재검토하여 정비해야 한다.

(4) 성장관리계획구역에서의 개발행위 등

성장관리계획구역에서 개발행위 또는 건축물의 용도변경을 하려면 그 성장관리계획에 맞게 해야 한다.

제3절 개발행위에 따른 기반시설의 설치

01 개발밀도관리구역 〔빈출〕

(1) 의의

개발밀도관리구역이란 개발로 인하여 기반시설이 부족할 것으로 예상되나 기반시설을 설치하기 **곤란**한 지역을 대상으로 건폐율이나 용적률을 **강화**하여 적용하기 위하여 지정하는 구역을 말한다.

(2) 지정권자

특별시장·광역시장·특별자치시장·특별자치도지사·시장 또는 군수는 **주거·상업 또는 공업지역**에서의 개발행위로 기반시설의 처리·공급 또는 수용능력이 부족할 것으로 예상되는 지역 중 기반시설의 설치가 곤란한 지역을 개발밀도관리구역으로 **지정할 수 있다**.

(3) 지정절차

① **심의**: 특별시장·광역시장·특별자치시장·특별자치도지사·시장 또는 군수는 개발밀도관리구역을 지정하거나 변경하려면 다음의 사항에 대하여 **지방도시계획위원회의 심의**를 거쳐야 한다.

> 1. 개발밀도관리구역의 명칭 및 범위
> 2. 건폐율 또는 용적률의 강화 범위

② **고시**: 특별시장·광역시장·특별자치시장·특별자치도지사·시장 또는 군수는 개발밀도관리구역을 지정하거나 변경한 경우에는 그 사실을 해당 지방자치단체의 **공보에 게재하여 고시**하고, 그 내용을 인터넷 홈페이지에 게재해야 한다.

(4) 지정효과

특별시장·광역시장·특별자치시장·특별자치도지사·시장 또는 군수는 개발밀도관리구역에서는 건폐율 또는 용적률을 대통령령으로 정하는 범위(해당 용도지역에 적용되는 **용적률의 최대한도의 50%**)에서 **강화**하여 적용한다.

TIP

개발밀도관리구역을 지정하는 경우 주민의견청취는 없다.

⚡기출

01 개발밀도관리구역의 지정은 지방도시계획위원회의 ( )대상이다. 제35회

02 개발밀도관리구역에서는 해당 용도지역에 적용되는 ( )의 최대한도의 50% 범위에서 ( )을 강화하여 적용한다. 제35회

기출정답

01 심의   02 용적률, 용적률

(5) 지정기준 및 관리방법

개발밀도관리구역의 지정기준, 관리 등에 관하여 필요한 사항은 대통령령으로 정하는 바에 따라 국토교통부장관이 정한다.

> 1. 개발밀도관리구역은 다음의 하나에 해당하는 지역 중 기반시설의 설치가 곤란한 지역에 대하여 지정할 수 있도록 할 것
>   ① 해당 지역의 도로서비스 수준이 매우 낮아 차량통행이 현저하게 지체되는 지역
>   ② 해당 지역의 도로율이 국토교통부령이 정하는 용도지역별 도로율에 20% 이상 미달하는 지역
>   ③ 향후 2년 이내에 해당 지역의 수도에 대한 수요량이 수도시설의 시설용량을 초과할 것으로 예상되는 지역
>   ④ 향후 2년 이내에 해당 지역의 하수발생량이 하수시설의 시설용량을 초과할 것으로 예상되는 지역
>   ⑤ 향후 2년 이내에 해당 지역의 학생수가 학교수용능력을 20% 이상 초과할 것으로 예상되는 지역
> 2. 개발밀도관리구역 안의 기반시설의 변화를 주기적으로 검토하여 용적률을 강화 또는 완화하거나 개발밀도관리구역을 해제하는 등 필요한 조치를 취하도록 할 것

02 기반시설부담구역 〈빈출〉

(1) 의의

기반시설부담구역이란 개발밀도관리구역 외의 지역으로서 개발로 인하여 도로, 공원 등 다음의 기반시설(부대시설 및 편의시설 포함)의 설치가 필요한 지역을 대상으로 기반시설을 설치하거나 그에 필요한 용지를 확보하게 하기 위하여 지정·고시하는 구역을 말한다.

> 1. 도로, 공원, 녹지, 수도·하수도
> 2. 학교(「고등교육법」에 따른 대학은 제외)
> 3. 폐기물처리 및 재활용시설 등

(2) 지정권자 및 지정대상

특별시장·광역시장·특별자치시장·특별자치도지사·시장 또는 군수는 다음에 해당하는 지역에 대하여는 기반시설부담구역으로 지정해야 한다. 다만, 개발행위가 집중되어 해당 지역의 계획적 관리를 위하여 필요하다고 인정하면 다음에 해당하지 않는 경우라도 기반시설부담구역으로 지정할 수 있다.

⚡기출

01 주거지역에서의 개발행위로 기반시설의 용량이 부족할 것으로 예상되는 지역 중 기반시설의 설치가 곤란한 지역으로서, 향후 ( ) 이내에 해당 지역의 학생수가 학교수용능력을 ( )% 이상 초과할 것으로 예상되는 지역은 개발밀도관리구역으로 지정될 수 있다. 제24회

02 개발밀도관리구역은 기반시설부담구역으로 지정할 수 ( ). 제35회

TIP
개발밀도관리구역과 기반시설부담구역은 중복하여 지정할 수 없다.

기출정답
01 2년, 20 02 없다

1. 이 법 또는 다른 법령의 제정·개정으로 인하여 행위제한이 완화되거나 해제되는 지역
2. 이 법 또는 다른 법령에 따라 지정된 용도지역 등이 변경되거나 해제되어 행위제한이 완화되는 지역
3. **특별시장·광역시장·특별자치시장·특별자치도지사·시장 또는 군수가 개발행위가 집중되어 기반시설의 설치가 필요하다고 인정하는 다음의 지역**
   ① 해당 지역의 전년도 개발행위허가 건수가 전전년도 개발행위허가 건수보다 20% 이상 증가한 지역
   ② 해당 지역의 전년도 인구증가율이 그 지역이 속하는 특별시·광역시·특별자치시·특별자치도·시 또는 군의 전년도 인구증가율보다 20% 이상 높은 지역

⚡ **기출**

01 법령의 개정으로 인하여 행위제한이 (   )되는 지역에 대해서는 기반시설부담구역으로 지정해야 한다. 제30회

(3) 지정절차

① **주민의견청취 및 심의**: 특별시장·광역시장·특별자치시장·특별자치도지사·시장 또는 군수는 기반시설부담구역을 지정 또는 변경하려면 주민의 의견을 들어야 하며, 해당 지방자치단체에 설치된 지방도시계획위원회의 심의를 거쳐야 한다.

② **고시**: 특별시장·광역시장·특별자치시장·특별자치도지사·시장 또는 군수는 기반시설부담구역을 지정하거나 변경했으면 기반시설부담구역의 명칭·위치·면적 및 지정일자와 관계 도서의 열람방법을 해당 지방자치단체의 공보와 인터넷 홈페이지에 고시해야 한다.

(4) 지정기준

기반시설부담구역의 지정기준 등에 관하여 필요한 사항은 대통령령으로 정하는 바에 따라 국토교통부장관이 정한다.

[1] 기반시설부담구역은 최소 10만m² 이상의 규모가 되도록 지정할 것

(5) 기반시설설치계획의 수립

① **수립권자**: 특별시장·광역시장·특별자치시장·특별자치도지사·시장 또는 군수는 기반시설부담구역이 지정되면 다음의 내용을 포함한 기반시설설치계획을 수립해야 하며, 이를 도시·군관리계획에 반영해야 한다.

1. 설치가 필요한 기반시설의 종류, 위치 및 규모
2. 기반시설의 설치 우선순위 및 단계별 설치계획 등

기출정답

01 완화

② **수립의제**: 지구단위계획을 수립한 경우에는 기반시설설치계획을 수립한 것으로 본다.
③ **지정해제**: 기반시설부담구역의 지정·고시일부터 1년이 되는 날까지 기반시설설치계획을 수립하지 않으면 그 1년이 되는 날의 다음 날에 기반시설부담구역의 지정은 해제된 것으로 본다.

★ 암기 PLUS Ⅰ 실효·해제사유 – 기간이 끝난 날의 다음 날

구분	기간	사유	효과
시가화조정구역	시가화 유보기간	유보기간(5년 ~ 20년) 만료	실효
도시·군계획시설	20년	도시·군계획시설사업 시행 ×	실효
지구단위계획구역	3년	지구단위계획 수립 ×	실효
지구단위계획 (주민제안)	5년	사업이나 공사에 착수 ×	실효
기반시설부담구역	1년	기반시설설치계획 수립 ×	해제

(6) 기반시설설치비용의 부과 및 납부

① **부과대상**: 기반시설부담구역에서 기반시설설치비용의 부과대상인 건축행위는 200m²를 초과하는 건축물의 신축·증축 행위로 한다. 다만, 기존 건축물을 철거하고 신축하는 경우에는 기존 건축물의 연면적을 초과하는 건축행위만 부과대상으로 한다.
② **납부의무자**: 기반시설부담구역에서 기반시설설치비용의 부과대상인 건축행위를 하는 자(건축행위의 위탁자 또는 지위의 승계자 등을 포함)는 기반시설설치비용을 내야 한다.
③ **부과 및 납부기한**: 특별시장·광역시장·특별자치시장·특별자치도지사·시장 또는 군수는 납부의무자가 국가나 지방자치단체로부터 건축허가를 받은 날부터 2개월 이내에 기반시설설치비용을 부과[1]해야 하고, 납부의무자는 사용승인신청시까지 이를 내야 한다.
④ **납부방법**: 기반시설설치비용은 현금, 신용카드 또는 직불카드로 납부하도록 하되, 부과대상 토지 및 이와 비슷한 토지로 하는 납부(물납)를 인정할 수 있다.

⚡ **기출**

01 기반시설부담구역의 지정·고시일부터 (   )이 되는 날까지 기반시설설치계획을 수립하지 않으면 그 (   )이 되는 날의 다음 날에 기반시설부담구역의 지정은 해제된 것으로 본다. 제33회

02 기반시설부담구역에서 기반시설설치비용의 부과대상인 건축행위는 (   )m²를 초과하는 건축물의 신축·증축 행위로 한다. 제31회

03 (   )계획을 수립한 경우에는 기반시설설치계획을 수립한 것으로 본다. 제35회

[1] **사전통지**
기반시설설치비용을 부과하려면 부과기준시점부터 30일 이내에 납부의무자에게 미리 알려야 한다.

기출정답
01 1년, 1년   02 200
03 지구단위

⑤ **강제징수:** 특별시장·광역시장·특별자치시장·특별자치도지사·시장 또는 군수는 납부의무자가 기반시설설치비용을 내지 않는 경우에는 「지방행정제재·부과금의 징수 등에 관한 법률」에 따라 징수할 수 있다.

> **암기 PLUS | 건축물별 기반시설유발계수**
>
> ① 단독주택: 0.7
> ② 공동주택: 0.7
> ③ 제1종 근린생활시설: 1.3
> ④ 제2종 근린생활시설: 1.6
> ⑤ 문화 및 집회시설: 1.4
> ⑥ 종교시설: 1.4
> ⑦ 판매시설: 1.3
> ⑧ 운수시설: 1.4
> ⑨ 의료시설: 0.9
> ⑩ 교육연구시설: 0.7
> ⑪ 노유자시설: 0.7
> ⑫ 수련시설: 0.7
> ⑬ 운동시설: 0.7
> ⑭ 업무시설: 0.7
> ⑮ 숙박시설: 1.0
> ⑯ 위락시설: 2.1
> ⑰ 공장(생략)
> ⑱ 창고시설: 0.5
> ⑲ 위험물저장 및 처리시설: 0.7
> ⑳ 자동차 관련 시설: 0.7
> ㉑ 동물 및 식물 관련 시설: 0.7
> ㉒ 자원순환 관련 시설: 1.4
> ㉓ 교정시설: 0.7
> ㉔ 국방·군사시설: 0.7
> ㉕ 방송통신시설: 0.8
> ㉖ 발전시설: 0.7
> ㉗ 묘지 관련 시설: 0.7
> ㉘ 관광휴게시설: 1.9
> ㉙ 장례시설: 0.7
> ㉚ 야영장시설: 0.7

TIP

특별시장·광역시장·특별자치시장·특별자치도지사·시장 또는 군수는 기반시설설치비용의 관리 및 운용을 위하여 기반시설부담구역별로 특별회계를 설치해야 한다.

⚡기출

01 (   )시설(2.1) > (   ) 근린생활시설(1.6) > 종교시설(1.4) > 판매시설(1.3)의 순으로 기반시설유발계수가 높다.

제25회

기출정답

01 위락, 제2종

제9장 보칙 및 벌칙

기본서 p.181~185

01 시범도시의 지정

국토교통부장관은 도시의 경제·사회·문화적안 특성을 살려 개성 있고 지속가능한 발전을 촉진하기 위하여 필요하면 직접 또는 관계 중앙행정기관의 장이나 시·도지사의 요청에 의하여 경관, 생태, 정보통신, 과학, 문화, 관광, 그 밖에 대통령령으로 정하는 분야(교육·안전·교통·경제활력·도시재생 및 기후변화 분야)별로 시범도시(시범지구나 시범단지 포함)를 지정할 수 있다.

02 청문

> **⚡기출**
> 01 개발행위허가의 제한은 (　　)을 해야 하는 경우에 해당하지 않는다.
> 제31회

국토교통부장관, 시·도지사, 시장·군수 또는 구청장은 다음에 해당하는 처분을 하려면 청문을 해야 한다.

1. 개발행위허가의 취소
2. 도시·군계획시설사업의 시행자 지정의 취소
3. 실시계획인가의 취소

03 도시·군계획의 수립 및 운영에 대한 감독 및 조정

① 국토교통부장관은 도시·군기본계획과 도시·군관리계획이 국가계획 및 광역도시계획의 취지에 부합하지 않거나 도시·군관리계획이 도시·군기본계획의 취지에 부합하지 않다고 판단하는 경우에는 특별시장·광역시장·특별자치시장·특별자치도지사·시장 또는 군수에게 기한을 정하여 도시·군기본계획과 도시·군관리계획의 조정을 요구할 수 있다. 이 경우 특별시장·광역시장·특별자치시장·특별자치도지사·시장 또는 군수는 도시·군기본계획과 도시·군관리계획을 재검토하여 정비해야 한다.

② 도지사는 시·군 도시·군관리계획이 광역도시계획이나 도시·군기본계획의 취지에 부합하지 않다고 판단되는 경우에는 시장 또는 군수에게 기한을 정하여 그 도시·군관리계획의 조정을 요구할 수 있다. 이 경우 시장 또는 군수는 그 도시·군관리계획을 재검토하여 정비해야 한다.

기출정답
01 청문

해커스 공인중개사
핵심요약집
land.Hackers.com

제2편

도시개발법

제1장 도시개발구역의 지정 등
제2장 도시개발사업의 시행
제3장 비용부담 등

제1장 도시개발구역의 지정 등 ·빈출

기본서 p.191~206

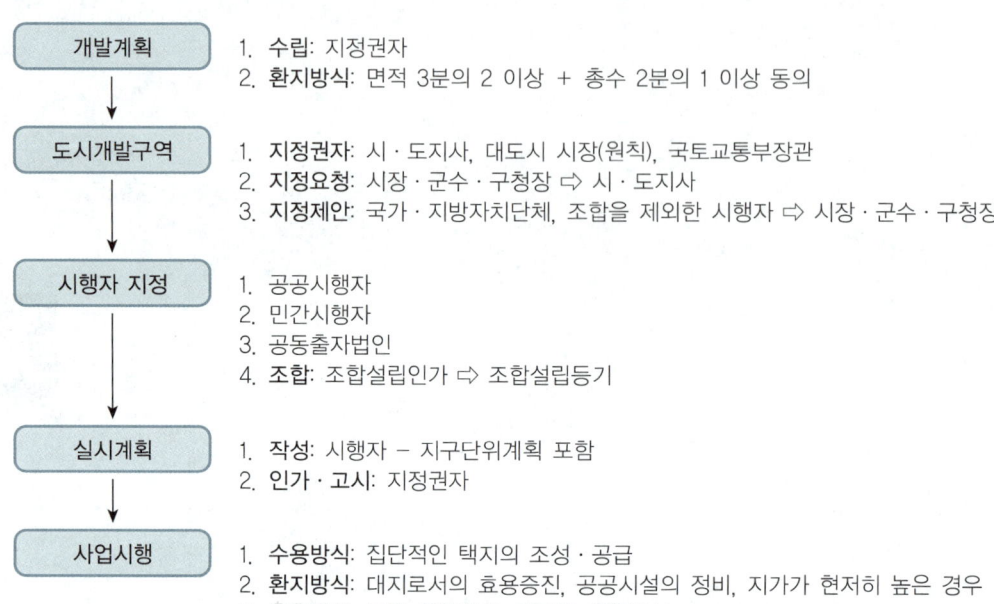

1 도시개발사업
도시개발구역에서 주거, 상업, 산업, 유통, 정보통신, 생태, 문화, 보건 및 복지 등의 기능이 있는 단지 또는 시가지를 조성하기 위하여 시행하는 사업을 말한다.

+ **도시개발사업**[1]: 도시개발구역 + 단지 또는 시가지 조성
　(농지·산지 ⇨ 토지형질변경 + 토지구획정리 ⇨ 택지개발)

구분	수용방식	환지방식
사유	집단적인 (택지의) 조성·공급	① 대지로서의 효용증진과 공공시설의 정비 ② 지가가 현저히 높은 경우
장점	신속	동의(보상금 ×)
단점	보상금 확보, 획일적 개발	절차 지연, 복잡
시행자	공공	토지소유자, 조합

2
개발계획이란 도시개발구역, 시행자, 시행방식 등 도시개발사업 전반의 지침이 되는 계획을 말한다.

01 개발계획[2]의 수립

(1) 수립시기 등

① **수립시기**: 도시개발구역을 지정하는 자(이하 '**지정권자**')는 도시개발구역을 지정하려면 도시개발사업의 계획(이하 '개발계획')을 수립해야 한다. 다만, 개발계획을 공모하거나 다음에 해당하는 지역에 도시개발구역을 지정할 때에는 도시개발구역을 지정한 후에 개발계획을 수립할 수 있다.

1. 자연녹지지역
2. 생산녹지지역(생산녹지지역이 도시개발구역 지정면적의 100분의 30 이하인 경우)
3. 도시지역 외의 지역
4. 국토교통부장관이 지역균형발전을 위하여 관계 중앙행정기관의 장과 협의하여 도시개발구역으로 지정하려는 지역(자연환경보전지역은 제외)
5. 해당 도시개발구역에 포함되는 주거지역·상업지역·공업지역의 면적의 합계가 전체 도시개발구역 지정면적의 100분의 30 이하인 지역

② **변경**: 지정권자는 직접 또는 관계 중앙행정기관의 장 또는 시장(대도시 시장은 제외)·군수·구청장 또는 시행자의 요청을 받아 개발계획을 변경할 수 있다.

(2) 내용

① **내용**: 개발계획에는 다음의 사항이 포함되어야 한다.

1. 도시개발구역의 명칭, 위치, 면적 및 지정목적
2. 분할시행이나 결합개발에 관한 사항
3. 도시개발사업의 시행기간, 시행방식 및 시행자에 관한 사항
4. 인구수용계획(분양주택 및 임대주택으로 구분한 주택별 수용계획 포함)
5. 토지이용계획, 교통처리계획, 환경보전계획
6. 원형지로 공급될 대상 토지 및 개발방향
7. 보건의료시설 및 복지시설의 설치계획
8. 도로, 상하수도 등 주요 기반시설의 설치계획
9. 재원조달계획 … (이하 18.까지 생략)

② 다음에 해당하는 사항은 도시개발구역을 지정한 후에 개발계획에 포함시킬 수 있다.

1. 도시개발구역 밖의 지역에 기반시설을 설치해야 하는 경우에는 그 시설의 설치에 필요한 비용의 부담계획
2. 수용(收用) 또는 사용의 대상이 되는 토지·건축물 또는 토지에 정착한 물건과 이에 관한 소유권 외의 권리, 광업권·어업권·양식업권, 물의 사용에 관한 권리(이하 '토지 등')가 있는 경우에는 그 세부목록
3. 임대주택건설계획 등 세입자 등의 주거 및 생활안정대책
4. 순환개발 등 단계적 사업추진이 필요한 경우 사업추진계획 등에 관한 사항

⚡기출

01 해당 도시개발구역에 포함되는 주거지역·상업지역·공업지역의 면적의 합계가 전체 도시개발구역 지정면적의 100분의 ( ) 이하인 지역은 도시개발구역을 지정한 후에 개발계획을 수립할 수 있다. 제26회

02 임대주택건설계획 등 세입자 등의 주거 및 생활안정대책은 도시개발구역을 지정한 후에 ( )에 포함시킬 수 있다. 제34회

TIP
지구단위계획은 포함되지 않는다.

기출정답
01 30 02 개발계획

⚡ **기출**

01 지정권자는 도시개발사업을 환지방식으로 시행하려고 개발계획을 수립하거나 변경할 때에 시행자가 (　)나 (　)이면 토지소유자의 동의를 받을 필요가 없다.
제28회 수정

02 환지방식의 도시개발사업에 대한 개발계획 수립시 도시개발구역의 토지면적을 산정하는 경우 국·공유지를 (　)하여 산정한다.
제35회

03 도시개발구역의 지정이 제안된 후부터 개발계획이 수립되기 전까지의 사이에 토지소유자가 변경된 경우 (　) 토지소유자의 동의서를 기준으로 한다.
제35회

(3) 수립의 동의

① **원칙**: 지정권자는 환지(換地)방식의 도시개발사업에 대한 개발계획을 수립하거나 변경하려면 환지방식이 적용되는 지역의 토지면적의 3분의 2 이상에 해당하는 토지소유자와 그 지역의 토지소유자 총수의 2분의 1 이상의 동의를 받아야 한다. 다만, 대통령령으로 정하는 경미한 사항의 변경은 제외한다.

② **예외**: 지정권자는 도시개발사업의 시행자가 국가나 지방자치단체이면 ①에도 불구하고 토지소유자의 동의를 받을 필요가 없다.

③ **동의자 수의 산정방법**

> 1. **토지면적을 산정하는 경우**: 국·공유지를 포함하여 산정할 것
> 2. **1필지의 토지소유권을 여럿이 공유하는 경우**: 다른 공유자의 동의를 받은 대표 공유자 1인을 해당 토지소유자로 볼 것. 다만, 집합건물의 구분소유자는 각각을 토지소유자 1인으로 본다.
> 3. **1인이 둘 이상 필지의 토지를 단독으로 소유한 경우**: 필지의 수에 관계없이 토지소유자를 1인으로 볼 것
> 4. **둘 이상 필지의 토지를 소유한 공유자가 동일한 경우**: 공유자 여럿을 대표하는 1인을 토지소유자로 볼 것
> 5. **도시개발구역의 지정에 대한 공람·공고일 후에 구분소유권을 분할하게 되어 토지소유자의 수가 증가하게 된 경우**: 공람·공고일 전의 토지소유자의 수를 기준으로 산정할 것
> 6. **도시개발구역의 지정이 제안되기 전에 또는 도시개발구역에 대한 개발계획의 변경을 요청받기 전에 동의를 철회하는 사람이 있는 경우**: 그 사람은 동의자 수에서 제외할 것
> 7. **도시개발구역의 지정이 제안된 후부터 개발계획이 수립되기 전까지의 사이에 토지소유자가 변경된 경우 또는 개발계획의 변경을 요청받은 후부터 개발계획이 변경되기 전까지의 사이에 토지소유자가 변경된 경우**: 기존 토지소유자의 동의서를 기준으로 할 것

(4) 수립기준

① **상위계획에 부합**: 개발계획의 내용은 광역도시계획이나 도시·군기본계획에 들어맞도록 해야 한다.

② **상호조화**: 330만m² 이상인 도시개발구역에 관한 개발계획을 수립할 때에는 주거, 생산, 교육, 유통, 위락 등의 기능이 서로 조화를 이루도록 노력해야 한다.

③ **작성기준**: 개발계획의 작성기준 및 방법은 국토교통부장관이 정한다.

기출정답
01 국가, 지방자치단체
02 포함　03 기존

02 도시개발구역의 지정

(1) 지정권자

① **원칙**: 시·도지사 또는 대도시 시장은 계획적인 도시개발이 필요하다고 인정되는 때에는 도시개발구역을 지정할 수 있다. 이 경우 도시개발사업이 필요하다고 인정되는 지역이 둘 이상의 시·도 또는 대도시의 행정구역에 걸치는 때에는 관계 시·도지사 또는 대도시 시장이 협의하여 도시개발구역을 지정할 자를 정한다.❶

② **예외**: 국토교통부장관은 다음에 해당하면 도시개발구역을 지정할 수 있다.

> 1. 국가가 도시개발사업을 실시할 필요가 있는 경우
> 2. 관계 중앙행정기관의 장이 요청하는 경우
> 3. 공공기관의 장 또는 정부출연기관의 장이 30만m² 이상으로서 국가계획과 밀접한 관련이 있는 도시개발구역의 지정을 제안하는 경우
> 4. 시·도지사 또는 대도시 시장의 협의가 성립되지 않는 경우
> 5. 천재지변, 그 밖의 사유로 인하여 도시개발사업을 긴급하게 할 필요가 있는 경우

③ **지정요청**: 시장(대도시 시장은 제외)·군수 또는 구청장은 시·군·구도시계획위원회의 자문을 거쳐 시·도지사에게 도시개발구역의 지정을 요청할 수 있다.

(2) 도시개발구역의 지정제안

① **원칙**: 국가나 지방자치단체 및 조합❷을 제외한 사업시행자는 특별자치도지사·시장·군수 또는 구청장에게 도시개발구역의 지정을 제안할 수 있다. 이 경우 제안하려는 지역이 둘 이상의 시·군 또는 구의 행정구역에 걸치는 때에는 면적이 가장 큰 행정구역의 시장·군수 또는 구청장에게 제안서를 제출해야 한다.

② **제안 전 동의**: 토지소유자, 민간시행자(조합은 제외)가 지정을 제안하려는 경우에는 대상 구역 토지면적의 3분의 2 이상에 해당하는 토지소유자(지상권자 포함)의 동의를 받아야 한다.

③ **수용 여부 통보**: 제안을 받은 국토교통부장관·특별자치도지사·시장·군수 또는 구청장은 제안 내용의 수용 여부를 1개월 이내에 제안자에게 통보해야 한다. 다만, 불가피한 사유가 있는 경우에는 1개월 이내의 범위에서 통보기간을 연장할 수 있다.

---

❶ **지정대장**
지정권자는 도시개발구역을 지정한 경우에는 도시개발구역 지정대장을 작성·관리해야 한다. 이 경우 특별한 사유가 없으면 전자적 처리가 가능한 방법으로 해야 한다.

TIP
1. **공공기관**: 한국토지주택공사, 한국수자원공사, 한국농어촌공사, 한국관광공사, 한국철도공사, 한국공항공사 매입공공기관
2. **정부출연기관**: 국가철도공단, 제주국제자유도시개발센터

❷ 조합은 제안할 수 없다는 점에 유의한다.

⚡기출
01 한국토지주택공사의 사장이 (   )m² 이상으로서 국가계획과 밀접한 관련이 있는 도시개발구역의 지정을 제안하는 경우 국토교통부장관이 도시개발구역을 지정할 수 있다. 제33회
02 토지소유자가 도시개발구역의 지정을 제안하려는 경우에는 대상 구역 토지면적의 (   ) 이상에 해당하는 토지소유자의 동의를 받아야 한다. 제29회

기출정답
01 30만   02 3분의 2

(3) 지정대상 및 규모 등

도시개발구역으로 지정할 수 있는 대상 지역 및 규모는 다음과 같다.[1]

도시지역[2]	1. 주거지역 및 상업지역: 1만㎡ 이상 2. 공업지역: 3만㎡ 이상 3. 생산녹지지역(생산녹지지역이 도시개발구역 지정면적의 100분의 30 이하인 경우): 1만㎡ 이상 4. 자연녹지지역: 1만㎡ 이상
도시지역 외의 지역	30만㎡ 이상. 다만, 공동주택 중 아파트 또는 연립주택의 건설계획이 포함되는 경우로서 다음 요건을 모두 갖춘 경우에는 10만㎡ 이상 1. 초등학교용지를 확보하여 관할 교육청과 협의한 경우 2. 「도로법」에 따른 도로 또는 4차로 이상의 연결도로를 설치하는 경우

[1] 적용배제
1. 취락지구
2. 개발진흥지구
3. 지구단위계획구역
4. 국토교통부장관이 지정 (자연환경보전지역은 제외)

[2]
보전녹지지역은 도시개발구역을 지정할 수 없다.

⚡기출
01 주거지역, 상업지역, 자연녹지지역 및 생산녹지지역에서 도시개발구역으로 지정할 수 있는 규모는 (　　)㎡ 이상이어야 한다. 제29회

(4) 도시개발구역의 분할 및 결합

지정권자는 도시개발사업의 효율적인 추진과 도시의 경관보호 등을 위하여 필요하다고 인정하는 경우에는 도시개발구역을 둘 이상의 사업시행지구로 분할하거나[3] 서로 떨어진 둘 이상의 지역을 결합하여 하나의 도시개발구역으로 지정할 수 있다.

[3] 분할시행의 요건
분할 후 각 사업시행지구의 면적이 각각 1만㎡ 이상인 경우로 한다.

(5) 지정절차

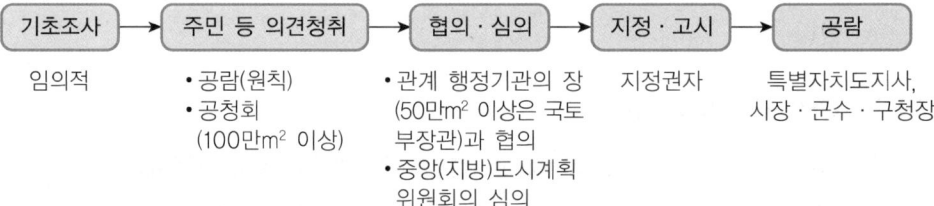

① **기초조사(임의적):** 시행자나 시행자가 되려는 자는 도시개발구역을 지정하거나 그 지정을 요청 또는 제안하려고 할 때에는 토지, 건축물, 공작물, 주거 및 생활실태, 주택수요, 그 밖에 필요한 사항에 관하여 조사하거나 측량할 수 있다.
② **주민 등의 의견청취:** 국토교통부장관, 시·도지사 또는 대도시 시장이 도시개발구역을 지정하고자 하거나 대도시 시장이 아닌 시장·군수 또는 구청장이 도시개발구역의 지정을 요청하려고 하는 경우에는 공람이나 공청회를 통하여 주민이나 관계 전문가 등으로부터 들어야 한다. 다만, 대통령령으로 정하는 경미한 사항의 변경은 제외한다.

TIP
광역도시계획 및 도시·군계획의 수립을 위한 기초조사는 미리 인구, 경제, 사회, 문화, 토지 이용, 환경, 교통, 주택, 그 밖에 필요한 사항을 조사하거나 측량해야 한다.

기출정답
01 1만

> 1. **공람**: 시장·군수 또는 구청장은 주민의 의견을 청취하려면 둘 이상의 일간신문과 인터넷 홈페이지에 공고하고 14일 이상 일반인에게 공람시켜야 한다.❶
> 2. **공청회**: 국토교통부장관, 시·도지사, 시장·군수 또는 구청장은 도시개발구역의 면적이 100만m² 이상인 경우에는 공람기간이 끝난 후에 공청회를 개최해야 한다. 이 경우 개최목적, 일시 및 장소 등을 공청회 개최 예정일 14일 전까지 1회 이상 공고해야 한다.

③ **협의·심의**: 지정권자는 도시개발구역을 지정하거나 개발계획을 수립하려면 관계 행정기관의 장과 협의한 후 중앙도시계획위원회 또는 지방도시계획위원회의 심의를 거쳐야 한다. 이 경우 다음에 해당하면 국토교통부장관과 협의해야 한다.

> 1. 지정하려는 도시개발구역 면적이 50만m² 이상인 경우
> 2. 개발계획이 국가계획을 포함하고 있거나 국가계획과 관련되는 경우

④ **지정·고시 등**: 지정권자는 도시개발구역을 지정한 경우에는 그 사항을 관보나 공보에 고시하고, 특별자치도지사·시장·군수 또는 구청장은 관계 서류를 14일 이상 일반인에게 공람시켜야 한다.

(6) 지정효과

도시개발구역이 지정·고시된 경우 해당 도시개발구역은 도시지역과 지구단위계획구역으로 결정되어 고시된 것으로 본다.❷ 다만, 취락지구로 지정된 지역은 그러하지 않다.

(7) 행위제한

① **허가대상**: 도시개발구역지정에 관한 주민의견청취를 위한 공고가 있는 지역 및 도시개발구역에서 다음의 행위를 하려는 자는 특별시장·광역시장·특별자치도지사·시장 또는 군수의 허가를 받아야 한다. 허가받은 사항을 변경하려는 경우에도 또한 같다.

---

❶ 도시개발구역의 면적이 10만m² 미만인 경우에는 일간신문에 공고하지 않고 공보와 인터넷 홈페이지에 공고할 수 있다.

TIP

공청회의 개최
1. 광역도시계획의 수립
2. 도시·군기본계획의 수립
3. 도시개발구역의 지정 (100만m² 이상)
4. 농지관리실천계획의 수립

❷ 이 경우 지형도면의 고시는 도시개발사업의 시행기간에 할 수 있다.

⚡기출

01 토지의 (   )은 허가대상에 해당하지 않는다.
제32회

기출정답
01 합병

1 허가대상
1. **개발행위허가**: 건축물의 건축
2. **도시개발구역**: 건축물(가설건축물을 포함)의 건축, 대수선, 용도변경
3. **정비구역**: 건축물(가설건축물을 포함)의 건축, 용도변경

1. 건축물(가설건축물 포함)의 건축, 대수선 또는 용도변경 **1**
2. 공작물의 설치
3. **토지의 형질변경**: 절토(땅깎기)·성토(흙쌓기)·정지(땅고르기)·포장 등의 방법으로 토지의 형상을 변경하는 행위, 토지의 굴착 또는 공유수면의 매립
4. 토석의 채취. 다만, 토지의 형질변경을 목적으로 하는 것은 3.에 따른다.
5. 토지분할
6. 옮기기 쉽지 않은 물건을 1개월 이상 쌓아놓는 행위
7. 죽목(竹木)의 벌채 및 식재

② **허가의 예외**: 다음에 해당하는 행위는 허가를 받지 않고 할 수 있다.

1. 재해복구 또는 재난수습에 필요한 응급조치를 위한 행위
2. 그 밖에 다음에 해당하는 경미한 행위
   ① 농림수산물의 생산에 직접 이용되는 것으로서 간이공작물의 설치
   ② 경작을 위한 토지의 형질변경
   ③ 도시개발구역의 개발에 지장을 주지 않고 자연경관을 훼손하지 않는 범위에서의 토석채취
   ④ 도시개발구역에 남겨두기로 결정된 대지에서 물건을 쌓아놓는 행위
   ⑤ 관상용 죽목의 임시식재(경작지에서의 임시식재는 제외)

2 기득권 보호
1. **도시·군관리계획결정**: 착수(별도의 허가·신고 ×)
2. **시가화조정구역·수산자원보호구역**: 착수 + 3개월 이내에 신고
3. **도시개발구역, 정비구역**: 착수 + 30일 이내에 신고

③ **기득권 보호 2**: 도시개발구역의 지정·고시 당시 이미 공사나 사업에 착수한 자는 도시개발구역이 지정·고시된 날부터 30일 이내에 특별시장·광역시장·특별자치도지사·시장 또는 군수에게 신고한 후 이를 계속 시행할 수 있다.

(8) 지정해제

① **원칙**: 도시개발구역의 지정은 다음에 규정된 날의 다음 날에 해제된 것으로 본다.

1. 도시개발구역이 지정·고시된 날부터 3년이 되는 날까지 실시계획의 인가를 신청하지 않는 경우에는 그 3년이 되는 날
2. 도시개발사업의 공사완료(환지방식에 따른 사업인 경우에는 그 환지처분)의 공고일

② **예외:** 도시개발구역을 지정한 후 개발계획을 수립하는 경우에는 다음에 규정된 날의 다음 날에 도시개발구역의 지정이 해제된 것으로 본다.

> 1. 도시개발구역이 지정·고시된 날부터 2년이 되는 날까지 개발계획을 수립·고시하지 않는 경우에는 그 2년이 되는 날. 다만, 도시개발구역의 면적이 330만m² 이상인 경우에는 5년으로 한다.
> 2. 개발계획을 수립·고시한 날부터 3년이 되는 날까지 실시계획인가를 신청하지 않는 경우에는 그 3년이 되는 날. 다만, 도시개발구역의 면적이 330만m² 이상인 경우에는 5년으로 한다.

③ **환원·폐지:** 도시개발구역의 지정이 해제의제(解除擬制)된 경우에는 해당 도시개발구역 지정 전의 용도지역 및 지구단위계획구역으로 각각 환원되거나 폐지된 것으로 본다. 다만, 도시개발사업의 공사완료(환지방식은 환지처분)의 공고에 따라 도시개발구역의 지정이 해제의제된 경우에는 환원되거나 폐지된 것으로 보지 않는다.

★ 암기 PLUS | 도시개발구역의 지정해제

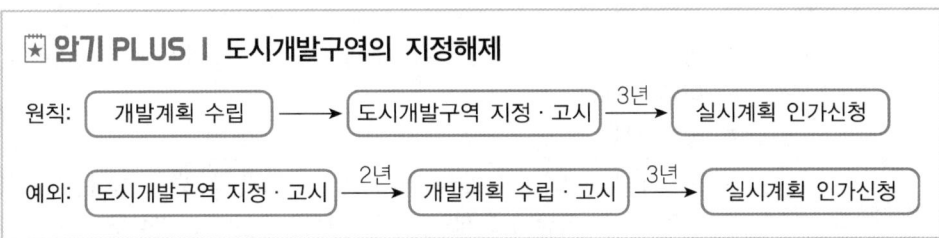

⚡ 기출

01 도시개발구역이 지정·고시된 날부터 (　　)이 되는 날까지 개발계획을 수립·고시하지 않는 경우에는 그 (　　)이 되는 날의 다음 날에 도시개발구역의 지정이 해제된 것으로 본다. 다만, 도시개발구역의 면적이 330만m² 이상인 경우에는 (　　)으로 한다. 제31회

02 환지방식의 도시개발사업에서 (　　)의 공고가 이루어진 경우 도시개발구역 지정 전의 용도지역 및 지구단위계획구역으로 각각 환원되거나 폐지된 것으로 보지 않는다. 제36회

기출정답
01 2년, 2년, 5년
02 환지처분

제2장 도시개발사업의 시행

기본서 p.207~248

제1절 도시개발사업의 시행자

01 시행자 등

(1) 시행자의 지정

도시개발사업의 시행자는 다음의 자 중에서 지정권자가 지정한다.

공공 시행자	1. 국가나 지방자치단체(행정청) 2. 공공기관: 한국토지주택공사, 한국수자원공사, 한국농어촌공사, 한국관광공사, 한국철도공사, 한국공항공사, 매입공공기관(종전 부동산 및 그 주변을 개발하는 경우로 한정) 3. 정부출연기관: 국가철도공단(역세권개발사업을 시행하는 경우만 해당), 제주국제자유도시개발센터(제주특별자치도에서 개발사업을 하는 경우만 해당) 4. 지방공사
민간 시행자	5. 도시개발구역의 토지소유자(수용 또는 사용방식의 경우에는 도시개발구역의 국·공유지를 제외한 토지면적의 3분의 2 이상을 소유한 자를 말함)[1] 6. 도시개발구역의 토지소유자가 도시개발을 위하여 설립한 조합(도시개발사업의 전부를 환지방식으로 시행하는 경우에만 해당하며, 이하 '조합') 7. 과밀억제권역에서 수도권 외의 지역으로 이전하는 법인(공장, 대학) 8. 「주택법」에 따라 등록한 자(주택단지와 그에 수반되는 기반시설을 조성하는 경우만 해당) 9. 「건설산업기본법」에 따른 토목공사업 또는 토목건축공사업의 면허를 받은 자 10. 「부동산개발업의 관리 및 육성에 관한 법률」에 따라 등록한 부동산개발업자 11. 「부동산투자회사법」에 따라 설립된 자기관리 또는 위탁관리부동산투자회사
공동출자 법인	1.부터 11.까지에 해당하는 자(조합은 제외)가 도시개발사업을 시행할 목적으로 출자에 참여하여 설립한 법인

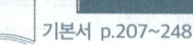

[1] 토지소유자(국·공유지를 제외한 토지면적 2/3 이상 소유한 자)는 수용방식의 시행자가 될 수 있으나, 조합은 수용방식의 시행자가 될 수 없다.

⚡ 기출

01 조합은 도시개발사업 전부를 ( )방식으로 시행하는 경우에 도시개발사업의 시행자가 될 수 있다. 제35회

기출정답

01 환지

> ⭐ **개념 PLUS | 위탁시행과 신탁개발**
> 1. **위탁시행**: 시행자는 항만·철도, 그 밖에 공공시설(기반시설)의 건설과 공유수면의 매립에 관한 업무를 국가, 지방자치단체, 공공기관·정부출연기관 또는 지방공사에 위탁하여 시행할 수 있다.
> 2. **신탁개발**: 민간시행자(부동산개발업자와 부동산투자회사는 제외)는 지정권자의 승인을 받아 신탁업자와 신탁계약을 체결하여 도시개발사업을 시행할 수 있다.

(2) 전부 환지방식의 특례

지정권자는 도시개발구역의 전부를 환지방식으로 시행하는 경우에는 토지소유자나 조합을 시행자로 지정한다. 다만, 다음에 해당하는 사유가 있으면 지방자치단체나 한국토지주택공사, 지방공사와 신탁업자(이하 '지방자치단체 등')[1]를 시행자로 지정할 수 있다.

1. 토지소유자나 조합이 개발계획의 수립·고시일부터 **1년 이내**에 시행자 지정을 신청하지 않은 경우 또는 지정권자가 신청된 내용이 위법하거나 부당하다고 인정한 경우
2. 지방자치단체의 장이 집행하는 **공공시설에 관한 사업과 병행**하여 시행할 필요가 있다고 인정한 경우
3. 도시개발구역의 국·공유지를 제외한 토지면적의 2분의 1 이상에 해당하는 토지소유자 및 토지소유자 총수의 2분의 1 이상이 지방자치단체 등의 시행에 동의한 경우

(3) 시행규정 등의 작성

① **시행규정**: 지방자치단체 등이 도시개발사업의 전부를 환지방식으로 시행하려고 할 때에는 **시행규정**을 작성해야 한다.
② **규약**: 지정권자는 토지소유자 2인 이상이 도시개발사업을 시행하려고 할 때 또는 토지소유자가 민간시행자(조합은 제외)와 공동으로 도시개발사업을 시행하려고 할 때에는 **규약**[2]을 정하게 할 수 있다.

(4) 사업의 대행

① **일부대행**: 공공시행자[3]는 도시개발사업을 효율적으로 시행하기 위하여 필요한 경우에는 설계·분양 등 도시개발사업의 일부를 「주택법」에 따른 주택건설사업자 등으로 하여금 대행하게 할 수 있다.
② **대행의 범위**: 주택건설사업자 등에게 대행하게 할 수 있는 도시개발사업의 범위는 다음과 같다.[4]

---

[1] 국가는 해당하지 않는다.

⚡**기출**
01 「한국부동산원법」에 따른 한국부동산원은 도시개발사업의 시행자로 지정될 수 있는 자에 해당하지 ( ). 제33회
02 지방자치단체가 도시개발사업의 전부를 환지방식으로 시행하려고 할 때에는 도시개발사업의 ( )을 작성해야 한다. 제31회

[2]
1. 토지평가협의회의 구성 및 운영, 2. 환지계획 및 환지예정지의 지정, 3. 보류지 및 체비지의 관리·처분, 4. 청산(淸算)은 환지방식으로 시행하는 경우만 규약에 포함된다.

[3]
1. 국가·지방자치단체
2. 공공기관
3. 정부출연기관
4. 지방공사

[4]
토지상환채권의 발행은 대행하게 할 수 없다.

기출정답
01 않는다 02 시행규정

> 1. 실시설계
> 2. 부지조성공사
> 3. 기반시설공사
> 4. 조성된 토지의 분양

③ **선정방식**: 시행자는 대행개발사업자를 경쟁입찰 방식으로 선정해야 한다.

(5) 시행자의 변경

지정권자는 다음에 해당하는 경우에는 시행자를 변경할 수 있다.

> 1. 실시계획의 인가를 받은 후 2년 이내에 사업을 착수하지 않는 경우
> 2. 행정처분으로 시행자의 지정이나 실시계획의 인가가 취소된 경우
> 3. 시행자의 부도·파산 등으로 도시개발사업의 목적을 달성하기 어렵다고 인정되는 경우
> 4. 도시개발구역의 전부를 환지방식으로 시행하는 경우 시행자로 지정된 토지소유자나 조합이 도시개발구역 지정·고시일부터 1년 이내에 실시계획의 인가를 신청하지 않는 경우

(6) 행정심판

시행자가 행한 처분에 불복하는 자는 「행정심판법」에 따라 행정심판을 제기할 수 있다. 다만, 행정청이 아닌 시행자가 한 처분에 관하여는 다른 법률에 특별한 규정이 있는 경우 외에는 지정권자에게 행정심판을 제기해야 한다.

02 도시개발조합 〈빈출〉

(1) 조합설립의 인가

① **설립인가**: 조합을 설립하려면 도시개발구역의 토지소유자 7명 이상이 정관을 작성하여 지정권자에게 조합설립의 인가를 받아야 한다. 인가받은 사항을 변경하는 경우에도 또한 같다. 다만, 다음의 경미한 사항을 변경하려는 경우에는 신고해야 한다.

> 1. 주된 사무소의 소재지를 변경하려는 경우
> 2. 공고방법을 변경하려는 경우

⚡기출

01 지정권자는 시행자가 도시개발사업에 관한 실시계획의 인가를 받은 후 ( ) 이내에 사업을 착수하지 아니하는 경우 시행자를 변경할 수 있다. 제29회

02 조합은 도시개발사업 전부를 ( )방식으로 시행하는 경우에 도시개발사업의 시행자가 될 수 있다. 제35회

03 주된 사무소의 소재지를 변경하거나 공고방법을 변경하려면 지정권자에게 ( )를 해야 한다. 제34회

04 조합을 설립하려면 도시개발구역의 토지소유자 ( )명 이상이 ( )에게 조합설립의 인가를 받아야 한다. 제35회

기출정답
01 2년 02 환지
03 변경신고
04 7, 지정권자

② **인가신청 전 동의**: 조합설립의 인가를 신청하려면 해당 도시개발구역의 토지면적의 3분의 2 이상에 해당하는 토지소유자와 그 구역의 토지소유자 총수의 2분의 1 이상의 동의를 받아야 한다.

③ **동의자 수 산정**: 동의자의 수를 산정하는 방법은 다음과 같다.

> 1. **토지면적을 산정하는 경우**: 국·공유지를 포함하여 산정할 것
> 2. **토지소유권을 여러 명이 공유하는 경우**: 다른 공유자의 동의를 받은 대표공유자 1명만을 해당 토지소유자로 볼 것. 다만, 집합건물의 구분소유자는 각각을 토지소유자 1명으로 본다.
> 3. **동의순서**: 국·공유지를 제외한 전체 사유 토지면적 및 토지소유자에 대하여 동의요건 이상으로 동의를 받은 후에 그 토지면적 및 토지소유자의 수가 법적 동의요건에 미달하게 된 경우에는 국·공유지 관리청의 동의를 받아야 한다.

④ **동의철회**: 토지소유자는 조합설립인가의 신청 전에 동의를 철회할 수 있다. 이 경우 그 토지소유자는 동의자 수에서 제외한다.

⑤ **동의승계**: 조합설립인가에 동의한 자로부터 토지를 취득한 자는 조합의 설립에 동의한 것으로 본다. 다만, 설립인가 신청 전에 동의를 철회한 경우에는 그러하지 않다.

(2) 조합의 법인격 등

① **법적 성격**: 조합은 법인으로 한다(공법상의 사단법인).
② **설립등기**: 조합의 대표자는 설립인가를 받은 날부터 30일 이내에 주된 사무소의 소재지에서 설립등기를 해야 하며, 조합은 등기를 하면 성립한다.
③ **준용규정**: 조합에 관하여 이 법[1]으로 규정한 것 외에는 「민법」 중 사단법인에 관한 규정을 준용한다.

(3) 조합원

① **자격**: 조합원은 도시개발구역의 토지소유자(동의 여부 불문)로 한다.
② **권리와 의무**: 조합원의 권리 및 의무는 다음과 같다.

> 1. **권리**: 보유토지의 면적과 관계없는 평등한 의결권. 다만, 공유토지는 공유자의 동의를 받은 대표공유자 1명만 의결권이 있고, 「집합건물의 소유 및 관리에 관한 법률」(이하 '「집합건물법」')에 따른 구분소유자는 구분소유자별로 의결권이 있다.[2]
> 2. **의무**: 정관에서 정한 조합의 운영 및 도시개발사업의 시행에 필요한 경비의 부담

TIP

환지방식의 개발계획 수립시 동의
토지면적 3분의 2 이상 + 토지소유자 총수 2분의 1 이상

⚡기출

01 조합설립의 인가를 신청하려면 해당 도시개발구역의 국·공유지를 (   )한 토지면적의 (   ) 이상에 해당하는 토지소유자와 그 구역의 토지소유자 총수의 (   ) 이상의 동의를 받아야 한다. 제33회

02 조합의 대표자는 설립인가를 받은 날부터 (   )일 이내에 주된 사무소의 소재지에서 설립등기를 해야 한다. 제36회

[1] 「도시개발법」 ⇨ 이하 이 편에서 '법'이라 한다.

[2] 다른 조합원으로부터 해당 도시개발구역에 그가 가지고 있는 토지소유권 전부를 이전받은 조합원은 정관으로 정하는 바에 따라 본래의 의결권과는 별도로 그 토지소유권을 이전한 조합원의 의결권을 승계할 수 있다.

기출정답
01 포함, 3분의 2, 2분의 1
02 30

(4) 조합원의 경비부담 등

① **사업비 부과**: 조합은 그 사업에 필요한 비용을 조성하기 위하여 정관으로 정하는 바에 따라 조합원에게 경비를 부과·징수할 수 있다.

② **징수위탁**: 조합은 부과금이나 연체료를 체납하는 자가 있으면 특별자치도지사·시장·군수 또는 구청장에게 그 징수를 위탁할 수 있다.

③ **강제징수 등**: 특별자치도지사·시장·군수 또는 구청장이 징수를 위탁받으면 지방세 체납처분의 예에 따라 징수할 수 있다. 이 경우 조합은 징수한 금액의 100분의 4에 해당하는 금액을 해당 특별자치도·시·군 또는 구에 지급해야 한다.

(5) 조합의 임원(필수적 집행기관)

① **구성**: 조합에는 조합장 1명, 이사와 감사의 임원을 둔다.

② **임원의 자격**: 조합의 임원은 의결권을 가진 조합원이어야 하고, 정관으로 정한 바에 따라 총회에서 선임한다.

③ **조합장의 직무**: 조합장은 조합을 대표하고 그 사무를 총괄하며, 총회·대의원회 또는 이사회의 의장이 된다. 다만, 조합장 또는 이사의 자기를 위한 조합과의 계약이나 소송에 관하여는 감사가 조합을 대표한다.

④ **겸직금지**: 임원은 그 조합의 다른 임원이나 직원을 겸할 수 없고, 같은 목적의 사업을 하는 다른 조합의 임원 또는 직원을 겸할 수 없다.

⑤ **결격사유**: 다음에 해당하는 자는 조합의 임원이 될 수 없다. 임원으로 선임된 자가 결격에 해당하게 된 경우에는 그 다음 날부터 임원의 자격을 상실한다.

> 1. 피성년후견인, 피한정후견인 또는 미성년자
> 2. 파산선고를 받은 자로서 복권되지 않은 자
> 3. 금고 이상의 형을 선고받고 그 집행이 끝나거나 집행을 받지 않기로 확정된 후 2년이 지나지 않은 자 또는 그 형의 집행유예기간 중에 있는 자

(6) 대의원회(임의적 대의기관)

① **구성**: 의결권을 가진 조합원의 수가 50인 이상인 조합은 총회의 권한을 대행하게 하기 위하여 대의원회를 둘 수 있다.

② **대의원**: 대의원의 수는 의결권을 가진 조합원 총수의 100분의 10 이상으로 하고, 대의원은 의결권을 가진 조합원 중에서 정관에서 정하는 바에 따라 선출한다.

TIP

조합의 기관
1. 임원: 집행기관(필수적)
2. 총회: 의결기관(필수적)
3. 대의원회: 대의기관(임의적)

⚡기출

01 조합장 또는 이사의 자기를 위한 조합과의 계약이나 소송에 관하여는 (　)가 조합을 대표한다. 제34회

02 조합의 임원으로 선임된 자가 금고 이상의 형을 선고받으면 그 (　)부터 임원의 자격을 상실한다. 제35회

03 의결권을 가진 조합원의 수가 (　)인 이상인 조합은 총회의 권한을 대행하게 하기 위하여 대의원회를 둘 수 있으며, 대의원회에 두는 대의원의 수는 의결권을 가진 조합원 총수의 100분의 (　) 이상으로 한다. 제34회

기출정답
01 감사　02 다음 날
03 50, 10

③ **총회권한의 대행**: 대의원회는 다음의 사항을 제외한 총회의 권한을 대행할 수 있다.

> 1. 정관의 변경
> 2. 개발계획의 수립 및 변경(경미한 변경 및 실시계획의 수립·변경은 제외)
> 3. 환지계획의 작성
> 4. 조합임원의 선임
> 5. 조합의 합병 또는 해산에 관한 사항(청산금의 징수·교부를 완료한 후에 조합을 해산하는 경우는 제외)

⚡기출

01 도시개발조합 총회의 의결사항 중 환지예정지의 지정은 대의원회가 총회의 권한을 대행할 수 ( ).   제31회

02 지정권자인 국토교통부장관이 실시계획을 작성하는 경우 ( ) 또는 대도시 시장의 의견을 미리 들어야 한다.   제31회

제2절 실시계획

01 실시계획의 작성 및 인가

(1) 실시계획의 작성

① **작성**: 시행자는 도시개발사업에 관한 실시계획을 작성해야 한다. 이 경우 실시계획에는 지구단위계획이 포함되어야 한다.
② **내용**: 실시계획에는 사업시행에 필요한 설계도서, 자금계획, 시행기간, 그 밖에 대통령령으로 정하는 사항과 서류를 명시하거나 첨부해야 한다.
③ **기준**: 실시계획은 개발계획에 맞게 작성해야 한다.

(2) 실시계획의 인가

① **인가권자**: 시행자(지정권자가 시행자인 경우는 제외)는 작성된 실시계획에 관하여 지정권자의 인가를 받아야 한다.
② **인가 전 의견청취**: 지정권자가 실시계획을 작성하거나 인가하는 경우 국토교통부장관이 지정권자이면 시·도지사 또는 대도시 시장의 의견을, 시·도지사가 지정권자이면 시장(대도시 시장은 제외)·군수 또는 구청장의 의견을 미리 들어야 한다.
③ **변경인가 등**: 인가를 받은 실시계획을 변경하거나 폐지하는 경우에도 인가를 받아야 한다. 다만, 다음의 경미한 사항을 변경하는 경우에는 그러하지 않다.

기출정답

01 있다   02 시·도지사

> 1. 사업시행지역의 변동이 없는 범위에서의 착오·누락 등에 따른 사업시행면적의 정정
> 2. 사업시행면적의 100분의 10의 범위에서의 면적의 감소
> 3. 사업비의 100분의 10의 범위에서의 사업비의 증감 … (이하 7.까지 생략)

(3) 실시계획의 고시

① **고시 및 공람**: 지정권자가 실시계획을 작성하거나 인가한 경우에는 이를 관보나 공보에 고시하고[1] 시행자에게 관계 서류의 사본을 송부하며, 특별자치도지사와 시장·군수 또는 구청장은 일반인에게 14일 이상 공람시켜야 한다.

② **고시의 효과**: 실시계획을 고시한 경우 그 고시된 내용 중 도시·군관리계획(지구단위계획 포함)으로 결정해야 하는 사항은 도시·군관리계획이 결정·고시된 것으로 본다. 이 경우 종전에 도시·군관리계획으로 결정된 사항 중 고시내용에 저촉되는 사항은 고시된 내용으로 변경된 것으로 본다.

③ **관련 인·허가 등의 의제**: 실시계획을 작성하거나 인가할 때 지정권자가 해당 실시계획에 대한 다른 법률에 따른 허가·승인·심사·인가 등(이하 '인·허가 등')에 관하여 관계 행정기관의 장과 협의한 사항에 대하여는 해당 인·허가 등을 받은 것으로 본다.[2]

[1] 지정권자는 도시개발사업을 환지방식으로 시행하는 구역에 대하여는 고시내용(도시·군관리계획의 결정 내용은 제외)과 토지조서를 관할 등기소에 통보·제출해야 한다.

[2] 실시계획의 인가가 있는 경우 「하수도법」에 따른 공공하수도 공사시행의 허가, 「주택법」에 따른 사업계획승인 등을 받은 것으로 본다.

⚡기출

01 종전에 도시·군관리계획으로 결정된 사항 중 고시된 실시계획의 내용에 저촉되는 사항은 고시된 내용으로 ( )된 것으로 본다. 제31회

02 계획적이고 체계적인 도시개발 등 집단적인 조성과 공급이 필요한 경우에는 ( )방식으로 정한다. 제30회

02 시행방식 등

(1) 도시개발사업의 시행방식

도시개발사업은 시행자가 도시개발구역의 토지 등을 수용 또는 사용하는 방식이나 환지방식 또는 이를 혼용하는 방식으로 시행할 수 있다.

환지방식	1. 대지로서의 효용증진과 공공시설의 정비를 위하여 토지의 교환·분할·합병, 그 밖의 구획변경, 지목 또는 형질의 변경이나 공공시설의 설치·변경이 필요한 경우 2. 도시개발사업을 시행하는 지역의 지가가 인근의 다른 지역에 비하여 현저히 높아 수용 또는 사용방식으로 시행하는 것이 어려운 경우
수용 또는 사용방식	계획적이고 체계적인 도시개발 등 집단적인 조성과 공급이 필요한 경우
혼용방식	도시개발구역으로 지정하려는 지역이 부분적으로 환지방식과 수용 또는 사용방식에 해당하는 경우(분할 혼용방식 또는 미분할 혼용방식)

기출정답
01 변경
02 수용 또는 사용

(2) 시행방식의 변경

지정권자는 도시개발구역 지정 이후 지가상승 등 지역개발여건의 변화로 지정 당시의 요건을 충족하지 못하는 경우에는 다음에 따라 도시개발사업의 시행방식을 변경할 수 있다.

> 1. 공공시행자가 수용 또는 사용방식에서 전부 환지방식으로 변경하거나 혼용방식에서 전부 환지방식으로 변경하는 경우
> 2. 시행자(조합은 제외)가 수용 또는 사용방식에서 혼용방식으로 변경하는 경우

⚡기출

01 국가인 시행자는 도시개발사업의 시행방식을 혼용방식에서 (　　)방식으로 변경할 수 있다. 제35회

02 민간시행자(조합은 제외)는 사업대상 토지면적의 (　　) 이상에 해당하는 토지를 소유하고 토지소유자 총수의 (　　) 이상에 해당하는 자의 동의를 받아야 토지 등을 수용할 수 있다. 제32회

제3절 수용 또는 사용의 방식에 따른 사업시행 ◁빈출

토지 등의 수용·사용 → 원형지 공급 → 공사 → 준공검사·공사완료공고 → 조성토지 공급

- 민간시행자: 면적 3분의 2 이상 소유 + 총수 2분의 1 이상 동의
- 토지상환채권
- 선수금

- 전체 면적 3분의 1 이내
- 지정권자의 승인
- 수의계약 원칙, 경쟁입찰

지정권자

- 지정권자의 승인
- 경쟁입찰 원칙, 추첨·수의계약
- 감정가격 원칙

01 토지 등의 수용 또는 사용

(1) 수용요건

시행자는 도시개발사업에 필요한 토지 등을 수용하거나 사용할 수 있다. 이 경우 민간시행자(조합은 제외)는 사업대상 토지면적의 3분의 2 이상에 해당하는 토지를 소유하고 토지소유자 총수의 2분의 1 이상에 해당하는 자의 동의를 받아야 한다.[1]

(2) 수용절차

① **준용법률**: 토지 등의 수용 또는 사용에 관하여 이 법에 특별한 규정이 있는 경우 외에는 「공취법」을 준용한다.
② **사업인정·고시 의제**: 수용·사용의 대상이 되는 토지의 세부목록을 고시한 경우에는 「공취법」에 따른 사업인정 및 그 고시가 있었던 것으로 본다.

[1] 공공시행자는 수용요건을 갖추지 않고 토지 등을 수용·사용할 수 있다.

기출정답
01 전부 환지
02 3분의 2, 2분의 1

TIP

「공취법」상 사업인정·고시의제
1. 도시·군계획시설사업: 실시계획의 고시
2. 도시개발사업: 토지 등의 세목 고시
3. 정비사업: 사업시행계획인가·고시

[1] 토지상환채권 발행계획의 포함사항
1. 시행자의 명칭
2. 발행총액, 이율, 발행가액 및 발행시기
3. 상환대상 지역 또는 상환대상 토지의 용도
4. 토지가격의 추산방법
5. 보증기관 및 보증내용 (민간시행자만 해당)

⚡기출

01 토지상환채권의 발행규모는 그 토지상환채권으로 상환할 토지·건축물이 해당 도시개발사업으로 조성되는 분양토지 또는 분양건축물 면적의 ( )을 초과하지 않도록 해야 한다. 제33회

02 토지상환채권은 이전할 수 ( ). 제33회

[2] 토지상환채권을 질권의 목적으로 하는 경우 질권자의 성명과 주소가 토지상환채권원부에 기재되지 않으면 질권자는 발행자 및 그 밖의 제3자에게 대항하지 못한다.

기출정답
01 2분의 1 02 있다

③ **재결신청기간의 연장**: 재결신청은 「공취법」에도 불구하고 개발계획에서 정한 도시개발사업의 시행기간 종료일까지 해야 한다.

02 토지상환채권

(1) 발행

① **발행자**: 시행자는 토지소유자가 원하면 토지 등의 매수대금의 일부를 지급하기 위하여 사업시행으로 조성된 토지·건축물로 상환하는 채권(이하 '토지상환채권')을 발행할 수 있다.

② **발행규모**: 토지상환채권의 발행규모는 그 토지상환채권으로 상환할 토지·건축물이 해당 도시개발사업으로 조성되는 분양토지·건축물 면적의 2분의 1을 초과하지 않도록 해야 한다.

③ **발행승인**: 시행자(지정권자가 시행자인 경우는 제외)는 토지상환채권을 발행하려면 발행계획[1]을 작성하여 미리 지정권자의 승인을 받아야 한다.

④ **지급보증**: 민간시행자는 금융기관(은행, 보험회사 및 공제조합)으로부터 지급보증을 받은 경우에만 토지상환채권을 발행할 수 있다.

(2) 발행조건 등

① **이율**: 토지상환채권의 이율은 발행 당시의 은행의 예금금리 및 부동산 수급상황을 고려하여 발행자가 정한다.

② **기명식**: 토지상환채권은 기명식(記名式) 증권으로 한다.

③ **이전과 대항력**: 토지상환채권을 이전하는 경우 취득자는 그 성명과 주소를 토지상환채권원부에 기재하여 줄 것을 요청해야 하며, 취득자의 성명과 주소가 토지상환채권에 기재되지 않으면 취득자는 발행자 및 그 밖의 제3자에게 대항하지 못한다.[2]

03 선수금

(1) 선수금

시행자는 조성토지 등과 도시개발사업으로 조성되지 않은 상태의 토지(이하 '원형지')를 공급받거나 이용하려는 자로부터 해당 대금의 전부 또는 일부를 미리 받을 수 있다.

(2) 승인 등

시행자(지정권자가 시행자인 경우는 제외)는 선수금을 미리 받으려면 다음의 구분에 따른 요건을 갖추어 지정권자의 승인을 받아야 한다.

공공 시행자	개발계획을 수립·고시한 후에 사업시행 토지면적의 100분의 10 이상의 토지에 대한 소유권을 확보할 것(사용동의 포함)
민간 시행자	해당 도시개발구역에 대하여 실시계획인가를 받은 후 다음의 요건을 모두 갖출 것 1. 공급하려는 토지에 대한 소유권을 확보하고, 해당 토지에 설정된 저당권을 말소하였을 것 2. 공급하려는 토지에 대한 공사 진척률이 100분의 10 이상일 것 등

TIP

이주대책
시행자는 도시개발사업의 시행에 필요한 토지 등의 제공으로 생활의 근거를 상실하게 되는 자에 관한 이주대책 등을 수립·시행해야 한다.

04 원형지의 공급과 개발

(1) 원형지의 공급

시행자는 도시를 자연친화적으로 개발하거나 복합적·입체적으로 개발하기 위하여 필요한 경우에는 미리 **지정권자의 승인**을 받아 다음에 해당하는 자에게 원형지를 공급하여 개발하게 할 수 있다. 이 경우 공급될 수 있는 원형지의 면적은 도시개발구역 전체 토지면적의 **3분의 1 이내**로 한정한다.

1. 국가·지방자치단체, 공공기관 및 지방공사[1]
2. 국가나 지방자치단체 또는 공공기관인 시행자가 복합개발 등을 위하여 실시한 공모에서 선정된 자
3. 원형지를 학교나 공장 등의 부지로 직접 사용하는 자

(2) 지정권자의 승인

지정권자는 개발계획을 수립한 후 원형지 공급을 승인할 수 있다. 이 경우 용적률 등 개발밀도, 교통처리계획 및 기반시설의 설치 등에 관한 **이행조건**을 붙일 수 있다.

(3) 원형지개발자의 선정 등

① **선정방법**: 원형지개발자의 선정은 수의계약의 방법으로 한다. 다만, 원형지를 학교나 공장 등의 부지로 직접 사용하는 자의 선정은 **경쟁입찰**의 방식으로 하며, 경쟁입찰이 2회 이상 유찰된 경우에는 수의계약의 방법으로 할 수 있다.

[1] 정부출연기관은 제외된다.

기출

01 공급될 수 있는 원형지의 면적은 도시개발구역 전체 토지면적의 ( ) 이내로 한정한다. 제30회

02 원형지를 공장 부지로 직접 사용하는 원형지개발자의 선정은 ( )의 방식으로 하며, 경쟁입찰이 2회 이상 유찰된 경우에는 ( )의 방법으로 할 수 있다. 제34회

기출정답
01 3분의 1
02 경쟁입찰, 수의계약

② **공급가격**: 원형지 공급가격은 개발계획이 반영된 원형지의 감정가격에 시행자가 설치한 기반시설 등의 공사비를 더한 금액을 기준으로 시행자와 원형지개발자가 협의하여 결정한다.

(4) 매각제한

원형지개발자(국가 및 지방자치단체는 제외)는 10년의 범위에서 대통령령으로 정하는 기간(다음의 기간 중 먼저 끝나는 기간을 말함) 안에는 원형지를 매각할 수 없다. 다만, 이주용 주택이나 공공·문화시설 등 미리 지정권자의 승인을 받은 경우에는 예외로 한다.

> 1. 원형지에 대한 공사완료 공고일부터 5년
> 2. 원형지 공급계약일부터 10년

TIP
국가나 지방자치단체는 원형지 매각제한이 없다.

⚡ 기출
01 원형지를 공급받아 개발하는 지방공사는 원형지에 대한 공사완료 공고일부터 (　　)이 지난 시점이라면 해당 원형지를 매각할 수 있다. 제32회

(5) 공급계약의 해제

시행자는 다음의 어느 하나에 해당하는 경우 원형지 공급계약을 해제할 수 있다.❶

> 1. 원형지개발자가 세부계획에서 정한 착수기한 안에 공사에 착수하지 않는 경우
> 2. 원형지개발자가 공사착수 후 세부계획에서 정한 사업기간을 넘겨 사업시행을 지연하는 경우
> 3. 공급받은 토지의 전부나 일부를 시행자의 동의 없이 제3자에게 매각하는 경우
> 4. 그 밖에 공급받은 토지를 세부계획에서 정한 목적대로 사용하지 않는 등 공급계약의 내용을 위반한 경우

❶ 시정요구
시행자는 해제사유가 발생한 경우에 원형지개발자에게 2회 이상 시정을 요구해야 하고, 원형지개발자가 시정하지 않는 경우에는 원형지 공급계약을 해제할 수 있다.

05 조성토지 등의 공급

(1) 공급계획

① **승인**: 시행자는 조성토지 등의 공급계획을 작성해야 하며, 지정권자가 아닌 시행자는 지정권자의 승인을 받아야 한다. 변경하려는 경우에도 또한 같다.❷

② **작성기준**: 조성토지 등의 공급계획은 실시계획(지구단위계획을 포함)에 맞게 작성되어야 한다.

③ **공급기준**: 시행자는 조성토지 등을 조성토지 등의 공급계획에 따라 공급해야 한다. 이 경우 시행자는 기반시설의 원활한 설치를 위하여 필요하면 공급대상자의 자격을 제한하거나 공급조건을 부여할 수 있다.

❷ 의견청취
지정권자가 조성토지 등의 공급계획을 작성하거나 승인하는 경우 국토교통부장관은 시·도지사 또는 대도시 시장의 의견을, 시·도지사는 시장(대도시 시장은 제외)·군수 또는 구청장의 의견을 미리 들어야 한다.

기출정답
01 5년

(2) 공급방법

① **원칙**: 조성토지 등의 공급은 **경쟁입찰**의 방법에 따른다.
② **추첨**: 다음에 해당하는 토지는 **추첨**의 방법으로 분양할 수 있다.

> 1. 「주택법」에 따른 국민주택규모 이하의 주택건설용지. 다만, 공공시행자가 임대주택건설용지를 공급하는 경우에는 추첨의 방법으로 분양해야 한다.
> 2. 「주택법」에 따른 공공택지
> 3. 국토교통부령으로 정하는 면적(330m²) 이하의 단독주택용지 및 공장용지

③ **수의계약**: 시행자는 다음에 해당하는 경우에는 **수의계약**의 방법으로 조성토지 등을 공급할 수 있다. 다만, 공급 신청량이 계획된 면적을 초과하는 경우에는 추첨에 따른다.

> 1. 학교용지, 공공청사용지 등 일반에게 분양할 수 없는 공공용지를 국가, 지방자치단체, 그 밖의 법령에 따라 해당 시설을 설치할 수 있는 자에게 공급하는 경우
> 2. 임대주택건설용지를 국가나 지방자치단체, 한국토지주택공사 및 주택사업을 목적으로 설립된 지방공사가 단독 또는 공동으로 총지분의 100분의 50을 초과하여 출자한 「부동산투자회사법」에 따른 부동산투자회사에 공급하는 경우
> 3. 토지상환채권에 의하여 토지를 상환하는 경우
> 4. 경쟁입찰 또는 추첨의 결과 2회 이상 유찰된 경우 … (이하 10.까지 생략)

(3) 공급가격

① **가격평가**: 조성토지 등의 가격평가는 **감정가격**으로 한다. 경쟁입찰의 경우 최고가격으로 입찰한 자를 낙찰자로 한다.
② **특례**: 시행자는 학교, 폐기물처리시설, 임대주택, 그 밖에 다음의 시설을 설치하거나 이주단지의 조성을 위한 토지를 공급하는 경우에는 해당 토지의 가격을 감정평가한 가격 이하로 정할 수 있다. 다만, 공공시행자에게 임대주택 건설용지를 공급하는 경우에는 감정평가한 가격 이하로 정해야 한다.

> 1. 공공청사
> 2. 사회복지시설. 다만, 「사회복지사업법」에 따른 사회복지시설의 경우에는 유료시설을 제외한 시설로서 관할 지방자치단체의 장의 추천을 받은 경우로 한정한다.
> 3. 임대주택 등

TIP

1. **원형지의 공급방법**: 수의계약이 원칙, 공장은 경쟁입찰
2. **조성토지의 공급방법**: 경쟁입찰이 원칙, 추첨과 수의계약은 예외

⚡ 기출

01 공공용지가 아닌 조성토지 등의 공급은 ( )의 방법에 따른다. 제30회

02 학교용지, 공공청사용지 등 일반에게 분양할 수 없는 공공용지를 국가, 지방자치단체 등에게 공급하는 경우 ( )의 방법으로 조성토지 등을 공급할 수 있다. 제26회

TIP

가격평가
1. **원형지**: 시행자와 원형지개발자가 협의해서 결정
2. **조성토지**: 감정가 원칙. 공공시설용지는 감정가 이하

기출정답
01 경쟁입찰 02 수의계약

제4절 환지방식에 의한 사업시행 〈빈출〉

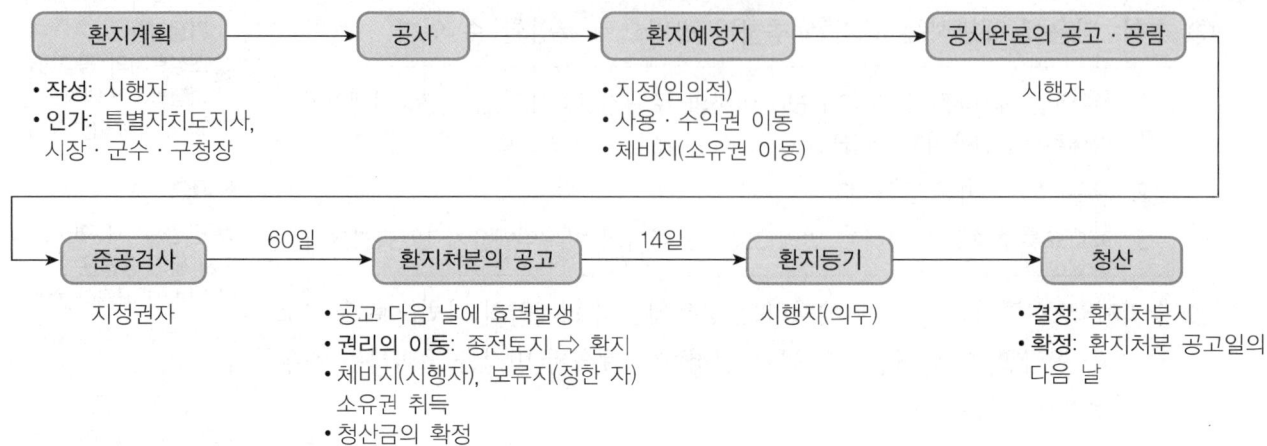

01 환지계획

(1) 작성

시행자는 도시개발사업의 전부 또는 일부를 환지방식으로 시행하려면 다음의 사항이 포함된 환지계획을 작성해야 한다.

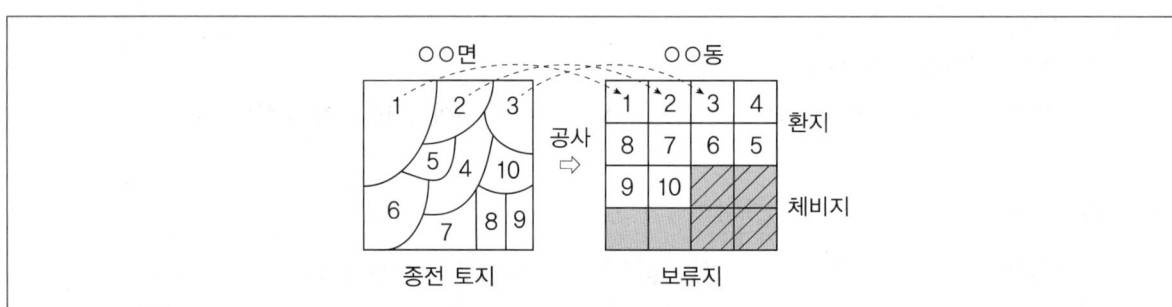

1. **환지설계**: 축척 1/1,200 이상의 환지예정지도 등이 첨부
2. 필지별로 된 **환지명세**
3. 필지별과 권리별로 된 **청산대상 토지명세**
4. **체비지**(替費地) 또는 **보류지**(保留地)의 명세
5. 입체환지를 계획하는 경우 입체환지용 건축물의 명세와 공급방법·규모에 관한 사항
6. 그 밖에 **국토교통부령으로 정하는 사항**: 수입·지출계획서, 평균부담률 및 비례율과 그 계산서(평가식에 한정), 건축계획(입체환지하는 경우), 토지평가협의회 심의결과

- **평균부담률** = [총사업비 / (권리가액의 합계 + 체비지 평가액의 합계)] × 100
- **비례율** = [(도시개발사업으로 조성되는 토지·건축물의 평가액 합계 - 총사업비) ÷ 환지 전 토지·건축물의 평가액 합계] × 100

(2) 작성기준

① **적응환지의 원칙**: 환지계획은 종전의 토지와 환지의 위치·지목·면적·토질·수리(水利)·이용상황·환경, 그 밖의 사항을 종합적으로 고려하여 합리적으로 정해야 한다.

② **작성기준**: 환지계획의 작성기준, 보류지(체비지·공공시설 용지)의 책정기준 등에 관하여 필요한 사항은 국토교통부령으로 정할 수 있다.

> 1. 환지의 방식은 다음과 같이 구분한다.
>   ① **평면환지**: 환지 전 토지에 대한 권리를 도시개발사업으로 조성되는 토지에 이전하는 방식
>   ② **입체환지**: 환지 전 토지나 건축물에 대한 권리를 도시개발사업으로 건설되는 구분건축물에 이전하는 방식
> 2. 환지설계는 평가식(도시개발사업 시행 전후의 토지의 평가가액에 비례하여 환지를 결정하는 방법)을 원칙으로 하되, 환지지정으로 인하여 토지의 이동이 경미하거나 기반시설의 단순한 정비 등의 경우에는 면적식(도시개발사업 시행 전의 토지 및 위치를 기준으로 환지를 결정하는 방식)을 적용할 수 있다. 이 경우 하나의 환지계획구역에서는 같은 방식을 적용해야 하며, 입체환지를 시행하는 경우에는 반드시 평가식을 적용해야 한다.
> 3. 환지설계시 적용되는 토지·건축물의 평가액은 최초 환지계획인가시를 기준으로 하여 정하고 변경할 수 없다.
> 4. 보류지는 실시계획인가에 따라 정하되, 도시개발구역이 둘 이상의 환지계획구역으로 구분되는 경우에는 환지계획구역별로 사업비 및 보류지를 책정해야 한다.

③ **가격평가**: 시행자는 환지방식이 적용되는 도시개발구역에 있는 조성토지 등의 가격을 평가할 때에는 토지평가협의회[1]의 심의를 거쳐 결정하되, 그에 앞서 공인평가기관(감정평가법인 등)이 평가하게 해야 한다.

(3) 면적식 환지기준 등

① **토지부담률의 산정**: 시행자는 면적식으로 환지계획을 수립하는 경우에는 토지소유자가 도시개발사업을 위하여 부담하는 토지의 비율(이하 '토지부담률')을 산정해야 한다.

② **기준**: 환지계획구역의 평균 토지부담률은 50%를 초과할 수 없다. 다만, 지정권자가 인정하는 경우에는 60%까지로 할 수 있으며, 환지계획구역의 토지소유자 총수의 3분의 2 이상이 동의하는 경우에는 60%를 초과하여 정할 수 있다.

⚡ 기출

01 환지계획에는 필지별로 된 (　　)명세와 필지별과 권리별로 된 (　　) 대상 토지명세가 포함되어야 한다. 제30회

02 환지계획구역의 평균 토지부담률은 (　　)%를 초과할 수 없다. 다만, 해당 환지계획구역의 특성을 고려하여 지정권자가 인정하는 경우에는 (　　)%까지로 할 수 있다. 제21회

03 (　　)환지는 환지 전 토지에 대한 권리를 도시개발사업으로 조성되는 토지에 이전하는 방식이다. 제36회

TIP
국토교통부령
1. 도시·군계획시설의 결정·구조 및 설치기준
2. 환지계획의 작성기준

[1] 토지평가협의회의 구성 및 운영 등에 필요한 사항은 해당 규약·정관 또는 시행규정으로 정한다.

기출정답
01 환지, 청산　02 50, 60
03 평면

기출

01 토지소유자의 환지제외 신청이 있더라도 해당 토지에 관한 (　) 등이 동의하지 않는 경우에는 해당 토지를 환지에서 제외할 수 없다. 제25회

02 시행자는 토지면적의 규모를 조정할 특별한 필요가 있으면 면적이 (　) 토지는 면적을 늘려 환지를 정하거나 환지대상에서 제외할 수 있다. 제36회

1
과소토지의 기준이 되는 면적은 대통령령으로 정하는 범위(「건축법 시행령」상 대지분할제한 면적)에서 시행자가 규약·정관 또는 시행규정으로 정한다.

2 대통령령으로 정하는 기준
입체환지를 신청하는 자의 종전 소유 토지 및 건축물의 권리가액이 도시개발사업으로 조성되는 토지에 건축되는 구분건축물의 최소 공급가격의 100분의 70 이하

기출정답
01 임차권자　02 작은

③ **산식**: 환지계획구역의 평균 토지부담률은 다음의 계산식에 따라 산정한다.

$$토지부담률 = \frac{보류지면적 - \binom{시행자에게\ 무상귀속되는}{토지와\ 시행자가\ 소유하는\ 토지}}{환지계획구역면적 - \binom{시행자에게\ 무상귀속되는}{토지와\ 시행자가\ 소유하는\ 토지}} \times 100$$

(4) 작성기준의 특례

① **신청·동의에 따른 환지부지정**: 토지소유자가 신청하거나 동의하면 해당 토지의 전부 또는 일부에 대하여 환지를 정하지 않을 수 있다. 다만, 해당 토지에 관하여 임차권자 등이 있는 경우에는 그 동의를 받아야 한다.

② **증환지·감환지 등**: 시행자는 토지면적의 규모를 조정할 특별한 필요가 있으면 면적이 작은 토지는 과소(過小)토지**1**가 되지 않도록 면적을 늘려 환지를 정하거나 환지대상에서 제외할 수 있고, 면적이 넓은 토지는 그 면적을 줄여서 환지를 정할 수 있다.

③ **비환지(飛換地)의 허용**: 공공시설의 용지(예 도로)에 대하여는 환지계획을 정할 때 그 위치·면적 등에 관하여 작성기준을 적용하지 않을 수 있다.

(5) 입체환지

① **신청에 따른 입체환지**: 시행자는 도시개발사업을 원활히 시행하기 위하여 특히 필요한 경우에는 토지 또는 건축물 소유자의 신청을 받아 건축물의 일부와 그 건축물이 있는 토지의 공유지분을 부여할 수 있다.

② **신청대상에서 제외**: 토지 또는 건축물이 대통령령으로 정하는 기준**2** 이하인 경우에는 시행자가 규약·정관 또는 시행규정으로 신청대상에서 제외할 수 있다. 다만, 환지 전 토지에 주택을 소유하고 있던 토지소유자는 권리가액과 관계없이 입체환지를 신청할 수 있다.

③ **통지·공고**: 입체환지의 경우 시행자는 환지계획 작성 전에 실시계획의 내용, 환지계획기준, 환지대상 필지 및 건축물의 명세, 환지신청기간 등을 토지소유자(건축물소유자 포함)에게 통지하고 해당 지역에서 발행되는 일간신문에 공고해야 한다.

④ **신청기간**: 입체환지의 신청기간은 통지한 날부터 30일 이상 60일 이하로 해야 한다. 다만, 20일의 범위에서 연장할 수 있다.

⑤ **주택공급**: 시행자는 입체환지로 건설된 주택 등 건축물을 환지계획에 따라 환지신청자에게 공급해야 한다. 이 경우 주택을 공급하는 경우에는 「주택법」에 따른 주택의 공급에 관한 기준을 적용하지 않고, 다음의 기준에 따른다.

> 1. **1주택 공급 원칙**: 1세대 또는 1명이 하나 이상의 주택 또는 토지를 소유한 경우 1주택을 공급하고, 같은 세대에 속하지 않는 2명 이상이 1주택 또는 1토지를 공유한 경우에는 1주택만 공급할 것
> 2. **예외**: 다음에 해당하는 토지소유자에 대하여는 소유한 주택의 수만큼 공급할 수 있다.
>   ① 과밀억제권역에 위치하지 않는 도시개발구역의 토지소유자
>   ② 근로자 숙소나 기숙사의 용도로 주택을 소유하고 있는 토지소유자
>   ③ 국가·지방자치단체, 공공기관, 정부출연기관 및 지방공사(공공시행자)

TIP
지정권자가 정한 기준일의 다음 날부터 단독주택이 다세대주택으로 전환되는 경우 시행자는 해당 건축물에 대하여 금전으로 청산하거나 환지지정을 제한할 수 있다.

(6) 체비지 등

시행자는 도시개발사업에 필요한 경비에 충당하거나 규약·정관·시행규정 또는 실시계획으로 정하는 목적을 위하여 일정한 토지를 환지로 정하지 않고 보류지로 정할 수 있으며, 그 중 일부를 체비지[1]로 정하여 도시개발사업에 필요한 경비에 충당할 수 있다.

(7) 환지계획의 인가

행정청이 아닌 시행자가 환지계획을 작성한 경우에는 특별자치도지사·시장·군수 또는 구청장의 인가를 받아야 한다. 인가받은 내용을 변경하려는 경우에도 같다. 다만, 다음의 경미한 사항을 변경하는 경우에는 그러하지 않다.[2]

> 1. 종전 토지의 합필 또는 분필로 환지명세가 변경되는 경우
> 2. 토지 또는 건축물소유자의 동의에 따라 환지계획을 변경하는 경우. 다만, 다른 토지 또는 건축물소유자에 대한 환지계획의 변경이 없는 경우로 한정한다.
> 3. 「공간정보의 구축 및 관리 등에 관한 법률」에 따른 지적측량의 결과를 반영하기 위하여 환지계획을 변경하는 경우
> 4. 환지로 지정된 토지나 건축물을 금전으로 청산하는 경우

[1] 체비지의 집단지정
특별자치도지사·시장·군수 또는 구청장은 「주택법」에 따른 공동주택의 건설을 촉진하기 위하여 필요하다고 인정하면 체비지 중 일부를 같은 지역에 집단으로 정하게 할 수 있다.

[2]
행정청이 아닌 시행자가 환지계획의 인가를 신청하려는 경우에는 토지소유자와 해당 토지의 임차권자 등에게 환지계획의 기준 및 내용 등을 알리고 관계 서류의 사본을 14일 이상 일반인에게 공람시켜야 한다.

⚡기출
01 행정청이 아닌 시행자가 인가받은 환지계획의 내용 중 종전 토지의 ( ) 또는 ( )로 환지명세가 변경되는 경우에는 변경인가를 받지 않는다. 제31회

기출정답
01 합필, 분필

02 환지예정지

(1) 환지예정지의 지정(임의적)

① **임의적 지정**: 시행자는 도시개발사업의 시행을 위하여 필요하면 도시개발구역의 토지에 대하여 환지예정지를 지정할 수 있다. 이 경우 종전의 토지에 대한 임차권자 등이 있으면 해당 권리의 목적인 토지 또는 그 부분을 아울러 지정해야 한다.

② **지정통지**: 시행자가 환지예정지를 지정하려면 관계 토지소유자와 임차권자 등에게 환지예정지의 위치·면적과 환지예정지 지정의 효력발생 시기를 알려야 한다.

(2) 환지예정지 지정의 효과

① 환지예정지의 사용·수익

> 1. **사용·수익권의 이동(종전 토지 ⇨ 환지예정지)**: 환지예정지가 지정되면 종전의 토지의 소유자와 임차권자 등은 환지예정지 지정의 효력발생일부터 환지처분이 공고되는 날까지 환지예정지에 대하여 종전과 같은 내용의 권리를 행사할 수 있으며, 종전의 토지는 사용하거나 수익할 수 없다.
> 2. **수인의무**: 환지예정지의 종전의 소유자 또는 임차권자 등은 환지처분이 공고되는 날까지 이를 사용하거나 수익할 수 없으며, 환지예정지로 지정받은 자의 권리의 행사를 방해할 수 없다.

② **체비지의 사용·수익 또는 처분**: 시행자는 체비지의 용도로 환지예정지가 지정된 경우에는 도시개발사업에 드는 비용을 충당하기 위하여 이를 사용 또는 수익하게 하거나 처분[1]할 수 있다.

③ 임차권자 등의 권리 조정

> 1. **임대료 등의 증감청구**: 환지예정지의 지정으로 종전의 임대료·지료(地料), 그 밖의 사용료 등이 불합리하게 되면 당사자는 계약 조건에도 불구하고 장래에 관하여 그 증감을 청구할 수 있다.
> 2. **권리의 포기 등**: 환지예정지의 지정으로 지역권 또는 임차권 등을 설정한 목적을 달성할 수 없게 되면 당사자는 해당 권리를 포기하거나 계약을 해지할 수 있다.
> 3. **행사기한**: 환지예정지 지정의 효력발생일부터 60일이 지나면 임대료·지료, 그 밖의 사용료 등의 증감청구 또는 권리의 포기나 계약을 해지할 수 없다.

④ 사용·수익의 정지 등

> 1. **사용·수익의 정지**: 시행자는 환지를 정하지 않기로 결정된 토지소유자나 임차권자 등에게 날짜를 정하여 그날부터 해당 토지의 사용 또는 수익을 정지시킬 수 있다. 이 경우 시행자는 30일 이상의 기간을 두고 미리 알려야 한다.
> 2. **토지의 관리**: 환지예정지의 지정이나 사용 또는 수익의 정지처분으로 이를 사용하거나 수익할 수 있는 자가 없게 된 토지는 환지처분을 공고한 날까지 시행자가 관리한다.

TIP

사용·수익 개시일의 지정
시행자는 환지예정지를 지정한 경우에 해당 토지를 사용하거나 수익하는 데에 물건이 있거나 그 밖에 특별한 사유가 있으면 그 토지의 사용 또는 수익을 시작할 날을 따로 정할 수 있다.

[1] 환지예정지의 지정에 따라 이미 처분된 체비지는 그 체비지를 매입한 자가 소유권 이전 등기를 마친 때에 소유권을 취득한다.

⚡ **기출**

01 환지예정지가 지정되면 종전의 토지의 소유자는 환지예정지 지정의 효력발생일부터 환지처분이 공고되는 날까지 종전의 토지를 사용할 수 (   ).
제36회

02 시행자는 (   )의 용도로 환지예정지가 지정된 경우에는 도시개발사업에 드는 비용을 충당하기 위하여 이를 사용·수익 또는 처분할 수 있다.
제36회

기출정답
01 없다   02 체비지

03 환지처분

(1) 환지처분의 절차

① **공사완료의 공고·공람**: 시행자는 환지방식으로 도시개발사업에 관한 공사를 끝낸 경우에는 지체 없이 관보 또는 공보에 이를 공고하고 공사 관계 서류를 14일 이상 일반인에게 공람시켜야 한다.

② **준공검사의 신청**: 시행자는 공람기간에 의견서의 제출이 없거나 제출된 의견서에 따라 필요한 조치를 한 경우에는 지정권자에게 준공검사를 신청하거나 도시개발사업의 공사를 끝내야 한다.

③ **환지처분**: 시행자는 지정권자에게 준공검사를 받은 경우(지정권자가 시행자인 경우에는 공사완료 공고가 있는 때)에는 60일 이내에 환지처분을 해야 한다. 이 경우 시행자는 환지계획에서 정한 사항을 토지소유자에게 알리고 관보 또는 공보에 공고[1]해야 한다.

(2) 환지처분의 효과

① **권리의 이동**

1. **환지의 취득(종전 토지 ⇨ 환지)**: 환지계획에서 정해진 환지는 그 환지처분이 공고된 날의 다음 날부터 종전의 토지로 보며, 환지계획에서 환지를 정하지 않은 종전의 토지에 있던 권리는 그 환지처분이 공고된 날이 끝나는 때에 소멸한다.

2. **건축물의 취득**: 환지계획에 따라 입체환지처분을 받은 자는 환지처분이 공고된 날의 다음 날에 건축물의 일부와 해당 건축물이 있는 토지의 공유지분을 취득한다. 이 경우 종전의 토지에 대한 저당권은 환지처분이 공고된 날의 다음 날부터 해당 건축물의 일부와 해당 건축물이 있는 토지의 공유지분에 존재하는 것으로 본다.

3. **체비지·보류지의 취득**: 체비지는 시행자가, 보류지는 환지계획에서 정한 자가 각각 환지처분이 공고된 날의 다음 날에 해당 소유권을 취득한다. 다만, 환지예정지의 지정에 따라 이미 처분된 체비지는 그 체비지를 매입한 자가 소유권이전등기를 마친 때에 소유권을 취득한다.

② **예외**

1. **행정상·재판상 처분[2]**: 환지처분은 행정상 처분이나 재판상의 처분으로서 종전의 토지에 전속(專屬)하는 것에 관하여는 영향을 미치지 않는다.

2. **지역권**: 도시개발구역의 토지에 대한 지역권은 종전의 토지에 존속한다. 다만, 도시개발사업의 시행으로 행사할 이익이 없어진 지역권은 환지처분이 공고된 날이 끝나는 때에 소멸한다.

TIP

환지처분이란 공사가 완료된 후 인가된 환지계획에 따라 종전의 토지에 갈음하여 새로운 토지를 교부하고, 그 과부족분에 대하여는 금전으로 청산할 것을 결정하는 시행자의 행정처분을 말한다.

[1] 환지처분 공고사항
1. 사업의 명칭, 시행자, 시행기간
2. 환지처분일
3. 사업비 정산내역
4. 체비지 매각대금과 보조금, 그 밖에 사업비의 재원별 내역

⚡기출

01 시행자는 지정권자에게 준공검사를 받은 경우에는 (　　) 이내에 환지처분을 해야 한다. 제33회

02 환지계획에서 정해진 환지는 그 환지처분이 공고된 날의 (　　)부터 종전의 토지로 보며, 환지계획에서 환지를 정하지 않은 종전의 토지에 있던 권리는 그 환지처분이 공고된 날이 (　　)에 소멸한다. 제36회

03 도시개발사업의 시행으로 행사할 이익이 없어진 지역권은 환지처분이 공고된 날이 (　　)에 소멸한다. 제35회

[2]
출입금지의 가처분, 증거보전처분 등

기출정답
01 60일
02 다음 날, 끝나는 때
03 끝나는 때

(3) 환지등기

① **촉탁·신청의무**: 시행자는 환지처분이 공고되면 공고 후 14일 이내에 관할 등기소에 이를 알리고 토지와 건축물에 관한 등기를 촉탁하거나 신청해야 한다.

② **타등기의 제한**: 환지처분이 공고된 날부터 환지등기가 있는 때까지는 다른 등기를 할 수 없다. 다만, 등기신청인이 확정일자가 있는 서류로 환지처분의 공고일 전에 등기원인이 생긴 것임을 증명하면 다른 등기를 할 수 있다.

(4) 청산금

① **산정기준**: 환지를 정하거나 그 대상에서 제외한 경우 그 과부족분(過不足分)은 종전의 토지 및 환지의 위치·지목·면적·토질·수리·이용상황·환경, 그 밖의 사항을 종합적으로 고려하여 금전으로 청산해야 한다.

② **결정**: 청산금은 환지처분을 하는 때에 결정해야 한다. 다만, 환지대상에서 제외한 토지 등에 대하여는 청산금을 교부하는 때에 청산금을 결정할 수 있다.

③ **확정**: 청산금은 환지처분이 공고된 날의 다음 날에 확정된다.

④ **징수·교부 시기**: 시행자는 환지처분이 공고된 후에 확정된 청산금을 징수하거나 교부해야 한다. 다만, 환지를 정하지 않는 토지는 환지처분 전이라도 청산금을 교부할 수 있다.

⑤ **분할징수·교부**: 청산금은 이자를 붙여 분할징수하거나 분할교부할 수 있다.

⑥ **강제징수 등**: 행정청인 시행자는 청산금을 내야 할 자가 이를 내지 않으면 국세 또는 지방세 체납처분의 예에 따라 징수할 수 있으며, 행정청이 아닌 시행자는 특별자치도지사·시장·군수 또는 구청장에게 청산금의 징수를 위탁할 수 있다.[1]

⑦ **소멸시효**: 청산금을 받을 권리나 징수할 권리는 5년간 행사하지 않으면 시효로 소멸한다.

(5) 임차권자 등의 권리조정

① **차임 등의 증감청구**: 도시개발사업으로 종전의 임대료·지료, 그 밖의 사용료 등이 불합리하게 되면 당사자는 계약조건에도 불구하고 장래에 관하여 그 증감을 청구할 수 있다.

② **권리의 포기 등**: 도시개발사업의 시행으로 지역권 또는 임차권 등을 설정한 목적을 달성할 수 없게 되면 당사자는 해당 권리를 포기하거나 계약을 해지할 수 있다.

기출

01 환지대상에서 제외한 토지 등에 대하여는 청산금을 ( )하는 때에 청산금을 결정할 수 있다.
제34회

[1] 시행자는 특별자치도지사·시장·군수 또는 구청장이 징수한 금액의 100분의 4에 해당하는 금액을 해당 특별자치도·시·군 또는 구에 지급해야 한다.

기출정답
01 교부

③ **손실보상의 청구**: 권리를 포기하거나 계약을 해지한 자는 그로 인한 손실을 보상하여 줄 것을 시행자에게 청구할 수 있고, 손실을 보상한 시행자는 해당 토지 또는 건축물의 소유자 또는 이익을 얻는 자에게 이를 구상(求償)할 수 있다.

④ **행사기한**: 환지처분이 공고된 날부터 60일이 지나면 임대료·지료, 그 밖의 사용료 등의 증감청구 또는 권리의 포기나 계약을 해지할 수 없다.

04 준공검사 등

(1) 준공검사

시행자(지정권자가 시행자인 경우는 제외)가 도시개발사업의 공사를 끝낸 때에는 공사완료 보고서를 작성하여 지정권자의 준공검사를 받아야 한다.

(2) 공사완료의 공고

① 지정권자는 준공검사를 한 결과 도시개발사업이 실시계획대로 끝났다고 인정되면 시행자에게 준공검사 증명서를 내어주고 공사완료 공고를 해야 하며, 실시계획대로 끝나지 않았으면 지체 없이 보완시공 등 필요한 조치를 하도록 명해야 한다.

② 지정권자가 시행자인 경우 그 시행자는 도시개발사업의 공사를 완료한 때에는 공사완료 공고를 해야 한다.

(3) 조성토지 등의 준공 전 사용

준공검사 전 또는 공사완료 공고 전에는 조성토지 등(체비지는 제외[1])을 사용할 수 없다. 다만, 지정권자로부터 사용허가를 받은 경우에는 그러하지 않다.

기출

01 도시개발사업으로 임차권 등의 목적인 토지의 이용이 방해를 받아 종전의 임대료가 불합리하게 되면 당사자는 계약조건에도 불구하고 장래에 관하여 그 증감을 청구할 수 있다. 다만, 환지처분이 공고된 날부터 (   )이 지나면 증감을 청구할 수 없다. 제35회

[1] 체비지는 준공검사 전 또는 공사완료 공고 전에 사용·수익할 수 있다.

기출정답

01 60일

제3장 비용부담 등

01 비용부담

TIP
도시개발사업의 시행에 드는 비용은 그 전부 또는 일부를 국고에서 보조하거나 융자할 수 있다. 다만, 시행자가 행정청이면 전부를 보조하거나 융자할 수 있다.

기출
01 지정권자인 시행자는 그가 시행한 사업으로 이익을 얻는 시·도에 비용의 (   )를 부담시킬 수 있다. 제31회
02 도시개발사업에 관한 비용부담에 대해 시·도지사와 대도시 시장간의 협의가 성립되지 않는 경우에는 (   )장관의 결정에 따른다. 제27회

(1) 시행자 부담의 원칙
도시개발사업에 필요한 비용은 이 법이나 다른 법률에 특별한 규정이 있는 경우 외에는 시행자가 부담한다.

(2) 지방자치단체의 비용부담
① 지정권자인 시행자는 그가 시행한 도시개발사업으로 이익을 얻는 시·도 또는 시·군·구가 있으면 그 도시개발사업에 든 비용의 일부를 그 시·도 또는 시·군·구에 부담시킬 수 있다. 다만, 부담금의 총액은 해당 도시개발사업에 소요된 비용(조사비, 측량비, 설계비 및 관리비는 제외)의 2분의 1을 넘지 못한다.

② 시장(대도시 시장은 제외)·군수 또는 구청장은 그가 시행한 도시개발사업으로 이익을 얻는 다른 지방자치단체가 있으면 그 도시개발사업에 든 비용의 일부를 그 지방자치단체에 부담시킬 수 있다. 이 경우 협의가 성립되지 않으면 관할 시·도지사의 결정에 따르며, 그 시·군·구를 관할하는 시·도지사가 서로 다른 경우에는 행정안전부장관의 결정에 따른다.

(3) 도시개발구역의 시설설치 및 비용부담 등
① **설치의무자**: 도시개발구역의 시설의 설치는 다음의 구분에 따른다.

> 1. 도로와 상하수도시설의 설치는 지방자치단체
> 2. 전기시설·가스공급시설 또는 지역난방시설의 설치는 해당 지역에 전기·가스 또는 난방을 공급하는 자
> 3. 통신시설의 설치는 해당 지역에 통신서비스를 제공하는 자

기출정답
01 일부   02 행정안전부

② **설치비용**: 도시개발구역의 시설의 설치비용은 그 설치의무자가 이를 부담한다. 다만, 도시개발구역 안의 전기시설을 사업시행자가 지중선로로 설치할 것을 요청하는 경우에는 전기를 공급하는 자와 지중에 설치할 것을 요청하는 자가 각각 2분의 1의 비율(전부 환지방식으로 도시개발사업을 시행하는 경우에는 전기시설을 공급하는 자가 3분의 2, 지중에 설치할 것을 요청하는 자가 3분의 1의 비율)로 그 설치비용을 부담한다.

③ **설치기한**: 도시개발구역의 시설의 설치는 특별한 사유가 없으면 준공검사 신청일(지정권자가 시행자인 경우에는 도시개발사업의 공사를 끝내는 날을 말함)까지 끝내야 한다.

02 도시개발채권 〈빈출〉

(1) 발행자 및 승인

① **발행자**: 지방자치단체의 장(시·도지사)은 도시개발사업 또는 도시·군계획시설사업에 필요한 자금을 조달하기 위하여 도시개발채권을 발행할 수 있다.

② **발행승인**: 시·도지사가 도시개발채권을 발행하려는 경우에는 채권의 발행총액, 발행방법, 발행조건, 상환방법 및 절차에 대하여 **행정안전부장관의 승인**을 받아야 한다.

(2) 발행방법 등

① **발행방법**: 도시개발채권은 「주식·사채 등의 전자등록에 관한 법률」에 따라 전자등록하여 발행하거나 무기명으로 발행할 수 있다.

② **이율**: 도시개발채권의 이율은 채권의 발행 당시의 국·공채 등의 금리와 특별회계의 상황 등을 고려하여 해당 시·도의 조례로 정한다.

③ **상환기간**: 도시개발채권의 상환은 5년부터 10년까지의 범위에서 지방자치단체의 조례로 정한다.

(3) 소멸시효

도시개발채권의 소멸시효는 상환일부터 기산(起算)하여 원금은 5년, 이자는 2년으로 한다.

⚡기출

01 ( )가 도시개발채권을 발행하는 경우에는 ( )장관의 승인을 받아야 한다. 제36회

02 도시개발채권의 상환은 ( )부터 10년까지의 범위에서 지방자치단체의 조례로 정한다. 제36회

03 도시개발채권의 소멸시효는 상환일부터 기산하여 원금은 ( ), 이자는 ( )으로 한다. 제36회

기출정답
01 시·도지사, 행정안전부
02 5년   03 5년, 2년

(4) 도시개발채권의 매입의무

TIP
매입필증을 제출받는 자는 매입필증을 5년간 따로 보관해야 한다.

다음에 해당하는 자는 도시개발채권을 매입해야 한다.

1. 수용 또는 사용방식으로 시행하는 도시개발사업의 경우 공공시행자와 공사의 도급계약을 체결하는 자
2. 공공시행자 외에 도시개발사업을 시행하는 자
3. 「국토법」에 따른 개발행위허가 중 토지의 형질변경허가를 받은 자

(5) 도시개발채권의 중도상환

도시개발채권은 다음에 해당하는 경우를 제외하고는 중도에 상환할 수 없다.

1. 매입의무자가 아닌 자가 착오로 도시개발채권을 매입한 경우
2. 매입의무자가 매입해야 할 금액을 초과하여 도시개발채권을 매입한 경우 등

★ 개념 PLUS | 공법상 채권

구분	도시·군계획시설채권	토지상환채권	도시개발채권	주택상환사채
발행자	지방자치단체	도시개발사업의 시행자 (수용방식)	시·도지사	한국토지주택공사, 등록사업자
발행승인	-	지정권자	행정안전부장관	국토교통부장관
지급보증	-	민간시행자	-	등록사업자
발행방법	-	기명식	전자등록 또는 무기명	기명식
상환기간	10년 이내	-	5~10년의 범위	3년 초과 금지
이율	정기예금금리 이상	발행자	시·도조례	-
준용법률	「지방재정법」	-	-	「상법」
소멸시효	-	-	원금 5년, 이자 2년	-

해커스 공인중개사
핵심요약집
land.Hackers.com

제3편

도시 및 주거환경정비법

제1장 총칙
제2장 기본계획의 수립 및 정비구역의 지정
제3장 정비사업의 시행
제4장 비용의 부담 등

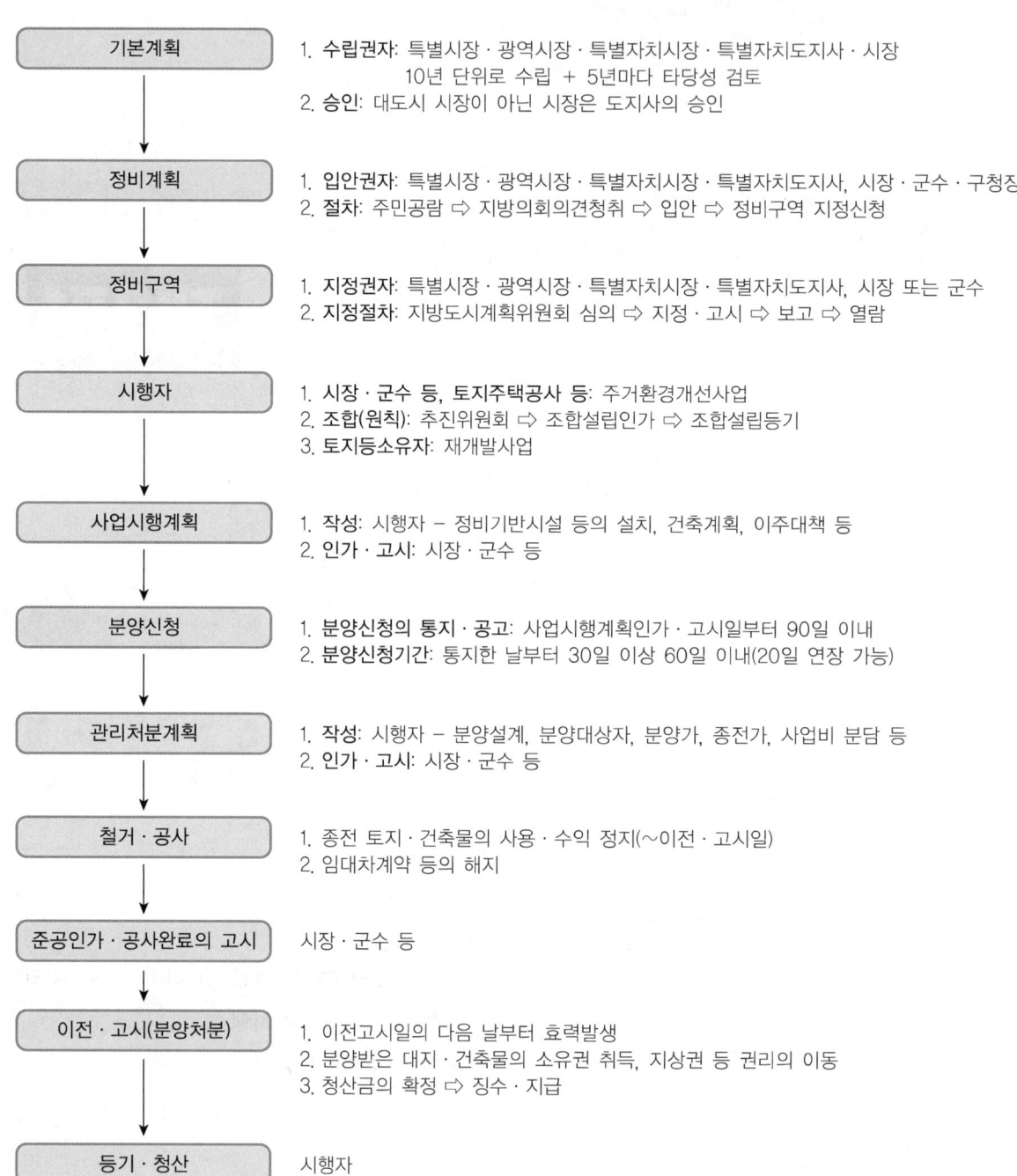

01 용어정의

정비구역	정비사업을 계획적으로 시행하기 위하여 지정·고시된 구역

정비사업	이 법[1]에서 정한 절차에 따라 도시기능을 회복하기 위하여 정비구역에서 정비기반시설을 정비하거나 주택 등 건축물을 개량 또는 건설하는 다음의 사업
	1. 주거환경개선사업: 도시저소득 주민이 집단거주하는 지역으로서 정비기반시설이 극히 열악하고 노후·불량건축물이 과도하게 밀집한 지역의 주거환경을 개선하거나 단독주택 및 다세대주택이 밀집한 지역에서 정비기반시설과 공동이용시설의 확충을 통하여 주거환경을 보전·정비·개량하기 위한 사업
	2. 재개발사업: 정비기반시설이 열악하고 노후·불량건축물이 밀집한 지역에서 주거환경을 개선하거나 상업지역·공업지역 등에서 도시기능의 회복 및 상권활성화 등을 위하여 도시환경을 개선하기 위한 사업. 이 경우 다음 요건을 모두 갖추어 시행하는 재개발사업을 '공공재개발사업'이라 함
	  (1) 시장·군수 등[2] 또는 토지주택공사 등(조합과 공동으로 시행하는 경우를 포함)이 공공재개발사업의 시행자일 것
	  (2) 건설·공급되는 주택(토지등소유자 대상 분양분은 제외)의 전체 세대수 또는 전체 연면적의 100분의 20 이상 100분의 50 이하의 범위에서 대통령령으로 정하는 기준에 따라 시·도조례로 정하는 비율 이상을 지분형주택, 공공임대주택[3] 또는 공공지원민간임대주택으로 건설·공급할 것
	    ① 과밀억제권역: 100분의 30 이상 100분의 40 이하
	    ② 과밀억제권역 외의 지역: 100분의 20 이상 100분의 30 이하
	3. 재건축사업: 정비기반시설은 양호하나 노후·불량건축물에 해당하는 공동주택이 밀집한 지역에서 주거환경을 개선하기 위한 사업. 이 경우 다음 요건을 모두 갖추어 시행하는 재건축사업을 '공공재건축사업'이라 함
	  ① 시장·군수 등 또는 토지주택공사 등(조합과 공동으로 시행하는 경우를 포함)이 공공재건축사업의 시행자일 것
	  ② 종전의 용적률, 토지면적, 기반시설 현황 등을 고려하여 대통령령으로 정하는 세대수(종전 세대수의 100분의 160) 이상을 건설·공급할 것

노후·불량건축물	1. 건축물이 훼손되거나 일부가 멸실되어 붕괴, 그 밖의 안전사고의 우려가 있는 건축물
	2. 내진성능이 확보되지 않은 건축물 중 중대한 기능적 결함 또는 부실설계·시공으로 구조적 결함 등이 있는 건축물로서 대통령령으로 정하는 건축물
	3. 다음의 요건을 모두 충족하는 건축물로서 대통령령으로 정하는 바에 따라 시·도조례로 정하는 건축물
	  (1) 주변 토지의 이용상황 등에 비추어 주거환경이 불량한 곳에 위치할 것
	  (2) 건축물을 철거하고 새로운 건축물을 건설하는 경우 건설에 드는 비용과 비교하여 효용의 현저한 증가가 예상될 것

[1] 「도시 및 주거환경정비법」 ⇨ 이하 이 편에서 '법'이라 한다.

기출

01 도시저소득 주민이 집단거주하는 지역으로서 정비기반시설이 극히 열악하고 노후·불량건축물이 과도하게 밀집한 지역의 주거환경을 개선하기 위한 사업은 (　　)사업이다.
제32회

[2] 시장·군수 등
특별자치시장, 특별자치도지사, 시장, 군수, 자치구의 구청장

[3] 공공임대주택 건설비율
건설·공급되는 주택의 전체 세대수의 100분의 20 이하에서 국토교통부장관이 정하여 고시하는 비율 이상으로 한다.

기출정답
01 주거환경개선

	①「건축법」에 따라 해당 지방자치단체의 조례로 정하는 면적에 미치지 못하거나「국토법」에 따른 도시·군계획시설 등의 설치로 인하여 효용을 다할 수 없게 된 대지에 있는 건축물 ② 공장의 매연·소음 등으로 인하여 위해를 초래할 우려가 있는 지역에 있는 건축물 ③ 해당 건축물을 준공일 기준으로 40년까지 사용하기 위하여 보수·보강하는 데 드는 비용이 철거 후 새로운 건축물을 건설하는 데 드는 비용보다 클 것으로 예상되는 건축물 4. 도시미관을 저해하거나 노후화된 건축물로서 대통령령으로 정하는 바에 따라 시·도조례로 정하는 건축물 　(1) 준공된 후 20년 이상 30년 이하의 범위에서 시·도조례로 정하는 기간이 지난 건축물 　(2)「국토법」에 따른 도시·군기본계획의 경관에 관한 사항에 어긋나는 건축물
정비기반 시설	도로·상하수도·구거(溝渠: 도랑)·공원·공용주차장·공동구, 그 밖에 주민의 생활에 필요한 열·가스 등의 공급시설로서 다음의 시설 1. 녹지, 하천, 공공공지, 광장 2. 소방용수시설, 비상대피시설, 가스공급시설, 지역난방시설 등
공동이용 시설[1]	주민이 공동으로 사용하는 놀이터·마을회관·공동작업장, 그 밖에 다음의 시설 1. 공동으로 사용하는 구판장·세탁장·화장실 및 수도 2. 탁아소·어린이집·경로당 등 노유자시설
대지	정비사업으로 조성된 토지
주택단지	1.「주택법」에 따른 사업계획승인을 받아 주택 및 부대시설·복리시설을 건설한 일단의 토지 2.「건축법」에 따라 건축허가를 받아 아파트 또는 연립주택을 건설한 일단의 토지 등
토지등 소유자[2]	1. 주거환경개선사업 및 재개발사업의 경우: 정비구역에 위치한 토지 또는 건축물의 소유자 또는 그 지상권자 2. 재건축사업의 경우: 정비구역에 위치한 건축물 및 그 부속토지의 소유자
토지주택 공사 등	한국토지주택공사 또는 지방공사
정관 등	1. 조합의 정관 2. 사업시행자인 토지등소유자가 자치적으로 정한 규약 3. 시장·군수 등, 토지주택공사 등 또는 신탁업자가 작성한 시행규정

[1] 유치원은 공동이용시설에 해당하지 않는다.

⚡기출
01 녹지, 공공공지, 공용주차장, 소방용수시설은 (　　)시설에 해당한다. 제34회
02 재건축사업의 경우 토지등소유자란 정비구역에 위치한 (　　) 및 그 (　　)의 소유자를 말한다. 제35회

[2] 신탁업자가 사업시행자로 지정된 경우
토지등소유자가 정비사업을 목적으로 신탁업자에게 신탁한 토지 또는 건축물에 대하여는 위탁자

기출정답
01 정비기반
02 건축물, 부속토지

제2장 기본계획의 수립 및 정비구역의 지정

기본서 p.269~286

제1절 기본계획의 수립 등

01 도시·주거환경정비 기본방침

국토교통부장관은 도시 및 주거환경을 개선하기 위하여 10년마다 다음의 사항을 포함한 기본방침을 정하고, 5년마다 타당성을 검토하여 그 결과를 기본방침에 반영해야 한다.

1. 도시 및 주거환경정비를 위한 국가정책방향
2. 도시·주거환경정비기본계획의 수립방향
3. 노후·불량주거지 조사 및 개선계획의 수립
4. 도시 및 주거환경개선에 필요한 재정지원계획 등

02 도시·주거환경정비기본계획 〔빈출〕

(1) 기본계획의 수립

① **수립의무**: 특별시장·광역시장·특별자치시장·특별자치도지사 또는 시장[1] (이하 '기본계획의 수립권자')은 관할 구역에 대하여 도시·주거환경정비기본계획(이하 '기본계획')을 10년 단위로 수립해야 한다. 다만, 도지사가 대도시가 아닌 시로서 기본계획을 수립할 필요가 없다고 인정하는 시에 대하여는 기본계획을 수립하지 않을 수 있다.

② **타당성 검토**: 기본계획의 수립권자는 기본계획에 대하여 5년마다 타당성을 검토하여 그 결과를 기본계획에 반영해야 한다.

> [1] 군수는 기본계획의 수립권자가 아니다.

> **⚡기출**
> 01 특별시장·광역시장·특별자치시장·특별자치도지사 또는 시장은 기본계획에 대하여 (　　)마다 타당성 여부를 검토하여 그 결과를 기본계획에 반영해야 한다. 제36회
>
> **기출정답**
> 01 5년

📖 암기 PLUS | 부동산공법상 계획의 수립단위 등

10년 단위로 수립	정비기본계획, 리모델링기본계획, 농지관리기본계획
5년마다 타당성 검토	도시·군기본계획, 도시·군관리계획, 성장관리계획, 정비기본계획, 리모델링기본계획, 농지관리기본계획(임의적)

(2) 기본계획의 내용

① **내용**: 기본계획에는 다음의 사항이 포함되어야 한다.

> 1. 정비사업의 기본방향
> 2. 정비사업의 계획기간
> 3. 인구·건축물·토지이용·정비기반시설·지형 및 환경 등의 현황
> 4. 주거지 관리계획
> 5. 토지이용계획·정비기반시설계획·공동이용시설 설치계획 및 교통계획
> 6. 녹지·조경·에너지공급·폐기물처리 등에 관한 환경계획
> 7. 사회복지시설 및 주민문화시설 등의 설치계획
> 8. 도시의 광역적 재정비를 위한 기본방향
> 9. 정비구역으로 지정할 예정인 구역(이하 '정비예정구역')의 개략적 범위
> 10. 단계별 정비사업 추진계획(정비예정구역별 정비계획의 수립시기가 포함되어야 함)
> 11. 건폐율·용적률 등에 관한 건축물의 밀도계획
> 12. 세입자에 대한 주거안정대책 등

TIP

생략사항
기본계획의 수립권자는 기본계획에 다음의 사항을 포함하는 경우에는 ①의 9. 및 10.의 사항을 생략할 수 있다.
1. 생활권의 설정, 생활권별 기반시설설치계획 및 주택수급계획
2. 생활권별 주거지의 정비·보전·관리의 방향

② 기본계획의 작성기준 및 작성방법은 **국토교통부장관**이 정하여 고시한다.

(3) 수립절차

① **주민공람**: 기본계획의 수립권자는 기본계획을 수립하거나 변경하려는 경우에는 14일 이상 주민에게 공람하여 의견을 들어야 한다.
② **지방의회 의견청취**: 기본계획의 수립권자는 공람과 함께 지방의회의 의견을 들어야 한다. 이 경우 지방의회는 기본계획의 수립권자가 기본계획을 통지한 날부터 60일 이내에 의견을 제시해야 한다. 다만, 다음의 경미한 사항을 변경하는 경우에는 주민공람과 지방의회의 의견청취절차를 거치지 않을 수 있다.

TIP

주민공람기간
1. **기본계획**: 14일 이상
2. **정비계획**: 30일 이상

> 1. 정비기반시설의 규모를 **확대**하거나 그 면적을 **10% 미만**의 범위에서 **축소**하는 경우
> 2. 정비사업의 계획기간을 **단축**하는 경우
> 3. **공동이용시설**에 대한 설치계획을 변경하는 경우
> 4. 사회복지시설 및 주민문화시설 등의 설치계획의 변경인 경우
> 5. 정비예정구역의 면적을 **20% 미만**의 범위에서 변경하는 경우
> 6. **단계별 정비사업 추진계획**을 변경하는 경우
> 7. 건폐율 및 용적률을 각 20% 미만의 범위에서 변경하는 경우
> 8. 정비사업의 시행을 위하여 필요한 재원조달에 관한 사항을 변경하는 경우

③ **협의·심의**: 기본계획의 수립권자(대도시의 시장이 아닌 시장은 제외)는 기본계획을 수립하거나 변경하려면 관계 행정기관의 장과 **협의**한 후 지방도시계획위원회의 **심의**를 거쳐야 한다. 다만, 경미한 사항을 변경하는 경우에는 협의 및 심의를 거치지 않는다.

④ **승인**: **대도시의 시장이 아닌 시장**은 기본계획을 수립하거나 변경하려면 **도지사의 승인**을 받아야 하며, 도지사가 이를 승인하려면 관계 행정기관의 장과 협의한 후 지방도시계획위원회의 심의를 거쳐야 한다. 다만, 경미한 사항을 변경하는 경우에는 도지사의 승인을 받지 않을 수 있다.

⑤ **고시·열람 및 보고**: 기본계획의 수립권자는 기본계획을 수립하거나 변경한 때에는 지체 없이 이를 해당 지방자치단체의 공보에 고시하고 일반인이 열람할 수 있도록 해야 하며, **국토교통부장관에게 보고**해야 한다.

> **⚡ 기출**
>
> **01** 도시·주거환경정비 기본계획을 변경할 때 구체적으로 명시된 정비예정구역의 면적을 ( ) 미만의 범위에서 변경하는 경우에는 지방의회의 의견청취를 생략할 수 있다.
> 제30회
>
> **02** 대도시의 시장이 아닌 시장은 기본계획의 내용 중 정비사업의 계획기간을 단축하는 경우 ( )의 승인을 받지 않을 수 있다.
> 제29회

제2절 정비구역의 지정 등

01 정비계획의 입안 및 정비구역의 지정

(1) 정비구역의 지정

① **지정권자**: **특별시장·광역시장·특별자치시장·특별자치도지사·시장 또는 군수**(광역시의 군수는 제외하며, 이하 '정비구역의 지정권자')는 기본계획에 적합한 범위에서 노후·불량건축물이 밀집하는 등 대통령령으로 정하는 요건에 해당하는 구역에 대하여 정비계획을 결정하여 정비구역을 지정(변경지정을 포함)할 수 있다.

> **TIP**
> 국토교통부장관, 도지사는 정비구역의 지정권자가 아니다.
>
> **기출정답**
> 01 20%   02 도지사

② **직접 입안**: 정비구역의 지정권자는 정비구역 지정을 위하여 직접 정비계획을 입안할 수 있다.

③ **정비구역의 지정신청**: 자치구의 구청장 또는 광역시의 군수(이하 '구청장 등')는 정비계획을 입안하여 특별시장·광역시장에게 정비구역 지정을 신청해야 한다. 이 경우 지방의회의 의견을 첨부해야 한다.

④ **진입로 설치**: 정비구역의 지정권자는 정비구역의 진입로 설치를 위하여 필요한 경우에는 진입로 지역과 그 인접 지역을 포함하여 정비구역을 지정할 수 있다.

⑤ **기본계획의 생략**: ①에도 불구하고 천재지변, 그 밖의 불가피한 사유로 긴급하게 정비사업을 시행할 필요가 있다고 인정하는 때에는 기본계획을 수립하거나 변경하지 않고 정비구역을 지정할 수 있다.

(2) 정비계획의 입안대상 지역(영❶ 별표 1)

특별시장·광역시장·특별자치시장·특별자치도지사·시장·군수 또는 자치구의 구청장(이하 '정비계획의 입안권자')은 다음의 요건에 해당하는 지역에 대하여 정비계획을 입안할 수 있다.

1. **주거환경개선사업**
   ① 철거민이 50세대 이상 규모로 정착한 지역이거나 인구가 과도하게 밀집되어 있고 기반시설의 정비가 불량하여 주거환경이 열악하고 그 개선이 시급한 지역
   ② 해제된 정비구역 및 정비예정구역 … (이하 ⑪까지 생략)

2. **재개발사업**: 노후·불량건축물(국토교통부령으로 정하는 무허가건축물을 포함)의 수가 전체 건축물의 수의 60%(「도시재정비 촉진을 위한 특별법」에 따른 재정비촉진지구는 50%, 재정비촉진지구 외의 지역은 50% 이상 70% 이하의 범위에서 시·도조례로 증감할 수 있음) 이상인 지역으로서 다음의 어느 하나에 해당하는 지역
   ① 방재지구가 해당 지역 전체 토지면적의 2분의 1 이상인 지역
   ② 지하층의 전부 또는 일부를 주거용도로 사용하는 건축물의 수가 해당 지역 전체 건축물의 수의 2분의 1 이상인 지역 … (이하 ⑨까지 생략)

3. **재건축사업**
   ① 노후·불량건축물로서 기존 세대수가 200세대 이상이거나 그 부지면적이 1만m² 이상인 지역 … (이하 ④까지 생략)

TIP

1. **정비계획의 입안권자**: 특별시장·광역시장·특별자치시장·특별자치도지사·시장·군수 또는 자치구의 구청장
2. **정비구역의 지정권자**: 특별시장·광역시장·특별자치시장·특별자치도지사·시장 또는 군수(광역시의 군수는 제외)

❶ 「도시 및 주거환경정비법 시행령」 ⇨ 이하 이 편에서 '영'이라 한다.

TIP

정비계획 입안시 조사·확인사항
1. 주민 또는 산업의 현황, 토지 및 건축물의 이용과 소유현황
2. 도시·군계획시설 및 정비기반시설의 설치현황, 정비구역 및 주변지역의 교통상황
3. 토지 및 건축물의 가격과 임대차현황
4. 정비사업의 시행계획 및 시행방법 등에 대한 주민의 의견 등

(3) 정비계획의 내용

① **내용**: 정비계획에는 다음의 사항이 포함되어야 한다.

> 1. 정비사업의 명칭, 정비구역 및 그 면적
> 2. 토지등소유자 유형별 분담금 추산액 및 산출근거
> 3. 도시·군계획시설의 설치에 관한 계획
> 4. 공동이용시설 설치계획
> 5. 건축물의 주용도·건폐율·용적률·높이에 관한 계획
> 6. 환경보전 및 재난방지에 관한 계획
> 7. 정비구역 주변의 교육환경보호에 관한 계획
> 8. 세입자 주거대책
> 9. 정비사업시행 예정시기
> 10. 지구단위계획에 관한 사항(필요한 경우로 한정) 등

② 정비계획의 작성기준 및 작성방법은 **국토교통부장관**이 정하여 고시한다.

(4) 정비구역의 지정을 위한 정비계획의 입안 요청

① **입안 요청**: 토지등소유자 또는 추진위원회는 다음의 어느 하나에 해당하는 경우에는 정비계획의 입안권자에게 정비구역의 지정을 위한 정비계획의 입안을 요청할 수 있다.[1]

> 1. 기본계획을 수립하지 않는 대도시가 아닌 시로서 대통령령으로 정하는 경우[별표 1(정비계획의 입안대상지역)의 요건에 해당하는 경우]
> 2. 단계별 정비사업 추진계획상 정비예정구역별 정비계획의 입안시기가 지났음에도 불구하고 정비계획이 입안되지 않은 경우
> 3. 기본계획에 정비예정구역의 개략적 범위 및 단계별 정비사업 추진계획에 따른 사항을 생략한 경우
> 4. 천재지변 등 대통령령으로 정하는 불가피한 사유로 긴급하게 정비사업을 시행할 필요가 있다고 판단되는 경우

② **입안여부의 결정·통지**: 정비계획의 입안권자는 요청일부터 **4개월 이내**에 정비계획의 입안 여부를 결정하여 토지등소유자 및 정비구역의 지정권자에게 알려야 한다. 다만, 결정 기한을 2개월의 범위에서 한 차례만 연장할 수 있다.

TIP

기본계획과 정비계획의 내용 비교
1. **기본계획**: 건폐율·용적률 등에 관한 건축물의 밀도계획, 세입자에 대한 주거안정대책
2. **정비계획**: 건축물의 주용도·건폐율·용적률·높이에 관한 계획, 세입자 주거대책

[1] 토지등소유자 또는 추진위원회가 정비계획의 입안을 요청하려는 경우에는 토지등소유자의 2분의 1 이하의 범위에서 시·도조례로 정하는 비율 이상의 동의를 받은 후 시·도조례로 정하는 요청서 서식에 정비계획의 입안을 요청하는 구역의 범위 및 해당 구역에 위치한 건축물 현황에 관한 서류를 첨부하여 정비계획의 입안권자에게 제출해야 한다.

(5) 정비계획의 입안 제안

① **제안 사유**: 토지등소유자 또는 추진위원회는 다음에 해당하는 경우에는 정비계획의 입안권자에게 정비계획의 입안을 제안할 수 있다.[1]

> 1. 단계별 정비사업 추진계획상 정비예정구역별 정비계획의 입안시기가 지났음에도 불구하고 정비계획이 입안되지 않거나 정비계획의 수립시기를 정하고 있지 않은 경우
> 2. 토지등소유자가 토지주택공사등을 사업시행자로 지정 요청하려는 경우
> 3. 토지등소유자(조합이 설립된 경우에는 조합원)가 3분의 2 이상의 동의(경미한 사항을 변경하는 경우에는 제외)로 정비계획의 변경을 요청하는 경우
> 4. 토지등소유자가 공공재개발사업 또는 공공재건축사업을 추진하려는 경우 등

② **반영 여부 통보**: 정비계획의 입안권자는 제안이 있는 경우에는 제안일부터 60일 이내에 정비계획에의 반영 여부를 제안자에게 통보해야 한다. 다만, 부득이한 사정이 있는 경우에는 한 차례만 30일을 연장할 수 있다.

[1] 토지등소유자 또는 추진위원회가 정비계획의 입안을 제안하려는 경우 토지등소유자의 3분의 2 이하 및 토지면적 3분의 2 이하의 범위에서 시·도조례로 정하는 비율 이상의 동의를 받은 후 정비계획도서, 계획설명서, 그 밖의 필요한 서류를 첨부하여 정비계획의 입안권자에게 제출해야 한다.

암기 PLUS | 비행정청의 제안사항

구분	도시·군관리계획의 입안	도시개발구역의 지정	정비계획의 입안
제안자	주민 (이해관계인 포함)	국가·지방자치단체 및 조합을 제외한 사업시행자	토지등소유자
상대방	입안권자	시장·군수·구청장	시장·군수 등
반영(수용) 여부 통보	45일 이내. 1회에 한하여 30일 연장 가능	1개월 이내. 1개월 연장 가능	60일 이내. 한차례만 30일 연장 가능

(6) 입안절차

① **주민의견청취**: 정비계획의 입안권자는 정비계획을 입안하거나 변경하려면 주민에게 서면으로 통보한 후 주민설명회 및 30일 이상 주민에게 공람하여 의견을 들어야 한다.

② **지방의회 의견청취**: 정비계획의 입안권자는 주민공람과 함께 지방의회의 의견을 들어야 한다. 이 경우 지방의회는 정비계획의 입안권자가 정비계획을 통지한 날부터 60일 이내에 의견을 제시해야 한다. 다만, 다음의 경미한 사항을 변경하는 경우에는 주민 및 지방의회의 의견청취 절차를 거치지 않을 수 있다.

TIP
주민공람기간
- **기본계획수립**: 14일 이상
- **정비계획입안**: 30일 이상

1. 정비구역의 면적을 10% 미만의 범위에서 변경하는 경우(정비구역을 분할, 통합 또는 결합하는 경우는 제외)
2. 토지등소유자 유형별 분담금 추산액 및 산출근거를 변경하는 경우
3. 정비기반시설의 위치를 변경하는 경우와 정비기반시설 규모를 10% 미만의 범위에서 변경하는 경우
4. 공동이용시설 설치계획을 변경하는 경우
5. 재난방지에 관한 계획을 변경하는 경우
6. 정비사업시행 예정시기를 3년의 범위에서 조정하는 경우
7. 건축물의 건폐율 또는 용적률을 축소하거나 10% 미만의 범위에서 확대하는 경우
8. 건축물의 최고높이를 변경하는 경우 … (이하 16.까지 생략)

(7) 임대주택 및 주택규모별 건설비율

정비계획의 입안권자는 주택수급의 안정과 저소득 주민의 입주기회 확대를 위해 다음의 구분에 따른 범위에서 국토교통부장관이 정하여 고시하는 임대주택 및 주택규모별 건설비율 등을 정비계획에 반영해야 한다.

1. 「주택법」에 따른 국민주택규모의 주택이 전체 세대수의 100분의 90 이하에서 대통령령으로 정하는 범위
2. 임대주택(공공임대주택 및 「민간임대주택에 관한 특별법」에 따른 민간임대주택을 말함)이 전체 세대수 또는 전체 연면적의 100분의 30 이하에서 대통령령으로 정하는 범위[1]

> [1] **재개발사업**
> 임대주택이 건설하는 주택 전체 세대수 또는 전체 연면적의 100분의 20 이하(주거전용면적이 40m² 이하인 임대주택이 전체 임대주택 세대수의 100분의 40 이하여야 한다)

02 재건축사업을 위한 재건축진단

(1) 재건축진단의 실시

① **원칙(직권 실시)**: 시장·군수 등은 정비예정구역별 정비계획의 수립시기가 도래한 때부터 사업시행계획인가 전까지 재건축진단을 실시해야 한다.
② **요청에 따른 실시**: 시장·군수 등은 ①에도 불구하고 다음의 어느 하나에 해당하는 경우에는 재건축진단을 실시해야 한다. 이 경우 시장·군수 등은 재건축진단에 드는 비용을 해당 재건축진단의 실시를 요청하는 자에게 부담하게 할 수 있다.

> **기출**
>
> **01** 재건축진단의 실시를 요청하려면 정비예정구역에 위치한 건축물 및 그 부속토지의 소유자 (　　) 이상의 동의를 받아야 한다. 　제22회 수정

1. 정비계획의 입안을 요청하려는 자가 입안을 요청하기 전에 해당 정비예정구역 또는 사업예정구역에 위치한 건축물 및 그 부속토지의 소유자 10분의 1 이상의 동의를 받아 재건축진단의 실시를 요청하는 경우
2. 정비계획을 입안하여 주민에게 공람한 지역 또는 정비구역으로 지정된 지역에서 재건축사업을 시행하려는 자가 해당 구역에 위치한 건축물 및 그 부속토지의 소유자 10분의 1 이상의 동의를 받아 재건축진단의 실시를 요청하는 경우
3. 시장·군수 등의 승인을 받은 조합설립추진위원회(이하 '추진위원회') 또는 **사업시행자**가 재건축진단의 실시를 요청하는 경우

③ **통보**: 시장·군수 등은 재건축진단의 요청이 있는 경우에는 재건축진단의 실시 시기 등을 포함한 재건축진단 실시계획을 수립하여 요청일부터 30일 이내에 요청인에게 통보해야 한다. 이 경우 시장·군수 등은 단계별 정비사업 추진계획 등의 사유로 재건축사업의 시기를 조정할 필요가 있다고 인정하는 경우에는 재건축진단의 실시 시기를 조정할 수 있다.❶

> ❶ 재건축진단의 실시 시기 조정은 정비구역의 지정·고시일 전에만 할 수 있다.

(2) 재건축진단의 대상

재건축사업의 재건축진단은 **주택단지**(연접한 단지를 포함한다)의 **건축물**을 대상으로 한다. 다만, 대통령령으로 정하는 주택단지의 건축물인 경우에는 **재건축진단 대상에서 제외**할 수 있다.

1. 시장·군수 등이 천재지변 등으로 **주택이 붕괴**되어 신속히 재건축을 추진할 필요가 있다고 인정하는 것
2. 주택의 **구조안전상 사용금지**가 필요하다고 시장·군수 등이 인정하는 것
3. 별표 1 제3호 라목에 따른 노후·불량건축물 수에 관한 기준을 충족한 경우 잔여 건축물
4. 시장·군수 등이 진입도로 등 기반시설 설치를 위해 불가피하게 정비구역에 포함된 것으로 인정하는 건축물
5. 「시설물의 안전 및 유지관리에 관한 특별법」에 따라 지정받은 안전등급이 D(미흡) 또는 E(불량)인 건축물

(3) 재건축진단의 절차

① **의뢰**: 시장·군수 등은 대통령령으로 정하는 재건축진단기관에 의뢰하여 주거환경 적합성, 해당 건축물의 구조안전성, 건축마감, 설비노후도 등에 관한 재건축진단을 실시해야 한다.

> **기출정답**
>
> 01 10분의 1

> 1. 「시설물의 안전 및 유지관리에 관한 특별법」에 따른 안전진단전문기관
> 2. 「국토안전관리원법」에 따른 **국토안전관리원**
> 3. 「과학기술분야 정부출연연구기관 등의 설립·운영 및 육성에 관한 법률」에 따른 **한국건설기술연구원**

② **실시 및 결과보고**: 재건축진단을 의뢰받은 재건축진단기관은 국토교통부장관이 정하여 고시하는 기준(건축물의 내진성능 확보를 위한 비용을 포함)에 따라 재건축진단을 실시해야 하며, 재건축진단 결과보고서를 작성하여 시장·군수 등 및 재건축진단의 실시를 요청한 자에게 제출해야 한다.

③ **통보**: 시장·군수 등은 재건축진단 결과보고서를 제출받은 경우에는 다음의 구분에 따른 기간 이내에 재건축진단 판정 결과를 요청인에게 통보해야 한다.

> 1. **재건축진단 결과에 대한 적정성 검토를 하지 않는 경우**: 재건축진단 결과보고서를 제출받은 날부터 30일
> 2. **재건축진단 결과에 대한 적정성 검토를 하는 경우**: 다음의 구분에 따른 날부터 30일
>   ① **시·도지사의 조치 요청이 있는 경우**: 해당 조치를 마친 날
>   ② **이외의 경우**: 재건축진단에 대한 적정성 검토의 결과를 통보받은 날

④ **사업시행계획인가 여부의 결정**: 시장·군수 등은 재건축진단의 결과와 도시계획 및 지역여건 등을 종합적으로 검토하여 **사업시행계획인가 여부를 결정**해야 한다.

(4) 재건축진단 결과의 적정성 검토(제13조)

① **결정내용 등 보고**: 시장·군수 등(특별자치시장 및 특별자치도지사는 제외)은 재건축진단 결과보고서를 제출받은 경우에는 지체 없이 **특별시장·광역시장·도지사**에게 결정내용과 해당 재건축진단 결과보고서를 제출해야 한다.

② **적정성 검토 의뢰**: 특별시장·광역시장·특별자치시장·도지사·특별자치도지사(이하 '시·도지사')는 필요한 경우 국토안전관리원 또는 한국건설기술연구원에 재건축진단 결과의 적정성에 대한 검토를 의뢰할 수 있다.❶

③ **적정성 검토 요청**: 국토교통부장관은 시·도지사에게 재건축진단 결과보고서의 제출을 요청할 수 있으며, 필요한 경우 시·도지사에게 재건축진단 결과의 적정성에 대한 검토를 요청할 수 있다.

④ **제출 요청 등**: 국토교통부장관은 시·도지사에게 재건축진단 결과보고서의 제출을 요청할 수 있으며, 필요한 경우 시·도지사에게 재건축진단 결과의 적정성에 대한 검토를 요청할 수 있다.

⚡기출

01 시장·군수·구청장은 재건축진단결과보고서를 제출받은 경우에는 지체 없이 ( )에게 결정 내용과 해당 안전진단 결과보고서를 제출하여야 한다. 제28회 수정

❶ 재건축진단 결과의 적정성 여부에 따른 검토를 의뢰받은 기관은 적정성 여부에 따른 검토를 의뢰받은 날부터 60일 이내에 그 결과를 시·도지사에게 제출해야 한다. 다만, 부득이한 경우에는 30일의 범위에서 한 차례만 연장할 수 있다.

기출정답

01 특별시장·광역시장·도지사

⑤ **조치의 요청**: 특별시장·광역시장·도지사는 ②에 따른 검토결과에 따라 필요한 경우 시장·군수 등에게 재건축진단에 대한 시정요구 등 다음의 조치를 요청할 수 있으며, 시장·군수 등은 특별한 사유가 없으면 그 요청에 따라야 한다.

> 1. 재건축진단의 전부 또는 일부에 대한 시정요구(재건축진단의 재실시를 포함)
> 2. 재건축진단 결과보고서 내용에 대한 재검토

TIP
정비구역의 지정방법
1. 하나의 정비구역을 둘 이상의 정비구역으로 분할
2. 서로 연접한 정비구역을 하나의 정비구역으로 통합
3. 서로 연접하지 않은 둘 이상의 구역 또는 정비구역을 하나의 정비구역으로 결합

03 정비구역의 지정 등

(1) 정비구역의 지정·고시

① **심의**: 정비구역의 지정권자는 정비구역을 지정하거나 변경지정하려면 **지방도시계획위원회의 심의**를 거쳐야 한다. 다만, 경미한 사항을 변경하는 경우에는 심의를 거치지 않을 수 있다.

② **고시, 보고 및 열람**: 정비구역의 지정권자는 정비구역을 지정(변경지정을 포함)하거나 정비계획을 결정(변경결정을 포함)한 때에는 그 내용을 해당 지방자치단체의 공보에 고시하고 **국토교통부장관에게 보고**해야 하며, 관계 서류를 일반인이 열람할 수 있도록 해야 한다.

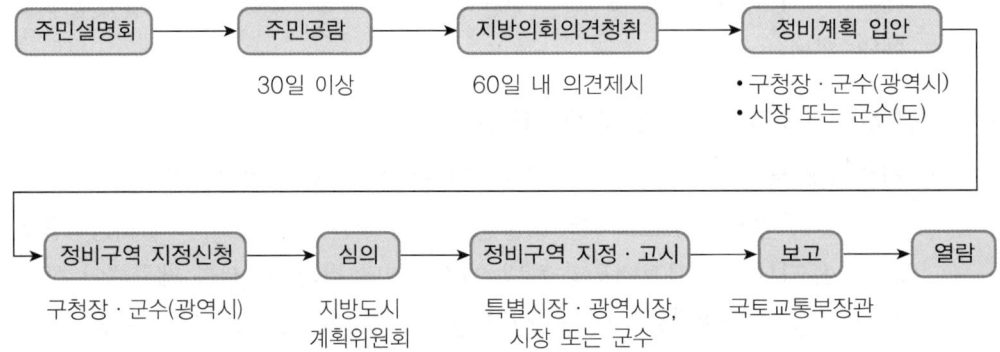

❶ **의견청취**
시장·군수 등은 ①의 행위에 대한 허가를 하려는 경우에는 미리 그 사업시행자의 의견을 들어야 하며, 허가를 받은 경우에는 「국토법」에 따른 개발행위허가를 받은 것으로 본다.

③ **지구단위계획구역 등 의제**: 정비구역의 지정·고시가 있는 경우 해당 정비구역 및 정비계획은 **지구단위계획구역 및 지구단위계획으로 결정·고시된 것으로 본다**.

(2) 행위제한 등

① **허가대상**: 정비구역에서 다음에 해당하는 행위를 하려는 자는 **시장·군수 등의 허가**를 받아야 한다. 허가받은 사항을 변경하려는 때에도 또한 같다. ❶

1. **건축물의 건축 등**: 「건축법」에 따른 건축물(가설건축물을 포함)의 건축, 용도변경
2. **공작물의 설치**
3. **토지의 형질변경**: 절토(땅깎기)·성토(흙쌓기)·정지(땅고르기)·포장 등의 방법으로 토지의 형상을 변경하는 행위, 토지의 굴착 또는 공유수면의 매립
4. **토석의 채취**: 흙·모래·자갈·바위 등의 토석을 채취하는 행위. 다만, 토지의 형질변경을 목적으로 하는 것은 3.에 따른다.
5. **토지분할**
6. **물건을 쌓아놓는 행위**: 이동이 쉽지 않은 물건을 1개월 이상 쌓아놓는 행위
7. **죽목의 벌채 및 식재**

② **허가예외**: 다음에 해당하는 행위는 허가를 받지 않고 할 수 있다.

1. 재해복구 또는 재난수습에 필요한 응급조치를 위한 행위
2. 기존 건축물의 붕괴 등 안전사고의 우려가 있는 경우 해당 건축물에 대한 안전조치를 위한 행위
3. 그 밖에 대통령령으로 정하는 경미한 행위
   ① 농림수산물의 생산에 직접 이용되는 것으로서 간이공작물의 설치
   ② 경작을 위한 토지의 형질변경
   ③ 정비구역의 개발에 지장을 주지 않고 자연경관을 손상하지 않는 범위에서의 토석의 채취
   ④ 정비구역에 존치하기로 결정된 대지에 물건을 쌓아놓는 행위
   ⑤ 관상용 죽목의 임시식재(경작지에서의 임시식재는 제외)

③ **기득권 보호**: 허가를 받아야 하는 행위로서 정비구역의 지정·고시 당시 이미 그 공사 또는 사업에 착수한 자는 정비구역이 지정·고시된 날부터 30일 이내에 그 공사 또는 사업의 진행상황과 시행계획을 첨부하여 관할 시장·군수 등에게 신고한 후 이를 계속 시행할 수 있다.

④ **지역주택조합원 모집제한**: 정비예정구역 또는 정비구역(이하 '정비구역 등')에서는 「주택법」에 따른 지역주택조합의 조합원을 모집해서는 안 된다.

⑤ **소급제한**: 국토교통부장관, 시·도지사, 시장, 군수 또는 자치구의 구청장은 비경제적인 건축행위 및 투기 수요의 유입을 막기 위해 기본계획을 공람 중인 정비예정구역 또는 정비계획을 수립 중인 지역에 대하여 3년 이내의 기간(1년의 범위에서 한 차례만 연장 가능)을 정하여 다음의 행위를 제한할 수 있다.

TIP

허가대상
1. **개발행위허가**: 건축물의 건축
2. **도시개발구역**: 건축물(가설건축물을 포함)의 건축, 대수선, 용도변경
3. **정비구역**: 건축물(가설건축물을 포함)의 건축, 용도변경

⚡ 기출

01 정비구역에서의 가설건축물의 건축, 죽목의 벌채, 공유수면의 매립, 이동이 쉽지 아니한 물건을 ( ) 이상 쌓아놓는 행위는 시장·군수 등의 허가를 받아야 한다. 제30회

02 정비구역에서는 「주택법」에 따른 ( )주택조합의 조합원을 모집해서는 안 된다. 제36회

TIP

기득권 보호
1. **시가화조정구역·수산자원보호구역**: 착수 + 3개월 이내에 신고
2. **도시개발구역·정비구역**: 착수 + 30일 이내에 신고

기출정답
01 1개월 02 지역

> 1. 건축물의 건축
> 2. 토지의 분할
> 3. 「건축법」에 따른 일반건축물대장을 집합건축물대장으로 전환
> 4. 집합건축물대장의 전유부분의 분할

04 정비구역 등의 해제

(1) 정비구역 등의 해제(의무적)

정비구역의 지정권자는 다음에 해당하는 경우에는 정비구역 등을 해제해야 하고, 구청장 등은 특별시장·광역시장에게 해제를 요청해야 한다. 다만, 토지등소유자가 100분의 30 이상의 동의로 요청하는 경우 해제기간을 2년의 범위에서 연장할 수 있다.

TIP
1. **추진위원회**: 2년
2. **추진위원회 ×**: 3년

> 1. 정비예정구역에 대하여 기본계획에서 정한 정비구역 지정 예정일부터 3년이 되는 날까지 특별자치시장, 특별자치도지사, 시장 또는 군수가 정비구역을 지정하지 않거나 구청장 등이 정비구역의 지정을 신청하지 않는 경우
> 2. 재개발사업·재건축사업(조합이 시행하는 경우로 한정)이 다음에 해당하는 경우
>   ① 토지등소유자가 정비구역으로 지정·고시된 날부터 2년이 되는 날까지 추진위원회의 승인을 신청하지 않는 경우
>   ② 추진위원회가 추진위원회 승인일부터 2년이 되는 날까지 조합설립인가를 신청하지 않는 경우
>   ③ 조합이 조합설립인가를 받은 날부터 3년이 되는 날까지 사업시행계획인가를 신청하지 않는 경우
> 3. 토지등소유자가 시행하는 재개발사업으로서 토지등소유자가 정비구역으로 지정·고시된 날부터 5년이 되는 날까지 사업시행계획인가를 신청하지 않는 경우

⚡기출

01 재개발사업을 토지등소유자가 시행하는 경우로서 토지등소유자가 정비구역으로 지정·고시된 날부터 ( )년이 되는 날까지 사업시행계획인가를 신청하지 않는 경우에는 정비구역 등을 해제해야 한다. 제24회

> **★개념 PLUS ┃ 해제절차(= 지정절차)**
> 주민공람(30일 이상) ⇨ 지방의회 의견청취(60일 이내에 의견제시) ⇨ 해제요청 ⇨ 심의(지방도시계획위원회) ⇨ 해제·고시 ⇨ 국토교통부장관에게 통보 ⇨ 일반열람

(2) 정비구역 등의 직권해제(임의적)

정비구역의 지정권자는 다음에 해당하는 경우 **지방도시계획위원회의 심의**를 거쳐 정비구역 등을 해제할 수 있다.

기출정답
01 5

> 1. 정비사업의 시행으로 토지등소유자에게 과도한 부담이 발생할 것으로 예상되는 경우
> 2. 정비구역 등의 추진 상황으로 보아 지정목적을 달성할 수 없다고 인정되는 경우
> 3. 토지등소유자의 100분의 30 이상이 정비구역 등(추진위원회가 구성되지 않은 구역으로 한정)의 해제를 요청하는 경우
> 4. 자율주택정비방법으로 시행 중인 주거환경개선사업의 정비구역이 지정·고시된 날부터 10년 이상 지나고, 토지등소유자의 과반수가 정비구역의 해제에 동의하는 경우
> 5. 추진위원회 구성 또는 조합설립에 동의한 토지등소유자의 2분의 1 이상 3분의 2 이하의 범위에서 시·도조례로 정하는 비율 이상의 동의로 정비구역의 해제를 요청하는 경우(사업시행계획인가를 신청하지 않은 경우로 한정)
> 6. 추진위원회가 구성되거나 조합이 설립된 정비구역에서 토지등소유자 **과반수의 동의**로 정비구역의 해제를 요청하는 경우(사업시행계획인가를 신청하지 않은 경우로 한정)

TIP
- 추진위원회 구성×: 30% 이상 요청
- 추진위원회 구성: 과반수 동의로 요청

(3) 정비구역 등 해제의 효력

① **용도지역 등의 환원**: 정비구역 등이 해제된 경우에는 정비계획으로 변경된 용도지역, 정비기반시설 등은 정비구역 **지정 이전의 상태로 환원**된 것으로 본다.

② **주거환경개선구역의 지정**: 정비구역 등(재개발사업 및 재건축사업을 시행하려는 경우로 한정)이 해제된 경우 정비구역의 지정권자는 해제된 정비구역 등을 자율주택정비방법으로 시행하는 **주거환경개선구역**으로 지정할 수 있다.

TIP

도시재생선도지역 지정 요청

정비구역의 지정권자는 해제된 정비구역 등을 「도시재생 활성화 및 지원에 관한 특별법」에 따른 도시재생선도지역으로 지정하도록 국토교통부장관에게 요청할 수 있다.

제3장 정비사업의 시행

기본서 p.287~345

제1절 정비사업의 시행방법 등 빈출

01 정비사업의 시행방법

⚡ **기출**

01 ( )사업은 '정비구역에서 정비기반시설을 새로이 설치하거나 확대하고 토지등소유자가 스스로 주택을 보전·정비하거나 개량하는 방법' 및 '환지로 공급하는 방법'을 혼용할 수 있다. 제28회

02 재건축사업은 정비구역에서 인가받은 관리처분계획에 따라 ( )을 건설하여 공급하는 방법으로 한다. 이 경우 공동주택 외 건축물은 ( )지역 및 상업지역에서만 건설할 수 있다. 제35회 수정

[1] 재건축사업은 환지로 공급하는 방법이 없다.

주거환경 개선사업	다음에 해당하는 방법 또는 이를 혼용하는 방법으로 함 1. 사업시행자가 정비구역에서 정비기반시설 및 공동이용시설을 새로 설치하거나 확대하고 토지등소유자가 스스로 주택을 보전·정비하거나 개량하는 방법(자율주택정비방법) 2. 사업시행자가 정비구역의 전부 또는 일부를 수용하여 주택을 건설한 후 토지등소유자에게 우선 공급하거나 대지를 토지등소유자 또는 토지등소유자 외의 자에게 공급하는 방법(수용방법) 3. 사업시행자가 환지로 공급하는 방법(환지방법) 4. 사업시행자가 정비구역에서 인가받은 관리처분계획에 따라 주택 및 부대시설·복리시설을 건설하여 공급하는 방법(관리처분방법)
재개발사업	정비구역에서 인가받은 관리처분계획에 따라 건축물을 건설하여 공급하거나 환지로 공급하는 방법으로 함
재건축사업[1]	정비구역에서 인가받은 관리처분계획에 따라 건축물을 건설하여 공급하는 방법으로 함. 이 경우 주택, 부대시설 및 복리시설을 제외한 건축물(이하 '공동주택 외 건축물')은 준주거지역 및 상업지역에서만 건설할 수 있고, 공동주택 외 건축물의 연면적은 전체 건축물 연면적의 100분의 30 이하이어야 함

> 📋 **암기 PLUS | 정비사업의 시행방법**
>
> 1. **주거환경개선사업**: ① 자율주택정비방법, ② 수용방법, ③ 환지방법, ④ 관리처분방법 (주택 등)
> 2. **재개발사업**: 환지방법, 관리처분방법(건축물)
> 3. **재건축사업**: 관리처분방법(건축물)

기출정답
01 주거환경개선
02 건축물, 준주거

02 정비사업의 시행자

주거환경
개선사업
	1. **자율주택정비방법으로 시행하는 경우**: 시장·군수 등이 직접 시행하되, 토지주택공사 등을 사업시행자로 지정하여 시행하게 하려는 경우에는 정비계획입안을 위한 공람공고일 현재 토지등소유자의 과반수의 동의를 받아야 함
	2. **수용방법, 환지방법 및 관리처분방법의 경우**
	  (1) **단독시행**: 시장·군수 등이 직접 시행하거나 다음에 해당하는 자를 사업시행자로 지정하는 경우
	    ① 토지주택공사 등
	    ② 주거환경개선사업을 시행하기 위하여 국가, 지방자치단체, 토지주택공사 등 또는 공공기관이 총지분의 100분의 50을 초과하는 출자로 설립한 법인
	  (2) **공동시행**: 시장·군수 등이 (1)에 해당하는 자와 다음에 해당하는 자를 공동시행자로 지정하는 경우
	    ① 「건설산업기본법」에 따른 건설사업자(이하 '건설사업자')
	    ② 「주택법」에 따라 건설사업자로 보는 등록사업자(이하 '등록사업자')
	  (3) **동의요건**: 정비계획입안을 위한 공람공고일 현재 해당 정비예정구역의 토지등소유자의 3분의 2 이상의 동의와 세입자 세대수의 과반수의 동의를 각각 받아야 함. 다만, 세입자의 세대수가 토지등소유자의 2분의 1 이하인 경우 등 대통령령이 정하는 사유❶가 있는 경우에는 세입자의 동의절차를 거치지 않을 수 있음
	3. **예외**: 시장·군수 등은 천재지변, 그 밖의 불가피한 사유로 건축물이 붕괴할 우려가 있어 긴급히 정비사업을 시행할 필요가 있다고 인정하는 경우에는 1. 및 2.에도 불구하고 토지등소유자 및 세입자의 동의 없이 자신이 직접 시행하거나 토지주택공사 등을 사업시행자로 지정하여 시행하게 할 수 있음

재개발사업	1. 조합이 시행하거나 조합이 조합원의 과반수의 동의를 받아 시장·군수 등, 토지주택공사 등, 건설사업자, 등록사업자 또는 대통령령으로 정하는 요건을 갖춘 자(신탁업자와 한국부동산원)와 공동으로 시행할 수 있음 2. 토지등소유자가 20인 미만인 경우에는 토지등소유자가 시행하거나 토지등소유자가 토지등소유자의 과반수의 동의를 받아 시장·군수 등, 토지주택공사 등, 건설사업자, 등록사업자 또는 대통령령으로 정하는 요건을 갖춘 자(신탁업자와 한국부동산원)와 공동으로 시행할 수 있음
재건축사업	조합이 시행하거나 조합이 조합원의 과반수의 동의를 받아 시장·군수 등, 토지주택공사 등, 건설사업자 또는 등록사업자와 공동으로 시행할 수 있음

TIP

정비사업의 시행자
1. **주거환경개선사업**: 시장·군수 등, 토지주택공사 등(공공)
2. **재개발사업**: 조합, 토지등소유자(20인 미만)
3. **재건축사업**: 조합

❶ 대통령령이 정하는 사유
1. 세입자의 세대수가 토지등소유자의 2분의 1 이하인 경우
2. 자율주택정비방법, 환지방법 또는 관리처분방법으로 사업을 시행하는 경우
3. 세입자가 입주 가능한 임대주택이 충분하여 임대주택을 건설할 필요가 없다고 시·도지사가 인정하는 경우

⚡기출

01 세입자의 세대수가 토지등소유자의 ( ) 이하인 경우에는 시장·군수 등은 토지주택공사 등을 주거환경개선사업 시행자로 지정하기 위해서 세입자의 동의절차를 거치지 않을 수 있다. 제32회

02 재개발사업은 토지등소유자가 ( ) 미만인 경우에는 토지등소유자가 직접 시행할 수 있다. 제35회

기출정답

01 2분의 1　02 20인

03 재개발사업·재건축사업의 공공시행자 등

(1) 재개발사업·재건축사업의 공공시행자

① **공공시행사유**: 시장·군수 등은 재개발사업 및 재건축사업이 다음에 해당하는 때에는 직접 정비사업을 시행하거나 **토지주택공사 등**(건설사업자 또는 등록사업자와 공동으로 시행하는 경우 포함)을 사업시행자로 지정하여 정비사업을 시행하게 할 수 있다. ❶

> 1. 천재지변, 「재난 및 안전관리 기본법」 또는 「시설물의 안전 및 유지관리에 관한 특별법」에 따른 사용제한·사용금지, 그 밖의 불가피한 사유로 긴급하게 정비사업을 시행할 필요가 있다고 인정하는 때
> 2. 정비계획에서 정한 정비사업시행 예정일부터 2년 이내에 사업시행계획인가를 신청하지 않거나 신청한 내용이 위법 또는 부당하다고 인정하는 때(재건축사업의 경우는 제외)
> 3. 추진위원회가 시장·군수 등의 구성승인을 받은 날부터 3년 이내에 조합설립인가를 신청하지 않거나 조합이 조합설립인가를 받은 날부터 3년 이내에 사업시행계획인가를 신청하지 않은 때
> 4. 지방자치단체의 장이 시행하는 「국토법」에 따른 도시·군계획사업과 병행하여 정비사업을 시행할 필요가 있다고 인정하는 때
> 5. 순환정비방식으로 정비사업을 시행할 필요가 있다고 인정하는 때
> 6. 사업시행계획인가가 취소된 때
> 7. 해당 정비구역의 국·공유지 면적 또는 국·공유지와 토지주택공사 등이 소유한 토지를 합한 면적이 전체 토지면적의 2분의 1 이상으로서 토지등소유자의 과반수가 시장·군수 등 또는 토지주택공사 등을 사업시행자로 지정하는 것에 동의하는 때
> 8. 해당 정비구역의 토지면적 2분의 1 이상의 토지소유자와 토지등소유자의 3분의 2 이상에 해당하는 자가 시장·군수 등 또는 토지주택공사 등을 사업시행자로 지정할 것을 요청하는 때

② **협약 등**: 토지주택공사 등과 재개발사업 또는 재건축사업의 준비·추진에 필요한 사항에 대하여 협약 또는 계약 등(이하 '협약 등')을 체결하려는 토지등소유자는 대통령령으로 정하는 절차(주민설명회의 개최)를 거친 사실을 시장·군수 등에게 확인받은 후 대통령령으로 정하는 비율(100분의 30) 이상의 토지등소유자의 동의를 받아 사업시행자 지정 이전에 협약 등을 체결할 수 있다.

---

❶ 시장·군수 등이 직접 정비사업을 시행하거나 토지주택공사 등을 사업시행자로 지정·고시한 때에는 그 고시일 다음 날에 추진위원회의 구성승인 또는 조합설립인가가 취소된 것으로 본다.

⚡ **기출**

01 재개발조합이 조합설립인가를 받은 날부터 ( ) 이내에 사업시행계획인가를 신청하지 않은 때에는 시장·군수 등이 직접 정비사업을 시행할 수 있다. 제35회

02 해당 정비구역 안의 국·공유지 면적이 전체 토지면적의 ( ) 이상으로서 토지등소유자의 과반수가 동의하는 경우 시장·군수 등이 직접 재개발사업을 시행할 수 있다. 제26회

기출정답
01 3년   02 2분의 1

(2) 재개발사업·재건축사업의 사업대행자

① **대행 사유**: 시장·군수 등은 다음에 해당하는 경우에는 해당 조합 또는 토지등소유자를 대신하여 직접 정비사업을 시행하거나 토지주택공사 등 또는 지정개발자에게 해당 조합 또는 토지등소유자를 대신하여 정비사업을 시행하게 할 수 있다.

> 1. 장기간 정비사업이 지연되거나 권리관계에 관한 분쟁 등으로 해당 조합 또는 토지등소유자가 시행하는 정비사업을 계속 추진하기 어렵다고 인정하는 경우
> 2. 토지등소유자의 과반수 동의로 요청하는 경우

② **업무의 집행 등**: 시장·군수 등, 토지주택공사 등 또는 지정개발자(이하 '사업대행자')는 정비사업을 대행하는 경우 사업대행개시결정의 고시를 한 날의 다음 날부터 사업대행완료를 고시하는 날까지 자기의 이름 및 사업시행자의 계산으로 사업시행자의 업무를 집행하고 재산을 관리한다.[1]

04 계약의 방법 및 시공자 선정 등

(1) 계약의 방법

추진위원장 또는 사업시행자는 이 법 또는 다른 법령에 특별한 규정이 있는 경우를 제외하고는 계약(공사, 용역, 물품구매 및 제조 등을 포함)을 체결하려면 **일반경쟁**에 부쳐야 한다. 다만, 계약규모, 재난의 발생 등 대통령령으로 정하는 경우에는 입찰 참가자를 지명(指名)하여 경쟁에 부치거나 수의계약(隨意契約)으로 할 수 있다.

(2) 시공자의 선정

① **조합인 시행자**: 조합은 조합설립인가를 받은 후 조합총회에서 경쟁입찰 또는 수의계약(2회 이상 경쟁입찰이 유찰된 경우로 한정)의 방법으로 건설사업자 또는 등록사업자를 시공자로 선정해야 한다. 다만, 조합원이 100인 이하인 정비사업은 조합총회에서 정관으로 정하는 바에 따라 선정할 수 있다.

② **토지등소유자인 시행자**: 토지등소유자가 재개발사업을 시행하는 경우에는 사업시행계획인가를 받은 후 규약에 따라 건설사업자 또는 등록사업자를 시공자로 선정해야 한다.

---

[1] 승인
시장·군수 등이 아닌 사업대행자는 재산의 처분, 자금의 차입 등 사업시행자에게 재산상 부담을 가하는 행위를 하려는 때에는 미리 시장·군수 등의 승인을 받아야 한다.

TIP
합동설명회
조합은 시공자 선정을 위한 입찰에 참가하는 건설업자 또는 등록사업자가 토지등소유자에게 시공에 관한 정보를 제공할 수 있도록 합동설명회를 2회 이상 개최해야 한다.

⚡기출
01 재개발사업을 토지등소유자가 시행하는 경우에는 사업시행계획인가를 받은 후 (   )으로 정하는 바에 따라 건설사업자 또는 등록사업자를 시공자로 선정해야 한다.
제26회

기출정답
01 규약

③ **시장 · 군수 등인 시행자**: 시장 · 군수 등이 직접 정비사업을 시행하거나 토지주택공사 등을 사업시행자로 지정한 경우에는 사업시행자 지정 · 고시 후 경쟁입찰 또는 수의계약의 방법으로 건설사업자 또는 등록사업자를 시공자로 선정해야 한다.

④ **시공자 추천**: ③에 따라 시공자를 선정하거나 관리처분방법으로 시행하는 주거환경개선사업의 사업시행자가 시공자를 선정하는 경우 주민대표회의 또는 토지등소유자 전체회의는 경쟁입찰[1] 또는 수의계약(2회 이상 경쟁입찰이 유찰된 경우로 한정)의 방법으로 시공자를 추천할 수 있다. 이 경우 사업시행자는 추천받은 자를 시공자로 선정해야 한다.

⑤ **철거공사 포함**: 사업시행자는 선정된 시공자와 공사에 관한 계약을 체결할 때에는 기존 건축물의 철거공사에 관한 사항을 포함시켜야 한다.

[1] 경쟁입찰은 다음의 요건을 모두 갖추어야 한다.
1. 일반경쟁입찰 · 제한경쟁입찰 또는 지명경쟁입찰 중 하나일 것
2. 해당 지역에서 발간되는 일간신문에 1회 이상 입찰을 위한 공고를 하고, 입찰 참가자를 대상으로 현장 설명회를 개최할 것 등

제2절 조합설립추진위원회 및 조합의 설립 등 〈빈출〉

01 조합설립추진위원회

(1) 추진위원회의 구성 등

① **승인**: 조합을 설립하려는 경우에는 추진위원장을 포함한 5명 이상의 추진위원회 위원과 운영규정에 대하여 토지등소유자 과반수의 동의를 받아 조합설립을 위한 추진위원회를 구성하여 시장 · 군수 등의 승인을 받아야 한다. 이 경우 시장 · 군수 등은 승인 이후 구역경계, 토지등소유자의 수 등 국토교통부령으로 정하는 사항을 해당 지방자치단체 공보에 고시해야 한다.

② **대상지역**: 추진위원회는 다음의 어느 하나에 해당하는 지역을 대상으로 구성한다.

> 1. 정비구역으로 지정 · 고시된 지역
> 2. 정비구역으로 지정 · 고시되지 않은 지역으로서 다음의 어느 하나에 해당하는 지역
>   ① 기본계획을 수립하지 않는 대도시가 아닌 시로서 대통령령으로 정하는 지역
>   ② 기본계획에 정비예정구역이 설정된 지역
>   ③ 입안 요청 및 입안 제안에 따라 정비계획의 입안을 결정한 지역
>   ④ 정비계획의 입안을 위하여 주민에게 공람한 지역

TIP
추진위원회는 추진위원장 1명과 감사를 두어야 한다 (이사 ×).

③ **재승인**: ② 2.에 따라 추진위원회를 구성하여 승인받은 경우로서 승인 당시의 구역과 지정·고시된 정비구역의 면적 차이가 대통령령으로 정하는 기준 이상(추진위원회의 구성에 관한 승인 당시 구역 면적의 100분의 10)인 경우 추진위원회는 ①의 사항에 대하여 토지등소유자 **과반수의 동의**를 받아 시장·군수 등에게 다시 승인을 받아야 한다. 이 경우 ①의 추진위원회 구성에 동의한 자는 정비구역 지정·고시 이후 1개월 이내에 동의를 철회하지 않는 경우 동의한 것으로 본다.[1]

④ **동의 의제**: 추진위원회의 구성에 동의한 토지등소유자는 조합의 설립에 동의한 것으로 본다. 다만, **조합설립인가를 신청하기 전**에 시장·군수 등 및 추진위원회에 조합설립에 대한 반대의 의사표시를 한 경우에는 그러하지 아니하다.

⑤ **공공지원의 특례**: 정비사업에 대하여 공공지원을 하려는 경우에는 추진위원회를 구성하지 않을 수 있다.

[1] ③에 따른 승인이 있는 경우 기존의 추진위원회의 업무와 관련된 권리·의무는 승인받은 추진위원회가 포괄승계한 것으로 본다.

(2) 추진위원회의 기능 제23회

① **업무**: 추진위원회는 다음의 업무를 수행할 수 있다.

> 1. 정비사업전문관리업자의 선정 및 변경
> 2. 설계자의 선정 및 변경
> 3. 개략적인 정비사업 시행계획서의 작성
> 4. 조합설립인가를 받기 위한 준비업무
> 5. 그 밖에 조합설립을 추진하기 위하여 대통령령으로 정하는 업무
>   ① 추진위원회 운영규정의 작성
>   ② 토지등소유자의 동의서의 접수
>   ③ 조합의 설립을 위한 창립총회 개최
>   ④ 조합정관의 초안 작성 등

TIP

추진위원회의 업무가 아닌 것
시공자 선정, 정관변경, 정비사업비의 조합원별 분담내역의 결정

② **관리업자의 선정방법**: 추진위원회가 정비사업전문관리업자를 선정하려는 경우에는 추진위원회 승인을 받은 후 **경쟁입찰** 또는 수의계약(2회 이상 경쟁입찰이 유찰된 경우로 한정)의 방법으로 선정해야 한다.

③ **정보의 제공**: 추진위원회는 조합설립에 필요한 **동의를 받기 전**에 추정분담금 등 대통령령으로 정하는 정보를 토지등소유자에게 제공해야 한다.

02 조합의 설립 등

(1) 조합설립의무

시장·군수 등, 토지주택공사 등 또는 지정개발자가 아닌 자가 정비사업을 시행하려는 경우에는 토지등소유자로 구성된 조합을 설립해야 한다. 다만, 토지등소유자가 재개발사업을 시행하려는 경우에는 그러하지 않다.

(2) 조합설립인가

① **재개발사업**: 재개발사업의 추진위원회가 조합을 설립하려면 **토지등소유자의 4분의 3 이상 및 토지면적의 2분의 1 이상**의 토지소유자의 동의를 받아 정관 등의 서류를 첨부하여 정비구역 지정·고시 후 **시장·군수 등의 인가를 받아야 한다.** [1]

② **재건축사업**: 재건축사업의 추진위원회가 조합을 설립하려는 때에는 주택단지의 공동주택의 각 동(복리시설의 경우에는 주택단지의 복리시설 전체를 하나의 동으로 봄)별 구분소유자의 과반수(복리시설로서 대통령령으로 정하는 경우[2]에는 3분의 1 이상) 동의(동별 구분소유자가 5 이하인 경우는 제외)와 주택단지의 전체 구분소유자의 100분의 70 이상 및 토지면적의 100분의 70 이상의 토지소유자의 동의를 받아 정비구역 지정·고시 후 **시장·군수 등의 인가를 받아야 한다.**

③ **주택단지가 아닌 지역인 경우**: ②에도 불구하고 주택단지가 아닌 지역이 정비구역에 포함된 때에는 주택단지가 아닌 지역의 **토지 또는 건축물소유자의 4분의 3 이상 및 토지면적의 3분의 2 이상**의 토지소유자의 동의를 받아야 한다.

(3) 변경인가

조합이 인가받은 사항을 변경하고자 하는 때에는 총회에서 **조합원의 3분의 2 이상의 찬성으로 의결**하고, 시장·군수 등의 **인가를 받아야 한다.** 다만, 다음의 경미한 사항을 변경하려는 때에는 총회의 의결 없이 시장·군수 등에게 **신고**[3]하고 변경할 수 있다.

> 1. 조합의 명칭 및 주된 사무소의 소재지와 조합장의 성명 및 주소(조합장의 변경이 없는 경우로 한정)
> 2. 토지 또는 건축물의 매매 등으로 조합원의 권리가 이전된 경우의 조합원의 교체 또는 신규가입
> 3. 정비사업비의 변경 … (이하 8.까지 생략)

⚡기출

01 재개발사업의 추진위원회가 조합을 설립하려면 토지등소유자의 (   ) 이상 및 토지면적의 (   ) 이상의 토지소유자의 동의를 받아야 한다. 제35회

02 재건축사업의 추진위원회가 조합을 설립하려는 경우 주택단지가 아닌 지역의 토지 또는 건축물소유자의 (   ) 이상 및 토지면적의 (   ) 이상의 토지소유자의 동의를 받아야 한다. 제31회

[1] 조합은 조합설립인가를 받은 때에는 정관으로 정하는 바에 따라 토지등소유자에게 그 내용을 통지하고, 이해관계인이 열람할 수 있도록 해야 한다.

[2] **대통령령으로 정하는 경우**
기본계획의 수립·고시일 이후로서 시·도지사가 따로 정하는 날(따로 정하는 날이 없는 경우에는 정비구역의 지정·고시일)의 다음 날부터 조합설립인가 신청일까지 복리시설의 구분소유자가 증가한 경우

[3] 시장·군수 등은 신고를 받은 날부터 20일 이내에 신고수리 여부를 통지해야 한다.

기출정답
01 4분의 3, 3분의 2
01 4분의 3, 2분의 1

(4) 토지등소유자의 동의방법 등

① **동의자 수 산정방법 등**: 토지등소유자의 동의는 다음의 기준에 따라 산정한다.

> 1. 주거환경개선사업, 재개발사업의 경우에는 다음의 기준에 의할 것
>   ① 1필지의 토지 또는 하나의 건축물을 여럿이서 공유하는 경우에는 해당 토지 또는 건축물의 토지등소유자의 4분의 3 이상의 동의를 받아 이를 대표하는 1인을 토지등소유자로 산정할 것
>   ② 토지에 지상권이 설정되어 있는 경우 토지의 소유자와 해당 토지의 지상권자를 대표하는 1인을 토지등소유자로 산정할 것
>   ③ 1인이 다수 필지의 토지 또는 다수의 건축물을 소유하고 있는 경우에는 필지나 건축물의 수에 관계없이 토지등소유자를 1인으로 산정할 것
>   ④ 둘 이상의 토지 또는 건축물을 소유한 공유자가 동일한 경우에는 그 공유자 여럿을 대표하는 1인을 토지등소유자로 산정할 것
> 2. 추진위원회의 구성 또는 조합의 설립에 동의한 자로부터 토지 또는 건축물을 취득한 자는 추진위원회의 구성 또는 조합의 설립에 동의한 것으로 볼 것
> 3. 국·공유지에 대해서는 그 재산관리청 각각을 토지등소유자로 산정할 것. 이 경우 재산관리청은 동의 요청을 받은 날부터 30일 이내에 동의 여부를 표시하지 않으면 동의한 것으로 본다.

② **동의 인정의 특례**: 토지등소유자가 다음의 사항에 대하여 동의를 하는 경우, 동의를 하지 않은 다른 사항에 대하여도 동의를 한 것으로 본다.[1]

> 1. 정비계획의 입안 요청을 위한 동의 또는 정비계획 입안의 제안을 위한 동의
> 2. 추진위원회 구성에 대한 동의

③ **동의의 철회**: 동의의 철회 또는 반대의사의 표시는 해당 동의에 따른 인·허가 등을 신청하기 전까지 할 수 있다. 이 경우 철회서가 동의의 상대방에게 도달한 때 또는 시장·군수 등이 동의의 상대방에게 철회서가 접수된 사실을 통지한 때 중 빠른 때에 효력이 발생한다.

(5) 조합의 법인격 등

① **법적 성격**: 조합은 법인으로 한다(공법상의 사단법인).
② **설립등기**: 조합은 조합설립인가를 받은 날부터 30일 이내에 주된 사무소의 소재지에서 등기하는 때에 성립한다.
③ **준용규정**: 조합에 관하여는 이 법에 규정된 사항을 제외하고는 「민법」 중 사단법인에 관한 규정을 준용한다.

---

[1]
②에 따라 동의를 인정받기 위한 요건은 다음을 모두 충족한 경우로 한정한다.
1. 동의를 받을 때 다른 동의에 관하여 대통령령으로 정하는 사항을 포함하여 동의를 받을 것
2. 동의를 받을 때 다른 동의로도 인정될 수 있음을 고지받고, 고지받은 날부터 대통령령으로 정하는 기간 내에 동의를 철회하지 않을 것

TIP
조합은 명칭에 '정비사업조합'이라는 문자를 사용해야 한다.

03 조합원

(1) 조합원의 자격

정비사업의 조합원은 토지등소유자(재건축사업의 경우에는 재건축사업에 동의한 자만 해당)로 하되, 다음에 해당하는 때에는 그 여러 명을 대표하는 1명을 조합원으로 본다.

> 1. 토지 또는 건축물의 소유권과 지상권이 여러 명의 공유에 속하는 때
> 2. 여러 명의 토지등소유자가 1세대에 속하는 때
> 3. 조합설립인가 후 1명의 토지등소유자로부터 토지 또는 건축물의 소유권이나 지상권을 양수하여 여러 명이 소유하게 된 때

기출
01 재건축사업의 경우에는 토지등소유자로서 재건축사업에 ( )한 자만 조합원이 된다. 제25회

1 조합설립인가 후 양도·증여·판결 등으로 조합원의 권리가 이전된 때에는 조합원의 권리를 취득한 자를 조합원으로 본다.

(2) 조합원 지위의 양도제한

「주택법」에 따른 투기과열지구에서 재건축사업을 시행하는 경우에는 조합설립인가 후, 재개발사업을 시행하는 경우에는 관리처분계획의 인가 후 해당 정비사업의 건축물 또는 토지를 양수(매매·증여, 그 밖의 권리의 변동을 수반하는 모든 행위를 포함하되, 상속·이혼은 제외)한 자는 조합원이 될 수 없다. 다만, 다음에 해당하는 양도인으로부터 건축물 또는 토지를 양수한 자는 그러하지 않다.

> 1. 세대원(세대주가 포함된 세대의 구성원을 말함)의 근무상 또는 생업상의 사정이나 질병치료(「의료법」에 따른 의료기관의 장이 1년 이상의 치료나 요양이 필요하다고 인정하는 경우로 한정)·취학·결혼으로 세대원이 모두 해당 사업구역에 위치하지 않은 특별시·광역시·특별자치시·특별자치도·시 또는 군으로 이전하는 경우
> 2. 상속으로 취득한 주택으로 세대원 모두 이전하는 경우
> 3. 세대원 모두 해외로 이주하거나 세대원 모두 2년 이상 해외에 체류하려는 경우
> 4. 1세대 1주택자로서 양도하는 주택에 대한 소유기간이 10년 이상 및 거주기간이 5년 이상인 경우
> 5. 그 밖에 불가피한 사정으로 양도하는 경우로서 대통령령으로 정하는 경우

기출정답
01 동의

04 정관

(1) 정관의 내용

조합의 정관에는 다음의 사항이 포함되어야 한다.

1. 조합의 명칭 및 사무소의 소재지
2. 정비구역의 위치 및 면적
3. 조합원의 자격, 제명·탈퇴 및 교체
4. 조합임원의 수 및 업무의 범위
5. 조합임원의 권리·의무·보수·선임방법·변경 및 해임
6. 대의원의 수, 선임방법, 선임절차 및 대의원회의 의결방법
7. 조합의 비용부담 및 조합의 회계
8. 정비사업비의 부담시기 및 절차
9. 청산금의 징수·지급의 방법 및 절차
10. 시공자·설계자의 선정 및 계약서에 포함될 내용 … (이하 18.까지 생략)

TIP
시·도지사는 표준정관을 작성하여 보급할 수 있다.

기출
01 조합의 ( )에는 정비구역의 위치 및 면적이 포함되어야 한다.
제30회

(2) 정관의 변경

① **변경인가**: 조합이 정관을 변경하려는 경우에는 **총회**를 개최하여 조합원 과반수의 찬성으로 시장·군수 등의 인가를 받아야 한다. 다만, 다음의 경우에는 조합원 3분의 2 이상의 찬성으로 한다.❶

1. 조합원의 자격, 제명·탈퇴 및 교체
2. 정비구역의 위치 및 면적
3. 조합의 비용부담 및 조합의 회계
4. 정비사업비의 부담시기 및 절차
5. 시공자·설계자의 선정 및 계약서에 포함될 내용

② **변경신고**: ①에도 불구하고 대통령령으로 정하는 경미한 사항을 변경한 때에는 시장·군수 등에게 신고❷해야 한다.

❶ 청산금의 징수·지급의 방법 및 절차는 해당하지 않는다.

❷ 시장·군수 등은 신고를 받은 날부터 20일 이내에 신고수리 여부를 통지해야 한다.

기출정답
01 정관

TIP

조합의 기관
1. **임원**: 집행기관(필수적)
2. **총회**: 의결기관(필수적)
3. **대의원회**: 대의기관(필수적)

⚡기출

01 조합이 정비구역의 위치 및 면적, 조합원의 자격에 관한 정관을 변경하려는 경우에는 총회를 개최하여 조합원 (   ) 이상의 찬성으로 시장·군수 등의 인가를 받아야 한다. 제34회

02 토지등소유자의 수가 100인을 초과하는 경우 조합에 두는 이사의 수는 (   )명 이상으로 한다. 제33회

03 조합임원의 임기는 (   )년 이하의 범위에서 정관으로 정하되, 연임할 수 있다. 제33회

❶ 시장·군수 등이 전문조합관리인을 선정한 경우 전문조합관리인이 업무를 대행할 임원은 당연퇴임한다.

기출정답
01 3분의 2   02 5   03 3

05 조합의 임원

(1) 필수적 집행기관

① **자격요건**: 조합은 조합원으로서 정비구역에 위치한 건축물 또는 토지(재건축사업의 경우에는 건축물과 그 부속토지를 말함)를 소유한 자(공유한 경우에는 가장 많은 지분을 소유한 경우로 한정) 중 다음의 어느 하나의 요건을 갖춘 조합장 1명과 이사, 감사를 임원으로 둔다. 이 경우 조합장은 선임일부터 관리처분계획인가를 받을 때까지는 해당 정비구역에서 거주해야 한다.

> 1. 정비구역에 위치한 건축물 또는 토지를 5년 이상 소유할 것
> 2. 정비구역에서 거주하고 있는 자로서 선임일 직전 3년 동안 정비구역에서 1년 이상 거주할 것

② **임원의 수**: 이사의 수는 3명 이상으로 하고, 감사의 수는 1명 이상 3명 이하로 한다. 다만, 토지등소유자가 100인을 초과하는 경우에는 이사의 수를 5명 이상으로 한다.

③ **임기**: 임기는 3년 이하의 범위에서 정관으로 정하되, 연임할 수 있다.

(2) 조합임원의 직무 등

① 조합장은 조합을 대표하고, 그 사무를 총괄하며, 총회 또는 대의원회의 의장이 된다. 다만, 조합장 또는 이사가 자기를 위하여 조합과 계약이나 소송을 할 때에는 감사가 조합을 대표한다.
② 조합장이 대의원회의 의장이 되는 경우에는 대의원으로 본다.
③ 조합임원은 같은 목적의 정비사업을 하는 다른 조합의 임원 또는 직원을 겸할 수 없다.

(3) 전문조합관리인

시장·군수 등은 다음의 어느 하나에 해당하는 경우 전문조합관리인(임기는 3년)을 선정하여 조합임원의 업무를 대행하게 할 수 있다.❶

> 1. 조합임원이 사임, 해임, 임기만료, 그 밖에 불가피한 사유 등으로 직무를 수행할 수 없는 때부터 6개월 이상 선임되지 않은 경우
> 2. 총회에서 조합원 과반수의 출석과 출석 조합원 과반수의 동의로 전문조합관리인의 선정을 요청하는 경우

(4) 조합임원 등의 결격사유 및 해임

① **결격사유**: 다음에 해당하는 자는 **조합임원** 또는 전문조합관리인이 될 수 없다.

> 1. 미성년자·피성년후견인 또는 피한정후견인
> 2. 파산선고를 받고 복권되지 않은 자
> 3. 금고 이상의 실형을 선고받고 그 집행이 종료되거나 집행이 면제된 날부터 2년이 지나지 않은 자
> 4. 금고 이상의 형의 집행유예를 받고 그 유예기간 중에 있는 자
> 5. 이 법을 위반하여 벌금 100만원 이상의 형을 선고받고 10년이 지나지 않은 자
> 6. 조합설립 인가권자에 해당하는 지방자치단체의 장, 지방의회의원 또는 그 배우자·직계존속·직계비속

② **당연퇴임**: 조합임원이 다음에 해당하는 경우에는 **당연퇴임**한다. 다만, 퇴임된 임원이 퇴임 전에 관여한 행위는 그 효력을 잃지 않는다.

> 1. ①의 결격사유에 해당하게 되거나 선임 당시 그에 해당하는 자이었음이 판명된 경우
> 2. 조합임원이 위 **(1)** ①에 따른 자격요건을 갖추지 못한 경우

③ **해임**: 조합임원은 **조합원 10분의 1 이상**의 요구로 소집된 **총회**에서 조합원 과반수의 출석과 출석 조합원 과반수의 동의를 받아 해임할 수 있다.

06 총회

(1) 필수적 의결기관

① **구성**: 조합에는 조합원으로 구성되는 총회를 둔다.
② **총회 소집**: 조합장이 직권으로 소집하거나 **조합원 5분의 1 이상**(조합임원의 권리·의무·보수·선임방법·변경 및 해임에 관한 사항을 변경하기 위한 총회는 10분의 1 이상) 또는 대의원 3분의 2 이상의 요구로 조합장이 소집한다. 다만, 조합임원의 사임·해임 또는 임기만료 후 **6개월 이상** 조합임원이 선임되지 않는 경우에는 시장·군수 등이 조합임원 선출을 위한 총회를 소집할 수 있다.
③ **사전통지**: 총회를 소집하려는 자는 개최 7일 전까지 회의목적·안건·일시 및 장소와 의결권의 행사기간 및 장소 등을 조합원에게 통지해야 한다.

TIP

조합임원이 결격사유에 해당하는 경우
1. **도시개발조합**: 다음 날에 자격상실
2. **정비사업조합**: 당연퇴임
3. **주택조합**: 당연퇴직

⚡기출

01 조합임원이 결격사유에 해당하게 되어 당연퇴임한 경우 그가 퇴임 전에 관여한 행위는 그 효력을 (   ). 제34회

02 정관의 기재사항 중 조합임원의 해임에 관한 사항을 변경하기 위한 총회의 경우는 조합원 (   ) 이상의 요구로 조합장이 소집한다. 제30회

03 조합임원의 임기만료 후 (   ) 이상 조합임원이 선임되지 않는 경우에는 시장·군수 등이 조합임원 선출을 위한 총회를 소집할 수 있다. 제34회

기출정답
01 잃지 않는다
02 10분의 1   03 6개월

(2) 총회의 의결

① **출석요건**: 총회의 의결은 **조합원의 100분의 10 이상이 직접 출석**(대리인을 통하거나 전자적 방법으로 의결권을 행사하는 경우 포함)해야 한다. 다만, 시공자의 선정을 의결하는 총회의 경우에는 조합원의 과반수가 직접 출석해야 하고, 다음에 해당하는 총회의 경우에는 조합원의 100분의 20 이상이 직접 출석해야 한다.

> 1. 창립총회
> 2. 시공자 선정 취소를 위한 총회
> 3. 사업시행계획서의 작성 및 변경을 위하여 개최하는 총회
> 4. 관리처분계획의 수립 및 변경을 위하여 개최하는 총회
> 5. 정비사업비의 사용 및 변경을 위하여 개최하는 총회

② **의결방법**: 총회의 의결은 이 법 또는 정관에 다른 규정이 없으면 조합원 과반수의 출석과 출석 조합원의 과반수 찬성으로 한다.

③ **특별의결 정족수**: 다음의 경우에는 **조합원 과반수의 찬성**으로 의결한다.[1]

> 1. 사업시행계획서의 작성 및 변경(정비사업의 중지 또는 폐지에 관한 사항을 포함하며, 경미한 변경은 제외)
> 2. 관리처분계획의 수립 및 변경(경미한 변경은 제외)

[1] 정비사업비가 100분의 10(생산자물가상승률분, 분양신청을 하지 않은 자 등에 대한 손실보상 금액은 제외) 이상 늘어나는 경우에는 조합원 3분의 2 이상의 찬성으로 의결해야 한다.

TIP

대의원회의 구성
1. **도시개발조합**: 조합원 수가 50명 이상(임의적)
2. **정비사업조합**: 조합원 수가 100명 이상(필수적)

⚡기출

01 조합원의 수가 (   )명 이상인 조합은 대의원회를 두어야 한다. 이 경우 (   )이 아닌 조합임원은 대의원이 될 수 없다.
제34회

기출정답
01 100, 조합장

07 대의원회

(1) 필수적 대의기관

① **구성**: **조합원의 수가 100명 이상인 조합은 대의원회를 두어야 한다**.
② **대의원의 수**: 대의원회는 조합원의 10분의 1 이상으로 구성한다. 다만, 조합원의 10분의 1이 100명을 넘는 경우에는 조합원의 10분의 1의 범위에서 100명 이상으로 구성할 수 있다.
③ **겸직금지**: **조합장이 아닌 조합임원은 대의원이 될 수 없다**.

(2) 총회권한 대행

대의원회는 총회의 의결사항 중 다음의 사항 외에는 총회의 권한을 대행할 수 있다.

> 1. 정관의 변경에 관한 사항(경미한 사항의 변경은 법 또는 정관에서 총회의결 사항으로 정한 경우로 한정)
> 2. 자금의 차입과 그 방법·이자율 및 상환방법에 관한 사항
> 3. 예산으로 정한 사항 외에 조합원에게 부담이 되는 계약에 관한 사항
> 4. 시공자·설계자 및 감정평가법인 등(시장·군수 등이 선정·계약하는 감정평가법인 등은 제외)의 선정 및 변경에 관한 사항
> 5. 정비사업전문관리업자의 선정 및 변경에 관한 사항
> 6. 조합임원의 선임 및 해임과 대의원의 선임 및 해임에 관한 사항. 다만, 정관으로 정하는 바에 따라 임기 중 궐위된 자(조합장은 제외)를 보궐선임하는 경우를 제외한다.
> 7. 사업시행계획서의 작성 및 변경에 관한 사항(정비사업의 중지 또는 폐지에 관한 사항을 포함하며, 경미한 변경은 제외)
> 8. 관리처분계획의 수립 및 변경에 관한 사항(경미한 변경은 제외)
> 9. 총회에 상정해야 하는 사항
> 10. 조합의 합병 또는 해산에 관한 사항. 다만, 사업완료로 인한 해산의 경우는 제외한다.
> 11. 건축물의 설계개요의 변경에 관한 사항
> 12. 정비사업비의 변경에 관한 사항

TIP
도시개발조합 총회권한 대행 제외사항
1. 정관변경
2. 개발계획
3. 환지계획
4. 임원
5. 합병·해산

⚡기출
01 조합총회의 의결사항 중 (　　)로 인한 조합의 해산은 대의원회가 대행할 수 있다. 제36회

TIP
주민대표회의에는 위원장과 부위원장 각 1명과 1명 이상 3명 이하의 감사를 둔다. (이사 ×)

08 주민대표회의 등

(1) 주민대표회의

① **구성의무**: 토지등소유자가 시장·군수 등 또는 토지주택공사 등의 사업시행을 원하는 경우에는 정비구역 지정·고시 후 주민대표회의를 구성해야 한다. 다만, 협약 등이 체결된 경우에는 정비구역 지정·고시 이전에 주민대표회의를 구성할 수 있다.

② **구성원의 수**: 주민대표회의는 위원장을 포함하여 5명 이상 25명 이하로 구성한다.❶

③ **동의 및 승인**: 주민대표회의는 토지등소유자의 과반수의 동의를 받아 구성하며, 시장·군수 등의 승인을 받아야 한다.

④ **의견제시**: 주민대표회의 또는 세입자는 사업시행자가 시행규정❷을 정하는 때에 의견을 제시할 수 있고, 사업시행자는 제시된 의견을 반영하기 위하여 노력해야 한다.

❶
주민대표회의의 위원의 선출·교체 및 해임, 운영 방법, 운영비용의 조달 그 밖에 주민대표회의의 운영에 필요한 사항은 주민대표회의가 정한다.

❷ 시행규정
1. 건축물의 철거
2. 주민의 이주
3. 토지 및 건축물의 보상
4. 정비사업비의 부담
5. 세입자에 대한 임대주택의 공급 및 입주자격 등

기출정답
01 사업완료

(2) 토지등소유자 전체회의

사업시행자로 지정된 신탁업자는 다음의 사항에 관하여 해당 정비사업의 토지등소유자(재건축사업의 경우에는 동의한 토지등소유자를 말함) 전원으로 구성되는 회의(토지등소유자 전체회의)의 의결을 거쳐야 한다.

> 1. 시행규정의 확정 및 변경
> 2. 정비사업비의 사용 및 변경
> 3. 정비사업전문관리업자와의 계약 등 토지등소유자의 부담이 될 계약
> 4. 시공자의 선정 및 변경
> 5. 정비사업비의 토지등소유자별 분담내역 … (이하 11.까지 생략)

암기 PLUS | 도시개발조합과 정비사업조합의 비교

구분	도시개발조합	정비사업조합
설립의무	×	○(재개발사업은 예외 있음)
추진위원회	×	○
동의요건	면적 3분의 2 + 총수 2분의 1	• 재개발사업: 토지등소유자 4분의 3 + 면적 2분의 1 • 재건축사업: 동별 구분소유자 과반수 + 전체 구분소유자 및 토지면적 70/100. 다만, 주택단지가 아닌 지역은 토지 또는 건축물 소유자 4분의 3 + 면적 3분의 2
인가권자	지정권자	시장·군수 등
설립등기	설립인가 후 30일 이내 등기하면 성립(법인)	
조합원	토지소유자 (동의 불문)	토지등소유자 (재건축사업은 동의한 자로 한정)
임원결격	다음 날 자격상실	당연퇴임
대의원회	50명 이상(임의적)	100명 이상(의무적)

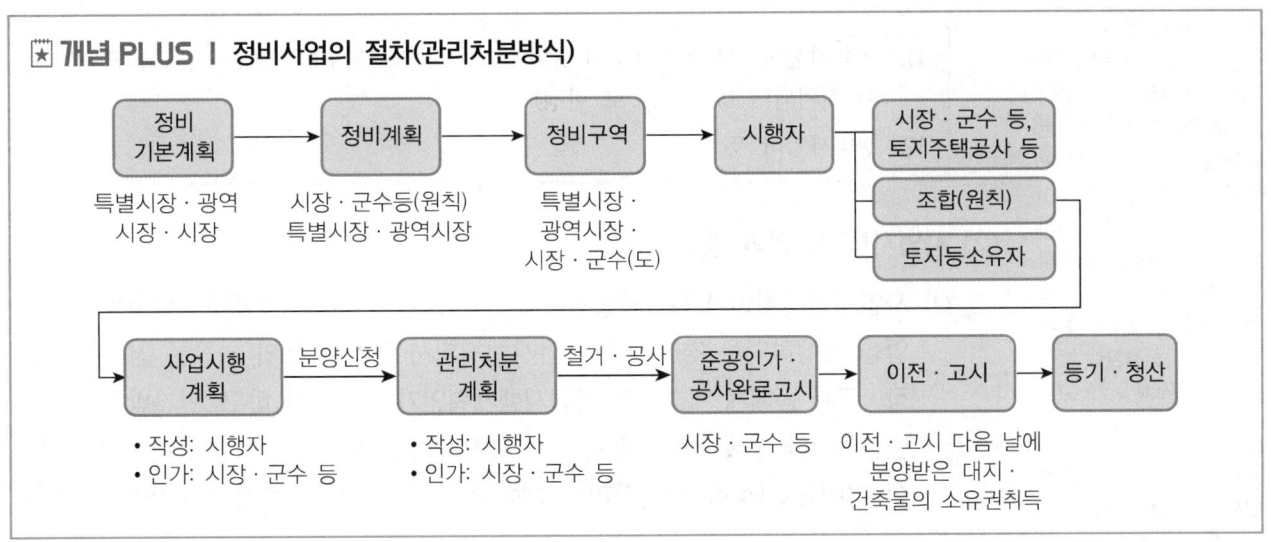

제3절 사업시행계획 등

01 사업시행계획인가

(1) 사업시행계획서의 작성

시행자는 정비계획에 따라 다음의 사항을 포함하는 사업시행계획서를 작성해야 한다.

1. 토지이용계획(건축물배치계획을 포함)
2. 정비기반시설 및 공동이용시설의 설치계획
3. 임시거주시설을 포함한 주민이주대책
4. 세입자의 주거 및 이주대책
5. 사업시행기간 동안 정비구역 내 가로등 설치, 폐쇄회로 텔레비전 설치 등 범죄예방대책
6. 임대주택의 건설계획(재건축사업의 경우는 제외)
7. 국민주택규모 주택의 건설계획(주거환경개선사업의 경우는 제외)
8. 공공지원민간임대주택 또는 임대관리 위탁주택의 건설계획(필요한 경우로 한정)
9. 건축물의 높이 및 용적률 등에 관한 건축계획
10. 정비사업의 시행과정에서 발생하는 폐기물의 처리계획

TIP

시장·군수 등, 토지주택공사 등 또는 신탁업자가 단독으로 정비사업을 시행하는 경우에는 시행규정을 작성해야 한다. 이 경우 토지등소유자 전체회의는 신탁업자가 사업시행자인 경우만 포함되는 사항이다.

⚡기출

01 임대주택의 건설계획은 ( )사업의 시행자가 작성해야 하는 사업시행계획서에 포함되어야 하는 사항이 아니다. 제31회

기출정답

01 재건축

1 교육감과 협의
시장·군수 등은 사업시행계획인가(시장·군수 등이 사업시행계획서를 작성한 경우를 포함)를 하려는 경우 정비구역부터 200m 이내에 교육시설이 설치되어 있는 때에는 해당 지방자치단체의 교육감 또는 교육장과 협의해야 하며, 인가받은 사항을 변경하는 경우에도 또한 같다.

2
시장·군수 등은 신고를 받은 날부터 20일 이내에 신고수리 여부를 통지해야 한다.

3
토지등소유자가 재개발사업을 시행하는 경우 사업시행계획인가를 신청하기 전에 토지등소유자의 4분의 3 이상 및 토지면적의 2분의 1 이상의 토지소유자의 동의를 받아야 한다.

4
「사도법」에 따른 사도개설허가는 의제되지 않는다.
1. 「주택법」에 따른 사업계획의 승인
2. 「공공주택 특별법」에 따른 **주택건설사업계획의 승인**
3. 「건축법」에 따른 건축허가, 가설건축물의 건축허가 또는 축조신고 및 건축협의
4. 「농지법」에 따른 **농지 전용의 허가·협의 및 농지전용신고**
5. 「하수도법」에 따른 공공하수도 사업의 허가 및 **개인하수처리시설의 설치신고**
6. 「유통산업발전법」에 따른 **대규모점포 등의 등록**
… (이하 20.까지 생략)

---

11. 교육시설의 교육환경보호에 관한 계획**1**(정비구역부터 200m 이내에 교육시설이 설치되어 있는 경우로 한정)
12. 정비사업비 등

(2) 사업시행계획인가 등

① **사업시행계획인가 등**: 시행자(시장·군수 등인 사업시행자는 제외)는 정비사업을 시행하려는 경우에는 사업시행계획서에 정관 등의 서류를 첨부하여 시장·군수 등에게 제출하고 **사업시행계획인가**를 받아야 하고, 인가받은 사항을 변경하거나 정비사업을 중지 또는 폐지하려는 경우에도 또한 같다. 다만, 다음의 경미한 사항을 변경하려는 때에는 시장·군수 등에게 **신고해야 한다.2**

1. 정비사업비를 10%의 범위에서 변경하거나 관리처분계획의 인가에 따라 변경하는 때
2. 건축물이 아닌 부대시설·복리시설의 설치규모를 확대하는 때(위치가 변경되는 경우는 제외)
3. 대지면적을 10%의 범위에서 변경하는 때 … (이하 12.까지 생략)

② **인가 여부의 통보**: 시장·군수 등은 특별한 사유가 없으면 사업시행계획서의 제출이 있는 날부터 60일 이내에 인가 여부를 결정하여 시행자에게 통보해야 한다.

③ **인가신청 전 동의3**: 시행자(시장·군수 등 또는 토지주택공사 등은 제외)는 사업시행계획인가를 신청하기 전에 미리 **총회의 의결**을 거쳐야 한다. 다만, 경미한 사항의 변경은 제외한다.

④ **공람**: 시장·군수 등은 사업시행계획인가를 하려는 경우에는 관계 서류의 사본을 14일 이상 일반인이 공람할 수 있게 해야 한다. 다만, 경미한 사항의 변경은 제외한다.

⑤ **고시**: 시장·군수 등은 사업시행계획인가를 하거나 정비사업을 변경·중지 또는 폐지하는 경우에는 그 내용을 해당 지방자치단체의 공보에 고시해야 한다.

⑥ **인·허가 등의 의제**: 사업시행자가 사업시행계획인가를 받은 때에는 다음의 인·허가 등이 있는 것으로 본다.**4**

⑦ **정비사업비의 예치5**: 시장·군수 등은 **재개발사업**의 사업시행계획인가를 하는 경우, 사업시행자가 지정개발자(토지등소유자인 경우로 한정)인 때에는 정비사업비의 100분의 20의 범위에서 시·도조례로 정하는 금액을 예치하게 할 수 있다.

(3) 사업시행계획의 통합심의

① **통합심의**: 정비구역의 지정권자는 사업시행계획인가와 관련된 다음 중 둘 이상의 심의가 필요한 경우에는 이를 통합하여 검토 및 심의(이하 '통합심의')해야 하고, 사업시행자가 통합심의를 신청하는 경우에는 관련 서류를 첨부해야 한다.

> 1. 「건축법」에 따른 건축물의 건축 및 특별건축구역의 지정 등에 관한 사항
> 2. 「경관법」에 따른 경관 심의에 관한 사항
> 3. 「교육환경 보호에 관한 법률」에 따른 교육환경평가
> 4. 「국토의 계획 및 이용에 관한 법률」에 따른 도시·군관리계획에 관한 사항
> 5. 「도시교통정비 촉진법」에 따른 교통영향평가에 관한 사항
> 6. 「소방시설 설치 및 관리에 관한 법률」에 따른 성능위주설계의 평가에 관한 사항
> 7. 「자연재해대책법」에 따른 재해영향평가에 관한 사항
> 8. 「환경영향평가법」에 따른 환경영향평가 등에 관한 사항 등

② 시장·군수 등은 특별한 사유가 없으면 **통합심의 결과를 반영**하여 사업시행계획을 인가해야 한다.

(4) 순환정비방식

시행자는 정비구역의 안과 밖에 새로 건설한 주택 또는 이미 건설되어 있는 주택(순환용주택)의 경우 그 정비사업의 시행으로 철거되는 주택의 소유자 또는 세입자(정비구역에서 실제 거주하는 자로 한정)를 임시로 거주하게 하는 등 그 정비구역을 순차적으로 정비하여 주택의 소유자 또는 세입자의 이주대책을 수립해야 한다.

(5) 재건축사업 등의 용적률 완화 및 국민주택규모 주택 건설비율

① **용적률 완화**: 사업시행자는 과밀억제권역에서 시행하는 재개발사업 및 재건축사업(주거지역 및 준공업지역으로 한정하며, 재정비촉진지구에서 시행되는 사업은 제외)을 시행하는 경우 정비계획으로 정해진 용적률에도 불구하고 지방도시계획위원회의 심의를 거쳐 「국토법」 및 관계 법률에 따른 용적률의 상한(법적상한용적률)까지 건축할 수 있다.

---

5 예치금은 청산금의 지급이 완료된 때에 반환한다.

⚡ 기출

01 시장·군수 등은 재개발사업의 사업시행계획인가를 하는 경우 사업시행자가 토지등소유자인 지정개발자인 때에는 정비사업비의 100분의 ( )의 범위에서 시·도조례로 정하는 금액을 예치하게 할 수 있다. 제25회

1 검토 등 의제
통합심의를 거친 경우에는 ①의 사항에 대한 검토·심의·조사·협의·조정 또는 재정을 거친 것으로 본다.

TIP
순환정비방식으로 시행하는 경우 시장·군수 등, 토지주택공사 등이 재개발사업이나 재건축사업을 시행할 수 있다.

기출정답
01 20

② **국민주택규모 주택의 건설**: 사업시행자는 법적상한용적률에서 정비계획으로 정해진 용적률을 뺀 용적률(초과용적률)의 다음에 따른 비율에 해당하는 면적에 국민주택규모 주택을 건설해야 한다. 다만, 천재지변 등 긴급하게 정비사업을 시행할 필요가 있는 때에는 그러하지 않다.

> 1. 과밀억제권역에서 시행하는 재건축사업은 초과용적률의 100분의 30 이상 100분의 50 이하로서 시·도조례로 정하는 비율
> 2. 과밀억제권역에서 시행하는 재개발사업은 초과용적률의 100분의 50 이상 100분의 75 이하로서 시·도조례로 정하는 비율

③ **국민주택규모 주택의 공급 및 인수**: 사업시행자는 건설한 국민주택규모 주택을 국토교통부장관, 시·도지사, 시장, 군수, 구청장 또는 토지주택공사 등(인수자)에 공급해야 한다. **1**

02 정비사업시행을 위한 조치 등

(1) 임시거주시설·임시상가의 설치 등

① **임시거주 조치의무**: 시행자는 주거환경개선사업 및 재개발사업의 시행으로 철거되는 주택의 소유자 또는 세입자에게 임대주택 등에 임시로 거주하게 하거나 주택자금의 융자를 알선하는 등 임시거주에 상응하는 조치를 해야 한다.

② **일시사용**: 시행자는 임시거주시설의 설치 등을 위하여 필요한 때에는 국가·지방자치단체, 그 밖의 공공단체 또는 개인의 시설이나 토지를 일시사용할 수 있다. **2**

③ **국·공유지의 무상사용**: 국가 또는 지방자치단체는 시행자로부터 임시거주시설에 필요한 건축물이나 토지의 사용신청을 받은 때에는 다음의 사유가 없으면 이를 거절하지 못한다. 이 경우 사용료 또는 대부료는 면제한다.

> 1. 건축물이나 토지에 대하여 제3자와 이미 매매계약을 체결한 경우
> 2. 사용신청 이전에 건축물이나 토지에 대한 사용계획이 확정된 경우
> 3. 제3자에게 이미 건축물이나 토지에 대한 사용허가를 한 경우

④ **임시상가의 설치**: 재개발사업의 시행자는 사업시행으로 이주하는 상가세입자가 사용할 수 있도록 정비구역 또는 정비구역 인근에 임시상가를 설치할 수 있다.

1
사업시행자가 국민주택규모 주택을 공급하는 경우에는 시·도지사, 시장·군수·구청장 순으로 우선하여 인수할 수 있다. 다만, 시·도지사 및 시장·군수·구청장이 국민주택규모 주택을 인수할 수 없는 경우에는 시·도지사는 국토교통부장관에게 인수자 지정을 요청해야 한다.

2 원상회복
시행자는 정비사업의 공사를 완료한 때에는 완료한 날부터 30일 이내에 임시거주시설을 철거하고, 사용한 건축물이나 토지를 원상회복해야 한다.

⚡기출
01 사업시행자는 주거환경개선사업 및 (　　)사업의 시행으로 철거되는 주택의 소유자 또는 세입자에게 임대주택 등에 임시로 거주하게 하거나 주택자금의 융자를 알선하는 등 임시거주에 상응하는 조치를 해야 한다.
제36회

기출정답
01 재개발

⑤ **손실보상**: 시행자는 공공단체(지방자치단체는 제외) 또는 개인의 시설이나 토지를 일시사용함으로써 손실을 입은 자가 있는 경우에는 손실을 보상해야 한다.

(2) 토지 등의 수용 또는 사용

① **수용 또는 사용**: 시행자는 정비구역에서 정비사업(재건축사업의 경우에는 천재지변 등 긴급한 때로 한정)을 시행하기 위하여 「공취법」에 따른 토지·물건 또는 그 밖의 권리를 취득하거나 사용할 수 있다.
② **준용법률**: 정비구역에서 정비사업의 시행을 위한 토지 등에 대한 수용 또는 사용은 이 법에 규정된 사항을 제외하고는 「공취법」을 준용한다.
③ **사업인정·고시 의제**: 사업시행계획인가 고시가 있은 때에는 「공취법」에 따른 사업인정 및 그 고시가 있은 것으로 본다.
④ **재결신청기간의 연장**: 수용 또는 사용에 대한 재결의 신청은 「공취법」에도 불구하고 사업시행계획인가를 할 때 정한 **사업시행기간 이내**에 해야 한다.
⑤ **사후 현물보상**: 대지 또는 건축물을 현물보상하는 경우에는 「공취법」에도 불구하고 **준공인가 이후**에 할 수 있다.
⑥ **용적률의 특례**: 시행자가 다음에 해당하는 경우에는 해당 정비구역에 적용되는 용적률의 100분의 125 이하의 범위에서 완화하여 정할 수 있다.

> 1. 대통령령으로 정하는 손실보상의 기준 이상으로 세입자에게 주거이전비를 지급하거나 영업의 폐지 또는 휴업에 따른 손실을 보상하는 경우
> 2. 손실보상에 더하여 임대주택을 추가로 건설하거나 임대상가를 건설하는 등 추가적인 세입자 손실보상 대책을 수립하여 시행하는 경우

TIP

사업인정·고시 의제
1. **도시·군계획시설사업**: 실시계획의 고시
2. **도시개발사업**: 토지의 세부목록을 고시
3. **정비사업**: 사업시행계획인가의 고시

(3) 재건축사업에서의 매도청구

① **동의 여부의 회답촉구**: 재건축사업의 시행자는 사업시행계획인가의 고시가 있은 날부터 30일 이내에 다음의 자에게 조합설립 또는 사업시행자의 지정에 관한 동의 여부를 회답할 것을 서면으로 촉구해야 하며, 토지등소유자는 촉구를 받은 날부터 2개월 이내에 회답해야 한다.[1]

> 1. 조합설립에 동의하지 않은 자
> 2. 시장·군수 등, 토지주택공사 등 또는 신탁업자의 사업시행자 지정에 동의하지 않은 자

[1] 회답하지 않은 경우 그 토지등소유자는 조합설립 또는 사업시행자의 지정에 동의하지 않겠다는 뜻을 회답한 것으로 본다.

② **매도청구**: ①의 회답기간이 지나면 사업시행자는 그 기간이 만료된 때부터 2개월 이내에 ㉠ 조합설립 또는 사업시행자 지정에 동의하지 않겠다는 뜻을 회답한 토지등소유자와 ㉡ 건축물 또는 토지만 소유한 자에게 건축물 또는 토지의 소유권과 그 밖의 권리를 매도할 것을 청구할 수 있다.

(4) 다른 법령의 적용 및 배제

① **용도지역 결정·고시 의제**: 주거환경개선구역은 해당 정비구역의 지정·고시가 있는 날부터 다음의 구분에 따른 용도지역으로 결정·고시된 것으로 본다. 다만, 해당 정비구역이 개발제한구역 등인 경우에는 그러하지 않다.

> 1. **자율주택정비방법 또는 환지방법으로 시행되는 경우**: 제2종 일반주거지역
> 2. **수용방법 또는 관리처분방법으로 시행되는 경우**: 제3종 일반주거지역. 다만, 공공지원민간임대주택 또는 공공건설임대주택을 200세대 이상 공급하려는 경우로서 정비계획에서 따로 정하는 구역은 준주거지역으로 한다.

② 주거환경개선사업에 따른 건축허가를 받은 때와 부동산등기를 하는 때에는 「주택도시기금법」의 국민주택채권의 매입에 관한 규정을 적용하지 않는다.

제4절 관리처분계획 등 〔빈출〕

01 분양공고 및 분양신청

(1) 분양공고 등

① **분양신청의 통지·공고**: 사업시행자는 사업시행계획인가의 고시가 있는 날부터 90일(정비구역이 시·도조례로 정하는 면적 이상인 재개발사업의 경우에는 1회에 한정하여 30일의 범위에서 연장 가능) 이내에 다음의 사항을 토지등소유자에게 통지하고, 분양의 대상이 되는 대지 또는 건축물의 내역 등을 해당 지역에서 발간되는 일간신문에 공고해야 한다. 다만, 토지등소유자 1인이 시행하는 재개발사업의 경우에는 그러하지 않다.

> **TIP**
> **기간 및 기한**
> 1. **분양신청의 통지·공고**: 사업시행계획인가·고시일부터 90일 이내
> 2. **분양신청기간**: 분양신청을 통지한 날부터 30일 이상 60일 이내 (20일 연장 가능)
> 3. **손실보상협의**: 관리처분계획인가·고시일의 다음 날부터 90일 이내

분양신청의 통지사항	분양공고사항

1. 분양대상자별 종전의 토지 또는 건축물의 명세 및 사업시행계획인가의 고시가 있은 날을 기준으로 한 가격 (사업시행계획인가 전에 철거된 건축물은 시장·군수 등에게 허가를 받은 날을 기준으로 한 가격)
2. 분양대상자별 분담금의 추산액
3. 분양신청기간
4. 그 밖에 대통령령으로 정하는 사항
  ① 분양공고사항 1.부터 6.까지 및 8.의 사항
  ② 분양신청서 등
	1. 사업시행계획인가의 내용
	2. 정비사업의 종류·명칭 및 정비구역의 위치·면적
	3. 분양신청기간 및 장소
	4. 분양대상 대지 또는 건축물의 내역
	5. 분양신청자격
	6. 분양신청방법
	7. 토지등소유자 외의 권리자의 권리신고방법
	8. 분양을 신청하지 않은 자에 대한 조치 등

② **분양신청기간**: 분양신청기간은 통지한 날부터 30일 이상 60일 이내로 해야 한다. 다만, 20일의 범위에서 한 차례만 연장할 수 있다.

(2) 분양신청

① **분양신청**: 대지 또는 건축물에 대한 분양을 받으려는 토지등소유자는 분양신청기간에 시행자에게 대지 또는 건축물에 대한 분양신청을 해야 한다.[1]

② **투기과열지구의 특례**: 투기과열지구의 정비사업에서 분양대상자 및 그 세대에 속한 자는 분양대상자 선정일(조합원인 분양대상자는 최초 관리처분계획인가일)부터 5년 이내에는 투기과열지구에서 분양신청을 할 수 없다. 다만, 상속·결혼·이혼으로 조합원 자격을 취득한 경우에는 분양신청을 할 수 있다.

(3) 분양신청을 하지 않은 자 등에 대한 조치

① **협의**: 시행자는 관리처분계획이 인가·고시된 다음 날부터 90일 이내에 다음에서 정하는 자와 토지, 건축물 또는 그 밖의 권리의 손실보상에 관한 협의를 해야 한다.

1. 분양신청을 하지 않은 자
2. 분양신청기간 종료 이전에 분양신청을 철회한 자
3. 투기과열지구에서 분양신청을 할 수 없는 자
4. 인가된 관리처분계획에 따라 분양대상에서 제외된 자

⚡ 기출

01 분양대상자별 분담금의 추산액은 토지등소유자에게 ( )해야 하는 사항이다. 제34회

02 분양신청기간은 통지한 날부터 30일 이상 60일 이내로 해야 한다. 다만, ( )일의 범위에서 한 차례만 연장할 수 있다. 제32회

03 분양신청을 하지 않은 토지등소유자가 있는 경우 사업시행자는 관리처분계획이 인가·고시된 다음 날부터 ( )일 이내에 그 자와 토지, 건축물 또는 그 밖의 권리의 손실보상에 관한 협의를 해야 한다. 제35회

[1] **추가분양신청**
재개발사업의 경우 토지등소유자가 분양받을 수 있는 것 외에 대지 및 건축물(주택은 제외)을 분양받으려는 때에는 종전의 토지 또는 건축물의 가격의 10%에 상당하는 금액을 시행자에게 납부해야 한다.

기출정답
01 통지 02 20 03 90

② **수용재결 신청 등**: 시행자는 손실보상의 협의가 성립되지 않으면 그 기간의 만료일 다음 날부터 60일 이내에 수용재결을 신청(재개발사업)하거나 매도청구소송을 제기(재건축사업)해야 한다.

02 관리처분계획의 인가 등

(1) 관리처분계획의 수립 및 인가

시행자는 분양신청기간이 종료된 때에는 분양신청의 현황을 기초로 다음의 사항이 포함된 관리처분계획을 수립하여 **시장 · 군수 등의 인가를 받아야 하며**, 관리처분계획을 **변경 · 중지 또는 폐지**하려는 경우에도 또한 같다.

> 1. **분양설계**: 분양신청기간이 만료하는 날을 기준으로 하여 수립한다.
> 2. 분양대상자의 주소 및 성명
> 3. 분양대상자별 분양예정인 대지 또는 건축물의 추산액(임대관리 위탁주택에 관한 내용을 포함, 이하 '분양가')
> 4. **다음에 해당하는 보류지 등의 명세와 추산액 및 처분방법**: ① 일반 분양분, ② 공공지원민간임대주택, ③ 임대주택, ④ 그 밖에 부대시설 · 복리시설 등
> 5. 분양대상자별 종전의 토지 또는 건축물 명세 및 사업시행계획인가 고시가 있은 날(사업시행계획인가 전에 철거된 건축물은 시장 · 군수 등에게 허가를 받은 날)을 기준으로 한 가격(이하 '종전가')
> 6. 정비사업비의 추산액(재건축사업의 경우에는 「재건축초과이익 환수에 관한 법률」에 따른 재건축부담금에 관한 사항을 포함) 및 그에 따른 조합원 분담규모 및 분담시기
> 7. 분양대상자의 종전 토지 또는 건축물에 관한 소유권 외의 권리명세
> 8. 세입자별 손실보상을 위한 권리명세 및 그 평가액
> 9. **그 밖에 정비사업과 관련한 권리 등에 관하여 대통령령으로 정하는 사항**: 기존 건축물의 철거 예정시기 등

(2) 재산 등의 평가방법

정비사업에서 관리처분계획의 내용 중 3. 분양가, 5. 종전가 및 8. 세입자별 손실보상을 위한 재산 또는 권리를 평가할 때에는 다음의 구분에 따른 **감정평가법인 등이 평가한 금액을 산술평균**하여 산정한다.

⚡ **기출**

01 사업시행자는 관리처분계획을 수립하여 (　　) 의 인가를 받아야 하며, 관리처분계획을 변경 · 중지 또는 폐지하려는 경우에도 또한 같다. 제22회

02 (　　)에 관한 계획은 분양신청기간이 만료하는 날을 기준으로 하여 수립한다. 제23회

기출정답
01 시장 · 군수 등
02 분양설계

1. **주거환경개선사업 또는 재개발사업**: 시장·군수 등이 선정·계약한 2인 이상의 감정평가법인 등
2. **재건축사업**: 시장·군수 등이 선정·계약한 1인 이상의 감정평가법인 등과 조합 총회의 의결로 선정·계약한 1인 이상의 감정평가법인 등

(3) 변경신고

다음에 해당하는 경미한 사항을 변경하려는 경우에는 시장·군수 등에게 신고해야 한다.❶

1. 계산착오·오기·누락 등에 따른 조서의 단순정정인 경우(불이익을 받는 자가 없는 경우만 해당)
2. 권리·의무의 변동이 있는 경우로서 분양설계의 변경을 수반하지 않는 경우
3. 주택분양에 관한 권리를 포기하는 토지등소유자에 대한 임대주택의 공급에 따라 관리처분계획을 변경하는 경우 등

❶ 시장·군수 등은 신고를 받은 날부터 20일 이내에 신고수리 여부를 통지해야 한다.

(4) 관리처분계획의 수립기준

① **내용의 기준**: 관리처분계획의 내용은 다음의 기준에 따른다.

1. **원칙**: 종전의 토지 또는 건축물의 면적·이용상황·환경, 그 밖의 사항을 종합적으로 고려하여 대지 또는 건축물이 균형 있게 분양신청자에게 배분되고 합리적으로 이용되도록 한다.
2. **증환지·감환지**: 지나치게 좁거나 넓은 토지 또는 건축물은 넓히거나 좁혀 대지 또는 건축물이 적정 규모가 되도록 한다.
3. **환지부지정**: 너무 좁은 토지 또는 건축물을 취득한 자나 정비구역 지정 후 분할된 토지 또는 집합건물의 구분소유권을 취득한 자에게는 현금으로 청산할 수 있다.
4. **토지규모의 조정**: 재해 또는 위생상의 위해를 방지하기 위하여 토지의 규모를 조정할 특별한 필요가 있는 때에는 너무 좁은 토지를 넓혀 토지를 갈음하여 보상을 하거나 건축물의 일부와 그 건축물이 있는 대지의 공유지분을 교부할 수 있다.

② **주택공급기준**: 1세대 또는 1명이 하나 이상의 주택 또는 토지를 소유한 경우 1주택을 공급하고, 같은 세대에 속하지 않는 2명 이상이 1주택 또는 1토지를 공유한 경우에는 1주택만 공급한다. 다만, 다음의 경우에는 다음의 방법에 따라 주택을 공급할 수 있다.

TIP

작성기준
1. **환지계획**: 위치·지목·면적·토질·수리·이용상황·환경
2. **관리처분계획**: 면적·이용상황·환경

⚡**기출**

01 너무 좁은 토지 또는 건축물을 취득한 자나 정비구역 지정 후 분할된 토지 또는 집합건물의 구분소유권을 취득한 자에게는 현금으로 청산할 수 (　　). 제23회

기출정답
01 있다

제3장 정비사업의 시행

1. **1토지를 공유한 경우**: 2명 이상이 1토지를 공유한 경우로서 시·도조례로 주택공급을 따로 정하고 있는 경우에는 시·도조례로 정하는 바에 따라 주택을 공급할 수 있다.
2. **소유한 주택 수만큼 공급**: 다음에 해당하는 토지등소유자에게는 소유한 주택 수만큼 공급할 수 있다.
   ① 과밀억제권역에 위치하지 않은 재건축사업의 토지등소유자. 다만, 투기과열지구 또는 「주택법」에 따라 지정된 조정대상지역에서 사업시행계획인가를 신청하는 재건축사업의 토지등소유자는 제외한다.[1]
   ② 근로자(공무원 포함) 숙소, 기숙사 용도로 주택을 소유하고 있는 토지등소유자
   ③ 국가, 지방자치단체 및 토지주택공사 등
3. **2주택 공급**: 분양대상자별 종전의 토지 또는 건축물의 가격 또는 종전 주택의 주거전용면적의 범위에서 2주택을 공급할 수 있고, 이 중 1주택은 주거전용면적을 60m² 이하로 한다. 다만, 60m² 이하로 공급받은 1주택은 이전고시일 다음 날부터 3년이 지나기 전에는 주택을 전매(매매·증여나 그 밖에 권리의 변동을 수반하는 모든 행위를 포함하되, 상속은 제외)하거나 전매를 알선할 수 없다.
4. **3주택까지 공급**: 과밀억제권역에 위치한 재건축사업의 경우에는 토지등소유자가 소유한 주택수의 범위에서 3주택까지 공급할 수 있다. 다만, **투기과열지구 또는 조정대상지역**에서 사업시행계획인가를 신청하는 재건축사업의 경우에는 그러하지 아니하다.

③ 사업별 기준 등

1. 주거환경개선사업과 재개발사업의 관리처분은 다음의 방법에 따른다.
   ① 1개의 건축물의 대지는 1필지의 토지가 되도록 정할 것. 다만, 주택단지의 경우에는 그러하지 않다.
   ② 정비구역의 토지등소유자(지상권자는 제외)에게 분양할 것 등
2. 재건축사업의 관리처분은 조합이 **조합원 전원의 동의**를 받아 그 기준을 따로 정하는 경우에는 그에 따른다.

(5) 주택 등 건축물을 분양받을 권리의 산정 기준일

정비사업을 통하여 분양받을 건축물이 다음에 해당하는 경우에는 **정비구역의 지정·고시가 있는 날** 또는 시·도지사가 투기를 억제하기 위하여 기본계획 수립 후 정비구역 지정·고시 전에 따로 정하는 날(기준일)의 **다음 날**을 기준으로 건축물을 분양받을 권리를 산정한다.

---

[1] 과밀억제권역 외의 조정대상지역 또는 투기과열지구로 지정되기 전에 1명의 토지등소유자로부터 토지 또는 건축물의 소유권을 양수하여 여러 명이 소유하게 된 경우에는 양도인과 양수인에게 각각 1주택을 공급할 수 있다.

⚡ **기출**

01 같은 세대에 속하지 않는 2명 이상이 1주택 또는 1토지를 공유한 경우에는 (　　)만 공급한다. 제32회

02 근로자 숙소·기숙사 용도로 주택을 소유하고 있는 토지등소유자에게는 (　　) 주택 수만큼 주택을 공급할 수 있다. 제23회

03 재개발사업의 관리처분은 정비구역의 지상권자에 대한 분양은 (　　)한다. 제27회

기출정답
01 1주택　02 소유한
03 제외

1. 1필지의 토지가 여러 개의 필지로 분할되는 경우
2. 「집합건물의 소유 및 관리에 관한 법률」에 따른 집합건물이 아닌 건축물이 같은 법에 따른 집합건물로 전환되거나 전유부분의 분할로 토지등소유자의 수가 증가하는 경우
3. 하나의 대지 범위에 속하는 동일인 소유의 토지와 주택 등 건축물을 토지와 주택 등 건축물로 각각 분리하여 소유하는 경우
4. 나대지에 건축물을 새로 건축하거나 기존 건축물을 철거하고 다세대주택, 그 밖의 공동주택을 건축하여 토지등소유자의 수가 증가하는 경우

TIP
여러 필지의 토지가 1필지로 합병되어 토지등소유자의 수가 감소하는 경우는 지분쪼개기(투기행위)에 해당하지 않는다.

(6) 관리처분계획의 인가절차 등

① **공람 및 의견청취**: 시행자는 관리처분계획인가를 신청하기 전에 관계 서류의 사본을 30일 이상 토지등소유자에게 공람하게 하고 의견을 들어야 한다. 다만, 경미한 사항의 변경은 생략할 수 있다.

② **인가 여부의 통보**: 시장·군수 등은 시행자의 관리처분계획인가의 신청이 있은 날부터 30일 이내에 인가 여부를 결정하여 시행자에게 통보해야 한다. 다만, 관리처분계획의 타당성 검증을 요청[1]하는 경우에는 60일 이내에 통지해야 한다.

③ **고시**: 시장·군수 등이 관리처분계획을 인가하는 때에는 다음의 사항을 해당 지방자치단체의 공보에 고시해야 한다.

1. 정비사업의 종류 및 명칭, 정비구역의 위치 및 면적
2. 사업시행자의 성명 및 주소, 관리처분계획인가일
3. **다음의 사항을 포함한 관리처분계획인가의 요지**: ① 대지 및 건축물의 규모 등 건축계획, ② 분양 또는 보류지의 규모 등 분양계획, ③ 신설 또는 폐지하는 정비기반시설의 명세, ④ 기존 건축물의 철거 예정시기 등

TIP
처리기간
1. **사업시행계획인가**: 60일 이내
2. **관리처분계획인가**: 30일 이내

[1] 조합원 5분의 1 이상이 관리처분계획인가 신청이 있은 날부터 15일 이내에 시장·군수 등에게 타당성 검증을 요청한 경우 시장·군수 등은 이에 따라야 한다.

(7) 건축물 등의 사용·수익의 정지 및 철거 등

① **건축물의 철거**: 시행자는 관리처분계획인가를 받은 후 기존의 건축물을 철거해야 한다. 다만, 다음에 해당하는 경우에는 기존 건축물 소유자의 동의 및 시장·군수 등의 허가를 받아 해당 건축물을 철거할 수 있다.[2]

1. 「재난 및 안전관리 기본법」·「주택법」·「건축법」 등 관계 법령에서 정하는 기존 건축물의 붕괴 등 안전사고의 우려가 있는 경우
2. 폐공가(廢空家)의 밀집으로 범죄발생의 우려가 있는 경우

[2] 건축물의 철거는 토지등소유자의 권리·의무에 영향을 주지 않는다.

기출

01 관리처분계획의 인가·고시가 있더라도 종전의 토지의 임차권자는 사업시행자의 (　)를 받은 경우 이전고시가 있은 날까지 종전의 토지를 사용할 수 있다. 제27회

02 (　)계획의 인가를 받은 경우 지상권·전세권설정계약의 계약기간에 대하여는 예외적으로 「민법」 제280조, 「주택임대차보호법」 제4조 등을 적용하지 않는다. 제15회

03 사업시행자는 정비사업의 시행으로 건설된 건축물을 (　)계획에 따라 토지등소유자에게 공급해야 한다. 제31회

TIP

「주택임대차보호법」 제4조(임대차기간 등) ① 기간을 정하지 않거나 2년 미만으로 정한 임대차는 그 기간을 2년으로 본다. 다만, 임차인은 2년 미만으로 정한 기간이 유효함을 주장할 수 있다.

기출정답

01 동의　02 관리처분
03 관리처분

---

② **사용·수익의 정지**: 종전의 토지 또는 건축물의 소유자·지상권자·전세권자·임차권자 등은 관리처분계획인가의 고시가 있은 때에는 이전고시가 있는 날까지 종전의 토지 또는 건축물을 사용·수익할 수 없다. 다만, 다음에 해당하는 경우에는 그러하지 않다.

> 1. 사업시행자의 동의를 받은 경우
> 2. 「공취법」에 따른 손실보상이 완료되지 않은 경우

(8) 지상권 등 계약의 해지

① **계약의 해지**: 정비사업의 시행으로 지상권·전세권 또는 임차권의 설정목적을 달성할 수 없는 때에는 그 권리자는 계약을 해지할 수 있다.

② **금전 반환청구**: 계약을 해지할 수 있는 자가 가지는 전세금·보증금, 그 밖의 계약상의 금전의 반환청구권은 시행자에게 행사할 수 있다.

③ **시행자의 구상**: 금전의 반환청구권의 행사로 해당 금전을 지급한 시행자는 해당 토지등소유자에게 구상할 수 있다.

④ **압류**: 시행자는 구상이 되지 않는 때에는 해당 토지등소유자에게 귀속될 대지 또는 건축물을 압류할 수 있다. 이 경우 압류한 권리는 저당권과 동일한 효력을 가진다.

⑤ **존속기간의 적용배제**: 관리처분계획의 인가를 받은 경우 지상권·전세권설정계약 또는 임대차계약의 계약기간은 「민법」, 「주택임대차보호법」, 「상가건물 임대차보호법」의 관련 규정을 적용하지 않는다.

03 관리처분계획에 따른 처분 등

(1) 처분 등의 기준

① **원칙**: 정비사업의 시행으로 조성된 대지 및 건축물은 관리처분계획에 따라 처분 또는 관리해야 한다.

② **건축물의 공급**: 시행자는 정비사업의 시행으로 건설된 건축물을 인가받은 관리처분계획에 따라 토지등소유자에게 공급해야 한다. 다만, 시행자는 정비구역에 주택을 건설하는 경우에는 주택공급 방법·절차 등에 관하여 「주택법」에도 불구하고 시장·군수 등의 승인을 받아 따로 정할 수 있다.

③ **잔여분의 처리**: 시행자는 분양신청을 받은 후 잔여분이 있는 경우에는 정관 등 또는 사업시행계획으로 정하는 목적을 위하여 그 잔여분을 보류지(건축물 포함)로 정하거나 조합원 또는 토지등소유자 이외의 자에게 분양할 수 있다.

(2) 재개발임대주택의 인수

① **인수의무**: 국토교통부장관, 시·도지사, 시장, 군수, 구청장 또는 토지주택공사 등은 조합이 요청하는 경우 재개발임대주택을 인수해야 한다. 이 경우 시·도지사 또는 시장, 군수, 구청장이 우선하여 인수해야 한다.

② **토지임대부 분양주택**: 국토교통부장관, 시·도지사, 시장, 군수, 구청장 또는 토지주택공사 등은 정비구역의 세입자와 다음의 면적 이하의 토지 또는 주택을 소유한 자의 요청이 있는 경우에는 인수한 재개발임대주택의 일부를 「주택법」에 따른 토지임대부 분양주택으로 전환하여 공급해야 한다.

> 1. 면적이 90m² 미만의 토지를 소유한 자로서 건축물을 소유하지 않은 자
> 2. 바닥면적이 40m² 미만의 사실상 주거를 위하여 사용하는 건축물을 소유한 자로서 토지를 소유하지 않은 자

(3) 일반공급 등

① **일반공급**: 시행자는 공급대상자에게 공급하고 남은 주택을 공급대상자 외의 자에게 공급(분양 또는 임대)할 수 있다. 이 경우 주택의 공급방법·절차 등은 「주택법」 제54조를 준용한다.

② **지분형주택**: 시행자가 토지주택공사 등인 경우에는 분양대상자와 시행자가 공동소유하는 방식의 지분형주택을 공급할 수 있다.

> 1. 지분형주택의 규모는 주거전용면적 60m² 이하인 주택으로 한정한다.
> 2. 지분형주택의 공동소유기간은 소유권을 취득한 날부터 10년의 범위에서 사업시행자가 정하는 기간으로 한다.

⚡ 기출

01 조합이 (　　)임대주택의 인수를 요청하는 경우 시·도지사 또는 시장, 군수, 구청장이 우선하여 인수해야 한다. 제31회

02 면적이 (　　)m² 미만의 토지를 소유한 자로서 건축물을 소유하지 않은 자의 요청이 있는 경우에는 인수한 재개발임대주택의 일부를 토지임대부 분양주택으로 전환하여 공급해야 한다. 제34회

03 지분형주택의 규모는 주거전용면적 (　　)m² 이하인 주택으로 한정한다. 제32회

기출정답
01 재개발　02 90　03 60

제5절 공사완료에 따른 조치 등

01 정비사업의 준공인가 등

(1) 준공인가

시장·군수 등이 아닌 시행자가 정비사업 공사를 완료한 때에는 시장·군수 등의 준공인가를 받아야 한다. 다만, 토지주택공사 등인 시행자가 다른 법률에 의하여 자체적으로 준공인가를 처리한 경우에는 준공인가를 받은 것으로 보며, 지체 없이 그 내용을 시장·군수 등에게 통보해야 한다.

(2) 공사완료의 고시

① 시장·군수 등은 준공검사를 실시한 결과 정비사업이 인가받은 사업시행계획대로 완료되었다고 인정되는 때에는 준공인가를 하고 공사의 완료를 해당 지방자치단체의 공보에 고시해야 한다.
② 시장·군수 등은 직접 시행하는 정비사업에 관한 공사가 완료된 때에는 그 완료를 해당 지방자치단체의 공보에 고시해야 한다.

(3) 준공인가 전 사용허가

시장·군수 등은 준공인가를 하기 전이라도 완공된 건축물이 사용에 지장이 없는 등 대통령령으로 정하는 기준에 적합한 경우에는 입주예정자가 완공된 건축물을 사용할 수 있도록 시행자에게 허가할 수 있다.[1]

(4) 준공인가 등에 따른 정비구역의 해제

① 정비구역의 지정은 준공인가의 고시가 있는 날(관리처분계획을 수립하는 경우에는 이전·고시가 있는 때를 말함)의 다음 날에 해제된 것으로 본다. 이 경우 지방자치단체는 해당 지역을 「국토법」에 따른 지구단위계획으로 관리해야 한다.
② 정비구역의 해제는 조합의 존속에 영향을 주지 않는다.

---

[1] 이 경우 시장·군수 등은 동별·세대별 또는 구획별로 사용허가를 할 수 있다.

기출
01 관리처분계획을 수립하는 경우 정비구역의 지정은 (   )가 있는 날의 다음 날에 해제된 것으로 본다. 제36회
02 준공인가에 따른 정비구역의 해제는 조합의 존속에 영향을 주지 (   ). 제36회

기출정답
01 이전·고시 02 않는다

02 이전·고시 등

(1) 소유권 이전·고시(분양처분)

① **이전절차**: 시행자는 공사완료의 고시가 있는 때에는 지체 없이 대지확정측량을 하고 토지의 분할절차를 거쳐 관리처분계획에서 정한 사항을 분양받을 자에게 통지하고 대지 또는 건축물의 소유권을 이전해야 한다. 다만, 정비사업의 효율적인 추진을 위하여 필요한 경우에는 공사가 전부 완료되기 전이라도 완공된 부분은 준공인가를 받아 대지 또는 건축물별로 분양받을 자에게 소유권을 이전할 수 있다.

② **고시 후 보고**: 시행자는 대지 및 건축물의 소유권을 이전하려는 때에는 그 내용을 해당 지방자치단체의 공보에 고시한 후 시장·군수 등에게 보고해야 한다.

(2) 이전·고시의 효과

① **소유권의 취득**: 대지 또는 건축물을 분양받을 자는 이전·고시가 있는 날의 다음 날에 그 대지 또는 건축물의 소유권을 취득한다.

② **권리의 이동**: 대지 또는 건축물을 분양받을 자에게 소유권을 이전한 경우 종전의 토지 또는 건축물에 설정된 지상권·전세권·저당권 등 등기된 권리 및 「주택임대차보호법」의 요건을 갖춘 임차권은 소유권을 이전받은 대지 또는 건축물에 설정된 것으로 본다.

(3) 조합의 해산

① **총회 소집**: 조합장은 이전·고시가 있는 날부터 1년 이내에 조합 해산을 위한 총회를 소집해야 한다.

② **해산 의결**: 조합장이 ①에 따른 기간 내에 총회를 소집하지 않은 경우 조합원 5분의 1 이상의 요구로 소집된 총회에서 조합원 과반수의 출석과 출석 조합원 과반수의 동의를 받아 해산을 의결할 수 있다.

③ **조합설립인가 취소**: 시장·군수 등은 조합이 정당한 사유 없이 ① 또는 ②에 따라 해산을 의결하지 않는 경우에는 조합설립인가를 취소할 수 있다.

(4) 등기절차 및 권리변동의 제한

① **분양등기**: 시행자는 이전·고시가 있는 때에는 지체 없이 대지 및 건축물에 관한 등기를 지방법원지원 또는 등기소에 촉탁 또는 신청해야 한다.

② **타등기의 제한**: 정비사업에 관하여 이전·고시가 있는 날부터 ①의 등기가 있을 때까지는 저당권 등의 다른 등기를 하지 못한다.

TIP

환지처분과 분양처분
1. **환지처분**: 준공검사일부터 60일 이내
2. **분양처분**: 공사완료 고시일부터 지체 없이

⚡ 기출

01 정비사업의 효율적인 추진을 위하여 필요한 경우에는 해당 정비사업에 관한 공사가 전부 완료되기 전이라도 완공된 부분은 (   )를 받아 대지 또는 건축물별로 분양받을 자에게 소유권을 이전할 수 있다. 제31회

02 관리처분계획에 따라 소유권을 이전하는 경우 건축물을 분양받을 자는 이전·고시가 있는 날의 (   )에 그 건축물의 소유권을 취득한다. 제29회

03 정비사업에 관하여 이전고시가 있는 날부터 대지 및 건축물에 관한 (   )가 있을 때까지는 저당권 등의 다른 등기를 하지 못한다. 제31회

기출정답
01 준공인가 02 다음 날
03 등기

개념 PLUS | 환지등기와 분양등기의 비교(시행자 - 일괄촉탁·신청의무)

구분	환지등기	분양등기
등기시기	환지처분의 공고 후 14일 이내	소유권 이전·고시 후 지체 없이
타등기제한	환지처분의 공고일 ~ 환지등기일	소유권 이전·고시일 ~ 분양등기일
예외	환지처분의 공고일 이전에 등기원인이 생긴 것임을 확정일자 있는 서류로 증명한 때	×

(5) 청산금 등 〈빈출〉

① **징수·지급시기**: 대지 또는 건축물을 분양받은 자가 종전에 소유하고 있던 토지 또는 건축물의 가격과 분양받은 대지 또는 건축물의 가격 사이에 차이가 있는 경우 시행자는 이전·고시가 있은 후에 그 차액에 상당하는 금액(이하 '청산금')을 분양받은 자로부터 징수하거나 분양받은 자에게 지급해야 한다.

② **분할징수·지급**: 시행자는 정관 등에서 정하거나 총회의 의결을 거쳐 따로 정한 경우에는 관리처분계획인가 후부터 이전고시가 있은 날까지 분할징수하거나 분할지급할 수 있다.

③ **강제징수 등**: 시장·군수 등인 시행자는 청산금을 납부하지 않는 경우 지방세 체납처분의 예에 따라 징수(분할징수를 포함)할 수 있으며, 시장·군수 등이 아닌 시행자는 시장·군수 등에게 청산금의 징수를 위탁할 수 있다. 이 경우 시행자는 징수한 금액의 100분의 4에 해당하는 금액을 해당 시장·군수 등에게 교부해야 한다.

④ **소멸시효**: 청산금을 지급받을 권리 또는 이를 징수할 권리는 이전고시일의 다음 날부터 5년간 행사하지 않으면 소멸한다.

⑤ **저당권의 물상대위**: 정비구역에 있는 토지 또는 건축물에 저당권을 설정한 권리자는 시행자가 토지등소유자에게 청산금을 지급하기 전에 압류절차를 거쳐 저당권을 행사할 수 있다.

기출

01 청산금을 지급받을 권리 또는 이를 징수할 권리는 이전고시일의 (   )부터 (   )간 행사하지 아니하면 소멸한다.
제32회

기출정답
01 다음 날, 5년

제4장 비용의 부담 등

기본서 p.346~364

01 비용

(1) 비용부담의 원칙

① **시행자 부담의 원칙**: 정비사업비는 이 법 또는 다른 법령에 특별한 규정이 있는 경우를 제외하고는 시행자가 부담한다.
② **시장·군수 등의 부담**: 시장·군수 등은 시장·군수 등이 아닌 사업시행자가 시행하는 정비사업의 정비계획에 따라 설치되는 다음의 시설에 대하여는 그 건설에 드는 비용의 전부 또는 일부를 부담할 수 있다.

> 1. 도시·군계획시설 중 다음의 주요 정비기반시설 및 공동이용시설: 도로, 상·하수도, 공원, 공용주차장, 공동구, 녹지, 하천, 공공공지 및 광장
> 2. 임시거주시설

③ **보조 및 융자**: 국가 또는 지방자치단체는 시장·군수 등이 아닌 시행자가 시행하는 정비사업에 드는 비용의 일부를 보조 또는 융자하거나 융자를 알선할 수 있다.
④ **공동구 설치비용**: 시행자는 정비구역에 공동구를 설치하는 경우에는 다른 법령에 따라 그 공동구에 수용될 시설을 설치할 의무가 있는 자(공동구 점용예정자)에게 설치비용을 부담시킬 수 있다.

(2) 비용의 조달 등

① **부과금**: 시행자는 토지등소유자로부터 사업비용과 정비사업의 시행과정에서 발생한 수입의 차액을 부과금으로 부과·징수할 수 있다.
② **연체료**: 시행자는 토지등소유자가 부과금의 납부를 게을리한 때에는 연체료를 부과·징수할 수 있다.
③ 부과금 및 연체료의 부과·징수에 필요한 사항은 정관 등으로 정한다.
④ **징수위탁**: 시장·군수 등이 아닌 시행자는 부과금 또는 연체료를 체납하는 자가 있는 때에는 시장·군수 등에게 그 부과·징수를 위탁할 수 있다.
⑤ **강제징수 등**: 부과·징수를 위탁받은 시장·군수 등은 지방세 체납처분의 예에 따라 부과·징수할 수 있다.[1] 이 경우 시행자는 징수한 금액의 100분의 4에 해당하는 금액을 해당 시장·군수 등에게 교부해야 한다.

기출

01 시장·군수 등은 공원, 공용주차장, 공동구, 공공공지의 건설에 드는 비용의 전부 또는 일부를 부담할 수 (   ). 제33회

02 사업시행자로부터 공동구의 설치비용 부담금의 납부통지를 받은 공동구 점용예정자는 공동구의 설치공사가 착수되기 전에 부담금액의 (   ) 이상을 납부해야 한다. 제34회

TIP
공동구 설치비용
1. 공동구 점용예정자가 부담할 공동구의 설치에 드는 비용의 부담 비율은 공동구의 점용예정면적비율에 따른다.
2. 공동구 점용예정자는 공동구의 설치공사가 착수되기 전에 부담금액의 3분의 1 이상을 납부해야 하며, 그 잔액은 공사완료 고시일 전까지 납부해야 한다.

[1] 강제징수절차는 독촉 ⇨ 압류 ⇨ 공매 ⇨ 청산 순으로 이루어진다.

기출정답
01 있다   02 3분의 1

> **⚡기출**
>
> 01 정비구역의 국유·공유재산은 (　　) 외의 목적으로 매각되거나 양도될 수 없다. 　제32회
>
> **TIP**
> **관리청의 의견청취**
> 시장·군수 등은 정비기반시설의 귀속 및 양도에 관한 사항이 포함된 정비사업을 시행하거나 그 시행을 인가하려는 경우에는 미리 그 관리청의 의견을 들어야 한다. 인가받은 사항을 변경하려는 경우에도 또한 같다.

(3) 국유·공유재산의 처분 등

정비구역의 국유·공유재산은 정비사업 외의 목적으로 매각되거나 양도될 수 없다.

(4) 정비기반시설 및 토지 등의 귀속

① **시장·군수 또는 주택공사 등인 시행자**: 시장·군수 등 또는 토지주택공사 등이 정비사업의 시행으로 새로 정비기반시설을 설치하거나 기존의 정비기반시설을 대체하는 정비기반시설을 설치한 경우에는 「국유재산법」 및 「공유재산 및 물품 관리법」에도 불구하고 종래의 정비기반시설은 시행자에게 무상으로 귀속되고, 새로 설치된 정비기반시설은 그 시설을 관리할 국가 또는 지방자치단체에 무상으로 귀속된다.

② **시장·군수 또는 주택공사 등이 아닌 시행자**: 시장·군수 등 또는 토지주택공사 등이 아닌 시행자가 정비사업의 시행으로 새로 설치한 정비기반시설은 그 시설을 관리할 국가 또는 지방자치단체에 무상으로 귀속되고, 정비사업의 시행으로 용도가 폐지되는 국가 또는 지방자치단체 소유의 정비기반시설은 시행자가 새로 설치한 정비기반시설의 설치비용에 상당하는 범위에서 그에게 무상으로 양도된다.

③ **귀속시기**: 시행자는 관리청에 귀속될 정비기반시설과 시행자에게 귀속 또는 양도될 재산의 종류와 세목을 정비사업의 준공 전에 관리청에 통지해야 하며, 해당 정비기반시설은 그 정비사업이 준공인가되어 관리청에 준공인가통지를 한 때에 국가 또는 지방자치단체에 귀속되거나 시행자에게 귀속 또는 양도된 것으로 본다.

02 공공재개발사업 및 공공재건축사업

(1) 공공재개발사업 예정구역의 지정·고시

① **예정구역의 지정**: 정비구역의 지정권자는 비경제적인 건축행위 및 투기수요의 유입을 방지하고, 합리적인 사업계획을 수립하기 위하여 공공재개발사업을 추진하려는 구역을 공공재개발사업 예정구역으로 지정할 수 있다.

② **지정신청**: 정비계획의 입안권자 또는 토지주택공사 등은 정비구역의 지정권자에게 예정구역의 지정을 신청할 수 있다.🔳

> **🔳 심의**
> 지방도시계획위원회는 예정구역 지정의 신청이 있는 경우 신청일부터 30일 이내에 심의를 완료해야 한다. 다만, 30일의 범위에서 한 차례 연장할 수 있다.
>
> **기출정답**
> 01 정비사업

③ **해제의무:** 정비구역의 지정권자는 예정구역이 지정·고시된 날부터 2년이 되는 날까지 공공재개발사업을 위한 정비구역으로 지정되지 않거나, 공공재개발사업 시행자가 지정되지 않으면 그 2년이 되는 날의 다음 날에 예정구역의 지정을 해제해야 한다. 다만, 1회에 한하여 1년의 범위에서 연장할 수 있다.

(2) 공공재개발사업을 위한 정비구역 지정 등

① **정비구역의 지정:** 정비구역의 지정권자는 기본계획을 수립하거나 변경하지 않고 공공재개발사업을 위한 정비계획을 결정하여 정비구역을 지정할 수 있다.

② **해제의무:** 정비구역의 지정권자는 공공재개발사업을 위한 정비구역을 지정·고시한 날부터 1년이 되는 날까지 시행자가 지정되지 않으면 그 1년이 되는 날의 다음 날에 정비구역의 지정을 해제해야 한다. 다만, 1회에 한하여 1년의 범위에서 연장할 수 있다.

(3) 용적률 완화

① **공공재개발사업:** 시행자는 공공재개발사업을 시행하는 경우 지방도시계획위원회의 심의를 거쳐 법적 상한용적률의 100분의 120까지 건축할 수 있다.

② **공공재건축사업:** 공공재건축사업을 위한 정비구역은 해당 정비구역의 지정·고시가 있는 날부터 「국토법」에 따른 용적률 상한이 한 단계 높은 주거지역[1]으로 결정·고시된 것으로 보아 해당 지역에 적용되는 용적률 상한까지 용적률을 정할 수 있다.

[1] 예
1. 제2종 일반주거지역 ⇨ 제3종 일반주거지역
2. 제3종 일반주거지역 ⇨ 준주거지역

03 공공시행자 및 지정개발자 사업시행의 특례

(1) 정비구역 지정의 특례

① **지정제안:** 토지주택공사 등(재개발사업·재건축사업의 공공시행자로 한정함) 또는 지정개발자(신탁업자로 한정함)는 3분의 2 이상의 토지등소유자의 동의를 받아 정비구역의 지정권자(특별자치시장·특별자치도지사·시장·군수인 경우로 한정함)에게 정비구역의 지정(변경지정을 포함)을 제안할 수 있다. 이 경우 토지주택공사 등 또는 지정개발자는 다음의 사항을 포함한 제안서를 정비구역의 지정권자에게 제출해야 한다.

1. 정비사업의 명칭
2. 정비구역의 위치, 면적 등 개요

> 3. 토지이용, 주택건설 및 기반시설의 설치 등에 관한 기본방향
> 4. 그 밖에 지정제안을 위하여 필요한 사항으로서 대통령령으로 정하는 사항❶

❶ 대통령령으로 정하는 사항
1. 사업시행자의 명칭, 소재지 및 대표자 성명
2. 정비사업 시행 예정시기

② 토지주택공사 등 또는 지정개발자가 정비구역의 지정을 제안한 경우 정비구역의 지정권자는 정비계획을 수립하기 전에 정비구역을 지정할 수 있다.

③ 정비구역의 지정권자는 정비구역을 지정하려면 주민 및 지방의회의 의견을 들어야 하며, 지방도시계획위원회의 심의를 거쳐야 한다. 다만, 경미한 사항을 변경하는 경우에는 그러하지 않다.

(2) 사업시행자 지정의 특례

정비구역의 지정권자는 토지면적 2분의 1 이상의 토지소유자와 토지등소유자의 3분의 2 이상에 해당하는 자가 동의하는 경우에는 정비구역의 지정과 동시에 토지주택공사등 또는 지정개발자를 사업시행자로 지정할 수 있다.

(3) 정비사업계획의 수립

① 사업시행자는 위 (1)에 따라 정비구역이 지정된 경우에는 정비계획(정비사업시행 예정시기는 제외)과 사업시행계획을 통합하여 정비사업계획을 수립해야 한다.

② 사업시행자는 정비사업을 시행하려는 경우에는 ①에 따른 정비사업계획에 정관 등과 그 밖에 국토교통부령으로 정하는 서류를 첨부하여 정비구역의 지정권자에게 제출하고 정비사업계획인가를 받아야 하고, 인가받은 사항을 변경하거나 정비사업을 중지 또는 폐지하려는 경우에도 또한 같다. 다만, 경미한 사항을 변경하려는 때에는 신고해야 한다.

04 청문

국토교통부장관, 시·도지사, 시장, 군수 또는 구청장은 다음에 해당하는 처분을 하려는 경우에는 청문을 해야 한다.

> 1. 정비사업전문관리업의 등록취소
> 2. 추진위원회 승인의 취소, 조합설립인가의 취소, 사업시행계획인가의 취소 또는 관리처분계획인가의 취소
> 3. 시공자 선정 취소 또는 과징금 부과
> 4. 입찰참가 제한

해커스 공인중개사
핵심요약집
land.Hackers.com

제4편

건축법

제1장 　총칙
제2장 　적용범위
제3장 　건축물의 건축
제4장 　건축물의 대지와 도로
제5장 　건축물의 구조 및 재료
제6장 　지역·지구의 건축물
제7장 　특별건축구역 등
제8장 　건축협정 및 결합건축
제9장 　보칙 및 벌칙

제1장 총칙

기본서 p.373~376

01 용어정의 빈출

부속건축물	같은 대지에서 주된 건축물과 분리된 부속용도의 건축물로서 주된 건축물을 이용 또는 관리하는 데에 필요한 건축물
주요구조부	**내력벽**(耐力壁), **기둥**, **바닥**, **보**, **지붕틀** 및 **주계단**(主階段). 다만, 사이 기둥, 최하층 바닥, 작은 보, 차양, 옥외계단, 그 밖에 이와 유사한 것으로 건축물의 구조상 중요하지 않은 부분은 제외
결합건축	**용적률**을 개별 대지마다 적용하지 않고, 2개 이상의 대지를 대상으로 **통합 적용**하여 건축물을 건축하는 것
리모델링	건축물의 노후화를 억제하거나 기능향상 등을 위하여 **대수선**하거나 건축물의 일부를 **증축** 또는 **개축**하는 행위
건축주	건축물의 건축·대수선·용도변경, 건축설비의 설치 또는 공작물의 축조(이하 '건축물의 건축 등')에 관한 **공사를 발주**하거나 현장관리인을 두어 **스스로 그 공사**를 하는 자
설계자	자기의 책임으로 설계도서를 작성하고 그 설계도서에서 의도하는 바를 해설하며, 지도하고 자문에 응하는 자
설계도서	건축물의 건축 등에 관한 공사용 도면, **구조 계산서**, **시방서**(示方書)[1], 그 밖에 국토교통부령으로 정하는 공사에 필요한 서류
공사감리자	자기의 책임으로 이 법[2]으로 정하는 바에 따라 건축물, 건축설비 또는 공작물이 설계도서의 내용대로 시공되는지를 확인하고, 품질관리·공사관리·안전관리 등에 대하여 **지도·감독**하는 자
공사시공자	「건설산업기본법」에 따른 건설공사를 하는 자
관계전문 기술자	건축물의 구조·설비 등 건축물과 관련된 전문기술자격을 보유하고 설계와 공사감리에 참여하여 설계자 및 공사감리자와 협력하는 자
건축물의 유지·관리	건축물의 소유자나 관리자가 사용승인된 건축물의 대지·구조·설비 및 용도 등을 지속적으로 유지하기 위하여 건축물이 멸실될 때까지 관리하는 행위
고층건축물	층수가 **30층 이상**이거나 높이가 **120m 이상**인 건축물
초고층 건축물[3]	층수가 **50층 이상**이거나 높이가 **200m 이상**인 건축물
한옥	「한옥 등 건축자산의 진흥에 관한 법률」에 따른 한옥

기출

01 주요구조부란 내력벽, ( ), ( ), ( ), 지붕틀 및 주계단을 말한다. 제28회

02 초고층건축물이란 층수가 ( )층 이상이거나 높이가 ( )m 이상인 건축물을 말한다. 제36회

[1] 도면에서 표현하지 못한 각종의 사항을 문자로 나타낸 문서이다. 시방서는 보통 설계자가 작성하여 설계도서에 첨부하게 된다.

[2] 「건축법」 ⇨ 이하 이 편에서 '법'이라 한다.

[3] '준초고층건축물'이란 고층건축물 중 초고층건축물이 아닌 것을 말한다.

기출정답
01 기둥, 바닥, 보
02 50, 200

실내건축	건축물의 실내를 안전하고 쾌적하며 효율적으로 사용하기 위하여 내부공간을 칸막이로 구획하거나 벽지, 천장재, 바닥재, 유리 등 다음의 재료를 설치하는 것 1. 벽, 천장, 바닥 및 반자틀의 재료 2. 실내에 설치하는 난간, 창호 및 출입문의 재료 3. 실내에 설치하는 전기·가스·급수(給水), 배수(排水)·환기시설의 재료 4. 실내에 설치하는 충돌·끼임 등 사용자의 안전사고 방지를 위한 시설의 재료
내화구조 (耐火構造)	화재에 견딜 수 있는 성능을 가진 구조로서 국토교통부령으로 정하는 기준에 적합한 구조
불연재료 (不燃材料)	불에 타지 않는 성질을 가진 재료로서 국토교통부령으로 정하는 기준에 적합한 재료
발코니[1]	건축물의 내부와 외부를 연결하는 완충공간으로서 전망이나 휴식 등의 목적으로 건축물 외벽에 접하여 부가적(附加的)으로 설치되는 공간
다중이용 건축물	다음의 어느 하나에 해당하는 건축물 1. 다음에 해당하는 용도로 쓰는 바닥면적의 합계가 5천m² 이상인 건축물[2] ① 문화 및 집회시설(동물원 및 식물원은 제외) ② 종교시설 ③ 판매시설 ④ 운수시설 중 여객용 시설 ⑤ 의료시설 중 종합병원 ⑥ 숙박시설 중 관광숙박시설 2. 16층 이상인 건축물
준다중이용 건축물	다중이용 건축물 외의 건축물로서 다음에 해당하는 용도로 쓰는 바닥면적의 합계가 1천m² 이상인 건축물: ① 문화 및 집회시설(동물원 및 식물원은 제외), ② 종교시설, ③ 판매시설, ④ 운수시설 중 여객용 시설, ⑤ 의료시설 중 종합병원, ⑥ 교육연구시설, ⑦ 노유자시설, ⑧ 운동시설, ⑨ 숙박시설 중 관광숙박시설, ⑩ 위락시설, ⑪ 관광휴게시설, ⑫ 장례시설
특수구조 건축물[3]	1. 한쪽 끝은 고정되고 다른 끝은 지지(支持)되지 않은 구조로 된 보·차양 등이 외벽(외벽이 없는 경우에는 외곽 기둥)의 중심선으로부터 3m 이상 돌출된 건축물 2. 기둥과 기둥 사이의 거리(기둥의 중심선 사이의 거리를 말하며, 기둥이 없는 경우에는 내력벽과 내력벽의 중심선 사이의 거리를 말함)가 20m 이상인 건축물 3. 무량판 구조(보가 없이 바닥판·기둥으로 구성된 구조)를 가진 건축물로서 무량판 구조인 층에 수직으로 배치된 주요구조부의 전체 단면적에서 보가 없이 배치된 기둥의 전체 단면적이 차지하는 비율이 4분의 1 이상인 건축물

TIP

1. **방화구조(防火構造)**: 화염의 확산을 막을 수 있는 성능을 가진 구조로서 국토교통부령으로 정하는 기준에 적합한 구조를 말한다.
2. **난연재료(難燃材料)**: 불에 잘 타지 않는 성능을 가진 재료로서 국토교통부령으로 정하는 기준에 적합한 재료를 말한다.

[1] 주택에 설치되는 발코니로서 국토교통부장관이 정하는 기준에 적합한 발코니는 필요에 따라 거실·침실·창고 등의 용도로 사용할 수 있다.

[2] 관광휴게시설은 해당하지 않는다.

[3] 특수구조 건축물을 건축하거나 대수선하려는 건축주는 착공신고를 하기 전에 허가권자에게 해당 건축물의 구조 안전에 관하여 지방건축위원회의 심의를 신청해야 한다.

⚡ **기출**

01 한쪽 끝은 고정되고 다른 끝은 지지(支持)되지 않은 구조로 된 보·차양 등이 외벽의 중심선으로부터 ( )m 이상 돌출된 건축물은 특수구조 건축물에 해당한다.
제32회

기출정답

01 3

제2장 적용범위

기본서 p.377~396

제1절 적용대상물 〈빈출〉

01 건축물

(1) 의의

건축물이란 토지에 정착(定着)하는 공작물 중 ① 지붕과 기둥 또는 벽이 있는 것과 ② 이에 딸린 시설물(대문·담장 등), ③ 지하나 고가(高架)의 공작물에 설치하는 사무소·공연장·점포·차고·창고, 그 밖에 대통령령으로 정하는 것을 말한다.

(2) 적용제외

다음에 해당하는 건축물에는 「건축법」을 적용하지 않는다.

1. 지정문화유산이나 임시지정문화유산, 지정천연기념물 등(천연기념물·명승, 시·도자연유산, 자연유산자료) 또는 임시지정천연기념물 등
2. 철도나 궤도의 선로부지(敷地)에 있는 다음의 시설
    ① 운전보안시설
    ② 철도선로의 위나 아래를 가로지르는 보행시설
    ③ 플랫폼
    ④ 해당 철도 또는 궤도사업용 급수(給水)·급탄(給炭) 및 급유(給油)시설
3. 고속도로 통행료 징수시설
4. 컨테이너를 이용한 간이창고(공장의 대지에 설치하는 이동이 쉬운 것만 해당)
5. 하천구역 내의 수문조작실

TIP

건축물
토지에 정착하는 공작물 중
1. 지붕과 기둥이 있는 것
2. 지붕과 벽이 있는 것
3. 지붕과 기둥과 벽이 있는 것

TIP

「건축법」을 적용하는 것
전통건축물, 철도역사, 과적차량검문소, 군사시설

⚡기출

01 지하의 공작물에 설치하는 점포는 (　)에 해당한다. 제28회

02 공장의 대지에 설치하는 이동이 쉬운 컨테이너를 이용한 (　)는 「건축법」을 적용하지 않는다. 제36회

03 산후조리원은 (　) 근린생활시설에 해당한다. 제33회

기출정답
01 건축물   02 간이창고
03 제1종

(3) 건축물의 용도

건축물의 종류를 유사한 구조, 이용 목적 및 형태별로 묶어 분류한 것을 말한다.

1. 단독주택	① 단독주택 ② 다중주택: 다음의 요건을 모두 갖춘 주택 　㉠ 학생 또는 직장인 등 여러 사람이 장기간 거주할 수 있는 구조로 되어 있는 것 　㉡ 독립된 주거의 형태를 갖추지 않은 것(각 실별로 욕실은 설치할 수 있으나, 취사시설은 설치하지 않은 것을 말함) 　㉢ 1개 동의 주택으로 쓰이는 바닥면적(부설주차장 면적은 제외. 이하 같음)의 합계가 660m² 이하이고 주택으로 쓰는 층수(지하층은 제외)가 3개 층 이하일 것 ③ 다가구주택: 다음의 요건을 모두 갖춘 주택으로서 공동주택에 해당하지 않는 것 　㉠ 주택으로 쓰는 층수(지하층은 제외)가 3개 층 이하일 것 　㉡ 1개 동의 주택으로 쓰이는 바닥면적의 합계가 660m² 이하일 것 　㉢ 19세대 이하가 거주할 수 있을 것 ④ 공관(公館)
2. 공동주택	① 아파트: 주택으로 쓰는 층수가 5개 층 이상인 주택 ② 연립주택: 주택으로 쓰는 1개 동의 바닥면적 합계가 660m²를 초과하고, 층수가 4개 층 이하인 주택 ③ 다세대주택: 주택으로 쓰는 1개 동의 바닥면적 합계가 660m² 이하이고, 층수가 4개 층 이하인 주택 ④ 기숙사 　㉠ 일반기숙사: 학교 또는 공장 등의 학생 또는 종업원 등을 위하여 사용하는 것으로서 해당 기숙사의 공동취사시설 이용 세대수가 전체 세대수의 50% 이상인 것(학생복지주택을 포함) 　㉡ 임대형기숙사: 공공주택사업자 또는 임대사업자가 임대 목적으로 제공하는 실이 20실 이상이고 해당 기숙사의 공동취사시설 이용 세대수가 전체 세대수의 50% 이상인 것 **★ 개념 PLUS ㅣ 필로티 구조** 다중주택·다가구주택과 다세대주택은 1층의 전부 또는 일부를 필로티 구조로 하여 주차장으로 사용하고 나머지 부분을 주택 외의 용도로 쓰는 경우에는 해당 층을 주택의 층수에서 제외하고, 아파트와 연립주택은 1층 전부를 필로티 구조로 하여 주차장으로 사용하는 경우에는 필로티 부분을 층수에서 제외한다.
3. 제1종 근린생활시설	① 식품·잡화·의류·완구·서적·건축자재·의약품·의료기기 등 일용품을 판매하는 소매점으로서 같은 건축물에 해당 용도로 쓰는 바닥면적의 합계가 1천m² 미만인 것 ② 휴게음식점, 제과점 등 음료·차(茶)·음식·빵·떡·과자 등을 조리하거나 제조하여 판매하는 시설로서 300m² 미만인 것 ③ 이용원, 미용원, 목욕장, 세탁소 등 사람의 위생관리나 의류 등을 세탁·수선하는 시설 ④ 의원, 치과의원, 한의원, 침술원, 접골원(接骨院), 조산원, 안마원, 산후조리원 등 주민의 진료·치료 등을 위한 시설

	⑤ 탁구장, 체육도장으로서 500m² 미만인 것 ⑥ 지역자치센터, 파출소, 지구대, 소방서, 우체국, 방송국, 보건소, 공공도서관, 건강보험공단 사무소 등 주민의 편의를 위하여 공공업무를 수행하는 시설로서 1천m² 미만인 것 ⑦ 마을회관, 마을공동작업소, 마을공동구판장, 공중화장실, 대피소, 지역아동센터 등 주민이 공동으로 이용하는 시설 ⑧ 변전소, 도시가스배관시설, 통신용 시설(1천m² 미만인 것에 한정), 정수장, 양수장 등 주민의 생활에 필요한 에너지공급·통신서비스제공이나 급수·배수와 관련된 시설 ⑨ 금융업소, 사무소, 부동산중개사무소, 결혼상담소 등 소개업소, 출판사 등 일반업무시설로서 30m² 미만인 것 ⑩ 전기자동차 충전소로서 바닥면적의 합계가 1천m² 미만인 것 ⑪ 동물병원, 동물미용실 및 「동물보호법」에 따른 동물위탁관리업을 위한 시설로서 같은 건축물에 해당 용도로 쓰는 바닥면적의 합계가 300m² 미만인 것
4. 제2종 근린생활시설	① 공연장(극장, 영화관, 연예장, 음악당, 서커스장, 비디오물감상실, 비디오물소극장)으로서 500m² 미만인 것 ② 종교집회장[교회, 성당, 사찰, 기도원, 수도원, 수녀원, 제실(祭室), 사당]으로서 500m² 미만인 것 ③ 자동차영업소로서 1천m² 미만인 것 ④ 서점(제1종 근린생활시설에 해당하지 않는 것) ⑤ 총포판매소, 사진관, 표구점 ⑥ 청소년게임제공업소, 복합유통게임제공업소, 인터넷컴퓨터게임시설제공업소로서 500m² 미만인 것 ⑦ 휴게음식점, 제과점 등 음료·차(茶)·음식·빵·떡·과자 등을 조리하거나 제조하여 판매하는 시설로서 300m² 이상인 것 ⑧ 일반음식점 ⑨ 장의사, 동물병원, 동물미용실, 동물위탁관리업을 위한 시설(제1종 근린생활시설에 해당하는 것은 제외) ⑩ 학원(자동차학원·무도학원 및 정보통신기술을 활용하여 원격으로 교습하는 것은 제외), 교습소, 직업훈련소로서 500m² 미만인 것 ⑪ 독서실, 기원 ⑫ 테니스장, 체력단련장, 에어로빅장, 볼링장, 당구장, 실내낚시터, 골프연습장, 놀이형시설 등 주민의 체육 활동을 위한 시설로서 500m² 미만인 것 ⑬ 금융업소, 사무소, 부동산중개사무소, 결혼상담소 등 소개업소, 출판사 등 일반업무시설로서 500m² 미만인 것(제1종 근린생활시설에 해당하는 것은 제외) ⑭ 다중생활시설(고시원)로서 500m² 미만인 것 ⑮ 단란주점으로서 150m² 미만인 것 ⑯ 안마시술소, 노래연습장 ⑰ 주문배송시설로서 500m² 미만인 것 ⑱ 공유보관시설로서 1천m² 미만인 것

5. 문화 및 집회시설	① 공연장으로서 제2종 근린생활시설에 해당하지 않는 것 ② 집회장[예식장, 공회당, 회의장, 마권(馬券) 장외 발매소, 마권 전화투표소]으로서 제2종 근린생활시설에 해당하지 않는 것 ③ 관람장(경마장, 경륜장, 경정장, 자동차 경기장, 체육관 및 운동장으로서 관람석의 바닥면적의 합계가 1천㎡ 이상인 것을 말함) ④ 전시장(박물관, 미술관, 과학관, 기념관, 산업전시장, 박람회장) ⑤ 동·식물원(동물원, 식물원, 수족관)	
6. 종교시설	종교집회장(제2종 근린생활시설에 해당하지 않는 것을 말함)과 이에 설치하는 봉안당(奉安堂)	
7. 판매시설	① 도매시장, 소매시장, 대규모 점포 ② 식품·잡화·의류·완구·서적·건축자재·의약품·의료기기 등 일용품을 판매하는 소매점(서점은 제외)으로서 제1종 근린생활시설에 해당하지 않는 것	
8. 운수시설	여객자동차터미널, 철도시설, 공항시설, 항만시설, 버티포트(Vertiport)	
9. 의료시설	① 병원(종합병원, 치과병원, 한방병원, 정신병원 및 요양병원) ② 격리병원(전염병원, 마약진료소)	
10. 교육연구 시설	① 학교(유치원, 초·중·고등학교, 대학교) ② 학원(자동차학원·무도학원 및 정보통신기술을 활용하여 원격으로 교습하는 것은 제외), 교습소, 직업훈련소, 교육원(연수원 포함) ③ 연구소(연구소에 준하는 시험소와 계측계량소 포함) ④ 도서관	
11. 노유자 (老幼者)시설	① 아동 관련 시설(어린이집, 아동복지시설) ② 노인복지시설	
12. 수련시설	① 생활권 수련시설, 자연권 수련시설 ② 유스호스텔 ③ 야영장시설로서 30.에 해당하지 않는 시설	
13. 운동시설	① 탁구장, 체육도장, 테니스장, 체력단련장, 에어로빅장, 볼링장, 당구장, 실내낚시터, 골프연습장, 놀이형시설로서 제1종 근린생활시설 및 제2종 근린생활시설에 해당하지 않는 것 ② 체육관 및 운동장으로서 관람석이 없거나 관람석의 바닥면적이 1천㎡ 미만인 것	
14. 업무시설	① **공공업무시설**: 국가 또는 지방자치단체의 청사와 외국공관의 건축물로서 제1종 근린생활시설에 해당하지 않는 것 ② **일반업무시설**: 금융업소, 사무소, 결혼상담소 등 소개업소, 출판사, 신문사로서 제2종 근린생활시설에 해당하지 않는 것 ③ 오피스텔(업무를 주로 하며, 분양하거나 임대하는 구획 중 일부 구획에서 숙식을 할 수 있도록 한 건축물)	
15. 숙박시설	① 일반숙박시설 및 생활숙박시설(숙박업 신고를 해야 하는 시설을 말함) ② 관광숙박시설(관광호텔, 수상관광호텔, 한국전통호텔, 가족호텔, 호스텔, 소형호텔, 의료관광호텔 및 휴양 콘도미니엄) ③ 다중생활시설(제2종 근린생활시설에 해당하지 않는 것을 말함)	

16. 위락(慰樂)시설	① 단란주점으로서 제2종 근린생활시설에 해당하지 않는 것 ② 유흥주점이나 그 밖에 이와 비슷한 것 ③ 테마파크업의 시설(제2종 근린생활시설과 운동시설에 해당하는 것은 제외) ④ 무도장, 무도학원 ⑤ 카지노영업소	
17. 공장	-	
18. 창고시설	① 창고, 하역장, 집배송 시설 ② 물류터미널	
19. 위험물저장 및 처리시설	① 주유소(기계식 세차설비 포함) 및 석유 판매소 ② 액화석유가스 충전소·판매소·저장소 ③ 도료류 판매소	
20. 자동차 관련 시설	① 주차장, 세차장, 폐차장, 검사장, 매매장, 정비공장, 전기자동차 충전소 ② 운전학원 및 정비학원(운전 및 정비 관련 직업훈련시설 포함)	
21. 동물 및 식물 관련 시설	① 축사(양잠·양봉·양어·양돈·양계·곤충사육 시설 및 부화장 등 포함) ② 도축장, 도계장 ③ 작물재배사, 화초 및 분재 등의 온실(동·식물원은 제외)	
22. 자원순환 관련 시설	하수 등 처리시설, 고물상, 폐기물재활용시설	
23. 교정(矯正)시설	교정시설(보호감호소, 구치소, 교도소 및 소년원)	
24. 국방·군사 시설	-	
25. 방송통신시설	방송국, 전신전화국, 촬영소, 통신용 시설	
26. 발전시설	발전소(집단에너지 공급시설 포함)	
27. 묘지 관련 시설	화장시설, 봉안당(종교시설에 해당하는 것은 제외), 동물화장시설	
28. 관광휴게시설	① 야외음악당, 야외극장 ② 어린이회관, 관망탑, 휴게소	
29. 장례시설	장례식장(의료시설의 부수시설에 해당하는 것은 제외), 동물장례식장	
30. 야영장시설	야영장시설로서 관리동, 화장실, 샤워실, 대피소, 취사시설 등으로서 $300m^2$ 미만인 것	

02 대지

대지란 「공간정보의 구축 및 관리 등에 관한 법률」에 따라 각 필지(筆地)로 나눈 토지를 말한다(1필지 = 1대지). 다만, 대통령령으로 정하는 토지는 둘 이상의 필지를 하나의 대지로 하거나 하나 이상의 필지의 일부를 하나의 대지로 할 수 있다.

(1) 둘 이상의 필지를 하나의 대지로 할 수 있는 토지

1. **하나의 건축물을 두 필지 이상에 걸쳐 건축하는 경우:** 그 건축물이 건축되는 각 필지의 토지를 합한 토지
2. **「공간정보의 구축 및 관리 등에 관한 법률」에 따라 합병이 불가능한 경우 중 다음에 해당하는 경우:** 그 합병이 불가능한 필지의 토지를 합한 토지. 다만, 토지의 소유자가 서로 다르거나 소유권 외의 권리관계가 서로 다른 경우는 제외한다.[1]
   ① 각 필지의 지번부여지역(地番附與地域)이 서로 다른 경우
   ② 각 필지의 도면의 축척이 다른 경우
   ③ 서로 인접하고 있는 필지로서 각 필지의 지반(地盤)이 연속되지 않은 경우
3. **「국토법」에 따른 도시·군계획시설에 해당하는 건축물을 건축하는 경우:** 그 도시·군계획시설이 설치되는 일단(一團)의 토지
4. **「주택법」에 따른 사업계획승인을 받아 주택과 그 부대시설 및 복리시설을 건축하는 경우:** 주택단지
5. **도로의 지표 아래에 건축하는 건축물의 경우:** 특별시장·광역시장·특별자치시장·특별자치도지사·시장·군수 또는 구청장(자치구의 구청장을 말함)이 그 건축물이 건축되는 토지로 정하는 토지
6. **사용승인을 신청할 때 둘 이상의 필지를 하나의 필지로 합칠 것을 조건으로 건축허가를 하는 경우:** 그 필지가 합쳐지는 토지. 다만, 토지의 소유자가 서로 다른 경우는 제외한다.

(2) 하나 이상의 필지의 일부를 하나의 대지로 할 수 있는 토지

1. **하나 이상의 필지의 일부에 대하여 도시·군계획시설이 결정·고시된 경우:** 그 결정·고시된 부분의 토지
2. **하나 이상의 필지의 일부에 대하여 「농지법」에 따른 농지전용허가, 「산지관리법」에 따른 산지전용허가 또는 「국토법」에 따른 개발행위허가를 받은 경우:** 그 허가받은 부분의 토지
3. **사용승인을 신청할 때 필지를 나눌 것을 조건으로 건축허가를 하는 경우:** 그 필지가 나누어지는 토지

기출

01 대지는 「공간정보의 구축 및 관리에 관한 법률」에 따라 각 (　　)로 나눈 토지를 말하며, 하나 이상의 필지의 일부는 하나의 대지로 할 수 (　　).
제15회 추가

[1] 합병이 불가능한 토지라도 토지의 소유자와 소유권 외의 권리관계가 같은 경우에는 하나의 대지로 할 수 있다.

기출정답
01 필지, 있다

03 건축설비

건축설비란 건축물에 설치하는 전기·전화 설비, 초고속 정보통신 설비, 지능형 홈 네트워크 설비, 가스·급수·배수(配水)·배수(排水)·환기·난방·소화(消火)·배연(排煙) 및 오물처리의 설비, 굴뚝, 승강기, 피뢰침, 국기 게양대, 공동시청 안테나, 유선방송 수신시설, 우편함, 저수조(貯水槽), 방범시설, 그 밖에 국토교통부령으로 정하는 설비를 말한다.

(1) 승용승강기

건축주는 6층 이상으로서 연면적이 2천m² 이상인 건축물(대통령령으로 정하는 건축물은 제외)을 건축하려면 승강기❶를 설치해야 한다.

(2) 비상용승강기

높이 31m를 초과하는 건축물에는 대통령령으로 정하는 바에 따라 승용승강기 뿐만 아니라 비상용승강기❷를 추가로 설치해야 한다.

❶ 고층건축물에는 승용승강기 중 1대 이상을 피난용 승강기(승강기의 바닥면적은 승강기 1대당 6m² 이상)로 설치해야 한다.

❷ 2대 이상의 비상용승강기를 설치하는 경우에는 화재가 났을 때 소화에 지장이 없도록 일정한 간격을 두고 설치해야 한다.

⚡기출

01 건축주는 ( )층 이상으로서 연면적이 ( ) m² 이상인 건축물을 건축하려면 승강기를 설치해야 한다. 제36회

02 높이 ( )를 넘는 장식탑은 시장·군수·구청장에게 신고해야 하는 공작물에 해당한다. 제30회

04 공작물

다음의 공작물을 축조(건축물과 분리하여 축조하는 것을 말함)하려는 자는 특별자치시장·특별자치도지사 또는 시장·군수·구청장에게 신고해야 한다.

1. 높이 6m를 넘는 굴뚝, 골프연습장 등의 운동시설을 위한 철탑, 주거지역·상업지역에 설치하는 통신용 철탑
2. 높이 4m를 넘는 광고탑, 광고판, 장식탑, 기념탑, 첨탑
3. 높이 8m를 넘는 고가수조
4. 높이 2m를 넘는 담장 또는 옹벽
5. 바닥면적 30m²를 넘는 지하대피호
6. 높이 8m 이하의 기계식 주차장 및 철골 조립식 주차장으로서 외벽이 없는 것
7. 높이 5m를 넘는 「신에너지 및 재생에너지 개발·이용·보급 촉진법」에 따른 태양에너지를 이용하는 발전설비

기출정답

01 6, 2천   02 4m

제2절 적용대상행위 〈빈출〉

01 건축

건축물을 신축·증축·개축·재축하거나 건축물을 이전하는 것을 말한다.

신축	건축물이 없는 대지(기존 건축물이 해체되거나 멸실된 대지 포함)에 ① 새로 건축물을 축조(築造)하는 것[부속건축물만 있는 대지에 ② 새로 주된 건축물을 축조하는 것을 포함하되, ③ 개축(改築) 또는 재축(再築)하는 것은 제외]
증축	기존 건축물이 있는 대지에서 건축물의 건축면적, 연면적, 층수 또는 높이를 늘리는 것
개축	기존 건축물의 전부 또는 일부[내력벽·기둥·보·지붕틀(한옥의 경우에는 지붕틀의 범위에서 서까래는 제외) 중 셋 이상이 포함되는 경우를 말함]를 해체하고 그 대지에 종전과 같은 규모의 범위에서 건축물을 다시 축조하는 것[1]
재축	건축물이 천재지변이나 그 밖의 재해(災害)로 멸실된 경우 그 대지에 다음의 요건을 모두 갖추어 다시 축조하는 것 1. 연면적 합계는 종전 규모 이하로 할 것 2. 동(棟)수, 층수 및 높이가 모두 종전 규모 이하일 것. 다만, 동수, 층수 또는 높이의 어느 하나가 종전 규모를 초과하는 경우에는 건축법령 등에 모두 적합할 것
이전	건축물의 주요구조부[2]를 해체하지 않고 같은 대지의 다른 위치로 옮기는 것

02 대수선

건축물의 기둥, 보, 내력벽, 주계단 등의 구조나 외부형태를 수선·변경하거나 증설하는 것으로서 증축·개축 또는 재축에 해당하지 않는 다음에 해당하는 행위를 말한다.

1. 내력벽을 증설 또는 해체하거나 그 벽면적을 30m² 이상 수선 또는 변경하는 것
2. 건축물의 외벽에 사용하는 마감재료를 증설 또는 해체하거나 벽면적 30m² 이상 수선 또는 변경하는 것
3. 기둥을 증설 또는 해체하거나 세 개 이상 수선 또는 변경하는 것
4. 보를 증설 또는 해체하거나 세 개 이상 수선 또는 변경하는 것
5. 지붕틀을 증설 또는 해체하거나 세 개 이상 수선 또는 변경하는 것
6. 방화벽 또는 방화구획을 위한 바닥 또는 벽을 증설 또는 해체하거나 수선 또는 변경하는 것
7. 주계단·피난계단 또는 특별피난계단을 증설 또는 해체하거나 수선 또는 변경하는 것

---

[1]
- 전부 해체 + 초과 ⇨ 신축
- 일부 해체 + 초과 ⇨ 증축

[2]
내력벽, 기둥, 바닥, 보, 지붕틀, 주계단

기출

01 기존 건축물이 있는 대지에서 건축물의 내력벽을 증설하여 건축면적을 늘리는 것은 (　　)에 해당한다. 제31회

02 (　　)이란 건축물의 주요구조부를 해체하지 않고 같은 대지의 다른 위치로 옮기는 것을 말한다. 제31회

03 내력벽을 수선하는 벽면적의 합계가 (　　)m² 미만인 경우는 대수선에 포함되지 않는다. 제28회

04 보를 증설 또는 해체하거나 (　　) 이상 수선 또는 변경하는 것은 대수선에 해당한다. 제36회

기출정답
01 증축　02 이전
03 30　04 세 개

8. 다가구주택의 가구간 경계벽 또는 다세대주택의 세대간 경계벽을 증설 또는 해체하거나 수선 또는 변경하는 것

03 용도변경

(1) 시설군(施設群)과 건축물의 세부용도

1. 자동차 관련 시설군	자동차 관련 시설	
2. 산업 등의 시설군	① 운수시설 ③ 창고시설 ⑤ 자원순환 관련 시설 ⑦ 장례시설	② 공장 ④ 위험물저장 및 처리시설 ⑥ 묘지 관련 시설
3. 전기통신시설군	① 방송통신시설	② 발전시설
4. 문화 및 집회시설군	① 문화 및 집회시설 ③ 위락시설	② 종교시설 ④ 관광휴게시설
5. 영업시설군	① 판매시설 ③ 숙박시설 ④ 다중생활시설(제2종 근린생활시설)	② 운동시설
6. 교육 및 복지시설군	① 의료시설 ③ 노유자시설 ⑤ 야영장시설	② 교육연구시설 ④ 수련시설
7. 근린생활시설군	① 제1종 근린생활시설 ② 제2종 근린생활시설(다중생활시설은 제외)	
8. 주거업무시설군	① 단독주택 ③ 업무시설 ⑤ 국방·군사시설	② 공동주택 ④ 교정시설
9. 기타 시설군	동물 및 식물 관련 시설	

(2) 용도변경의 허가·신고

사용승인을 받은 건축물의 용도를 변경하려는 자는 다음의 구분에 따라 특별자치시장·특별자치도지사 또는 시장·군수·구청장의 허가를 받거나 신고를 해야 한다.

> 1. **허가대상**: 건축물의 용도를 상위군에 해당하는 용도로 변경하는 경우(⇧ 방향)
> 2. **신고대상**: 건축물의 용도를 하위군에 해당하는 용도로 변경하는 경우(⇩ 방향)

(3) 건축물대장 기재내용의 변경신청

① **원칙**: 같은 시설군 안에서 용도를 변경하려는 자는 특별자치시장·특별자치도지사 또는 시장·군수·구청장에게 건축물대장 기재내용의 변경을 신청해야 한다.

② **예외**: 다음의 어느 하나에 해당하는 건축물 상호간의 용도변경의 경우에는 건축물대장 기재내용의 변경을 신청하지 않는다. 다만, 제1종 근린생활시설 중 목욕장·의원, 제2종 근린생활시설 중 공연장·게임제공업소·학원·골프연습장·놀이형시설·단란주점·안마시술소·**노래연습장**·주문배송시설, 판매시설 중 게임제공업의 시설, 숙박시설 중 생활숙박시설 및 위락시설 중 단란주점·유흥주점에 해당하는 용도로 변경하는 경우는 제외한다.

> 1. 같은 용도에 속하는 건축물 상호간의 용도변경
> 2. 제1종 근린생활시설과 제2종 근린생활시설 상호간의 용도변경

(4) 준용규정

① **사용승인**: 허가나 신고대상인 경우로서 용도변경하려는 부분의 바닥면적의 합계가 100㎡ 이상인 경우의 사용승인에 관하여는 건축물의 사용승인(법 제22조)을 준용한다.

② **건축사의 설계**: 허가대상인 경우로서 용도변경하려는 부분의 바닥면적의 합계가 500㎡ 이상인 용도변경의 설계에 관하여는 건축사의 설계(법 제23조)를 준용한다.

TIP

복수용도의 인정
건축주는 건축물의 용도를 복수로 하여 건축허가, 건축신고 및 용도변경 허가·신고 또는 건축물대장 기재내용의 변경신청을 할 수 있다.

⚡기출

01 4층 건축물의 용도를 병원에서 서점으로 변경하려면 용도변경을 (   ) 해야 한다. 제29회

02 바닥면적의 합계가 500㎡인 자동차영업소를 노래연습장으로 변경하려는 경우 건축물대장 기재내용의 (   )을 신청해야 한다. 제34회

03 허가나 신고대상인 경우로서 용도변경하려는 부분의 바닥면적의 합계가 (   )㎡ 이상인 경우에는 사용승인을 받아야 한다. 제31회

기출정답
01 신고   02 변경   03 100

제3절 적용대상 지역

(1) 전면적 적용대상 지역

다음에 해당하는 지역은 「건축법」의 규정을 모두 적용한다.

> 1. 「국토법」에 따른 도시지역 및 도시지역 외의 지역에 지정된 지구단위계획구역
> 2. 동이나 읍(섬의 경우에는 인구가 500명 이상인 경우만 해당)인 지역

(2) 제한적 적용대상 지역

「국토법」에 따른 ① 도시지역 및 ② 도시지역 외의 지역에 지정된 지구단위계획구역 외의 지역으로서 ③ 동이나 읍(섬의 경우에는 인구가 500명 이상만 해당)이 아닌 지역은 다음의 규정을 적용하지 않는다.❶

> 1. 대지와 도로의 관계(법 제44조)
> 2. 도로의 지정·폐지 또는 변경(법 제45조)
> 3. 건축선의 지정(법 제46조)
> 4. 건축선에 따른 건축제한(법 제47조)
> 5. 방화지구 안의 건축물(법 제51조)
> 6. 대지의 분할제한(법 제57조)

❶ 건폐율, 용적률, 건축물의 높이제한은 해당하지 않는다.

TIP

리모델링에 대비한 특례
리모델링이 쉬운 구조의 공동주택의 건축을 촉진하기 위하여 공동주택을 대통령령으로 정하는 구조로 하여 건축허가를 신청하면 용적률, 건축물의 높이 제한 및 일조 등의 확보를 위한 건축물의 높이 제한 기준을 100분의 120의 범위에서 완화하여 적용할 수 있다.

⚡ **기출**

01 지구단위계획구역이 아닌 계획관리지역으로서 동이나 읍이 아닌 지역에서는 (   )에 따른 건축제한 규정이 적용되지 않는다. 제22회

기출정답
01 건축선

제3장 건축물의 건축

기본서 p.397~418

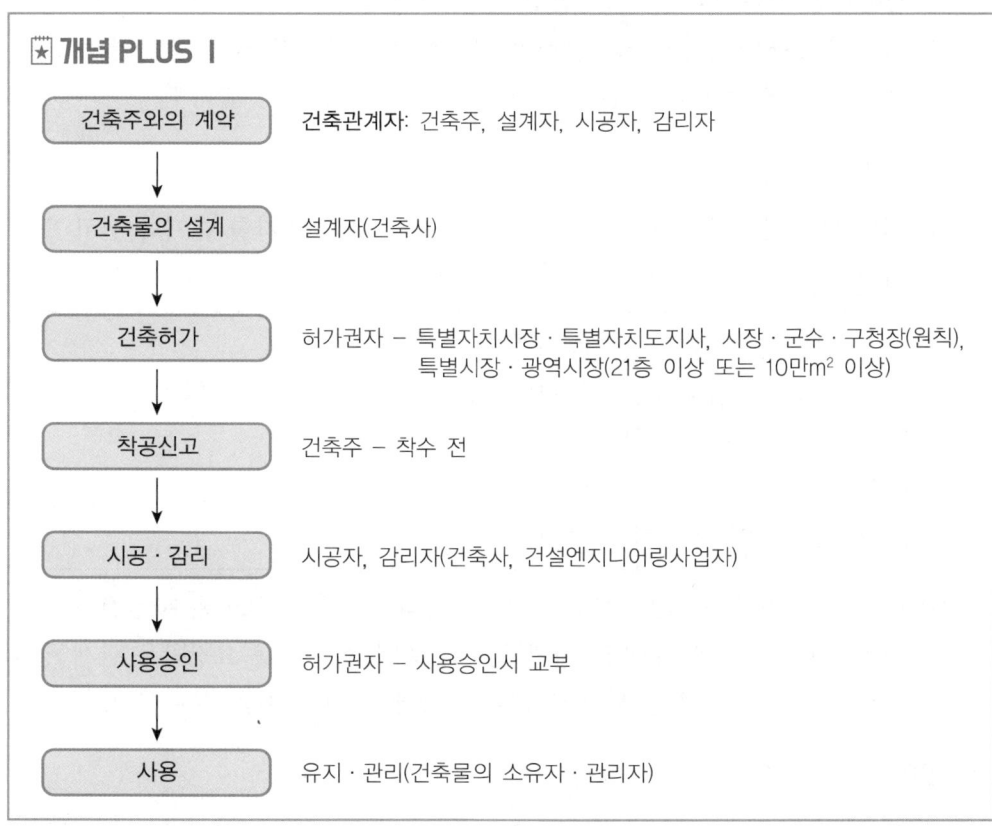

TIP

벌칙(제108조)
도시지역에서 허가를 받지 않고 건축물을 건축하거나 대수선 또는 용도변경을 한 건축주 및 공사시공자는 3년 이하의 징역이나 5억원 이하의 벌금에 처한다.

제1절 건축허가 빈출

01 건축 관련 입지와 규모의 사전결정

(1) 사전결정의 신청

건축허가대상 건축물을 건축하려는 자는 건축허가를 신청하기 전에 허가권자에게 그 건축물의 건축에 관한 다음의 사항에 대한 사전결정을 신청할 수 있다.[1]

> 1. 해당 대지에 건축하는 것이 이 법이나 관계 법령에서 허용되는지 여부
> 2. 이 법 또는 관계 법령에 따른 건축기준 및 건축제한, 그 완화에 관한 사항 등을 고려하여 해당 대지에 건축 가능한 건축물의 규모
> 3. 건축허가를 받기 위하여 신청자가 고려해야 할 사항

[1] 사전결정신청시 건축위원회 심의와 「도시교통정비 촉진법」에 따른 교통영향평가서의 검토를 동시에 신청할 수 있다.

(2) 결정절차

① **협의**: 허가권자는 사전결정이 신청된 건축물의 대지면적이 「환경영향평가법」에 따른 소규모 환경영향평가대상인 경우 기후에너지환경부장관이나 지방환경관서의 장과 소규모 환경영향평가에 관한 협의를 해야 한다.

② **결정 후 통지**: 허가권자는 사전결정의 신청을 받으면 입지, 건축물의 규모, 용도 등을 사전결정한 후 사전결정신청자에게 알려야 한다.[1]

(3) 허가 등의 의제

① **의제사항**: 사전결정 통지를 받은 경우에는 다음의 허가를 받거나 신고 또는 협의를 한 것으로 본다.[2]

> 1. 「국토법」에 따른 개발행위허가
> 2. 「산지관리법」에 따른 산지전용허가와 산지전용신고, 산지일시사용허가·신고. 다만, 보전산지인 경우에는 도시지역만 해당된다.
> 3. 「농지법」에 따른 농지전용허가·신고 및 협의
> 4. 「하천법」에 따른 하천점용허가

② **협의**: 허가권자는 ①의 어느 하나에 해당되는 내용이 포함된 사전결정을 하려면 미리 관계 행정기관의 장과 협의해야 하며, 협의를 요청받은 관계 행정기관의 장은 요청받은 날부터 15일 이내에 의견을 제출해야 한다.

(4) 실효

사전결정신청자는 사전결정을 통지받은 날부터 2년 이내에 건축허가를 신청해야 하며, 이 기간에 건축허가를 신청하지 않으면 사전결정의 효력이 상실된다.

02 건축허가

> **개념 PLUS | 건축허가(건축금지의 해제)의 법적 성격**
>
> 1. 법률행위적 행정행위, 2. 명령적 행정행위(학문상 '허가'), 3. 대물적 허가,
> 4. 쌍방적 행정행위, 5. 요식행위, 6. 기속행위, 7. 단속규정

(1) 허가권자

① **원칙**: 건축물을 건축하거나 대수선하려는 자는 특별자치시장·특별자치도지사 또는 시장·군수·구청장의 허가를 받아야 한다.

---

[1] 허가권자는 사전결정을 한 후 사전결정서를 사전결정일부터 7일 이내에 사전결정을 신청한 자에게 송부해야 한다.

[2] 건축허가, 「도로법」에 따른 도로점용허가는 의제되지 않는다.

⚡기출

01 사전결정 통지를 받은 경우에는 (　　)지역에서 「산지관리법」에 따른 보전산지에 대한 산지전용허가를 받은 것으로 본다.
제33회

02 사전결정신청자는 사전결정을 통지받은 날부터 (　　) 이내에 건축허가를 신청해야 하며, 이 기간에 건축허가를 신청하지 아니하면 사전결정의 효력이 상실된다.
제36회

03 층수가 (　　) 이상이거나 연면적의 합계가 (　　)m² 이상인 건축물을 특별시나 광역시에 건축하려면 특별시장이나 광역시장의 허가를 받아야 한다. 다만, (　　)·(　　) 등은 제외한다.
제25회

기출정답
01 도시   02 2년
03 21층, 10만, 공장, 창고

② **예외**: 특별시나 광역시에 층수가 21층 이상이거나 연면적의 합계가 10만㎡ 이상인 건축물(연면적의 10분의 3 이상을 증축하여 층수가 21층 이상으로 되거나 연면적의 합계가 10만㎡ 이상으로 되는 경우 포함)을 건축하려면 특별시장이나 광역시장의 허가를 받아야 한다. 다만, 공장·창고 등은 제외한다.

(2) 도지사의 사전승인

시장·군수는 다음에 해당하는 건축물의 건축을 허가하려면 미리 건축계획서와 기본설계도서를 첨부하여 도지사의 승인을 받아야 한다.❶

> 1. 층수가 21층 이상이거나 연면적의 합계가 10만㎡ 이상인 건축물. 다만, 공장·창고 등은 제외한다.
> 2. 자연환경이나 수질을 보호하기 위하여 도지사가 지정·공고한 구역에 건축하는 3층 이상 또는 연면적의 합계가 1천㎡ 이상인 다음에 해당하는 건축물: 위락시설, 숙박시설, 공동주택, 일반음식점 및 일반업무시설❷
> 3. 주거환경이나 교육환경 등 주변환경을 보호하기 위하여 필요하다고 인정하여 도지사가 지정·공고한 구역에 건축하는 위락시설 및 숙박시설에 해당하는 건축물

(3) 건축허가의 거부

허가권자는 다음에 해당하는 경우에는 건축위원회의 심의를 거쳐 건축허가를 하지 않을 수 있다.

> 1. 위락시설이나 숙박시설에 해당하는 건축물의 건축을 허가하는 경우 해당 대지에 건축하려는 건축물의 용도·규모 또는 형태가 주거환경이나 교육환경 등 주변환경을 고려할 때 부적합하다고 인정되는 경우
> 2. 「국토법」에 따른 방재지구 및 「자연재해대책법」에 따른 자연재해위험개선지구(상습가뭄재해지구는 제외) 등 상습적으로 침수되거나 침수가 우려되는 지역에 건축하려는 건축물에 대하여 일부 공간에 거실을 설치하는 것이 부적합하다고 인정되는 경우

(4) 건축허가의 필수적 취소

허가권자는 허가를 받은 자가 다음에 해당하면 허가를 취소해야 한다.

> 1. 허가를 받은 날부터 2년(「산업집적활성화 및 공장설립에 관한 법률」에 따라 공장의 신설·증설 또는 업종변경의 승인을 받은 공장은 3년) 이내에 공사에 착수하지 않은 경우. 다만, 정당한 사유가 있다고 인정되면 1년의 범위에서 공사의 착수기간을 연장할 수 있다.

TIP

도지사는 건축허가권자가 아니다.

❶ 도지사는 사전승인의 신청을 받은 날부터 50일 이내에 승인 여부를 시장·군수에게 통보해야 한다. 다만, 건축물의 규모가 큰 경우 등 불가피한 경우에는 30일의 범위 내에서 연장할 수 있다.

❷ 공장은 해당하지 않는다.

⚡기출

01 수질을 보호하기 위하여 도지사가 지정·공고한 구역에 시장·군수가 3층의 관광호텔의 건축을 허가하기 위해서는 (　　)의 사전승인을 받아야 한다. 제24회

02 허가권자는 허가를 받은 자가 허가를 받은 날부터 (　　) 이내에 공사를 착수하였으나 공사의 완료가 불가능하다고 인정되는 경우에는 허가를 취소해야 한다. 제19회

TIP

필수적 취소
1. **건축허가**: 2년 이내에 공사에 착수 ×
2. **농지전용허가**: 조치명령을 위반

기출정답

01 도지사　02 2년

2. 1.의 기간 이내에 공사에 착수하였으나 공사의 완료가 불가능하다고 인정되는 경우
3. 착공신고 전에 경매 또는 공매 등으로 건축주가 대지의 소유권을 상실한 때부터 6개월이 지난 이후 공사의 착수가 불가능하다고 판단되는 경우

(5) 대지의 소유권 확보 및 매도청구

① **대지소유권 확보**: 건축허가를 받으려는 자는 해당 대지의 소유권을 확보해야 한다. 다만, 다음에 해당하는 경우에는 그러하지 않다.

1. 건축주가 대지의 소유권을 확보하지 못하였으나 그 대지를 사용할 수 있는 권원을 확보한 경우. 다만, 분양을 목적으로 하는 공동주택은 제외한다.
2. 건축주가 건축물의 노후화 또는 구조안전 문제 등의 사유로 건축물을 신축·개축·재축 및 리모델링을 하기 위하여 건축물 및 해당 대지의 공유자 수의 100분의 80 이상의 동의를 얻고 동의한 공유자의 지분합계가 전체 지분의 100분의 80 이상인 경우
3. 건축하려는 대지에 포함된 국유지 또는 공유지에 대하여 허가권자가 해당 토지의 관리청이 해당 토지를 건축주에게 매각하거나 양여할 것을 확인한 경우
4. 건축주가 집합건물의 공용부분을 변경하거나 재건축하기 위하여 「집합건물의 소유 및 관리에 관한 법률」(이하 '「집합건물법」')에 따른 결의가 있었음을 증명한 경우 등

② **매도청구**[1]: ①의 2.에 따라 건축허가를 받은 건축주는 동의하지 않은 공유자에게 그 공유지분을 시가(市價)로 매도할 것을 청구할 수 있다. 이 경우 매도청구를 하기 전에 매도청구대상이 되는 공유자와 3개월 이상 협의를 해야 한다.

(6) 건축물 안전영향평가

① **대상**: 허가권자는 다음의 어느 하나에 해당하는 주요 건축물에 대하여 건축허가를 하기 전에 건축물의 구조안전과 인접 대지의 안전에 미치는 영향 등을 평가하는 건축물 안전영향평가를 안전영향평가기관에 의뢰하여 실시해야 한다.[2]

1. 초고층건축물
2. 16층 이상이고 연면적이 10만m² 이상인 건축물

② **확정**: 안전영향평가 결과는 건축위원회의 심의를 거쳐 확정한다.

⚡기출

01 건축주가 대지의 소유권을 확보하지 못하였으나 그 대지를 사용할 수 있는 권원을 확보한 경우에는 건축허가를 받을 수 있다. 다만, 분양을 목적으로 하는 (   )은 제외한다. 제28회

02 허가권자는 초고층건축물에 대하여 (   )를 하기 전에 건축물 안전영향평가를 실시해야 한다. 제35회

[1] 매도청구에 관하여는 「집합건물법」(제48조)을 준용한다.

[2] 안전영향평가기관은 안전영향평가를 의뢰받은 날부터 30일 이내에 안전영향평가 결과를 허가권자에게 제출해야 한다. 다만, 부득이한 경우에는 20일의 범위에서 그 기간을 한 차례만 연장할 수 있다.

기출정답
01 공동주택 02 건축허가

③ **공개**: 허가권자는 심의 결과 및 안전영향평가 내용을 해당 지방자치단체의 공보에 게시하는 방법에 따라 즉시 공개해야 한다.

④ **평가 의제**: 안전영향평가를 실시해야 하는 건축물이 다른 법률에 따라 구조안전과 인접 대지의 안전에 미치는 영향 등을 평가 받은 경우에는 안전영향평가의 해당 항목을 평가받은 것으로 본다.

(7) 건축위원회 심의

건축위원회의 심의를 받은 자가 심의결과를 통지받은 날부터 2년 이내에 건축허가를 신청하지 않으면 건축위원회 심의의 효력이 상실된다.

03 건축허가제한 등

(1) 제한권자 및 제한사유

① **국토교통부장관**: 국토관리를 위하여 특히 필요하다고 인정하거나 주무부장관이 국방, 국가유산의 보존, 환경보전 또는 국민경제를 위하여 특히 필요하다고 인정하여 요청하면 허가권자의 건축허가나 허가를 받은 건축물의 착공을 제한할 수 있다.

② **특별시장·광역시장·도지사**: 지역계획이나 도시·군계획에 특히 필요하다고 인정하면 시장·군수·구청장의 건축허가나 허가를 받은 건축물의 착공을 제한할 수 있다. 이 경우 시·도지사는 즉시 **국토교통부장관에게 보고**해야 하며, 보고를 받은 국토교통부장관은 제한 내용이 지나치다고 인정하면 해제를 명할 수 있다.

(2) 의견청취 및 심의

국토교통부장관이나 시·도지사는 건축허가나 건축물의 착공을 제한하려는 경우에는 주민의견을 청취한 후 건축위원회의 심의를 거쳐야 한다.

(3) 제한기간

건축허가나 건축물의 착공을 제한하는 경우 제한기간은 2년 이내로 한다. 다만, 1회에 한하여 1년 이내의 범위에서 연장할 수 있다.

(4) 통보 및 공고

국토교통부장관이나 시·도지사는 건축허가나 건축물의 착공을 제한하는 경우 제한목적·기간, 대상 건축물의 용도 등을 상세하게 정하여 허가권자에게 통보해야 하며, 통보를 받은 허가권자는 지체 없이 이를 공고해야 한다.

TIP

건축허가의 제한
1. 국토교통부장관 ⇨ 허가권자
2. 특별시장·광역시장·도지사 ⇨ 시장·군수·구청장

TIP

허가제한기간
1. **개발행위허가**: 3년 + 2년(도·지·기)
2. **건축허가**: 2년 + 1년

⚡ **기출**

01 건축허가나 건축물의 착공을 제한하는 경우 제한기간은 (   ) 이내로 한다. 다만, 1회에 한하여 (   ) 이내의 범위에서 제한기간을 연장할 수 있다.
제35회

기출정답
01 2년, 1년

TIP
건축신고하는 대수선
1. 200m² 미만이고 3층 미만인 건축물의 대수선(증설·해체, 수선·변경)
2. 주요구조부의 해체가 없이 수선만 하는 대수선(건축물의 규모 ×)

[1] 통지
특별자치시장·특별자치도지사 또는 시장·군수·구청장은 신고를 받은 날부터 5일 이내에 신고수리 여부 등을 신고인에게 통지해야 한다.

⚡기출
01 허가대상 건축물이라 하더라도 바닥면적의 (　　)m² 이내의 증축인 경우에는 건축신고를 하면 건축허가를 받은 것으로 본다. 제22회

02 연면적이 (　　)m² 미만이고 (　　)층 미만인 건축물의 대수선은 건축신고를 하면 건축허가를 받은 것으로 본다. 제32회

기출정답
01 85　02 200, 3

04 건축신고

(1) 신고대상 및 신고권자

① **신고대상**: 허가대상 건축물이라 하더라도 다음에 해당하는 경우에는 미리 특별자치시장·특별자치도지사 또는 시장·군수·구청장에게 신고를 하면 건축허가를 받은 것으로 본다.[1]

> 1. 바닥면적의 합계가 85m² 이내의 증축·개축 또는 재축. 다만, 3층 이상인 건축물의 경우에는 연면적의 10분의 1 이내인 경우로 한정한다.
> 2. 관리지역, 농림지역 또는 자연환경보전지역에서 연면적이 200m² 미만이고 3층 미만인 건축물의 건축. 다만, 지구단위계획구역이나 방재지구 등은 제외한다.
> 3. 연면적이 200m² 미만이고 3층 미만인 건축물의 대수선
> 4. 주요구조부의 해체가 없는 등 대통령령으로 정하는 대수선
>   ① 내력벽의 면적을 30m² 이상 수선하는 것
>   ② 기둥, 보 또는 지붕틀을 각각 세 개 이상 수선하는 것
>   ③ 방화벽 또는 방화구획을 위한 바닥 또는 벽을 수선하는 것
>   ④ 주계단·피난계단 또는 특별피난계단을 수선하는 것
> 5. 그 밖에 소규모 건축물로서 대통령령으로 정하는 건축물의 건축
>   ① 연면적의 합계가 100m² 이하인 건축물의 신축
>   ② 건축물의 높이를 3m 이하의 범위에서 증축
>   ③ 표준설계도서에 따라 건축하는 건축물로서 건축조례로 정하는 건축물
>   ④ 공업지역, 도시지역 외의 지역에 지정된 지구단위계획구역(산업·유통형만 해당) 및 산업단지에서 건축하는 2층 이하인 건축물로서 연면적 합계 500m² 이하인 공장
>   ⑤ 농업이나 수산업을 경영하기 위하여 읍·면지역에서 건축하는 연면적 200m² 이하의 창고 및 연면적 400m² 이하의 축사, 작물재배사

② **실효**: 건축신고를 한 자가 신고일부터 1년 이내에 공사에 착수하지 않으면 그 신고의 효력은 없어진다. 다만, 건축주의 요청에 따라 허가권자가 정당한 사유가 있다고 인정하면 1년의 범위에서 착수기한을 연장할 수 있다.

(2) 허가와 신고사항의 변경

건축주가 건축허가를 받거나 건축신고한 사항을 변경하려면 변경하기 전에 다음의 구분에 따라 허가권자의 허가를 받거나 특별자치시장·특별자치도지사 또는 시장·군수·구청장에게 신고해야 한다. 다만, 신축·증축·개축·재축·이전·대수선 또는 용도변경에 해당하지 않는 경미한 사항의 변경은 그러하지 않다.

> 1. 바닥면적의 합계가 85m²를 초과하는 부분에 대한 신축·증축·개축에 해당하는 변경인 경우에는 허가를 받고, 그 밖의 경우에는 신고할 것
> 2. 건축주·설계자·공사시공자 또는 공사감리자(이하 '건축관계자')를 변경하는 경우에는 신고할 것 등

05 관련 인·허가 등의 의제

건축허가를 받거나 건축신고를 하면 다음의 허가 등을 받거나 신고를 한 것으로 보며, 공장건축물의 경우에는 「산업집적활성화 및 공장설립에 관한 법률」에 따라 관련 법률의 인·허가 등을 받은 것으로 본다.

> 1. 공사용 가설건축물이나 공작물의 축조신고
> 2. 「국토법」에 따른 개발행위허가[1], 시행자의 지정과 실시계획의 인가
> 3. 「산지관리법」에 따른 산지전용허가와 산지전용신고, 산지일시사용허가·신고. 다만, 보전산지인 경우에는 도시지역만 해당된다.
> 4. 「사도법」에 따른 사도(私道)개설허가
> 5. 「농지법」에 따른 농지전용허가·신고 및 협의
> 6. 「도로법」에 따른 도로관리청이 아닌 자에 대한 도로공사 시행의 허가, 도로와 다른 시설의 연결 허가, 도로의 점용허가
> 7. 「하천법」에 따른 하천점용 등의 허가
> 8. 「하수도법」에 따른 배수설비(配水設備)의 설치신고, 개인하수처리시설의 설치신고
> 9. 「수도법」에 따라 수도사업자가 지방자치단체인 경우 상수도 공급신청
> 10. 「대기환경보전법」에 따른 대기오염물질 배출시설설치의 허가나 신고
> … (이하 23.까지 생략)

06 가설건축물

(1) 건축허가

① **허가대상**: 도시·군계획시설 및 도시·군계획시설예정지에서 가설건축물을 건축하려는 자는 특별자치시장·특별자치도지사 또는 시장·군수·구청장의 허가를 받아야 한다.

⚡기출

01 건축신고를 한 자가 신고일부터 (   ) 이내에 공사에 착수하지 아니하면 그 신고의 효력은 없어진다. 다만, 건축주의 요청에 따라 허가권자는 (   )의 범위에서 착수기한을 연장할 수 있다. 제32회

02 건축주·설계자·공사시공자 또는 공사감리자를 변경하는 경우에는 (   )해야 한다. 제32회

03 건축허가를 받으면 공작물의 (   )를 한 것으로 본다. 제31회

[1] 「국토법」에 따른 개발행위허가를 받은 경우 건축허가는 의제되지 않는다.

기출정답
01 1년, 1년
02 신고   03 축조신고

② **허가기준**: 특별자치시장·특별자치도지사 또는 시장·군수·구청장은 해당 가설건축물의 건축이 다음에 해당하는 경우가 아니면 허가를 해야 한다.

> 1. 「국토법」 제64조[1](도시·군계획시설부지에서의 개발행위)에 위배되는 경우
> 2. 4층 이상인 경우
> 3. 다음의 기준의 범위에서 조례로 정하는 바에 따르지 않은 경우
>   ① 철근콘크리트조 또는 철골철근콘크리트조가 아닐 것
>   ② 존치기간은 3년 이내일 것. 다만, 도시·군계획사업이 시행될 때까지 연장할 수 있다.
>   ③ 전기·수도·가스 등 새로운 간선 공급설비의 설치를 필요로 하지 않을 것
>   ④ 공동주택·판매시설·운수시설 등으로서 분양을 목적으로 건축하는 건축물이 아닐 것

(2) 축조신고

① **신고대상**: (1)에도 불구하고 재해복구, 흥행, 전람회, 공사용 가설건축물 등 다음에 해당하는 용도의 가설건축물을 축조하려는 자는 특별자치시장·특별자치도지사 또는 시장·군수·구청장에게 신고한 후 착공해야 한다.

> 1. 전시를 위한 견본주택[2]이나 그 밖에 이와 비슷한 것
> 2. 공사에 필요한 규모의 공사용 가설건축물 및 공작물
> 3. 조립식 구조로 된 경비용으로 쓰는 가설건축물로서 연면적이 $10m^2$ 이하인 것
> 4. 컨테이너 또는 이와 비슷한 것으로 된 가설건축물로서 임시사무실·임시창고 또는 임시숙소로 사용되는 것(건축물의 옥상에 축조하는 것은 제외)
> 5. 도시지역 중 주거지역·상업지역 또는 공업지역에 설치하는 농업·어업용 비닐하우스로서 연면적이 $100m^2$ 이상인 것
> 6. 야외흡연실 용도로 쓰는 가설건축물로서 연면적이 $50m^2$ 이하인 것
> … (이하 16.까지 생략)

② **존치기간**: 신고해야 하는 가설건축물의 존치기간은 3년 이내로 하며, 존치기간의 연장이 필요한 경우에는 횟수별 3년의 범위에서 가설건축물별로 건축조례로 정하는 횟수만큼 연장할 수 있다.[3] 다만, 공사용 가설건축물의 경우에는 해당 공사의 완료일까지의 기간을 말한다.

---

[1] 「국토법」 제64조
도시·군계획시설결정의 고시일부터 2년이 지날 때까지 사업이 시행되지 않은 도시·군계획시설 중 1. 단계별 집행계획이 수립되지 않거나, 2. 제1단계 집행계획에 포함되지 않은 도시·군계획시설의 부지

[2] 전시를 위한 견본주택의 경우 법 제44조(대지와 도로의 관계)를 적용한다.

⚡ **기출**

01 도시·군계획시설예정지에 건축하는 4층 이상이 아닌 가설건축물의 존치기간은 ( ) 이내이어야 한다. 다만, 도시·군계획사업이 시행될 때까지 그 기간을 연장할 수 있다. 제21회

02 조립식 구조로 된 ( )으로 쓰는 가설건축물로서 연면적이 $10m^2$ 이하인 것은 가설건축물 축조신고의 대상이다. 제28회

[3] 존치기간 연장
1. 허가대상 가설건축물: 만료일 14일 전까지 허가 신청
2. 신고대상 가설건축물: 만료일 7일 전까지 신고

기출정답
01 3년   02 경비용

07 공용건축물에 대한 특례

(1) 협의 및 사용통보

① **허가권자와 협의:** 국가나 지방자치단체는 건축물을 건축·대수선·용도변경하거나 가설건축물을 건축하거나 공작물을 축조하려는 경우에는 미리 허가권자와 협의해야 하고, 협의한 경우에는 건축허가를 받았거나 신고한 것으로 본다.

② **사용통보:** 협의한 공용건축물에는 사용승인(법 제22조)의 규정을 적용하지 않는다. 다만, 건축물의 공사가 끝난 경우에는 지체 없이 허가권자에게 통보해야 한다.

(2) 구분지상권의 특례

국가나 지방자치단체가 소유한 대지의 지상 또는 지하 여유공간에 구분지상권을 설정하여 주민편의시설 등 다음의 시설을 설치하려는 경우 허가권자는 구분지상권자를 건축주로 보고 구분지상권이 설정된 부분을 대지로 보아 건축허가를 할 수 있다.

1. 제1종 근린생활시설, 제2종 근린생활시설(총포판매소, 장의사, 다중생활시설, 제조업소, 단란주점, 안마시술소 및 노래연습장은 제외)
2. 문화 및 집회시설 중 공연장 및 전시장
3. 의료시설, 교육연구시설, 노유자시설, 운동시설
4. 업무시설(오피스텔은 제외)

제2절 건축절차

01 건축물의 설계 및 착공신고

(1) 건축물의 설계

건축허가를 받아야 하거나 건축신고를 해야 하는 건축물 또는 「주택법」에 따른 리모델링을 하는 건축물의 건축 등을 위한 설계는 건축사가 아니면 할 수 없다. 다만, 다음에 해당하는 경우에는 그러하지 않다.

1. 바닥면적의 합계가 85m² 미만인 증축·개축 또는 재축
2. 연면적이 200m² 미만이고 층수가 3층 미만인 건축물의 대수선 등

(2) 착공신고

건축허가, 건축신고 및 허가대상 가설건축물의 규정에 따라 허가를 받거나 신고를 한 건축물의 공사를 착수하려는 건축주는 허가권자에게 공사계획을 신고해야 한다.❶

> ❶ 허가권자는 신고를 받은 날부터 3일 이내에 신고수리 여부 등을 통지해야 한다.

02 건축 공사현장 안전관리 예치금

(1) 안전관리 예치금의 예치

허가권자는 연면적이 1천m² 이상인 건축물로서 해당 지방자치단체의 조례로 정하는 건축물에 대하여는 착공신고를 하는 건축주(한국토지주택공사 또는 지방공사는 제외)에게 장기간 건축물의 공사현장이 방치되는 것에 대비하여 미리 미관개선과 안전관리에 필요한 비용(이하 '예치금')을 건축공사비의 1%의 범위에서 예치하게 할 수 있다.❷

> ❷ 허가권자가 예치금을 반환할 때에는 이자를 포함하여 반환해야 한다.

(2) 개선명령 등

① **개선명령**: 허가권자는 공사현장이 방치되어 도시미관을 저해하고 안전을 위해한다고 판단되면 건축허가를 받은 자에게 다음의 개선을 명할 수 있다.

1. 안전울타리 설치 등 안전조치
2. 공사재개 또는 해체 등 정비

② **행정대집행**: 허가권자는 개선명령을 받은 자가 개선을 하지 않으면 「행정대집행법」에 따라 대집행을 할 수 있다. 이 경우 예치금을 행정대집행 비용에 사용할 수 있다.

> **⚡기출**
>
> 01 허가권자는 연면적이 ( )m² 이상인 건축물의 착공신고를 하는 건축주에게 미리 미관개선과 안전관리에 필요한 비용을 건축공사비의 ( )%의 범위에서 예치하게 할 수 있다. 제30회
>
> **기출정답**
> 01 1천, 1

03 건축물의 공사감리

건축주는 다음에 해당하는 건축물을 건축하는 경우 공사감리자(공사시공자 본인 및 계열회사는 제외)를 지정하여 공사감리를 하게 해야 한다.

> 1. **다음에 해당하는 경우:** 건축사
>   ① 건축허가를 받아야 하는 건축물(건축신고대상 건축물은 제외)을 건축하는 경우
>   ② 리모델링 활성화 구역 안의 건축물 또는 사용승인을 받은 후 15년 이상이 되어 리모델링이 필요한 건축물을 리모델링하는 경우
> 2. **다중이용 건축물을 건축하는 경우:** 「건설기술 진흥법」에 따른 건설엔지니어링사업자 또는 건축사(건설사업관리기술인을 배치하는 경우만 해당)

TIP

상세시공도면
연면적의 합계가 5천㎡ 이상인 건축공사의 감리자는 필요하다고 인정하면 시공자에게 상세시공도면을 작성하도록 요청할 수 있다.

04 건축물의 사용승인

(1) 사용승인의 대상

건축주가 건축허가, 건축신고 및 허가대상 가설건축물의 규정에 따라 허가를 받았거나 신고를 한 건축물의 건축공사를 완료[하나의 대지에 둘 이상의 건축물을 건축하는 경우 동(棟)별 공사를 완료한 경우 포함]한 후 그 건축물을 사용하려면 공사감리자가 작성한 감리완료보고서와 공사완료도서 등 국토교통부령으로 정하는 서류를 첨부하여 허가권자에게 사용승인을 신청해야 한다.

(2) 사용승인서의 교부 등

허가권자는 사용승인신청을 받은 경우 7일 이내에 다음의 사항에 대한 검사를 실시하고, 검사에 합격된 건축물에 대하여는 사용승인서를 내주어야 한다.

> 1. 사용승인을 신청한 건축물이 허가 또는 신고한 설계도서대로 시공되었는지의 여부
> 2. 감리완료보고서, 공사완료도서 등의 서류 및 도서가 적합하게 작성되었는지의 여부
> 3. 「건축물의 분양에 관한 법률」에 따른 분양계약이 「공중위생관리법」에 따른 숙박업 신고의 시설 및 설비기준에 적합한 내용으로 체결되었는지의 여부(국토교통부령으로 정하는 숙박시설에 한정한다)[1]

[1] 허가권자는 국토교통부령으로 정하는 숙박시설에 대하여 건축허가를 하는 경우에는 허가를 받는 자에게 사용승인 요건을 알려야 한다.

(3) 건축물의 사용

건축주는 사용승인을 받은 후가 아니면 건축물을 사용하거나 사용하게 할 수 없다. 다만, 다음에 해당하는 경우에는 그러하지 않다.

> 1. 허가권자가 (2)에 따른 기간 내에 사용승인서를 교부하지 않은 경우
> 2. 사용승인서를 교부받기 전에 공사가 완료된 부분이 건폐율, 용적률, 설비, 피난·방화 등 기준에 적합한 경우로서 기간을 정하여 임시로 사용의 승인을 한 경우 ❶

❶ 임시사용승인
1. **신청**: 건축주는 임시사용승인신청서를 허가권자에게 제출해야 한다.
2. **기간**: 임시사용승인의 기간은 2년 이내로 한다. 다만, 허가권자는 대형 건축물 또는 암반공사 등으로 인하여 공사기간이 긴 건축물은 그 기간을 연장할 수 있다.

(4) 준공검사 등의 의제

건축주가 사용승인을 받은 경우에는 다음에 따른 사용승인·준공검사 또는 등록신청 등을 받거나 한 것으로 본다.

> 1. 「하수도법」에 따른 배수설비의 준공검사 및 개인하수처리시설의 준공검사
> 2. 「공간정보의 구축 및 관리 등에 관한 법률」에 따른 지적공부(地籍公簿)의 변동사항 등록신청
> 3. 「승강기시설 안전관리법」에 따른 승강기 완성검사
> 4. 「전기안전관리법」에 따른 전기설비의 사용 전 검사
> 5. 「국토법」에 따른 개발행위의 준공검사, 도시·군계획시설사업의 준공검사
> 6. 「대기환경보전법」에 따른 대기오염물질 배출시설의 가동개시의 신고 등

05 건축물대장

TIP

등기 촉탁
시장·군수·구청장은 다음에 해당하는 사유로 건축물대장의 기재 내용이 변경되는 경우 관할 등기소에 그 등기를 촉탁해야 한다.
1. 지번이나 행정구역의 명칭이 변경된 경우
2. 건축물의 면적·구조·용도 및 층수가 변경된 경우. 다만, 신규등록은 제외한다.
3. 「건축물관리법」에 따라 건축물을 해체하거나 멸실 후 멸실신고를 한 경우

특별자치시장·특별자치도지사 또는 시장·군수·구청장은 다음의 어느 하나에 해당하면 건축물대장에 건축물과 그 대지의 현황 및 건축물의 구조내력(構造耐力)에 관한 정보를 적어서 보관하고 이를 지속적으로 정비해야 한다.

> 1. 사용승인서를 내준 경우
> 2. 건축허가대상 건축물(건축신고대상 건축물 포함) 외의 건축물의 공사를 끝낸 후 기재를 요청한 경우
> 3. 「집합건물법」에 따른 건축물대장의 신규등록 및 변경등록의 신청이 있는 경우 등

제4장 건축물의 대지와 도로

기본서 p.419~427

01 대지 빈출

(1) 대지의 안전기준

① **저(低)대지**: 대지는 인접한 도로면보다 낮아서는 안 된다. 다만, 배수에 지장이 없거나 건축물의 용도상 방습(防濕)의 필요가 없는 경우에는 인접한 도로면보다 낮아도 된다.

② **습지·매립지**: 습한 토지, 물이 나올 우려가 많은 토지, 쓰레기, 그 밖에 이와 유사한 것으로 매립된 토지에 건축물을 건축하는 경우에는 성토(盛土), 지반개량 등 필요한 조치를 해야 한다.

③ **배수시설**: 대지에는 빗물과 오수를 배출하거나 처리하기 위하여 필요한 하수관, 하수구, 저수탱크, 그 밖에 이와 유사한 시설을 해야 한다.

④ **옹벽설치**: 손궤(損潰: 무너져 내림)의 우려가 있는 토지에 대지를 조성하려면 옹벽을 설치하거나 그 밖에 필요한 조치를 해야 한다.[1]

(2) 대지의 조경

① **조경의무**: 면적이 200m² 이상인 대지에 건축을 하는 건축주는 해당 지방자치단체의 조례로 정하는 기준에 따라 조경이나 그 밖에 필요한 조치를 해야 한다. 다만, 다음에 해당하는 건축물에 대하여는 조경 등의 조치를 하지 않을 수 있다.

> 1. 녹지지역에 건축하는 건축물
> 2. 관리지역, 농림지역 또는 자연환경보전지역(지구단위계획구역으로 지정된 지역은 제외)의 건축물
> 3. 면적 5천m² 미만인 대지에 건축하는 공장
> 4. 연면적의 합계가 1,500m² 미만인 공장
> 5. 「산업집적활성화 및 공장설립에 관한 법률」에 따른 산업단지의 공장
> 6. 연면적의 합계가 1,500m² 미만인 물류시설(주거지역 또는 상업지역에 건축하는 것은 제외)로서 국토교통부령으로 정하는 것
> 7. 축사
> 8. 허가대상 가설건축물

---

[1]
1. 성토 또는 절토하는 부분의 경사도가 1 : 1.5 이상으로서 높이가 1m 이상인 부분에는 옹벽을 설치할 것
2. 옹벽의 외벽면에는 이의 지지 또는 배수를 위한 시설 외의 구조물이 밖으로 튀어 나오지 않게 할 것

⚡ 기출

01 면적 ( )m² 미만인 대지에 건축하는 공장, 연면적의 합계가 ( )m² 미만인 공장은 대지에 조경을 하지 않아도 되는 건축물에 해당한다. 제27회

02 연면적의 합계가 1,500m² 미만인 물류시설은 조경 등의 조치를 하지 않을 수 있다. 다만, ( )지역 또는 ( )지역에 건축하는 것은 제외한다.
제35회

기출정답

01 5천, 1,500
02 주거, 상업

9. 대지에 염분이 함유되어 있는 경우 또는 건축물 용도의 특성상 조경 등의 조치를 하기가 곤란하거나 불합리한 경우로서 건축조례로 정하는 건축물

② **옥상조경**: 건축물의 옥상에 조경을 하는 경우에는 옥상부분 조경면적의 3분의 2에 해당하는 면적을 대지의 조경면적으로 산정할 수 있다. 이 경우 조경면적으로 산정하는 면적은 대지의 조경면적의 100분의 50을 초과할 수 없다.

(3) 공개공지 등의 확보

① **설치대상**: 다음에 해당하는 지역의 환경을 쾌적하게 조성하기 위하여 대통령령으로 정하는 건축물은 일반이 사용할 수 있도록 소규모 휴식시설 등의 공개공지(空地; 공터) 또는 공개공간(이하 '공개공지 등')을 설치해야 한다. 이 경우 공개공지 등은 필로티의 구조로 설치할 수 있다.❶

설치대상 지역❷	1. 일반주거지역, 준주거지역 2. 상업지역 3. 준공업지역 4. 특별자치시장·특별자치도지사 또는 시장·군수·구청장이 도시화의 가능성이 크거나 노후 산업단지의 정비가 필요하다고 인정하여 지정·공고하는 지역
설치대상 건축물❸	1. 문화 및 집회시설, 종교시설, 판매시설(농수산물유통시설은 제외), 운수시설(여객용 시설만 해당), 업무시설 및 숙박시설로서 해당 용도로 쓰는 바닥면적의 합계가 5천m^2 이상인 건축물 2. 그 밖에 다중이 이용하는 시설로서 건축조례로 정하는 건축물

② **설치면적**: 공개공지 등의 면적은 대지면적의 100분의 10 이하의 범위에서 건축조례로 정한다. 이 경우 조경면적과 매장유산의 현지보존 조치면적을 공개공지 등의 면적으로 할 수 있다.

③ **건축기준의 완화**: 건축물에 공개공지 등을 설치하는 경우에는 다음의 범위에서 대지면적에 대한 공개공지 등 면적비율에 따라 용적률(법 제56조) 및 건축물의 높이제한(법 제60조)을 완화하여 적용한다.❹

1. 용적률은 해당 지역에 적용하는 용적률의 1.2배 이하
2. 건축물의 높이제한은 해당 건축물에 적용하는 높이기준의 1.2배 이하

---

❶ 공개공지 등을 설치할 때에는 모든 사람들이 환경 친화적으로 편리하게 이용할 수 있도록 긴 의자 또는 조경시설 등 건축조례로 정하는 시설을 설치해야 한다.

❷ 일반공업지역은 해당하지 않는다.

❸ 의료시설은 해당하지 않는다.

⚡**기출**

01 준공업지역에 있는 여객용 (　　)시설은 공개공지 등을 설치해야 하는 건축물이다. 제34회
02 공개공지 등의 면적은 대지면적의 100분의 (　　) 이하의 범위에서 건축조례로 정하며, 건축물에 공개공지 등을 설치하는 경우에는 해당 지역에 적용하는 용적률의 (　　) 이하의 범위에서 용적률을 완화하여 적용한다. 제25회

❹ 건폐율의 1.2배 완화는 없다.

기출정답
01 운수　02 10, 1.2배

④ **이용제한**: 공개공지 등에는 연간 60일 이내의 기간 동안 건축조례로 정하는 바에 따라 주민들을 위한 문화행사를 열거나 판촉활동을 할 수 있다.

(4) 대지의 분할제한[1]

① **분할제한면적**: 건축물이 있는 대지는 대통령령으로 정하는 다음에 해당하는 규모 이상의 범위에서 해당 지방자치단체의 조례로 정하는 면적에 못 미치게 분할할 수 없다.

> 1. 주거지역: 60m²
> 2. 상업지역 · 공업지역: 150m²
> 3. 녹지지역: 200m²
> 4. 이외의 지역: 60m²

② **분할제한기준**: 건축물이 있는 대지는 다음의 규정에 따른 기준에 못 미치게 분할할 수 없다.

> 1. 대지와 도로의 관계(법 제44조)
> 2. 건축물의 건폐율(법 제55조)
> 3. 건축물의 용적률(법 제56조)
> 4. 대지 안의 공지(법 제58조)
> 5. 건축물의 높이제한(법 제60조)
> 6. 일조 등의 확보를 위한 건축물의 높이제한(법 제61조)

(5) 대지 안의 공지

건축물을 건축하는 경우에는 건축선 및 인접 대지경계선으로부터 6m 이내의 범위에서 대통령령으로 정하는 바에 따라 해당 지방자치단체의 조례로 정하는 거리 이상을 띄워야 한다.

02 도로

(1) 의의

도로란 보행과 자동차 통행이 가능한 너비 4m 이상의 도로로서 다음에 해당하는 도로나 그 예정도로를 말한다.

> 1. 「국토법」, 「도로법」, 「사도법」, 그 밖의 관계 법령에 따라 신설 또는 변경에 관한 고시가 된 도로
> 2. 건축허가 또는 신고시에 시 · 도지사 또는 시장 · 군수 · 구청장이 위치를 지정하여 공고한 도로

TIP

행위제한
누구든지 공개공지 등에 물건을 쌓아놓거나 출입을 차단하는 시설을 설치하는 등 공개공지 등의 활용을 저해하는 행위를 해서는 안 된다.

[1] 건축협정이 인가된 경우 그 건축협정의 대상이 되는 대지는 (4)에도 불구하고 분할할 수 있다.

⚡기출

01 공개공지 등에는 연간 (　)일 이내의 기간 동안 건축조례로 정하는 바에 따라 주민들을 위한 문화행사를 열거나 판촉활동을 할 수 있다.
제35회

02 건축법령상 조례로 정할 수 있는 건축물이 있는 대지의 최소 분할면적 기준은 주거지역 (　)m², 상업지역 (　)m², 공업지역 (　)m² 및 녹지지역 (　)m²이다. 제24회

기출정답
01 60
02 60, 150, 150, 200

(2) 예외

① 특별자치시장·특별자치도지사 또는 시장·군수·구청장이 지형적 조건으로 인하여 차량 통행을 위한 도로의 설치가 곤란하다고 인정하여 그 위치를 지정·공고하는 구간의 너비 3m 이상인 도로

② 막다른 도로로서 다음 표에 정하는 기준 이상인 도로

막다른 도로의 길이	도로의 너비
10m 미만	2m 이상
10m 이상 35m 미만	3m 이상
35m 이상	6m(도시지역이 아닌 읍·면지역은 4m) 이상

(3) 도로의 지정·폐지 또는 변경

① **지정**: 허가권자는 도로의 위치를 지정·공고하려면 그 도로에 대한 이해관계인의 동의를 받아야 한다. 다만, 다음에 해당하면 이해관계인의 동의를 받지 않고 건축위원회의 심의를 거쳐 도로를 지정할 수 있다.

> 1. 허가권자가 이해관계인이 해외에 거주하는 등의 사유로 이해관계인의 동의를 받기가 곤란하다고 인정하는 경우
> 2. 주민이 오랫동안 통행로로 이용하고 있는 사실상의 통로로서 해당 지방자치단체의 조례로 정하는 것인 경우

② **폐지·변경**: 허가권자는 지정한 도로를 폐지하거나 변경하려면 그 도로에 대한 이해관계인의 동의를 받아야 한다(예외 없음).

(4) 대지와 도로의 관계

① **접도의무**: 건축물의 대지는 2m 이상이 도로(자동차만의 통행에 사용되는 도로는 제외)에 접해야 한다. 다만, 다음에 해당하면 그러하지 않다.

> 1. 해당 건축물의 출입에 지장이 없다고 인정되는 경우
> 2. 건축물의 주변에 대통령령으로 정하는 공지가 있는 경우❶
> 3. 「농지법」에 따른 농막을 건축하는 경우

② **강화**: 연면적의 합계가 2천m²(공장인 경우에는 3천m²) 이상인 건축물(축사, 작물재배사 등은 제외)의 대지는 너비 6m 이상의 도로에 4m 이상 접해야 한다.

TIP

접도의무

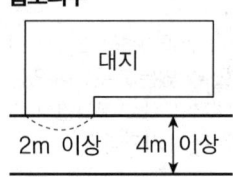

2m 이상 4m 이상

❶ **대통령령으로 정하는 공지**
다음의 어느 하나에 해당하는 공지로서 허가권자가 인정한 것을 말한다.
1. 광장, 공원, 유원지
2. 그 밖에 관계 법령에 따라 건축이 금지되고 공중의 통행에 지장이 없는 공지

⚡**기출**

01 연면적의 합계가 3천m²인 공장의 대지는 너비 ( )m 이상의 도로에 ( )m 이상 접해야 한다.
제25회

기출정답
01 6, 4

03 건축선

(1) 원칙

도로와 접한 부분에 건축물을 건축할 수 있는 선(이하 '건축선')은 대지와 도로의 경계선으로 한다.

(2) 예외(법정 건축선)

① **소요너비 미달도로**: 소요너비에 못 미치는 너비의 도로인 경우에는 그 중심선으로부터 그 소요너비의 2분의 1의 수평거리만큼 물러난 선을 건축선으로 하되, 그 도로의 반대쪽에 경사지, 하천, 철도, 선로부지가 있는 경우에는 그 경사지 등이 있는 쪽의 도로경계선에서 소요너비에 해당하는 수평거리의 선을 건축선으로 한다.

> **⚡기출**
> 01 소요너비에 못 미치는 너비의 도로인 경우에는 그 중심선으로부터 그 소요너비의 (   )의 수평거리만큼 물러난 선을 건축선으로 하며, 그 건축선과 도로 사이의 대지면적은 건축물의 대지면적 산정시 (   )한다.
> 제34회

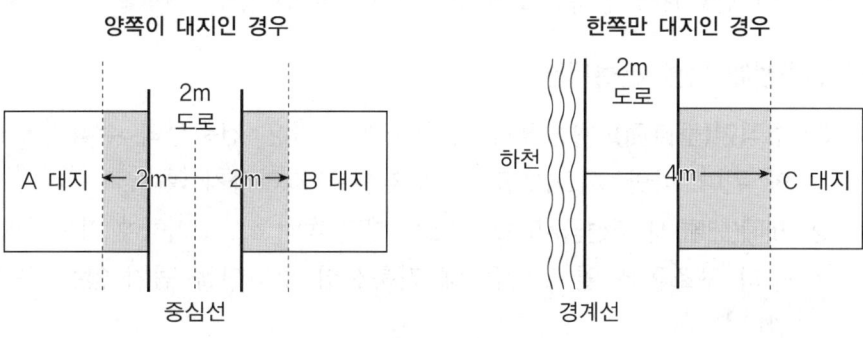

* 건축선과 도로 사이의 면적(후퇴된 부분)은 대지면적 산정에서 제외

② **도로모퉁이(街角剪除)**: 너비 8m 미만인 도로의 모퉁이에 위치한 대지의 도로모퉁이 부분의 건축선은 그 도로경계선의 교차점으로부터 다음의 표에 따른 거리를 각각 후퇴한 두 점을 연결한 선으로 한다.

도로의 교차각	해당 도로의 너비		교차되는 도로의 너비
	6m 이상 8m 미만	4m 이상 6m 미만	
90° 미만	4m	3m	6m 이상 8m 미만
	3m	2m	4m 이상 6m 미만
90° 이상 120° 미만	3m	2m	6m 이상 8m 미만
	2m	2m	4m 이상 6m 미만

> **TIP**
> **도로모퉁이에서 건축선**
> 너비 8m 이상인 도로와 교차하는 경우 또는 교차각이 120° 이상인 경우에는 적용되지 않는다.

> **기출정답**
> 01 2분의 1, 제외

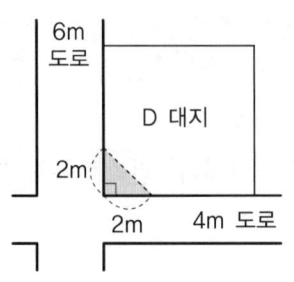
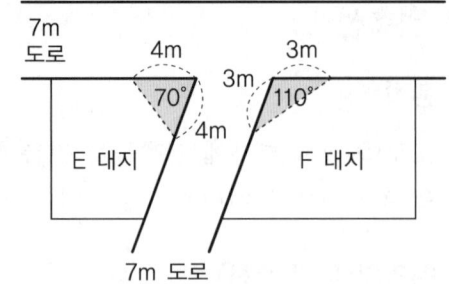

* 건축선과 도로 사이의 면적(가각전제된 부분)은 대지면적 산정시 제외

(3) 지정 건축선

특별자치시장·특별자치도지사 또는 시장·군수·구청장은 시가지 안에서 건축물의 위치나 환경을 정비하기 위하여 필요하다고 인정하면 도시지역에서 4m 이하의 범위에서 건축선을 따로 지정할 수 있다.❶

(4) 건축선에 따른 건축제한

① **수직면(垂直面) 월선금지**: 건축물과 담장은 건축선의 수직면을 넘어서는 안 된다. 다만, 지표(地表) 아래 부분은 그러하지 않다.

② **개폐(開廢)시 월선금지**: 도로면으로부터 높이 4.5m 이하에 있는 출입구, 창문 등의 구조물은 열고 닫을 때 건축선의 수직면을 넘지 않는 구조로 해야 한다.❷

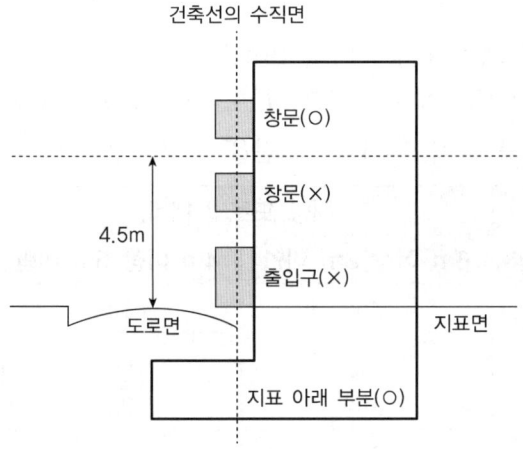

---

❶ 지정건축선과 도로 사이의 면적은 대지면적에 포함된다.

⚡기출
01 건축물의 지표 ( ) 부분은 건축선의 수직면을 넘을 수 있다. 제25회

❷

기출정답
01 아래

제5장 건축물의 구조 및 재료

기본서 p.428~439

01 구조안전의 확인

다음에 해당하는 건축물의 건축주는 설계자로부터 구조안전의 확인서류를 받아 착공신고를 하는 때에 허가권자에게 제출해야 한다. 다만, 표준설계도서에 따라 건축하는 건축물은 제외한다.[1]

> 1. 층수가 2층(목구조 건축물의 경우에는 3층) 이상인 건축물
> 2. 연면적이 200m² (목구조 건축물의 경우에는 500m²) 이상인 건축물. 다만, 창고, 축사, 작물재배사는 제외한다.
> 3. 높이가 13m 이상인 건축물
> 4. 처마높이가 9m 이상인 건축물
> 5. 기둥과 기둥 사이의 거리가 10m 이상인 건축물
> 6. 건축물의 용도 및 규모를 고려한 중요도가 높은 건축물로서 국토교통부령으로 정하는 건축물
> 7. 국가적 문화유산으로 보존할 가치가 있는 건축물로서 국토교통부령으로 정하는 것
> 8. **특수구조 건축물**: ① 한쪽 끝은 고정되고 다른 끝은 지지(支持)되지 않은 구조로 된 보·차양 등이 외벽의 중심선으로부터 3m 이상 돌출된 건축물, ② 무량판 구조인 층에 수직으로 배치된 주요구조부의 전체 단면적에서 보가 없이 배치된 기둥의 전체 단면적이 차지하는 비율의 4분의 1 이상인 건축물
> 9. 단독주택 및 공동주택

[1] 구조안전 확인서류의 제출대상 건축물 = 건축물의 내진능력 공개대상 건축물

TIP

건축구조기술사의 협력
1. 6층 이상인 건축물
2. 3층 이상의 필로티 형식 건축물
3. 다중이용 건축물
4. 준다중이용 건축물
5. 특수구조 건축물

⚡ **기출**

01 높이가 (   )m 이상인 건축물, 처마높이가 (   )m 이상인 건축물은 건축주가 착공신고시 허가권자에게 구조안전 확인서류를 제출해야 하는 건축물이다. 제34회

02 기둥과 기둥 사이의 거리가 (   )m 이상인 건축물은 내진능력을 공개해야 하는 건축물에 해당한다. 제35회

03 층수가 63층이고 높이가 190m인 (   )건축물에는 피난안전구역을 지상층으로부터 최대 (   )개 층마다 (   )개소 이상 설치해야 한다. 제27회

02 건축물의 피난시설

직통계단	건축물의 피난층 외의 층에서는 피난층 또는 지상으로 통하는 직통계단을 거실의 각 부분으로부터 계단에 이르는 보행거리가 30m 이하가 되도록 설치해야 함
피난안전구역	초고층건축물에는 피난층 또는 지상으로 통하는 직통계단과 직접 연결되는 피난안전구역(건축물 중간층에 설치하는 대피공간)을 지상층으로부터 최대 30개 층마다 1개소 이상 설치해야 함

기출정답
01 13, 9 02 10
03 초고층, 30, 1

옥상	1. **난간의 설치**: 옥상광장 또는 2층 이상인 층에 있는 노대(露臺) 등의 주위에는 높이 1.2m 이상의 난간을 설치해야 함. 다만, 그 노대 등에 출입할 수 없는 구조인 경우에는 그러하지 않음 2. **헬리포트의 설치**: 층수가 11층 이상인 건축물로서 11층 이상인 층의 바닥면적의 합계가 1만m² 이상인 건축물의 옥상에는 다음의 구분에 따른 공간을 확보해야 함 ① **평지붕으로 하는 경우**: 헬리포트를 설치하거나 헬리콥터를 통하여 인명 등을 구조할 수 있는 공간❶ ② **경사지붕으로 하는 경우**: 경사지붕 아래에 설치하는 대피공간

❶ 헬리포트

03 일반구조

거실	1. **의의**: 건축물 안에서 거주, 집무, 작업, 집회, 오락, 그 밖에 이와 유사한 목적을 위하여 사용되는 방 2. **차면시설**: 인접 대지경계선으로부터 직선거리 2m 이내에 이웃 주택의 내부가 보이는 창문 등을 설치하는 경우에는 차면(遮面)시설을 설치해야 함
소음방지	1. **경계벽의 설치**: 다음에 해당하는 건축물의 경계벽은 국토교통부령으로 정하는 기준에 따라 설치해야 함 ① 단독주택 중 다가구주택의 각 가구간 또는 공동주택(기숙사는 제외)의 각 세대간 경계벽 ② 공동주택 중 기숙사의 침실, 의료시설의 병실, 학교의 교실 또는 숙박시설의 객실간 경계벽 ③ 제1종 근린생활시설 중 산후조리원의 임산부실간 경계벽, 신생아실간 경계벽, 임산부실과 신생아실간 경계벽 ④ 제2종 근린생활시설 중 다중생활시설의 호실간 경계벽 ⑤ 노유자시설 중 「노인복지법」에 따른 노인복지주택의 각 세대간 경계벽 ⑥ 노유자시설 중 노인요양시설의 호실간 경계벽 2. **층간바닥의 설치**: 다음에 해당하는 건축물의 층간바닥(화장실의 바닥은 제외)은 국토교통부령으로 정하는 기준에 따라 설치해야 함 ① 단독주택 중 다가구주택 ② 공동주택(「주택법」에 따른 주택건설사업계획 승인대상은 제외) ③ 업무시설 중 오피스텔 ④ 제2종 근린생활시설 중 다중생활시설 ⑤ 숙박시설 중 다중생활시설

범죄예방	다음의 어느 하나에 해당하는 건축물은 범죄예방 기준에 따라 건축해야 함 1. 다가구주택, 아파트, 연립주택 및 다세대주택 2. 제1종 근린생활시설 중 일용품을 판매하는 소매점 3. 제2종 근린생활시설 중 다중생활시설 4. 문화 및 집회시설(동·식물원은 제외) 5. 교육연구시설(연구소 및 도서관은 제외) 6. 노유자시설 7. 수련시설 8. 업무시설 중 오피스텔 9. 숙박시설 중 다중생활시설
지하층	건축물의 바닥이 지표면 아래에 있는 층으로서 바닥에서 지표면까지 평균높이가 해당 층 높이의 2분의 1 이상인 것 1. 지하층은 건축물의 층수에 산입하지 않음 2. 지하층의 바닥면적은 연면적에 포함. 다만, 용적률을 산정할 때에는 연면적에서 제외 3. 단독주택, 공동주택의 지하층에는 거실을 설치할 수 없다(지하층에 거실을 부속용도로 설치하는 건축물은 제외). 다만, 다음의 사항을 고려하여 해당 지방자치단체의 조례로 정하는 경우에는 그러하지 않다. ① 침수위험 정도를 비롯한 지역적 특성 ② 피난 및 대피 가능성 ③ 그 밖에 주거의 안전과 관련된 사항

TIP

지하층

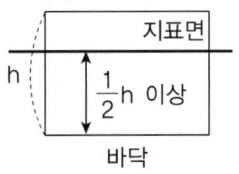

⚡**기출**

01 지하층은 건축물의 ( )에 산입하지 않고, 지하층의 바닥면적은 ( )을 산정할 때에는 연면적에서 제외한다.
제33회

04 방화지구 안의 건축물

① **내화구조**: 방화지구 안에서는 건축물의 주요구조부와 지붕·외벽을 내화구조로 해야 한다. 다만, 다음의 건축물은 그러하지 않다.

> 1. 연면적 30m² 미만인 단층 부속건축물로서 외벽 및 처마면이 내화구조 또는 불연재료로 된 것
> 2. 도매시장의 용도로 쓰는 건축물로서 그 주요구조부가 불연재료로 된 것

② **불연재료**: 방화지구 안의 공작물로서 간판, 광고탑 등 건축물의 지붕 위에 설치하는 공작물이나 높이 3m 이상의 공작물은 주요부를 불연재료로 해야 한다.

기출정답

01 층수, 용적률

제6장 지역·지구의 건축물

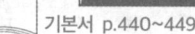
기본서 p.440~449

01 건축물의 대지가 지역·지구 또는 구역에 걸치는 경우의 조치

원칙	대지가 이 법이나 다른 법률에 따른 지역·지구(녹지지역과 방화지구는 제외) 또는 구역에 걸치는 경우에는 그 건축물과 대지의 전부에 대하여 대지의 과반(過半)이 속하는 지역·지구 또는 구역 안의 건축물 및 대지 등에 관한 이 법의 규정을 적용
예외	1. **방화지구의 특례**: 하나의 건축물이 방화지구와 그 밖의 구역에 걸치는 경우에는 그 건축물 전부에 대하여 방화지구에 관한 이 법의 규정을 적용. 다만, 방화지구와 그 밖의 구역에 속한 부분의 경계가 방화벽으로 구획되는 경우 그 밖의 구역에 있는 부분에 대하여는 그러하지 않음 2. **녹지지역의 특례**: 대지가 녹지지역과 그 밖의 지역·지구 또는 구역에 걸치는 경우에는 각 지역·지구 또는 구역 안의 건축물과 대지에 관한 이 법의 규정을 적용. 다만, 녹지지역 안의 건축물이 방화지구에 걸치는 경우에는 1.에 따름

02 건축물의 크기제한

(1) 건축물의 건폐율 [1]

대지면적에 대한 건축면적(대지에 건축물이 둘 이상 있는 경우에는 이들 건축면적의 합계)의 비율(이하 '건폐율')의 최대한도는 「국토법」에 따른 용도지역별 건폐율에 따른다. 다만, 이 법에서 기준을 완화하거나 강화하여 적용하도록 규정한 경우에는 그에 따른다.

(2) 건축물의 용적률 [2]

대지면적에 대한 연면적(대지에 건축물이 둘 이상 있는 경우에는 이들 연면적의 합계)의 비율(이하 '용적률')의 최대한도는 「국토법」에 따른 용도지역별 용적률에 따른다. 다만, 이 법에서 기준을 완화하거나 강화하여 적용하도록 규정한 경우에는 그에 따른다.

---

[1] 건폐율

$$\frac{건축면적}{대지면적} \times 100$$

[2] 용적률

$$\frac{연면적}{대지면적} \times 100$$

⚡ 기출

01 건축법령상 대지면적이 160m²인 대지에 건축되어 있고, 각 층의 바닥면적이 동일한 지하 1층·지상 3층인 하나의 평지붕 건축물로서 용적률이 150%라고 할 때, 이 건축물의 바닥면적은 (　)m²가 된다. 제25회

기출정답

01 80

03 면적 · 높이 및 층수의 산정 〈빈출〉

대지면적	대지의 수평투영면적. 다만, 다음에 해당하는 면적은 제외 1. 소요너비에 못 미치는 너비의 도로와 도로의 모퉁이에서 대지에 건축선이 정하여진 경우 그 건축선과 도로 사이의 대지면적 2. 대지에 도시·군계획시설인 도로·공원 등이 있는 경우 그 도시·군계획시설에 포함되는 대지면적

건축면적	건축물의 외벽(외벽이 없는 경우에는 외곽기둥)의 중심선으로 둘러싸인 부분의 수평투영면적
	1. 다음의 경우에는 건축면적에서 제외
	   ① 지표면으로부터 1m 이하에 있는 부분
	   ② 건축물 지상층에 일반인이나 차량이 통행할 수 있도록 설치한 보행통로나 차량통로
	   ③ 지하주차장의 경사로
	   ④ 건축물 지하층의 출입구 상부
	   ⑤ 생활폐기물 보관시설 … (이하 12.까지 생략)
	2. 태양열을 주된 에너지원으로 이용하는 주택의 건축면적은 건축물의 외벽 중 내측 내력벽의 중심선을 기준으로 함

바닥면적	건축물의 각 층 또는 그 일부로서 벽, 기둥, 그 밖에 이와 비슷한 구획의 중심선으로 둘러싸인 부분의 수평투영면적 1. 벽·기둥의 구획이 없는 건축물은 그 지붕 끝부분으로부터 수평거리 1m를 후퇴한 선으로 둘러싸인 수평투영면적 2. 건축물의 노대 등의 바닥은 노대 등의 면적에서 노대 등이 접한 가장 긴 외벽에 접한 길이에 1.5m를 곱한 값을 뺀 면적을 바닥면적에 산입 3. 필로티 구조의 부분은 그 부분이 공중의 통행이나 차량의 통행 또는 주차에 전용되는 경우와 공동주택의 경우에는 바닥면적에 산입하지 않음 4. 승강기탑(옥상출입용 승강장 포함. 이하 같음), 계단탑, 장식탑, 다락[층고(層高)가 1.5m(경사진 형태의 지붕인 경우에는 1.8m) 이하인 것만 해당], 건축물의 내부에 설치하는 냉방설비 배기장치 전용 설치공간($1m^2$ 이하로 한정), 건축물의 외부 또는 내부에 설치하는 굴뚝, 더스트슈트, 설비덕트, 옥상·옥외 또는 지하에 설치하는 물탱크, 기름탱크, 냉각탑, 정화조, 도시가스 정압기, 건축물간에 화물의 이동에 이용되는 컨베이어벨트만을 설치하기 위한 구조물은 바닥면적에 산입하지 않음 5. 공동주택으로서 지상층에 설치한 기계실, 전기실, 어린이놀이터, 조경시설 및 생활폐기물 보관시설의 면적은 바닥면적에 산입하지 않음 6. 건축물을 리모델링하는 경우로서 미관향상, 열의 손실방지 등을 위하여 외벽에 부가하여 마감재 등을 설치하는 부분은 바닥면적에 산입하지 않음 7. 지하주차장의 경사로(지상층에서 지하 1층으로 내려가는 부분으로 한정)는 바닥면적에 산입하지 않음 … (이하 16.까지 생략)
연면적	하나의 건축물 각 층의 바닥면적의 합계로 하되, 용적률을 산정할 때에는 다음에 해당하는 면적은 제외 1. 지하층의 면적 2. 지상층의 주차용(해당 건축물의 부속용도인 경우만 해당)으로 쓰는 면적 3. 초고층건축물과 준초고층건축물에 설치하는 피난안전구역의 면적 4. 건축물의 경사지붕 아래에 설치하는 대피공간의 면적

건축물의 높이	지표면으로부터 그 건축물의 상단까지의 높이(건축물의 1층 전체에 필로티가 설치되어 있는 경우에는 건축물의 높이제한 및 공동주택의 채광 등의 확보를 위한 높이제한을 적용할 때 필로티의 층고를 제외한 높이) 1. 건축물의 높이제한에 따른 건축물의 높이는 전면도로의 중심선으로부터의 높이로 산정 2. 건축물의 옥상에 설치되는 승강기탑(장애인용 승강기의 승강기탑으로서 그 높이가 2m 이하인 것은 제외)·계단탑·망루·장식탑·옥탑 등으로서 그 수평투영면적의 합계가 해당 건축물 건축면적의 8분의 1(「주택법」에 따른 사업계획승인대상인 공동주택 중 세대별 전용면적이 85m² 이하인 경우에는 6분의 1) 이하인 경우로서 그 부분의 높이가 12m를 넘는 경우에는 그 넘는 부분만 해당 건축물의 높이에 산입 3. 다음에 해당하는 것은 그 건축물의 높이에 산입하지 않는다. ① 지붕마루장식·굴뚝·방화벽의 옥상돌출부나 그 밖에 이와 비슷한 옥상돌출물 ② 난간벽(그 벽면적의 2분의 1 이상이 공간으로 되어 있는 것만 해당) ③ 장애인용 승강기의 승강기탑으로서 그 높이가 12m 이하인 것
층고	방의 바닥구조체 윗면으로부터 위층 바닥구조체의 윗면까지의 높이. 다만, 한 방에서 층의 높이가 다른 부분이 있는 경우에는 그 각 부분 높이에 따른 면적에 따라 가중평균한 높이
반자높이	방의 바닥면으로부터 반자까지의 높이. 다만, 한 방에서 반자높이가 다른 부분이 있는 경우에는 그 각 부분의 반자면적에 따라 가중평균한 높이
층수	다음에 해당하는 것은 건축물의 층수에 산입하지 않고, 층의 구분이 명확하지 않은 건축물은 그 건축물의 높이 4m마다 하나의 층으로 보고 그 층수를 산정하며, 건축물이 부분에 따라 그 층수가 다른 경우에는 그 중 가장 많은 층수를 그 건축물의 층수로 본다. 1. 승강기탑(장애인용 승강기의 승강기탑은 제외)·계단탑·망루·장식탑·옥탑 등 건축물의 옥상 부분으로서 그 수평투영면적의 합계가 해당 건축물 건축면적의 8분의 1(「주택법」에 따른 사업계획승인대상인 공동주택 중 세대별 전용면적이 85m² 이하인 경우에는 6분의 1) 이하인 것 2. 지하층 3. 장애인용 승강기의 승강기탑

1 가로구역(街路區域)
도로로 둘러싸인 일단(一團)의 지역을 말함

2
도로의 교통량은 고려해야 할 사항이 아니다.

04 건축물의 높이제한

(1) 가로구역에서의 높이제한

① **건축물의 높이지정**: 허가권자는 가로구역**1**을 단위로 다음의 사항을 고려하여 건축물의 높이를 지정·공고할 수 있다.**2**

> 1. 도시·군관리계획 등의 토지이용계획, 도시미관 및 경관계획
> 2. 해당 가로구역이 접하는 도로의 너비
> 3. 해당 가로구역의 상·하수도 등 간선시설의 수용능력
> 4. 해당 도시의 장래 발전계획

② **지정기준**: 허가권자는 같은 가로구역에서 건축물의 용도 및 형태에 따라 건축물의 높이를 다르게 정할 수 있다.
③ **지정특례**: 특별시장이나 광역시장은 도시의 관리를 위하여 필요하면 가로구역별 건축물의 높이를 특별시나 광역시의 조례로 정할 수 있다.

(2) 지정절차

허가권자는 가로구역별 건축물의 높이를 지정하려면 지방건축위원회의 심의를 거쳐야 한다. 이 경우 주민의 의견청취절차 등은 「토지이용규제 기본법」 제8조에 따른다.

05 일조(日照) 등의 확보를 위한 건축물의 높이제한

(1) 전용주거지역과 일반주거지역

① **정북방향으로 이격(離隔)**: 전용주거지역이나 일반주거지역에서 건축물을 건축하는 경우에는 일조 등의 확보를 위해 건축물의 각 부분을 정북방향(正北方向)으로의 인접 대지경계선으로부터 다음의 범위에서 건축조례로 정하는 거리 이상을 띄어 건축해야 한다.❶

1. **높이 10m 이하인 부분**: 인접 대지경계선으로부터 1.5m 이상
2. **높이 10m를 초과하는 부분**: 인접 대지경계선으로부터 해당 건축물 각 부분 높이의 2분의 1 이상

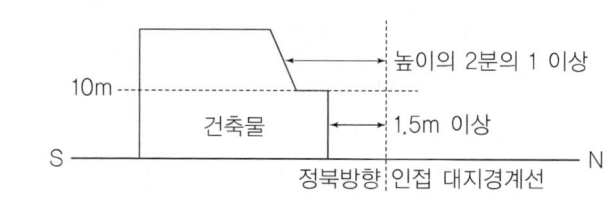

② **정남방향으로 이격**: 다음에 해당하면 건축물의 높이를 정남(正南)방향의 인접 대지경계선으로부터의 거리에 따라 대통령령으로 정하는 높이 이하로 할 수 있다.

1. 택지개발지구, 대지조성사업지구, 도시개발구역, 정비구역인 경우
2. 국가산업단지, 일반산업단지, 도시첨단산업단지 및 농공단지인 경우
3. 정북방향으로 도로, 공원, 하천 등 건축이 금지된 공지에 접하는 대지인 경우
4. 정북방향으로 접하고 있는 대지의 소유자와 합의한 경우 등

⚡기출

01 지하주차장의 경사로의 면적은 ( )면적 및 ( )면적에 산입하지 않는다. 제33회

02 필로티 구조의 부분은 ( )주택의 경우에는 바닥면적에 산입하지 않는다. 제29회

03 「건축법」상 건축물의 높이제한 규정을 적용할 때, 건축물의 1층 전체에 필로티가 설치되어 있는 경우 건축물의 높이는 필로티의 층고를 ( ) 산정한다. 제31회

04 층의 구분이 명확하지 않은 건축물은 그 건축물의 높이 ( )m마다 하나의 층으로 보고 그 층수를 산정하며, 건축물이 부분에 따라 그 층수가 다른 경우에는 그 중 ( ) 층수를 그 건축물의 층수로 본다. 제33회

❶ 적용배제

건축협정구역 안에서 대지 상호간에 건축하는 건축물(건축협정에 일정 거리 이상을 띄어 건축하는 내용이 포함된 경우만 해당한다)의 경우 등에는 ①을 적용하지 않는다.

기출정답

01 건축, 바닥 02 공동
03 제외하고
04 4, 가장 많은

TIP

「건축법」상 일조권 확보 대상
1. 전용주거지역과 일반주거지역 안의 모든 건축물
2. 공동주택(일반상업지역과 중심상업지역은 제외)

⚡ 기출

01 일반상업지역에 건축하는 (　　)으로서 하나의 대지에 두 동(棟) 이상을 건축하는 경우에는 채광의 확보를 위한 높이제한이 적용되지 않는다.
제25회

(2) 공동주택

다음에 해당하는 공동주택(일반상업지역과 중심상업지역에 건축하는 것은 제외)은 채광(採光) 등의 확보를 위하여 대통령령으로 정하는 높이 이하로 해야 한다.

| 1. 인접 대지경계선 등의 방향으로 채광을 위한 창문 등을 두는 경우
2. 하나의 대지에 두 동(棟) 이상을 건축하는 경우 | 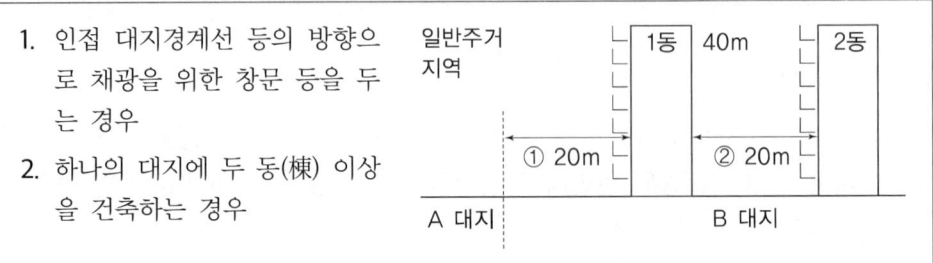 |

① **채광거리에 따른 높이제한**: 건축물(기숙사는 제외)의 각 부분의 높이는 그 부분으로부터 채광을 위한 창문 등이 있는 벽면에서 직각 방향으로 인접 대지경계선까지의 수평거리의 2배(근린상업지역 또는 준주거지역은 4배) 이하로 해야 한다. 다만, 채광거리가 1m 이상으로서 건축조례로 정하는 거리 이상인 다세대주택은 그러하지 않다.

② **인동거리에 따른 높이제한**: 같은 대지에서 두 동(棟) 이상의 건축물이 서로 마주보고 있는 경우에 건축물 각 부분 사이의 거리는 다음의 거리 이상을 띄어 건축해야 한다. 다만, 그 대지의 모든 세대가 동지(冬至)를 기준으로 9시에서 15시 사이에 2시간 이상을 계속하여 일조를 확보할 수 있는 거리 이상으로 할 수 있다.

> 1. 채광을 위한 창문 등이 있는 벽면으로부터 직각방향으로 건축물 각 부분 높이의 0.5배(도시형 생활주택의 경우에는 0.25배) 이상의 범위에서 건축조례로 정하는 거리 이상
> 2. 채광창이 없는 벽면과 측벽이 마주보는 경우에는 8m 이상
> 3. 측벽과 측벽이 마주보는 경우에는 4m 이상

(3) 적용배제

2층 이하로서 높이가 8m 이하인 건축물에는 해당 지방자치단체의 조례로 정하는 바에 따라 일조 등의 확보를 위한 건축물의 높이제한을 적용하지 않을 수 있다.

기출정답
01 공동주택

제7장 특별건축구역 등

기본서 p.450~454

01 특별건축구역의 지정

특별건축구역이란 조화롭고 창의적인 건축물의 건축을 통하여 도시경관의 창출, 건설기술 수준향상 및 건축 관련 제도개선을 도모하기 위하여 이 법 또는 관계 법령에 따라 일부 규정을 적용하지 않거나 완화 또는 통합하여 적용할 수 있도록 특별히 지정하는 구역을 말한다.

(1) 지정권자 및 지정대상

국토교통부장관 또는 시·도지사는 다음의 구분에 따라 특별건축구역을 지정할 수 있다.

1. 국토교통부장관이 지정하는 경우
   ① 국가가 국제행사 등을 개최하는 도시 또는 지역의 사업구역
   ② 관계 법령에 따른 국가정책사업으로서 다음의 사업구역: 행정중심복합도시, 혁신도시, 경제자유구역, 택지개발사업구역, 공공주택지구, 도시개발구역 등
2. 시·도지사가 지정하는 경우
   ① 지방자치단체가 국제행사 등을 개최하는 도시 또는 지역의 사업구역
   ② 관계 법령에 따른 도시개발·도시재정비 및 건축문화 진흥사업으로서 다음의 사업구역: 경제자유구역, 택지개발사업구역, 도시개발구역, 정비구역, 재정비촉진구역 등

⚡기출

01 국토교통부장관은 ( )가 국제행사 등을 개최하는 지역의 사업구역을 특별건축구역으로 지정할 수 있다. 제32회
02 「도로법」에 따른 ( )은 특별건축구역으로 지정될 수 없다. 제32회

(2) 지정제외

다음에 해당하는 지역·구역 등에 대하여는 특별건축구역으로 지정할 수 없다.

1. 「개발제한구역의 지정 및 관리에 관한 특별조치법」에 따른 개발제한구역
2. 「자연공원법」에 따른 자연공원
3. 「도로법」에 따른 접도구역
4. 「산지관리법」에 따른 보전산지

TIP

사전협의
국토교통부장관 또는 시·도지사는 특별건축구역으로 지정하려는 지역이 「군사기지 및 군사시설 보호법」에 따른 군사기지 및 군사시설 보호구역에 해당하는 경우에는 국방부장관과 사전에 협의해야 한다.

기출정답
01 국가 02 접도구역

(3) 지정절차

① **지정신청**: 중앙행정기관의 장, 사업구역을 관할하는 시·도지사 또는 시장·군수·구청장(이하 '지정신청기관')은 특별건축구역의 지정이 필요한 경우에는 중앙행정기관의 장 또는 시·도지사는 국토교통부장관에게, 시장·군수·구청장은 특별시장·광역시장·도지사에게 각각 지정을 신청할 수 있다.

② **건축위 심의**: 국토교통부장관 또는 특별시장·광역시장·도지사는 지정신청을 받은 날부터 30일 이내에 중앙건축위원회나 특별시·광역시·도에 두는 건축위원회의 심의를 거쳐야 한다.

③ **결정의제**: 특별건축구역을 지정하거나 변경한 경우에는 「국토법」에 따른 도시·군관리계획의 결정(용도지역·지구·구역의 지정 및 변경은 제외)이 있는 것으로 본다.❶

> ❶ 특별건축구역을 지정하거나 변경한 경우 용도지역·지구·구역의 지정 및 변경에 관한 도시·군관리계획의 결정은 의제되지 않는다.

(4) 지정제안

① **지정제안**: 지정신청기관 외의 자는 다음에 해당하는 자의 서면 동의를 받아 사업구역을 관할하는 시·도지사에게 특별건축구역의 지정을 제안할 수 있다.

> 1. 대상 토지면적(국·공유지의 면적은 제외)의 3분의 2 이상에 해당하는 토지소유자
> 2. 국유지 또는 공유지의 재산관리청

② **지정 여부의 결정**: 시·도지사는 제안서류를 받은 날부터 45일 이내에 특별건축구역 지정 여부를 결정해야 하고, 결정한 날부터 14일 이내에 제안한 자에게 그 결과를 통보해야 한다.

(5) 지정해제

국토교통부장관 또는 시·도지사는 다음에 해당하는 경우에는 특별건축구역의 전부 또는 일부에 대하여 지정을 해제할 수 있다.

> 1. 지정신청기관의 요청이 있는 경우
> 2. 거짓이나 그 밖의 부정한 방법으로 지정을 받은 경우
> 3. 특별건축구역 지정일부터 5년 이내에 특별건축구역 지정목적에 부합하는 건축물의 착공이 이루어지지 않는 경우
> 4. 특별건축구역 지정요건 등을 위반하였으나 시정이 불가능한 경우

02 관계 법령의 적용특례

(1) 특별건축구역의 건축물

특별건축구역에서 건축기준 등의 특례사항을 적용하여 건축할 수 있는 건축물은 다음의 어느 하나에 해당되어야 한다.

> 1. 국가 또는 지방자치단체가 건축하는 건축물
> 2. 대통령령으로 정하는 공공기관이 건축하는 건축물
> 3. 그 밖에 대통령령으로 정하는 건축물로서 허가권자가 인정하는 건축물

(2) 적용배제

특별건축구역에 건축하는 건축물에 대하여는 다음의 규정을 적용하지 않을 수 있다.

> 1. 대지의 조경(법 제42조), 건축물의 건폐율(법 제55조), 건축물의 용적률(법 제56조), 대지 안의 공지(법 제58조), 건축물의 높이제한(법 제60조) 및 일조 등의 확보를 위한 건축물의 높이제한(법 제61조)
> 2. 「주택법」에 따른 주택건설기준(제35조) 중 대통령령으로 정하는 규정

(3) 통합적용

특별건축구역에서 다음의 관계 법령의 규정에 대하여는 개별 건축물마다 적용하지 않고 특별건축구역 전부 또는 일부를 대상으로 통합하여 적용할 수 있다.

> 1. 「문화예술진흥법」에 따른 건축물에 대한 미술작품의 설치
> 2. 「주차장법」에 따른 부설주차장의 설치
> 3. 「도시공원 및 녹지 등에 관한 법률」에 따른 공원의 설치

03 특별가로구역

국토교통부장관 및 허가권자는 도로에 인접한 건축물의 건축을 통한 조화로운 도시경관의 창출을 위하여 이 법 및 관계 법령에 따라 일부 규정을 적용하지 않거나 완화하여 적용할 수 있도록 다음의 어느 하나에 해당하는 지구 또는 구역에서 대통령령으로 정하는 도로❶에 접한 대지의 일정 구역을 특별가로구역으로 지정할 수 있다.

> 1. 경관지구
> 2. 지구단위계획구역 중 미관유지를 위하여 필요하다고 인정하는 구역

⚡기출

01 특별건축구역에서 대지의 (　　), 대지 안의 (　　)에 관한 규정은 국가가 건축하는 건축물에 적용하지 않을 수 있다. 제33회

02 특별건축구역에서 「주차장법」에 따른 부설주차장의 설치에 관한 규정은 개별 건축물마다 적용하지 않고 특별건축구역 전부 또는 일부를 대상으로 (　　)하여 적용할 수 있다. 제33회

❶ **대통령령으로 정하는 도로**
1. 건축선을 후퇴한 대지에 접한 도로로서 허가권자가 건축조례로 정하는 도로
2. 허가권자가 리모델링 활성화가 필요하다고 인정하여 지정·공고한 지역 안의 도로
3. 보행자전용도로로서 도시미관 개선을 위하여 허가권자가 건축조례로 정하는 도로
4. 「지역문화진흥법」에 따른 문화지구 안의 도로

기출정답
01 조경, 공지　02 통합

제8장 건축협정 및 결합건축

기본서 p.455~460

01 건축협정의 체결 등

(1) 건축협정의 체결

토지 또는 건축물의 소유자, 지상권자 등(이하 '소유자 등')은 전원의 합의로 다음에 해당하는 지역 또는 구역에서 건축물의 건축·대수선 또는 리모델링에 관한 협정(이하 '건축협정')을 체결할 수 있다.

> 1. 「국토법」에 따라 지정된 지구단위계획구역
> 2. 「도시 및 주거환경정비법」에 따른 주거환경개선사업을 시행하기 위하여 지정·고시된 정비구역
> 3. 「도시재정비 촉진을 위한 특별법」에 따른 존치지역
> 4. 「도시재생 활성화 및 지원에 관한 특별법」에 따른 도시재생활성화지역
> 5. 그 밖에 시·도지사 및 시장·군수·구청장(이하 '건축협정인가권자')이 도시 및 주거환경개선이 필요하다고 인정하여 해당 지방자치단체의 조례로 정하는 구역

(2) 건축협정의 인가

① 협정체결자는 건축협정서를 작성하여 해당 건축협정인가권자의 인가를 받아야 한다.[1] 이 경우 건축협정인가권자는 인가를 하기 전에 건축위원회의 심의를 거쳐야 한다.
② **변경**: 협정체결자는 인가받은 사항을 변경하려면 변경인가를 받아야 한다. 다만, 경미한 사항을 변경하는 경우에는 그러하지 아니하다.

(3) 건축협정의 폐지

협정체결자는 건축협정을 폐지하려는 경우에는 협정체결자 과반수의 동의를 받아 건축협정인가권자의 인가를 받아야 한다. 다만, 건축협정에 따른 특례를 적용하여 착공신고를 한 경우에는 20년이 지난 후에 폐지인가를 신청할 수 있다.

(4) 건축협정의 효력 및 승계

① 건축협정구역에서 건축물의 건축·대수선 또는 리모델링을 하려는 소유자 등은 인가·변경인가된 건축협정에 따라야 한다.

⚡기출

01 토지 또는 건축물의 소유자, 지상권자는 (   )의 합의로 건축물의 건축·대수선 또는 리모델링에 관한 건축협정을 체결할 수 있다. 제31회

[1] 건축협정 체결대상 토지가 둘 이상의 특별자치시 또는 시·군·구에 걸치는 경우 건축협정 체결대상 토지면적의 과반(過半)이 속하는 건축협정인가권자에게 인가를 신청할 수 있다.

TIP
1. **건축협정의 체결**: 소유자 등 전원의 합의 + 인가
2. **건축협정의 폐지**: 협정체결자 과반수의 동의 + 인가

기출정답
01 전원

② 건축협정이 공고된 후 건축협정구역에 있는 토지나 건축물 등에 관한 권리를 협정체결자인 소유자 등으로부터 이전받거나 설정받은 자는 **협정체결자로서의 지위를 승계한다**. 다만, 건축협정에서 달리 정한 경우에는 그에 따른다.

(5) 건축협정에 따른 특례

① **통합적용**: 건축협정구역에서 연접한 대지에 대하여는 다음의 관계 법령의 규정을 개별 건축물마다 적용하지 않고 건축협정구역의 전부 또는 일부를 대상으로 **통합하여 적용할 수 있다**.

> 1. 대지의 조경(법 제42조), 대지와 도로와의 관계(법 제44조), 지하층의 설치(법 제53조), 건폐율(법 제55조)
> 2. 「주차장법」 제19조에 따른 부설주차장의 설치
> 3. 「하수도법」 제34조에 따른 개인하수처리시설의 설치

TIP
계단의 설치는 통합적용 할 수 있는 규정에 해당하지 않는다.

② **완화적용**: 건축협정구역에 건축하는 건축물에 대하여는 제42조(대지의 조경), 제55조(건축물의 건폐율), 제56조(건축물의 용적률), 제58조(대지 안의 공지), 제60조(건축물의 높이제한) 및 제61조(일조 등의 확보를 위한 건축물의 높이제한)와 「주택법」 제35조(주택건설기준 등)를 대통령령으로 정하는 바에 따라 완화하여 적용할 수 있다. 다만, 용적률을 완화하여 적용하는 경우에는 건축위원회의 심의와 지방도시계획위원회의 심의를 통합하여 거쳐야 한다.

⚡기출
01 (   )을 완화하여 적용하는 경우에는 건축위원회의 심의와 지방도시계획위원회의 심의를 통합하여 거쳐야 한다.
제34회

02 특별가로구역은 (   ) 대상지에 해당하지 않는다.
제33회

02 결합건축[1]

(1) 결합건축대상지

다음에 해당하는 지역에서 대지간의 최단거리가 100m 이내의 범위에서 대통령령으로 정하는 범위에 있는 2개의 대지의 **건축주가 서로 합의한 경우** 2개의 대지를 대상으로 결합건축을 할 수 있다.

> 1. 「국토법」에 따라 지정된 **상업지역**
> 2. 「역세권의 개발 및 이용에 관한 법률」에 따라 지정된 **역세권개발구역**
> 3. 「도시 및 주거환경정비법」에 따른 주거환경개선사업의 시행을 위한 정비구역

[1] 용적률을 개별 대지마다 적용하지 않고, 2개 이상의 대지를 대상으로 통합 적용하여 건축물을 건축하는 것을 말한다.

기출정답
01 용적률 02 결합건축

> 4. 그 밖에 도시 및 주거환경 개선과 효율적인 토지이용이 필요하다고 대통령령으로 정하는 지역: 건축협정구역, 특별건축구역, 리모델링 활성화 구역, 도시재생활성화지역 등

(2) 결합건축의 절차 및 관리

① **심의:** 허가권자는 건축허가를 하기 전에 건축위원회의 심의를 거쳐야 한다. 다만, 결합건축으로 조정되어 적용되는 대지별 용적률이 「국토법」에 따라 해당 대지에 적용되는 용적률의 100분의 20을 초과하는 경우에는 건축위원회 심의와 도시계획위원회 심의를 공동으로 거쳐야 한다.

② **유지기간:** 결합건축협정서에 따른 협정체결 유지기간은 최소 30년으로 한다.

③ **폐지:** 결합건축협정서를 폐지하려는 경우에는 결합건축협정체결자 전원이 동의하여 허가권자에게 신고해야 한다.

제9장 보칙 및 벌칙

기본서 p.461~466

01 위반 건축물 등에 대한 조치

(1) 허가·승인의 취소(임의적) 및 시정명령

허가권자는 이 법 또는 이 법에 따른 명령이나 처분에 위반되는 대지나 건축물에 대하여 허가 또는 승인을 취소하거나 그 건축물의 건축주 등에게 공사의 중지를 명하거나 상당한 기간을 정하여 그 건축물의 해체·개축·증축·수선·용도변경·사용금지·사용제한, 그 밖에 필요한 조치를 명할 수 있다.

> **TIP**
> 허가권자는 허가나 승인을 취소하려면 청문을 실시해야 한다.

(2) 영업행위 등의 허가금지 요청

허가권자는 허가나 승인이 취소된 건축물 또는 시정명령을 받고 이행하지 않은 건축물에 대하여는 다른 법령에 따른 영업이나 그 밖의 행위를 허가·면허·인가·등록·지정 등을 하지 않도록 요청할 수 있고, 요청을 받은 자는 특별한 이유가 없으면 요청에 따라야 한다. 다만, 허가권자가 기간을 정하여 그 사용 또는 영업, 그 밖의 행위를 허용한 주택과 대통령령으로 정하는 경우(바닥면적의 합계가 400m² 미만인 축사, 농업용·임업용·축산업용 및 수산업용 창고)에는 그러하지 않다.

02 이행강제금(집행벌)

(1) 이행강제금의 부과

① **부과금액**: 허가권자는 위반 건축물에 대한 시정명령을 받은 후 시정기간 내에 시정명령을 이행하지 않은 건축주 등에 대하여는 그 시정명령의 이행에 필요한 상당한 이행기한을 정하여 그 기한까지 시정명령을 이행하지 않으면 다음의 이행강제금을 부과한다.

> 1. 건축물이 건폐율이나 용적률을 초과하여 건축된 경우 또는 허가를 받지 않거나 신고를 하지 않고 건축된 경우: 「지방세법」에 따라 해당 건축물에 적용되는 1m²의 시가표준액의 100분의 50에 해당하는 금액에 위반면적을 곱한 금액 이하의 범위에서 위반내용에 따라 다음의 구분에 따른 비율을 곱한 금액

> **TIP**
> **이중처벌 여부**
> 무허가건축행위에 대한 형사처벌과 시정명령 위반에 대한 이행강제금 부과는 그 처벌 내지 제재 대상이 되는 기본적 사실관계로서의 행위를 달리하며, 또한 그 보호법익과 목적에서도 차이가 있으므로 이중처벌에 해당한다고 할 수 없다(헌재결 2004.2.26, 2001헌바80).

> **기출**
>
> **01** 건축법령상 이행강제금을 산정하기 위하여 위반내용에 따라 곱하는 비율을 높은 순서대로 나열하면 무허가 건축( )% > 용적률 초과( )% > 건폐율 초과( )% > 무신고 건축( )%가 된다.
>
> 제29회

① 건폐율을 초과하여 건축한 경우: 100분의 80
② 용적률을 초과하여 건축한 경우: 100분의 90
③ 허가를 받지 않고 건축한 경우: 100분의 100
④ 신고를 하지 않고 건축한 경우: 100분의 70

2. **건축물이 1. 외의 위반 건축물에 해당하는 경우**: 시가표준액의 100분의 10의 범위에서 위반내용에 따라 대통령령으로 정하는 금액

② **특례**: 연면적이 60m² 이하인 주거용 건축물과 주거용 건축물로서 다음의 경우에는 부과금액의 2분의 1의 범위에서 해당 지방자치단체의 조례로 정하는 금액을 부과한다.

> 1. 사용승인을 받지 않고 건축물을 사용한 경우
> 2. 대지의 조경에 관한 사항을 위반한 경우
> 3. 건축물의 높이제한을 위반한 경우
> 4. 일조 등의 확보를 위한 건축물의 높이제한을 위반한 경우 등

③ **가중의무**: 허가권자는 영리목적을 위한 위반이나 상습적 위반 등 다음에 해당하는 경우에 부과금액을 100분의 100의 범위에서 해당 지방자치단체의 조례로 정하는 바에 따라 가중해야 한다. 다만, 위반행위 후 소유권이 변경된 경우는 제외한다.

> 1. 임대 등 영리를 목적으로 허가나 신고 없이 신축 또는 증축하거나 용도변경을 한 경우(위반면적이 50m²를 초과하는 경우로 한정)
> 2. 임대 등 영리를 목적으로 허가나 신고 없이 다세대주택의 세대수 또는 다가구주택의 가구수를 증가시킨 경우(5세대 또는 5가구 이상 증가시킨 경우로 한정)
> 3. 동일인이 최근 3년 내에 2회 이상 법 또는 법에 따른 명령이나 처분을 위반한 경우

(2) 부과·징수 절차[1]

> [1] 이행강제금의 부과 및 징수 절차는 국토교통부령(「국고금관리법 시행규칙」을 준용)으로 정한다.

① **사전계고**: 허가권자는 이행강제금을 부과하기 전에 이행강제금을 부과·징수한다는 뜻을 미리 문서로써 계고(戒告)해야 한다.

② **부과처분**: 허가권자는 이행강제금을 부과하는 경우 부과 금액, 사유, 납부기한 및 이의제기 방법 등을 구체적으로 밝힌 문서로 해야 한다.

기출정답

01 100, 90, 80, 70

③ **반복 부과**: 허가권자는 최초의 시정명령이 있었던 날을 기준으로 하여 1년에 2회 이내의 범위에서 해당 지방자치단체의 조례로 정하는 횟수만큼 그 시정명령이 이행될 때까지 반복하여 이행강제금을 부과·징수할 수 있다.

④ **부과중지 등**: 허가권자는 시정명령을 받은 자가 이를 이행하면 새로운 이행강제금의 부과를 즉시 중지하되, 이미 부과된 이행강제금은 징수해야 한다.

⑤ **강제징수**: 허가권자는 이행강제금 부과처분을 받은 자가 이행강제금을 납부기한까지 내지 않으면 「지방행정제재·부과금의 징수 등에 관한 법률」에 따라 징수한다.

TIP

이행강제금의 부과횟수
1. 「건축법」: 1년에 2회 이내
2. 「농지법」: 매년 1회

03 건축분쟁전문위원회

(1) 분쟁위원회의 설치

건축 등과 관련된 다음의 분쟁(「건설산업기본법」에 따른 조정의 대상이 되는 분쟁은 제외)의 조정 또는 재정(이하 '조정 등')을 하기 위하여 국토교통부에 건축분쟁전문위원회(이하 '분쟁위원회')를 둔다.

1. 건축관계자와 해당 건축물의 건축 등으로 피해를 입은 인근주민간의 분쟁
2. 관계전문기술자와 인근주민간의 분쟁
3. 건축관계자와 관계전문기술자간의 분쟁
4. 건축관계자간의 분쟁
5. 인근주민간의 분쟁
6. 관계전문기술자간의 분쟁

⚡기출

01 관계전문기술자와 해당 건축물의 건축 등으로 피해를 입은 ( )간의 분쟁은 건축분쟁전문위원회의 조정 및 재정의 대상이 된다. 제32회

TIP

허가권자와의 분쟁은 건축분쟁의 조정 등의 대상이 되지 않는다.

(2) 조정 등의 신청 등

① **신청**: 조정(調停)신청은 해당 사건의 당사자 중 1명 이상이 하며, 재정(裁定)신청은 해당 사건 당사자간의 합의로 한다.

② **기간**: 분쟁위원회는 당사자의 조정신청을 받으면 60일 이내에, 재정신청을 받으면 120일 이내에 절차를 마쳐야 한다.

③ **위원회 구성**: 조정은 3명의 위원으로 구성되는 조정위원회에서 하고, 재정은 5명의 위원으로 구성되는 재정위원회에서 한다.

④ **의결**: 조정위원회와 재정위원회의 회의는 구성원 전원의 출석으로 열고 과반수의 찬성으로 의결한다.

기출정답

01 인근주민

(3) 분쟁의 조정

① 조정위원회는 조정안을 작성하면 지체 없이 각 당사자에게 조정안을 제시해야 한다.
② 조정안을 제시받은 당사자는 제시를 받은 날부터 15일 이내에 수락 여부를 조정위원회에 알려야 한다.
③ **조정의 효력**: 당사자가 조정안을 수락하고 조정서에 기명날인하면 조정서의 내용은 재판상 화해와 동일한 효력을 갖는다.

(4) 분쟁의 재정

① **방법**: 재정은 문서로써 해야 한다.
② **재정의 효력**: 재정위원회가 재정을 한 경우 재정문서의 정본이 당사자에게 송달된 날부터 60일 이내에 당사자 양쪽이나 어느 한쪽으로부터 소송이 제기되지 않거나 그 소송이 철회되면 그 재정 내용은 재판상 화해와 동일한 효력을 갖는다.

(5) 비용부담

분쟁의 조정 등을 위한 감정·진단·시험 등에 드는 비용은 당사자간의 합의로 정하는 비율에 따라 당사자가 부담해야 한다. 다만, 당사자간에 비용부담에 대하여 합의가 되지 않으면 조정위원회나 재정위원회에서 부담비율을 정한다.

해커스 공인중개사
핵심요약집
land.Hackers.com

제5편

주택법

제1장　총칙
제2장　주택의 건설 등
제3장　주택의 공급
제4장　리모델링
제5장　보칙 및 벌칙

제1장 총칙

기본서 p.471~479

01 용어정의 [빈출]

(1) 주택

주택이란 세대(世帶)의 구성원이 장기간 독립된 주거생활을 할 수 있는 구조로 된 건축물의 전부 또는 일부 및 그 부속토지를 말하며, 단독주택과 공동주택으로 구분한다.

구분	단독주택[1]	1세대가 하나의 건축물 안에서 독립된 주거생활을 할 수 있는 구조로 된 주택 1. 단독주택 2. 다중주택: 여러 사람이 장기간 거주 + 독립된 주거형태 × + 3개 층 이하이고 660m^2 이하 3. 다가구주택: 3개 층 이하 + 660m^2 이하 + 19세대 이하
	공동주택[2]	건축물의 벽·복도·계단이나 그 밖의 설비 등의 전부 또는 일부를 공동으로 사용하는 각 세대가 하나의 건축물 안에서 각각 독립된 주거생활을 할 수 있는 구조로 된 주택 1. 아파트: 주택으로 쓰는 층수가 5개 층 이상인 주택 2. 연립주택: 4개 층 이하 + 660m^2 초과 3. 다세대주택: 4개 층 이하 + 660m^2 이하
공급 대상	국민주택	1. 국민주택: 다음에 해당하는 주택으로서 국민주택규모 이하인 주택 ① 국가·지방자치단체, 한국토지주택공사 또는 지방공사(이하 '공공사업주체')가 건설하는 주택 ② 국가·지방자치단체의 재정 또는 주택도시기금으로부터 자금을 지원받아 건설되거나 개량되는 주택 2. 국민주택규모: 주거의 용도로만 쓰이는 면적(이하 '주거전용면적')이 1호(戶) 또는 1세대당 85m^2 이하(수도권을 제외한 도시지역이 아닌 읍 또는 면 지역은 1호 또는 1세대당 주거전용면적이 100m^2 이하)인 주택
	민영주택	국민주택을 제외한 주택

[1] 공관은 해당하지 않는다.

[2] 기숙사는 해당하지 않는다.

TIP
국민주택
1. 공공사업주체가 건설 + 85m^2 이하
2. 국가·지자체의 재정에서 지원 + 85m^2 이하
3. 주택도시기금에서 지원 + 85m^2 이하

⚡기출
01 한국토지주택공사가 수도권에 건설한 주거전용면적이 1세대당 80m^2인 주택, 주택도시기금으로부터 자금을 지원받아 건설하는 주거전용면적이 1세대당 84m^2인 주택은 (　　)에 해당한다.
제31회

02 (　　)은 국민주택을 제외한 주택을 말한다.
제32회

기출정답
01 국민주택 02 민영주택

개념 PLUS | 주거전용면적의 산정방법

1. **단독주택**: 바닥면적에서 지하실(거실로 사용되는 면적은 제외), 본 건축물과 분리된 창고·차고 및 화장실의 면적을 제외한 면적. 다만, 다가구주택은 복도, 계단, 현관 등 2세대 이상이 공동으로 사용하는 부분의 면적도 제외한다.
2. **공동주택**: 외벽의 내부선을 기준으로 산정한 면적. 다만, 다음에 해당하는 공용면적을 제외하며, 이 경우 바닥면적에서 주거전용면적을 제외하고 남는 외벽면적은 공용면적에 가산한다.
   ① 복도, 계단, 현관 등 공동주택의 지상층에 있는 공용면적
   ② 지하층, 관리사무소 등 그 밖의 공용면적

(2) 세대구분형 공동주택

공동주택의 주택 내부공간의 일부를 세대별로 구분하여 생활이 가능한 구조로 하되, 그 구분된 공간의 일부를 구분소유할 수 없는 주택으로서 다음의 구분에 따른 요건을 충족하는 공동주택

1. **사업계획의 승인을 받아 건설하는 공동주택의 경우**: 다음의 요건을 모두 충족할 것
   ① 세대별로 구분된 각각의 공간마다 별도의 욕실, 부엌과 현관을 설치할 것
   ② 하나의 세대가 통합하여 사용할 수 있도록 세대간에 연결문 또는 경량구조의 경계벽 등을 설치할 것
   ③ 세대구분형 공동주택의 세대수가 해당 주택단지 안의 공동주택 전체 세대수의 3분의 1과 세대별로 구분된 각각의 공간의 주거전용면적 합계가 전체 주거전용면적 합계의 3분의 1을 넘지 않을 것

2. **「공동주택관리법」에 따른 행위의 허가를 받거나 신고를 하고 설치하는 공동주택의 경우**: 다음의 요건을 모두 충족할 것
   ① 구분된 공간의 세대수는 기존 세대를 포함하여 2세대 이하일 것
   ② 세대별로 구분된 각각의 공간마다 별도의 욕실, 부엌과 구분 출입문을 설치할 것
   ③ 세대구분형 공동주택의 세대수가 해당 주택단지 안의 공동주택 전체 세대수의 10분의 1과 해당 동의 전체 세대수의 3분의 1을 각각 넘지 않을 것
   ④ 구조, 화재, 소방 및 피난안전 등 관계 법령에서 정하는 안전기준을 충족할 것

TIP
주택건설기준 등을 적용하는 경우 세대구분형 공동주택의 세대수는 그 구분된 공간의 세대수에 관계없이 하나의 세대로 산정한다.

⚡기출

01 사업계획승인을 받아 건설하는 세대구분형 공동주택은 주택단지 공동주택 전체 세대수의 (   )을 넘지 않아야 한다.
제27회

02 「공동주택관리법」에 따른 행위의 허가를 받거나 신고를 하고 설치하는 세대구분형 공동주택의 구분된 공간의 세대수는 기존 세대를 포함하여 (   ) 세대 이하이어야 한다.
제34회

기출정답
01 3분의 1   02 2

TIP
도시형 생활주택에 대하여는 감리와 분양가상한제를 적용하지 않는다.

⚡ 기출

01 도시형 생활주택이란 (　)세대 미만의 국민주택규모에 해당하는 주택으로서 도시지역에 건설하는 주택을 말한다.
　　　　　　제32회

02 하나의 건축물에는 단지형 연립주택 또는 단지형 다세대주택과 (　) 주택을 함께 건축할 수 없다.
　　　　　　제35회

03 주택단지에 해당하는 토지가 폭 (　)m 이상의 도시계획예정도로 또는 폭 (　)m 이상의 일반도로로 분리된 경우, 분리된 토지를 각각 별개의 주택단지로 본다.
　　　　　　제32회

(3) 도시형 생활주택

① **요건 및 종류:** 300세대 미만의 국민주택규모에 해당하는 주택으로서 도시지역에 건설하는 다음의 주택

아파트형 주택	다음의 요건을 모두 갖춘 아파트 1. 세대별로 독립된 주거가 가능하도록 욕실 및 부엌을 설치할 것 2. 지하층에는 세대를 설치하지 않을 것
단지형 연립주택	연립주택. 다만,「건축법」에 따른 건축위원회의 심의를 받은 경우에는 주택으로 쓰는 층수를 5개 층까지 건축할 수 있음
단지형 다세대주택	다세대주택. 다만,「건축법」에 따른 건축위원회의 심의를 받은 경우에는 주택으로 쓰는 층수를 5개 층까지 건축할 수 있음

② **건축제한:** 하나의 건축물에는 도시형 생활주택과 그 밖의 주택을 함께 건축할 수 없으며, 단지형 연립주택 또는 단지형 다세대주택과 아파트형 주택을 함께 건축할 수 없다. 다만, 다음에 해당하는 경우는 예외로 한다.

> 1. 도시형 생활주택과 주거전용면적이 85m²를 초과하는 주택 1세대를 함께 건축하는 경우
> 2. 준주거지역 또는 상업지역에서 아파트형 주택과 도시형 생활주택 외의 주택을 함께 건축하는 경우

(4) 준주택

주택 외의 건축물과 그 부속토지로서 주거시설로 이용 가능한 시설 등으로서 ① 기숙사, ② 다중생활시설, ③ 노인복지주택과 ④ 오피스텔을 말한다.

(5) 주택단지 등

① **주택단지:** 주택건설사업계획 또는 대지조성사업계획의 승인을 받아 주택과 그 부대시설 및 복리시설을 건설하거나 대지를 조성하는 데 사용되는 일단의 토지. 다만, 다음의 시설로 분리된 토지는 각각 별개의 주택단지로 본다.

> 1. 철도 · 고속도로 · 자동차전용도로
> 2. 폭 20m 이상인 일반도로
> 3. 폭 8m 이상인 도시계획예정도로 등

기출정답
01 300　02 아파트형
03 8, 20

② 부대시설과 복리시설

부대시설	주택에 딸린 다음의 시설 또는 설비 1. 주차장, 관리사무소, 담장 및 주택단지 안의 도로 2. 「건축법」에 따른 건축설비 3. 이에 준하는 것으로서 대통령령으로 정하는 시설 또는 설비 ① 보안등, 대문, 경비실, 자전거보관소, 안내표지판 및 공중화장실 ② 조경시설, 옹벽, 축대, 저수시설, 지하양수시설 및 대피시설 ③ 쓰레기 수거 및 처리시설, 오수처리시설, 정화조 ④ 소방시설, 냉난방공급시설(지역난방공급시설은 제외) 및 방범설비 ⑤ 전기자동차에 전기를 충전하여 공급하는 시설 등
복리시설	주택단지의 입주자 등의 생활복리를 위한 다음의 공동시설 1. 어린이놀이터, 근린생활시설, 유치원, 주민운동시설 및 경로당 2. 그 밖에 대통령령으로 정하는 공동시설 ① 제1종 근린생활시설, 제2종 근린생활시설(총포판매소, 장의사, 다중생활시설, 단란주점 및 안마시술소는 제외) ② 종교시설, 교육연구시설, 노유자시설, 수련시설 ③ 판매시설 중 소매시장 및 상점, 업무시설 중 금융업소 ④ 지식산업센터, 사회복지관, 공동작업장, 주민공동시설 ⑤ 도시·군계획시설인 시장

③ 간선시설(幹線施設): 도로·상하수도·전기시설·가스시설·통신시설 및 지역난방시설 등 주택단지 안의 기간시설[1]을 그 주택단지 밖에 있는 같은 종류의 기간시설에 연결시키는 시설. 다만, 가스시설·통신시설 및 지역난방시설의 경우에는 주택단지 안의 기간시설을 포함한다.

(6) 공구

하나의 주택단지에서 다음의 기준에 따라 둘 이상으로 구분되는 일단의 구역으로, 착공신고 및 사용검사를 별도로 수행할 수 있는 구역

> 1. 다음에 해당하는 시설을 설치하거나 공간을 조성하여 **6m 이상의 너비로 공구간 경계를 설정할 것**: 주택단지 안의 도로, 지상에 설치되는 부설주차장, 옹벽 또는 축대 등
> 2. 공구별 세대수는 300세대 이상으로 할 것

⚡기출

01 주택에 딸린 건축설비, 방범설비, 자전거보관소는 ( )시설에 해당한다. 제34회

02 도로·상하수도·전기시설·가스시설·통신시설·지역난방시설은 ( )시설에 해당한다. 제35회

03 공구란 하나의 주택단지에서 둘 이상으로 구분되는 일단의 구역으로서 공구별 세대수는 ( )세대 이상이어야 한다. 제28회

[1] 기간시설
도로·상하수도·전기시설·가스시설·통신시설·지역난방시설 등

TIP
전체 세대수가 600세대 이상인 주택단지는 공구별로 분할하여 주택을 건설·공급할 수 있다.

기출정답
01 부대 02 기간 03 300

(7) 공공택지

다음에 해당하는 공공사업에 의하여 개발·조성되는 공동주택이 건설되는 용지

> 1. 국민주택건설사업 또는 대지조성사업(공공사업주체가 토지 등을 수용 또는 사용하는 경우)
> 2. 택지개발사업(주택건설 등 사업자가 활용하는 택지는 제외), 산업단지개발사업, 공공주택지구조성사업, 혁신도시개발사업, 행정중심복합도시건설사업
> 3. 도시개발사업[1](공공시행자가 수용 또는 사용의 방식으로 시행하는 사업만 해당)
> 4. 경제자유구역개발사업(수용 또는 사용의 방식으로 시행하는 사업만 해당)
> 5. 「공취법」에 따른 공익사업으로서 대통령령으로 정하는 사업

TIP
공공택지에서 사업주체가 일반인에게 공급하는 공동주택을 분양가상한제 적용주택이라 한다.

[1] 환지방식으로 시행하는 도시개발사업은 공공택지에 해당하지 않는다.

(8) 리모델링 등

① **리모델링**: 건축물의 노후화 억제 또는 기능 향상 등을 위한 다음에 해당하는 행위[2]를 말한다.

> 1. 대수선(大修繕)
> 2. 사용검사일 또는 「건축법」에 따른 사용승인일부터 15년(15년 이상 20년 미만의 연수 중 시·도의 조례로 정하는 경우에는 그 연수)이 지난 공동주택을 각 세대의 주거전용면적의 30% 이내(세대의 주거전용면적이 85m² 미만인 경우에는 40% 이내)에서 증축하는 행위. 이 경우 공동주택의 기능 향상 등을 위하여 공용부분에 대하여도 별도로 증축할 수 있음
> 3. 각 세대의 증축가능 면적을 합산한 면적의 범위에서 기존 세대수의 15% 이내에서 세대수를 증가하는 증축행위(이하 '세대수 증가형 리모델링'). 다만, 수직으로 증축하는 행위(이하 '수직증축형 리모델링')는 다음의 요건을 모두 충족하는 경우로 한정함
>   (1) 최대 3개 층 이하로서 다음의 범위에서 증축할 것
>   ① 기존 건축물의 층수가 15층 이상인 경우: 3개 층
>   ② 기존 건축물의 층수가 14층 이하인 경우: 2개 층
>   (2) 기존 건축물의 신축 당시 구조도를 보유하고 있을 것

② **리모델링 기본계획**: 세대수 증가형 리모델링으로 인한 도시과밀, 이주수요 집중 등을 체계적으로 관리하기 위하여 수립하는 계획을 말한다.

[2]
1. 「건축법」: 대수선, 증축 또는 개축
2. 「주택법」: 대수선 또는 증축

기출
01 「산업입지 및 개발에 관한 법률」에 따른 산업단지개발사업에 의하여 개발·조성되는 공동주택이 건설되는 용지는 (　　)에 해당한다. 제28회
02 리모델링이란 건축물의 노후화 억제 또는 기능 향상 등을 위한 (　　) 또는 (　　)하는 행위를 말한다. 제33회
03 수직증축형 리모델링의 대상이 되는 기존 건축물의 층수가 15층 이상인 경우 (　　)개 층, 14층 이하인 경우 (　　)개 층까지 증축할 수 있다. 제35회

기출정답
01 공공택지
02 대수선, 증축 03 3, 2

(9) 기타

임대주택	임대를 목적으로 하는 주택. 「공공주택 특별법」에 따른 공공임대주택과 「민간임대주택에 관한 특별법」에 따른 민간임대주택으로 구분
토지임대부 분양주택	토지의 소유권은 사업계획의 승인을 받아 토지임대부 분양주택 건설사업을 시행하는 자가 가지고, 건축물 및 복리시설(福利施設) 등에 대한 소유권은 주택을 분양받은 자가 가지는 주택
에너지절약형 친환경주택	저에너지 건물 조성기술 등 대통령령으로 정하는 기술을 이용하여 에너지 사용량을 절감하거나 이산화탄소 배출량을 저감할 수 있도록 건설된 주택
건강친화형 주택	건강하고 쾌적한 실내환경의 조성을 위하여 실내공기의 오염물질 등을 최소화할 수 있도록 대통령령으로 정하는 기준에 따라 건설된 주택
장수명 주택	구조적으로 오랫동안 유지·관리될 수 있는 내구성을 갖추고, 입주자의 필요에 따라 내부구조를 쉽게 변경할 수 있는 가변성과 수리 용이성 등이 우수한 주택

TIP

토지임대부 분양주택의 토지에 대한 임대차기간은 40년 이내로 한다. 다만, 주택소유자의 75% 이상이 계약갱신을 청구하는 경우 40년의 범위에서 갱신할 수 있다.

제2장 주택의 건설 등

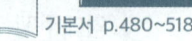 기본서 p.480~518

제1절 주택건설사업자

01 사업주체

사업주체란 주택건설 또는 대지조성 **사업계획의 승인**을 받아 그 사업을 시행하는 다음의 자를 말한다.

> 1. 국가·지방자치단체, 한국토지주택공사 또는 지방공사
> 2. 등록한 주택건설사업자 또는 대지조성사업자
> 3. 그 밖에 이 법[1]에 따라 주택건설사업 또는 대지조성사업을 시행하는 자

[1] 「주택법」 ⇨ 이하 이 편에서 '법'이라 한다.

02 등록사업자

(1) 주택건설사업 등의 등록

① **등록대상: 연간** 단독주택의 경우에는 **20호**, 공동주택의 경우에는 **20세대**[도시형 생활주택(도시형 생활주택과 주거전용면적이 85m²를 초과하는 주택 1세대를 함께 건축하는 경우 포함)은 30세대] **이상**의 주택건설사업을 시행하려는 자 또는 **연간 1만m² 이상**의 대지조성사업을 시행하려는 자는 **국토교통부장관**에게 등록해야 한다.[2] 다만, 다음의 사업주체의 경우에는 그러하지 않다.

> 1. 국가·지방자치단체, 한국토지주택공사 또는 지방공사
> 2. 「공익법인의 설립·운영에 관한 법률」에 따라 주택건설사업을 목적으로 설립된 공익법인
> 3. 주택조합(등록사업자와 공동으로 주택건설사업을 하는 주택조합만 해당)
> 4. 근로자를 고용하는 자(등록사업자와 공동으로 주택건설사업을 시행하는 고용자만 해당)

⚡기출

01 연간 단독주택의 경우에는 (   )호 이상의 주택건설사업을 시행하려는 자 또는 연간 (   )m² 이상의 대지조성사업을 시행하려는 자는 국토교통부장관에게 등록해야 한다. 제26회

02 지방자치단체, 지방공사 또는 등록사업자와 공동으로 주택건설사업을 하려는 (   )은 국토교통부장관에게 등록하지 않는다. 제36회

[2] **변경신고**
등록사업자는 등록사항에 변경이 있으면 변경사유가 발생한 날부터 30일 이내에 국토교통부장관에게 신고해야 한다.

기출정답
01 20, 1만   02 주택조합

② **등록기준**: 주택건설사업 또는 대지조성사업의 등록을 하려는 자는 다음의 요건을 갖추어야 한다.

1. 자본금 3억원(개인인 경우에는 자산평가액 6억원) 이상
2. **다음의 구분에 따른 기술인력**: 주택건설사업은 건축분야 기술인 1명 이상, 대지조성사업은 토목분야 기술인 1명 이상
3. **사무실 면적**: 사업의 수행에 필요한 사무장비를 갖출 수 있는 면적

(2) 결격사유

다음에 해당하는 자는 주택건설사업 등의 등록을 할 수 없다.

1. 미성년자·피성년후견인 또는 피한정후견인
2. 파산선고를 받은 자로서 복권되지 않은 자
3. 「부정수표 단속법」 또는 이 법을 위반하여 금고 이상의 실형을 선고받고 그 집행이 끝나거나 집행이 면제된 날부터 2년이 지나지 않은 자
4. 「부정수표 단속법」 또는 이 법을 위반하여 금고 이상의 형의 집행유예를 선고받고 그 유예기간 중에 있는 자
5. 등록이 말소(1. 및 2.에 해당하여 말소된 경우는 제외)된 후 2년이 지나지 않은 자
6. 임원 중에 1.부터 5.까지의 규정 중 어느 하나에 해당하는 자가 있는 법인

(3) 등록사업자의 시공

① **시공요건**: 등록사업자가 사업계획승인(「건축법」에 따른 공동주택건축허가 포함)을 받아 주택을 건설하는 경우로서 다음의 요건을 모두 갖춘 경우에는 그 등록사업자를 「건설산업기본법」에 따른 건설사업자로 보며 주택건설공사를 시공할 수 있다.

1. 자본금이 5억원(개인인 경우에는 자산평가액 10억원) 이상일 것
2. 건축분야 및 토목분야 기술인 3명 이상을 보유하고 있을 것
3. 최근 5년간의 주택건설 실적이 100호 또는 100세대 이상일 것

② **시공제한**: 등록사업자가 건설할 수 있는 주택은 주택으로 쓰는 층수가 5개 층 이하인 주택으로 한다. 다만, 다음의 어느 하나에 해당하는 등록사업자는 6개 층 이상인 주택을 건설할 수 있다.

1. 주택으로 쓰는 층수가 6개 층 이상인 아파트를 건설한 실적이 있는 자
2. 최근 3년간 300세대 이상의 공동주택을 건설한 실적이 있는 자

기출

01 거짓으로 주택건설사업을 등록하여 그 등록이 말소된 후 (　)이 지나지 않은 자는 주택건설사업의 등록을 할 수 없다. 제36회

02 주택건설공사를 시공할 수 있는 등록사업자가 최근 3년간 300세대 이상의 공동주택을 건설한 실적이 있는 경우에는 주택으로 쓰는 층수가 (　)개 층 이상인 주택을 건설할 수 있다. 제31회

TIP

사업계획승인을 받은 주택의 건설공사는 「건설산업기본법」에 따른 건설사업자로서 대통령령으로 정하는 자 또는 건설사업자로 간주하는 등록사업자가 아니면 이를 시공할 수 없다.

기출정답
01 2년 02 6

(4) 등록말소 등

① **사유**: 국토교통부장관은 등록사업자가 다음에 해당하면 그 등록을 말소하거나 1년 이내의 기간을 정하여 영업의 정지를 명할 수 있다. 다만, 1. 또는 5.에 해당하는 경우에는 그 등록을 말소해야 한다.

> 1. 거짓이나 그 밖의 부정한 방법으로 등록한 경우(필수적 말소사유)
> 2. 등록기준에 미달하게 된 경우
> 3. 고의 또는 과실로 공사를 잘못 시공하여 공중(公衆)에게 위해(危害)를 끼치거나 입주자에게 재산상 손해를 입힌 경우
> 4. 위 (2) 결격사유 중 1.부터 4.까지 또는 6. 중 어느 하나에 해당하게 된 경우
> 5. 등록증의 대여 등을 한 경우(필수적 말소사유)
> 6. 그 밖에 이 법 또는 이 법에 따른 명령이나 처분을 위반한 경우 등

② **사업수행**: 등록말소 또는 영업정지 처분을 받은 등록사업자는 그 처분 전에 사업계획승인을 받은 사업은 계속 수행할 수 있다. 다만, 사업을 계속 수행할 수 없는 중대하고 명백한 사유가 있을 경우에는 그러하지 않다.

03 공동사업주체

(1) 종류

① **토지소유자(임의적)**: 토지소유자가 주택을 건설하는 경우에는 등록사업자와 공동으로 사업을 시행할 수 있다. 이 경우 토지소유자와 등록사업자를 공동사업주체로 본다.

② **주택조합(임의적)**: 주택조합(세대수를 증가하지 않는 리모델링주택조합은 제외)이 그 구성원의 주택을 건설하는 경우에는 등록사업자(지방자치단체·한국토지주택공사 및 지방공사 포함)와 공동으로 사업을 시행할 수 있다.[1] 이 경우 주택조합과 등록사업자를 공동사업주체로 본다.

③ **고용자(의무적)**: 고용자가 그 근로자의 주택을 건설하는 경우에는 등록사업자와 공동으로 사업을 시행해야 한다. 이 경우 고용자와 등록사업자를 공동사업주체로 본다.

기출

01 국토교통부장관은 등록사업자가 타인에게 등록증을 대여한 경우에는 그 등록을 말소( ).
제34회

02 세대수를 증가하는 리모델링주택조합이 그 구성원의 주택을 건설하는 경우에는 국가와 공동으로 사업을 시행할 수 ( ).
제34회

03 고용자가 그 근로자의 주택을 건설하는 경우에는 대통령령으로 정하는 바에 따라 등록사업자와 공동으로 사업을 시행( ).
제34회

[1] 국가는 주택조합과 공동으로 사업을 시행할 수 있는 주체가 아니다.

기출정답
01 해야 한다 02 없다
03 해야 한다

(2) 공동사업주체의 사업시행

공동으로 주택을 건설하려는 토지소유자, 주택조합(세대수를 늘리지 않는 리모델링주택조합은 제외) 또는 고용자와 등록사업자(주택조합의 경우에는 지방자치단체·한국토지주택공사 및 지방공사를 포함)는 다음의 요건을 모두 갖추어 사업계획승인을 신청해야 한다.

> 1. 등록사업자가 주택건설공사 시공기준의 요건을 모두 갖춘 자이거나 「건설산업기본법」에 따른 건설업의 등록을 한 자일 것
> 2. 토지소유자, 주택조합 또는 고용자가 주택건설대지의 소유권을 확보하고 있을 것. 다만, 지역·직장주택조합이 등록사업자와 공동으로 사업을 시행하는 경우로서 지구단위계획의 결정이 필요한 사업인 경우에는 95% 이상의 소유권을 확보해야 한다.

TIP
공동사업주체간의 구체적인 업무·비용 및 책임의 분담 등은 당사자간의 협약에 따른다.

04 주택조합 〔빈출〕

(1) 의의

주택조합이란 많은 수의 구성원이 주택을 마련하거나 리모델링하기 위하여 결성하는 다음의 조합을 말한다.

지역주택조합	다음 구분에 따른 지역에 거주하는 주민이 주택을 마련하기 위하여 설립한 조합 1. 서울특별시·인천광역시 및 경기도 2. 대전광역시·충청남도 및 세종특별자치시 3. 충청북도 4. 광주광역시 및 전라남도 5. 전북특별자치도 6. 대구광역시 및 경상북도 7. 부산광역시·울산광역시 및 경상남도 8. 강원특별자치도 9. 제주특별자치도
직장주택조합	같은 직장의 근로자가 주택을 마련하기 위하여 설립한 조합
리모델링 주택조합[1]	공동주택의 소유자가 그 주택을 리모델링하기 위하여 설립한 조합

[1] 리모델링주택조합의 법인격에 관하여는 「도시 및 주거환경정비법」 제38조(조합의 법인격 등)를 준용한다.

(2) 주택조합의 설립 등

① **설립인가**: 주택조합을 설립하려는 경우(⑤에 따른 직장주택조합은 제외)에는 관할 특별자치시장, 특별자치도지사, 시장, 군수 또는 구청장(이하 '시장·군수·구청장')의 인가를 받아야 한다. 인가받은 내용을 변경하거나 해산하려는 경우에도 또한 같다.

TIP

조합설립인가 요건
1. **지역·직장주택조합**: 80% 이상 토지사용권 + 15% 이상 토지소유권 확보
2. **리모델링주택조합**: 전체 구분소유자 및 의결권 3분의 2 이상 결의

⚡기출

01 지역주택조합설립인가를 받으려는 자는 해당 주택건설대지의 (　　)% 이상에 해당하는 토지의 사용권원 및 해당 주택건설대지의 (　　)% 이상에 해당하는 토지의 소유권을 확보해야 한다. 　제28회

02 주택단지 전체를 리모델링하고자 주택조합을 설립하기 위해서는 주택단지 전체의 구분소유자와 의결권의 각 (　　) 이상의 결의가 필요하다. 　제33회

03 총회의 의결정족수에 해당하는 조합원의 동의를 받은 정산서는 (　　) 인가신청을 위하여 제출해야 하는 서류에 해당한다. 　제30회

기출정답
01 80, 15　02 3분의 2
03 해산

---

② **요건**: 주택을 마련하기 위하여 지역·직장주택조합의 설립인가를 받으려는 자는 다음의 요건을 모두 갖추어야 한다.

> 1. 해당 주택건설대지의 80% 이상에 해당하는 토지의 사용권원을 확보할 것
> 2. 해당 주택건설대지의 15% 이상에 해당하는 토지의 소유권을 확보할 것

③ **결의서 첨부**: 주택을 리모델링하기 위하여 리모델링주택조합을 설립하려는 경우에는 다음의 구분에 따른 구분소유자와 의결권의 결의를 증명하는 서류를 첨부해야 한다. 이 경우 리모델링주택조합 설립에 동의한 자로부터 건축물을 취득한 자는 동의한 것으로 본다.

> 1. **주택단지 전체를 리모델링하려는 경우**: 주택단지 전체의 구분소유자와 의결권의 각 3분의 2 이상의 결의 및 각 동의 구분소유자와 의결권의 각 과반수의 결의
> 2. **동을 리모델링하려는 경우**: 그 동의 구분소유자 및 의결권의 각 3분의 2 이상의 결의

④ **신청서의 제출**: 주택조합의 설립·변경 또는 해산의 인가를 받으려는 자는 신청서에 다음의 구분에 따른 서류를 첨부하여 주택건설대지(리모델링주택조합의 경우에는 해당 주택의 소재지를 말함)를 관할하는 시장·군수·구청장에게 제출해야 한다.

> 1. **설립인가신청**: 다음의 구분에 따른 서류
>   (1) **지역주택조합 또는 직장주택조합의 경우**
>   ① **공통서류**: 창립총회 회의록, 조합장선출동의서, 조합원 전원이 자필로 연명(連名)한 조합규약, 조합원 명부, 사업계획서
>   ② 해당 주택건설대지의 80% 이상에 해당하는 토지의 사용권원을 확보하였음을 증명하는 서류
>   ③ 해당 주택건설대지의 15% 이상에 해당하는 토지의 소유권을 확보했음을 증명하는 서류
>   (2) **리모델링주택조합의 경우**
>   ① (1) ①의 공통서류
>   ② 구분소유자와 의결권의 결의를 증명하는 서류
>   ③ 해당 주택이 사용검사일 또는 「건축법」에 따른 사용승인일부터 다음의 기간이 지났음을 증명하는 서류: 대수선은 10년, 증축은 15년
> 2. **해산인가신청**: 조합해산의 결의를 위한 총회의 의결정족수에 해당하는 조합원의 동의를 받은 정산서

⑤ **설립신고**: 국민주택을 공급받기 위하여 직장주택조합을 설립하려는 자는 관할 시장·군수·구청장에게 신고해야 한다. 신고한 내용을 변경하거나 해산하려는 경우에도 또한 같다.

> **TIP**
> **직장주택조합**
> 1. **설립인가**: 건설 + 공급
> 2. **설립신고**: 국민주택을 공급(무주택세대주)

(3) 조합원 모집신고 및 공개모집

① **조합원 모집신고**: 지역·직장주택조합의 설립인가를 받기 위하여 조합원을 모집하려는 자는 해당 주택건설대지의 50% 이상에 해당하는 토지의 사용권원을 확보하여 관할 시장·군수·구청장에게 신고하고, 공개모집의 방법으로 조합원을 모집해야 한다. 다만, 공개모집 이후 결원을 충원하거나 미달된 조합원을 재모집하는 경우에는 신고하지 않고 선착순의 방법으로 할 수 있다.

② **가입의제**: 조합원을 모집하려는 주택조합의 발기인은 조합원 모집신고를 하는 날 주택조합에 가입한 것으로 본다. 이 경우 주택조합의 발기인은 가입신청자와 동일한 권리와 의무가 있다.

③ **조합원 모집 광고**: 모집주체가 주택조합의 조합원을 모집하기 위하여 광고를 하는 경우에는 다음의 내용이 포함되어야 한다.[1]

> 1. '지역주택조합 또는 직장주택조합의 조합원 모집을 위한 광고'라는 문구
> 2. 조합원의 자격기준에 관한 내용
> 3. 주택건설대지의 사용권원 및 소유권을 확보한 비율
> 4. 그 밖에 **조합원 보호를 위하여 대통령령으로 정하는 내용**: 조합의 명칭 및 사무소의 소재지, 조합원 모집신고 수리일

> **TIP**
> **토지사용권 확보요건**
> 1. **조합원 모집신고**: 50% 이상 토지사용권 확보
> 2. **조합설립인가**: 80% 이상 토지사용권 + 15% 이상 토지소유권 확보

[1] 조합설립 인가일, 조합임원의 대표권 제한 내용은 포함되지 않는다.

(4) 조합원

① **구성요건**: 주택조합(리모델링주택조합은 제외)은 조합설립인가를 받는 날부터 사용검사를 받는 날까지 계속하여 다음의 요건을 모두 충족해야 한다.

> 1. 주택건설 예정 세대수(임대주택으로 건설·공급하는 세대수는 제외)의 50% 이상의 조합원으로 구성할 것. 다만, 사업계획승인 등의 과정에서 세대수가 변경된 경우에는 변경된 세대수를 기준으로 한다.
> 2. 조합원은 20명 이상일 것

② **자격**: 주택조합의 조합원이 될 수 있는 사람은 다음의 구분에 따른 사람으로 한다. 다만, 조합원의 사망으로 그 지위를 상속받는 자는 그러하지 아니하다.

⚡기출

01 국민주택을 공급받기 위하여 직장주택조합을 설립하려는 자는 관할 시장·군수·구청장에게 (   )해야 한다. 제27회

02 지역주택조합의 조합원을 모집하려는 자는 해당 주택건설대지의 (   )% 이상에 해당하는 토지의 사용권원을 확보하여 관할 시장·군수·구청장에게 (   )해야 한다. 제25회 수정

03 주택조합(리모델링주택조합은 제외)은 주택건설 예정 세대수의 (   )% 이상의 조합원으로 구성하되, 조합원은 (   )명 이상이어야 한다. 제28회

기출정답
01 신고   02 50, 신고
03 50, 20

TIP **일시적 자격상실** 조합원이 근무·질병치료·유학·결혼 등 부득이한 사유로 세대주 자격을 일시적으로 상실한 경우로서 시장·군수·구청장이 인정하는 경우에는 조합원 자격이 있는 것으로 본다.	

지역 주택조합	다음의 요건을 모두 갖춘 사람 1. 조합설립인가 신청일(투기과열지구는 조합설립인가 신청일 1년 전의 날을 말함)부터 해당 조합주택의 입주가능일까지 다음에 해당할 것 ① 세대원 전원이 주택을 소유하고 있지 않은 세대의 세대주일 것 ② 세대원 중 1명에 한정하여 주거전용면적 85m² 이하의 주택 1채를 소유한 세대의 세대주일 것 2. 조합설립인가 신청일 현재 그 지역에 6개월 이상 계속하여 거주하여 온 사람일 것 3. 본인 또는 배우자가 같은 또는 다른 지역주택조합이나 직장주택조합의 조합원이 아닐 것
직장 주택조합	다음의 요건을 모두 갖춘 사람 1. 지역주택조합의 1. 및 3.에 해당하는 사람일 것. 다만, 국민주택을 공급받기 위한 직장주택조합의 경우에는 세대원 전원이 주택을 소유하고 있지 않은 세대의 세대주로 한정함 2. 조합설립인가 신청일 현재 동일한 특별시·광역시·특별자치시·특별자치도·시 또는 군에 소재하는 동일한 국가기관·지방자치단체·법인에 근무하는 사람일 것
리모델링 주택조합	다음에 해당하는 사람. 이 경우 소유권이 여러 명의 공유(共有)에 속할 때에는 대표하는 1명을 조합원으로 봄 1. 사업계획승인을 받아 건설한 공동주택의 소유자 2. 복리시설을 함께 리모델링하는 경우에는 해당 복리시설의 소유자 3. 「건축법」에 따른 건축허가를 받아 분양을 목적으로 건설한 공동주택의 소유자

③ **탈퇴 등**: 조합원은 조합규약으로 정하는 바에 따라 조합에 탈퇴 의사를 알리고 탈퇴할 수 있다. 이 경우 탈퇴한 조합원(제명된 조합원을 포함)은 조합규약으로 정하는 바에 따라 부담한 비용의 환급을 청구할 수 있다.

(5) 지역·직장주택조합 조합원의 교체·신규가입 등

① **교체·신규가입의 제한**: 지역주택조합 또는 직장주택조합은 설립인가를 받은 후에는 해당 조합원을 교체하거나 신규로 가입하게 할 수 없다. 다만, 다음에 해당하는 경우에는 예외로 한다.

> 1. 조합원 수가 주택건설 예정 세대수를 초과하지 않는 범위에서 시장·군수·구청장으로부터 조합원 추가모집의 승인을 받은 경우
> 2. **다음에 해당하는 사유로 결원이 발생한 범위에서 충원하는 경우**
>   ① 조합원의 사망
>   ② 조합원이 무자격자로 판명되어 자격을 상실하는 경우

③ 조합원의 탈퇴 등으로 조합원 수가 주택건설 예정 세대수의 50% 미만이 되는 경우
④ 사업계획승인 등의 과정에서 주택건설 예정 세대수가 변경되어 조합원 수가 변경된 세대수의 50% 미만이 되는 경우
⑤ 사업계획승인 이후에 입주자로 선정된 지위가 양도·증여 또는 판결 등으로 변경된 경우. 다만, 투기과열지구에서 전매가 금지되는 경우는 제외한다.

② **자격요건의 기준일**: 조합원으로 추가모집되거나 충원되는 자가 조합원 자격요건을 갖추었는지를 판단할 때에는 해당 **조합설립인가 신청일을 기준**으로 한다.

③ **변경인가신청 등**: 조합원 추가모집의 승인과 조합원 추가모집에 따른 주택조합의 변경인가 신청은 **사업계획승인 신청일까지** 해야 한다.

(6) 총회

① **필수적 의결사항**: 다음의 사항은 반드시 총회의 의결을 거쳐야 한다.

1. 조합규약의 변경
2. 자금의 차입과 그 방법·이자율 및 상환방법
3. 예산으로 정한 사항 외에 조합원에게 부담이 될 계약의 체결
4. 업무대행자의 선정·변경[1] 및 업무대행계약의 체결
5. 시공자의 선정·변경 및 공사계약의 체결
6. 조합임원의 선임 및 해임
7. 사업비의 조합원별 분담 명세
8. 조합해산의 결의 및 해산시의 회계 보고

② **출석요건**: 총회 의결을 하는 경우에는 조합원의 100분의 10 이상이 직접 출석해야 한다. 다만, 창립총회 또는 ①에 따른 필수적 의결사항을 의결하는 경우에는 조합원의 100분의 20 이상이 직접 출석해야 한다.

(7) 조합임원의 결격사유 등

① **결격사유**: 다음에 해당하는 사람은 주택조합의 발기인 또는 임원이 될 수 없다.

1. 미성년자·피성년후견인 또는 피한정후견인
2. 파산선고를 받은 사람으로서 복권되지 않은 사람

⚡ 기출

01 지역주택조합이 설립인가를 받은 후 조합원의 탈퇴 등으로 조합원 수가 주택건설 예정 세대수의 ( )% 미만이 되는 경우 결원이 발생한 범위에서 충원할 수 있다. 제31회

02 조합원으로 추가모집되거나 충원되는 자가 조합원 자격요건을 갖추었는지를 판단할 때에는 해당 ( ) 신청일을 기준으로 한다. 제28회

03 조합임원의 선임을 의결하는 총회의 경우에는 조합원의 100분의 ( ) 이상이 직접 출석해야 한다. 제29회

[1] 주택조합업무의 대행
주택조합(리모델링주택조합은 제외) 및 주택조합의 발기인은 조합원 모집 등 주택조합의 업무를 공동사업주체인 등록사업자 또는 중개업자, 정비사업전문관리업자 및 신탁업자로서 대통령령으로 정하는 자본금(법인은 5억원, 개인은 10억원 이상)을 보유한 자 외의 자에게 대행하게 할 수 없다.

기출정답
01 50 02 조합설립인가
03 20

⚡ **기출**

01 조합의 임원이 금고 이상의 실형을 받아 당연퇴직한 경우 퇴직된 임원이 퇴직 전에 관여한 행위는 그 효력을 상실하지 (   ). 제29회

02 지역주택조합은 설립인가를 받은 날부터 (   ) 이내에 사업계획승인을 신청해야 한다. 제29회

3. 금고 이상의 실형을 선고받고 그 집행이 종료되거나 집행이 면제된 날부터 2년이 지나지 않은 사람
4. 금고 이상의 형의 집행유예 또는 선고유예를 받고 그 유예기간 중에 있는 사람
5. 법원의 판결 또는 다른 법률에 따라 자격이 상실 또는 정지된 사람
6. 해당 주택조합의 공동사업주체인 등록사업자 또는 업무대행사의 임직원

② **지위상실 및 당연퇴직**: 주택조합의 발기인이나 임원이 다음에 해당하는 경우 해당 발기인은 그 지위를 상실하고 해당 임원은 당연히 퇴직한다.

1. 주택조합의 발기인이 자격기준을 갖추지 않게 되거나 주택조합의 임원이 조합원 자격을 갖추지 않게 되는 경우
2. 주택조합의 발기인 또는 임원이 ①의 결격사유에 해당하게 되는 경우

③ **효력 유지**: 지위가 상실된 발기인 또는 퇴직된 임원이 지위상실이나 퇴직 전에 관여한 행위는 그 효력을 상실하지 않는다.

④ **겸직금지**: 주택조합의 임원은 다른 주택조합의 임원, 직원 또는 발기인을 겸할 수 없다.

(8) 주택조합의 사업시행

① **사업계획승인신청**: 주택조합은 설립인가를 받은 날부터 2년 이내에 사업계획승인(사업계획승인대상이 아닌 리모델링인 경우에는 허가)을 신청해야 한다.

② **등록사업자의 책임**: 주택조합과 등록사업자가 공동으로 사업을 시행하면서 시공할 경우 등록사업자는 시공자로서의 책임뿐만 아니라 자신의 귀책사유로 사업 추진이 불가능하게 되거나 지연됨으로 인하여 조합원에게 입힌 손해를 배상할 책임이 있다.

③ **우선 공급**: 주택조합(리모델링주택조합은 제외)은 그 구성원을 위하여 건설하는 주택을 그 조합원에게 우선 공급할 수 있으며, 설립신고한 직장주택조합에 대하여는 사업주체가 국민주택을 그 직장주택조합원에게 우선 공급할 수 있다.

(9) 주택조합의 해산 등

① **사업종결 여부의 결정**: 주택조합의 발기인은 조합원 모집신고가 수리된 날부터 2년이 되는 날까지 조합설립인가를 받지 못하는 경우 주택조합 가입신청자 전원으로 구성되는 총회의결을 거쳐 사업의 종결 여부를 결정하도록 해야 한다.❶

TIP

주택건설대지의 제한

주택조합은 등록사업자가 소유하는 공공택지를 주택건설대지로 사용해서는 안 된다. 다만, 경매 또는 공매를 통하여 취득한 공공택지는 예외로 한다.

❶ 사업종결 여부를 결정하기 위해 개최하는 총회는 다음의 요건을 모두 충족해야 한다.
1. 주택조합 가입 신청자의 '100분의 20 이상'이 직접 출석할 것
2. 주택조합 가입 신청자의 '3분의 2 이상'의 찬성으로 의결할 것

기출정답

01 않는다 02 2년

② **해산 여부의 결정**: 주택조합은 조합설립인가를 받은 날부터 **3년**이 되는 날까지 사업계획승인을 받지 못하는 경우 총회의 의결을 거쳐 해산 여부를 결정해야 한다.

③ **사전 통지**: ① 또는 ②에 따라 총회를 소집하려는 주택조합의 발기인 또는 임원은 총회가 개최되기 **7일 전까지** 회의 목적, 안건, 일시 및 장소를 정하여 주택조합 가입 신청자 또는 조합원에게 통지해야 한다.

> **암기 PLUS | 주택조합의 해산 등**
>
>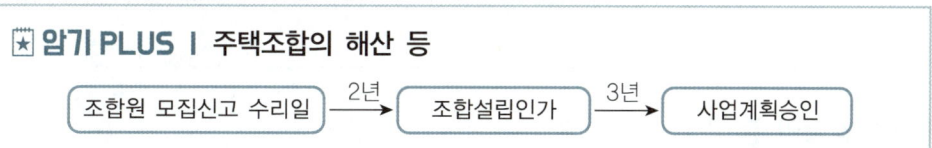

제2절 사업계획의 승인 등 (빈출)

01 사업계획의 승인

(1) 사업계획승인대상

① **원칙**: 다음의 구분에 따른 호수 및 세대 이상의 주택건설사업을 시행하려는 자 또는 **1만㎡ 이상**의 대지조성사업을 시행하려는 자는 사업계획승인을 받아야 한다.

> 1. **단독주택**: **30호**. 다만, 다음에 해당하는 단독주택인 경우에는 **50호**로 한다.
>   ① 공공사업으로 개발·조성된 용지를 개별 필지로 구분하지 않고 일단(一團)의 토지로 공급받아 해당 토지에 건설하는 단독주택
>   ② 「건축법 시행령」에 따른 **한옥**
> 2. **공동주택**: **30세대**(리모델링의 경우에는 증가하는 세대수를 기준). 다만, 다음에 해당하는 공동주택을 건설하는 경우에는 **50세대**로 한다.
>   (1) 다음의 요건을 모두 갖춘 **단지형 연립주택 또는 단지형 다세대주택**
>   ① 세대별 주거전용면적이 30㎡ 이상일 것
>   ② 해당 주택단지 진입도로의 폭이 6m 이상일 것
>   (2) 「도시 및 주거환경정비법」에 따른 주거환경개선사업(자율주택정비방법으로 시행하는 경우만 해당)을 시행하기 위한 정비구역에서 건설하는 공동주택

TIP

건축허가와 사업계획승인
1. **건축허가**: 단독주택 29호, 공동주택 29세대 이하 건축
2. **사업계획승인**: 단독주택 30호, 공동주택 30세대 이상 건설

TIP

등록대상과 사업계획승인 대상
1. **등록사업자**: 연간 20호·연간 20세대 이상, 연간 1만㎡ 이상
2. **사업계획승인**: 30호·30세대 이상, 1만㎡ 이상

② **예외**: 다음의 경우에는 사업계획승인대상에서 제외한다.

> 1. 다음의 요건을 모두 갖춘 사업의 경우❶
>   ① 준주거지역 또는 상업지역(유통상업지역은 제외)에서 300세대 미만의 주택과 주택 외의 시설을 동일 건축물로 건축하는 경우일 것
>   ② 해당 건축물의 연면적에서 주택의 연면적이 차지하는 비율이 90% 미만일 것
> 2. 「농어촌정비법」에 따른 생활환경정비사업 중 농업협동조합중앙회가 조달하는 자금으로 시행하는 사업인 경우

❶ **주상복합건축물의 특례: 건축허가**
1. 300세대 미만
2. 주택연면적이 90% 미만
3. 준주거·상업지역(유통 ×)

(2) 변경승인 등

① **변경승인**: 승인받은 사업계획을 변경하려는 경우에도 변경승인을 받아야 한다. 다만, 국토교통부령으로 정하는 경미한 사항을 변경하는 경우(1.부터 3.은 공공사업주체로 한정)에는 그러하지 않다.❷

❷ **동의서 첨부**
주택도시기금을 지원받은 사업주체가 사업주체를 변경하기 위하여 사업계획의 변경승인을 신청하는 경우에는 기금수탁자로부터 사업주체 변경에 관한 동의서를 받아 첨부해야 한다.

> 1. 총사업비의 20%의 범위에서의 사업비 증감. 다만, 국민주택을 건설하는 경우로서 지원받는 주택도시기금이 증가되는 경우는 제외한다.
> 2. 대지면적의 20%의 범위에서의 면적 증감. 다만, 지구경계의 변경을 수반하거나 토지 또는 토지에 정착된 물건 및 그 토지나 물건에 관한 소유권 외의 권리를 수용할 필요를 발생시키는 경우는 제외한다.
> 3. 건축물의 설계와 용도별 위치를 변경하지 않는 범위에서의 건축물의 배치조정 및 주택단지 내 도로의 선형변경
> 4. 건축물이 아닌 부대시설 및 복리시설의 설치기준 이상으로의 변경으로서 위치변경(건축설비의 위치변경은 제외)이 발생하지 않는 변경일 것
> 5. 사업계획승인의 조건으로 부과된 사항을 이행함에 따라 발생되는 변경. 다만, 공공시설 설치계획의 변경이 필요한 경우는 제외한다. ⋯ (이하 7.까지 생략)

② **통보**: 사업주체는 입주자 모집공고를 한 후 사업계획변경승인을 받은 경우에는 14일 이내에 문서로 입주예정자에게 그 내용을 통보해야 한다.

(3) 사업계획승인권자

사업계획승인을 받으려는 자는 사업계획승인신청서에 주택과 부대시설·복리시설의 배치도, 대지조성공사 설계도서 및 조성한 대지의 공급계획서 등의 서류를 첨부하여 다음의 사업계획승인권자에게 제출해야 한다.

1. 주택건설사업 또는 대지조성사업으로서 해당 대지면적이 10만m² 이상인 경우: 시·도지사 또는 대도시의 시장
2. 주택건설사업 또는 대지조성사업으로서 해당 대지면적이 10만m² 미만인 경우: 특별시장·광역시장·특별자치시장·특별자치도지사 또는 시장·군수[1]
3. 다음에 해당하는 경우: 국토교통부장관
   ① 국가 및 한국토지주택공사가 시행하는 경우
   ② 330만m² 이상의 규모로 택지개발사업 또는 도시개발사업을 추진하는 지역 중 국토교통부장관이 지정·고시하는 지역에서 주택건설사업을 시행하는 경우
   ③ 수도권 또는 광역시 지역의 긴급한 주택난 해소가 필요하거나 지역균형개발 또는 광역적 차원의 조정이 필요하여 국토교통부장관이 지정·고시하는 지역에서 주택건설사업을 시행하는 경우
   ④ 국가·지방자치단체, 한국토지주택공사 및 지방공사에 해당하는 자가 단독 또는 공동으로 총지분의 50%를 초과하여 출자한 위탁관리 부동산투자회사가 공공주택건설사업을 시행하는 경우

[1] 구청장은 사업계획승인권자가 되지 않는다.

⚡기출

01 한국토지주택공사가 서울특별시 A구에서 대지면적 10만m²에 50호의 한옥 건설사업을 시행하려는 경우 (　　)으로부터 사업계획승인을 받아야 한다. 제26회

02 주택건설사업을 시행하려는 자는 전체 세대수가 (　　)세대 이상인 주택단지를 공구별로 분할하여 주택을 건설·공급할 수 있다. 제35회

03 등록사업자는 동일한 규모의 주택을 대량으로 건설하려는 경우에는 (　　)에게 주택의 형별(型別)로 표본설계도서를 작성·제출하여 승인을 받을 수 있다. 제31회

(4) 공구별 분할시행 등

① **공구별 분할시행**: 주택건설사업을 시행하려는 자는 전체 세대수가 600세대 이상인 주택단지를 공구별로 분할하여 주택을 건설·공급할 수 있다.

② **기부채납**: 사업계획승인권자는 사업계획을 승인할 때 사업주체가 제출하는 사업계획에 해당 주택건설사업 또는 대지조성사업과 직접적으로 관련이 없거나 과도한 기반시설의 기부채납(寄附採納)을 요구해서는 안 된다.

(5) 승인절차 등

① **승인 여부의 통보**: 사업계획승인권자는 사업계획승인의 신청을 받았을 때에는 정당한 사유가 없으면 60일 이내에 사업주체에게 승인 여부를 통보해야 한다.

② **표본설계도서의 승인**: 한국토지주택공사, 지방공사 또는 등록사업자는 동일한 규모의 주택을 대량으로 건설하려는 경우에는 국토교통부장관에게 주택의 형별(型別)로 표본설계도서를 작성·제출하여 승인을 받을 수 있다.

(6) 임대주택의 건설 등

① **용적률의 완화**: 사업주체(리모델링을 시행하는 자는 제외)가 다음의 사항을 포함한 사업계획승인신청서를 제출하는 경우 사업계획승인권자는「국토법」에 따른 용도지역별 용적률 범위에서 용적률을 완화하여 적용할 수 있다.

기출정답

01 국토교통부장관
02 600
03 국토교통부장관

1. 사업계획승인대상 호수 이상의 주택과 주택 외의 시설을 동일 건축물로 건축하는 계획
2. 임대주택의 건설·공급에 관한 사항

② **임대주택의 공급 및 인수**: 용적률을 완화하여 적용하는 경우 사업주체는 완화된 용적률의 30% 이상 60% 이하의 범위에서 시·도의 조례로 정하는 비율 이상에 해당하는 면적을 임대주택으로 공급해야 한다. 이 경우 사업주체는 임대주택을 국토교통부장관, 시·도지사, 한국토지주택공사 또는 지방공사에 공급해야 하며 시·도지사가 우선 인수할 수 있다.

02 사업계획의 이행 및 취소 등

(1) 착공기간 등

① **착공기간**: 사업주체는 승인받은 사업계획대로 사업을 시행해야 하고, 다음의 구분에 따라 공사를 시작해야 한다.

1. **사업계획승인을 받은 경우**: 승인받은 날부터 5년 이내
2. **공구별 분할시행에 따른 사업계획승인을 받은 경우**
   ① **최초로 공사를 진행하는 공구**: 승인받은 날부터 5년 이내
   ② **이외의 공구**: 해당 주택단지에 대한 최초 착공신고일부터 2년 이내

② **연장**: 사업계획승인권자는 다음의 정당한 사유가 있다고 인정하는 경우에는 사업주체의 신청을 받아 그 사유가 없어진 날부터 1년의 범위에서 공사의 착수기간을 연장할 수 있다.

1. 「매장유산 보호 및 조사에 관한 법률」에 따라 국가유산청장의 매장유산 발굴허가를 받은 경우
2. 해당 사업시행지에 대한 소유권 분쟁(소송절차가 진행 중인 경우만 해당)으로 인하여 공사착수가 지연되는 경우
3. 사업계획승인의 조건으로 부과된 사항을 이행함에 따라 공사착수가 지연되는 경우
4. 천재지변 또는 사업주체에게 책임이 없는 불가항력적인 사유로 인하여 공사착수가 지연되는 경우
5. 공공택지의 개발·조성을 위한 계획에 포함된 기반시설의 설치지연으로 공사착수가 지연되는 경우 등

TIP
국민주택규모 건설비율
국토교통부장관은 적정한 주택수급을 위하여 필요하다고 인정하는 경우에는 사업주체가 건설하는 주택의 75%(주택조합이나 고용자가 건설하는 주택은 100%) 이하의 범위에서 일정 비율 이상을 국민주택규모로 건설하게 할 수 있다.

TIP
착공기간(1년 연장 가능)
1. **건축허가**: 2년 이내에 착수 × ⇨ 필수적 취소
2. **사업계획승인**: 5년 이내에 착수 × ⇨ 임의적 취소

⚡ **기출**
01 사업주체는 사업계획승인을 받은 날부터 ( ) 이내에 공사를 착수해야 한다. 제32회
02 사업계획승인의 조건으로 부과된 사항을 이행함에 따라 공사착수가 지연되는 경우, 사업계획승인권자는 그 사유가 없어진 날부터 ( )의 범위에서 공사의 착수기간을 연장할 수 있다. 제28회

기출정답
01 5년 02 1년

③ **착공신고**: 사업주체가 공사를 시작하려는 경우에는 사업계획승인권자에게 신고해야 하며, 사업계획승인권자는 20일 이내에 신고수리 여부를 통지해야 한다.

(2) 사업계획승인의 취소(임의적)

사업계획승인권자는 다음에 해당하는 경우 그 사업계획의 승인을 취소(2. 또는 3.에 해당하는 경우 「주택도시기금법」에 따라 주택분양보증이 된 사업은 제외)할 수 있다.

> 1. 사업주체가 (1) ①을 위반하여 공사를 시작하지 않은 경우(공구별 분할시행의 경우 최초로 공사를 진행하는 공구 외의 공구는 제외)
> 2. 사업주체가 경매·공매 등으로 인하여 **대지소유권을 상실한 경우**
> 3. 사업주체의 부도·파산 등으로 공사의 완료가 불가능한 경우

03 대지의 소유권 확보 및 매도청구

(1) 대지의 소유권 확보 등

주택건설사업계획의 승인을 받으려는 자는 해당 주택건설대지의 소유권을 확보해야 한다. 다만, 다음에 해당하는 경우에는 그러하지 않다.

> 1. 사업주체가 주택건설대지의 소유권을 확보하지 못하였으나 그 대지를 사용할 수 있는 권원을 확보한 경우
> 2. 국가·지방자치단체·한국토지주택공사 또는 지방공사가 주택건설사업을 하는 경우
> 3. 「국토법」에 따른 지구단위계획의 결정이 필요한 주택건설사업의 해당 대지면적의 80% 이상을 사용할 수 있는 권원(權原)[등록사업자와 공동으로 사업을 시행하는 주택조합(리모델링주택조합은 제외)의 경우에는 95% 이상의 소유권을 말함]을 확보하고, 확보하지 못한 대지가 매도청구 대상이 되는 대지에 해당하는 경우
> 4. 리모델링 결의를 한 리모델링주택조합이 매도청구를 하는 경우

(2) 매도청구 등

① **(1) 1.**에 따라 사업계획승인을 받은 사업주체는 다음에 따라 해당 주택건설대지 중 사용할 수 있는 권원을 확보하지 못한 대지(건축물 포함)의 소유자에게 그 대지를 시가(市價)로 매도할 것을 청구할 수 있다. 이 경우 매도청구 대상이 되는 대지의 소유자와 매도청구를 하기 전에 3개월 이상 협의를 해야 한다.

⚡**기출**

01 사업계획승인권자는 사업주체가 경매·공매 등으로 인하여 대지소유권을 상실한 경우 그 사업계획의 승인을 취소 (   ). 제29회

02 사업주체가 주택건설대지를 (   )할 수 있는 권원을 확보한 경우에는 그 대지의 소유권을 확보하지 못한 경우에도 사업계획의 승인을 받을 수 있다. 제29회

03 주택건설사업계획의 승인을 받으려는 한국토지주택공사는 해당 주택건설대지의 (   )을 확보하지 않아도 된다. 제35회

04 사업계획승인을 받은 사업주체는 해당 주택건설대지 중 사용할 수 있는 권원을 확보하지 못한 대지(건축물을 포함한다)의 소유자에게 그 대지를 (   )로 매도할 것을 청구할 수 있다. 이 경우 매도청구 대상이 되는 대지의 소유자와 매도청구를 하기 전에 (   ) 이상 협의를 해야 한다. 제26회

기출정답
01 할 수 있다 02 사용
03 소유권 04 시가, 3개월

> ⚡ **기출**
> 01 사업주체가 주택건설대지면적의 ( )% 이상의 사용권원을 확보한 경우 사용권원을 확보하지 못한 대지의 모든 소유자에게 매도청구를 할 수 있다. 제26회

1. **주택건설대지면적의 95% 이상의 사용권원을 확보한 경우**: 사용권원을 확보하지 못한 대지의 모든 소유자에게 매도청구 가능
2. **이외의 경우**: 사용권원을 확보하지 못한 대지의 소유자 중 지구단위계획구역 결정고시일 10년 이전에 해당 대지의 소유권을 취득하여 계속 보유하고 있는 자를 제외한 소유자에게 매도청구 가능

② 리모델링의 허가를 신청하기 위한 동의율(75%)을 확보한 경우 리모델링주택조합은 그 리모델링 결의에 찬성하지 않는 자의 주택 및 토지에 대하여 매도청구를 할 수 있다.

★ 암기 PLUS | 매도청구 비교

구분	「도시 및 주거환경정비법」	「건축법」		「주택법」	
청구 권자	재건축사업의 시행자	건축허가 (공유자·지분합계 80% 이상 동의)를 받은 건축주	사업계획승인 (80% 이상 대지사용권 확보)을 받은 사업주체	리모델링 주택조합 (리모델링허가 신청을 위한 동의율 확보)	
청구 상대방	조합설립에 동의하지 않은 자	동의하지 않은 공유자	사용권을 확보하지 못한 대지소유자	리모델링 결의에 찬성하지 않는 자	
가격	–	시가(市價)	시가(市價)	–	
절차	회답촉구 ⇨ 매도청구	3개월 이상 사전협의	3개월 이상 사전협의	「집합건물법」 준용	

제3절 주택의 건설

> **TIP**
> 공공사업주체가 토지 등을 수용 또는 사용하는 국민주택건설사업으로 개발·조성되는 공동주택이 건설되는 용지는 공공택지에 해당한다.

01 사업시행을 위한 조치

(1) 토지 등의 수용 또는 사용

① **인정**: 국가·지방자치단체·한국토지주택공사 및 지방공사인 사업주체가 국민주택을 건설하거나 국민주택을 건설하기 위한 대지를 조성하는 경우에는 토지나 토지에 정착한 물건 및 소유권 외의 권리(이하 '토지 등')를 수용하거나 사용할 수 있다.

기출정답
01 95

② **절차**: 토지 등을 수용하거나 사용하는 경우 이 법에 규정된 것 외에는 「공취법」을 준용한다. 이 경우 「공취법」에 따른 사업인정을 '사업계획승인'으로 본다. 다만, 재결신청은 「공취법」에도 불구하고 사업계획승인을 받은 주택건설사업 기간 이내에 할 수 있다.

(2) 국·공유지 등의 우선 매각 및 임대

국가 또는 지방자치단체는 그가 소유하는 토지를 다음의 자에게 우선적으로 매각하거나 임대할 수 있다.[1]

1. 국민주택규모의 주택을 50% 이상으로 건설하는 주택의 건설
2. 주택조합이 건설하는 주택(이하 '조합주택')의 건설
3. 1. 또는 2.의 주택을 건설하기 위한 대지의 조성

(3) 환지(換地)방식에 의한 도시개발사업으로 조성된 대지의 활용

① **체비지[2]의 우선 매각**: 사업주체가 국민주택용지로 사용하기 위하여 체비지(替費地)의 매각을 요구한 경우 도시개발사업의 시행자는 체비지의 총면적의 50%의 범위에서 이를 우선적으로 사업주체에게 매각할 수 있다.
② **양도가격**: 체비지의 양도가격은 **감정가격**을 기준으로 한다. 다만, 임대주택을 건설하는 경우 등에는 조성원가를 기준으로 할 수 있다.
③ **매각방법**: 도시개발사업의 시행자는 체비지를 사업주체에게 국민주택용지로 매각하는 경우에는 **경쟁입찰**로 해야 한다. 다만, 매각을 요구하는 사업주체가 하나일 때에는 수의계약으로 매각할 수 있다.

(4) 간선시설의 설치

① **설치의무자**: 사업주체가 단독주택은 100호, 공동주택은 100세대(리모델링의 경우에는 늘어나는 세대수 기준) 이상의 주택건설사업을 시행하는 경우 또는 16,500m² 이상의 대지조성사업을 시행하는 경우 다음에 해당하는 자는 각각 해당 간선시설을 설치해야 한다.[3]

1. 지방자치단체: 도로 및 상하수도시설
2. 해당 지역에 전기·통신·가스 또는 난방을 공급하는 자: 전기시설·통신시설·가스시설 또는 지역난방시설
3. 국가: 우체통

② **설치기한**: 간선시설은 특별한 사유가 없으면 **사용검사일까지** 설치를 완료해야 한다.

---

[1] 국가 또는 지방자치단체는 국·공유지를 매수하거나 임차한 자가 2년 이내에 국민주택규모의 주택 또는 조합주택을 건설하지 않거나 그 주택을 건설하기 위한 대지조성사업을 시행하지 않은 경우에는 환매(還買)하거나 임대계약을 취소할 수 있다.

[2] 체비지란 보류지 중 도시개발사업의 경비에 충당하는 토지를 말한다.

TIP

간선시설(幹線施設)
도로·상하수도·전기시설·가스시설·통신시설 및 지역난방시설 등 주택단지 안의 기간시설을 그 주택단지 밖에 있는 같은 종류의 기간시설에 연결시키는 시설을 말한다. 다만, 가스시설·통신시설 및 지역난방시설의 경우에는 주택단지 안의 기간시설을 포함한다.

[3] 통지
사업계획승인권자는 간선시설의 설치대상인 주택건설 또는 대지조성에 관한 사업계획을 승인했을 때에는 지체 없이 간선시설 설치의무자에게 통지해야 한다.

③ **설치비용**: 간선시설의 설치비용은 설치의무자가 부담한다. 이 경우 도로 및 상하수도시설의 설치비용은 그 비용의 50%의 범위에서 국가가 보조할 수 있다.

④ **비용상환**: 간선시설 설치의무자가 사용검사일까지 간선시설의 설치를 완료하지 못할 특별한 사유가 있는 경우에는 사업주체가 그 간선시설을 자기부담으로 설치하고 간선시설 설치의무자에게 그 비용의 상환을 요구할 수 있다.

(5) 기타

① **업무의 위탁**: 국가 또는 한국토지주택공사인 사업주체는 주택건설 또는 대지조성사업을 위한 토지매수와 손실보상 업무를 관할 지방자치단체의 장에게 위탁할 수 있다.❶

② **서류의 열람**: 국민주택을 건설·공급하는 사업주체는 주택건설 또는 대지조성사업을 시행할 때 필요한 경우에는 등기소나 그 밖의 관계 행정기관의 장에게 필요한 서류의 열람·등사나 그 등본 또는 초본의 발급을 무료로 청구할 수 있다.

❶ 이 경우 사업주체는 그 토지매수 금액과 손실보상 금액의 100분의 2의 범위에서 대통령령으로 정하는 요율의 위탁수수료를 해당 지방자치단체에 지급해야 한다.

02 주택의 감리 및 사용검사 등

(1) 주택의 감리자 지정

① **감리자의 지정**: 사업계획승인권자는 주택건설사업계획을 승인했을 때와 시장·군수·구청장이 리모델링의 허가를 했을 때에는 다음의 구분에 따라 해당 주택건설공사를 감리할 자를 지정해야 한다. 다만, 공공사업주체와 「건축법」에 따라 공사감리를 하는 도시형 생활주택은 그러하지 않다.

> 1. **300세대 미만의 주택건설공사**: 다음에 해당하는 자(시공자의 계열회사는 제외)
>   ① 「건축사법」에 따라 건축사사무소개설신고를 한 자
>   ② 「건설기술 진흥법」에 따라 등록한 건설엔지니어링사업자
> 2. **300세대 이상의 주택건설공사**: 「건설기술 진흥법」에 따라 등록한 건설엔지니어링사업자

TIP
감리자의 지정
1. 「도시개발법」: 지정권자 - 실시계획인가를 한 때
2. 「건축법」: 건축주 - 건축허가대상인 건축물, 리모델링하는 건축물
3. 「주택법」: 사업계획승인권자 - 주택건설사업계획승인을 한 때

② **감리업무**: 감리자는 자기에게 소속된 자를 대통령령으로 정하는 바에 따라 감리원으로 배치하고, 다음의 업무를 수행해야 한다.

> 1. 시공자가 설계도서에 맞게 시공하는지 여부의 확인
> 2. 시공자가 사용하는 건축자재가 관계 법령에 따른 기준에 맞는지 여부의 확인
> 3. 주택건설공사에 대하여 품질시험을 하였는지 여부의 확인
> 4. 시공자가 사용하는 마감자재 및 제품이 사업주체가 시장·군수·구청장에게 제출한 마감자재 목록표 및 영상물 등과 동일한지 여부의 확인
> 5. 주택건설공사의 하수급인이 「건설산업기본법」에 따른 시공자격을 갖추었는지 여부의 확인
> 6. 그 밖에 주택건설공사의 시공감리에 관한 사항: 설계도서가 해당 지형 등에 적합한지에 대한 확인 등

③ **시정통지**: 감리자는 업무를 수행하면서 위반 사항을 발견했을 때에는 지체 없이 시공자 및 사업주체에게 시정할 것을 통지하고, 7일 이내에 사업계획승인권자에게 보고해야 한다.

④ **감리자의 교체 등**: 사업계획승인권자는 감리자가 감리자의 지정에 관한 서류를 부정 또는 거짓으로 제출하거나, 업무 수행 중 위반 사항이 있음을 알고도 묵인하는 등 대통령령으로 정하는 사유에 해당하는 경우에는 감리자를 교체하고, 그 감리자에 대하여는 1년의 범위에서 감리업무의 지정을 제한할 수 있다.

(2) 사전방문 등

① **사전방문**: 사업주체는 사용검사를 받기 전에 입주예정자가 해당 주택을 방문하여 공사 상태를 미리 점검(이하 '사전방문')할 수 있게 해야 한다.

> **개념 PLUS | 사전방문의 절차 및 방법 등**
> 1. 사업주체는 사전방문을 주택공급계약에 따라 정한 입주지정기간 시작일 45일 전까지 2일 이상 실시해야 한다.
> 2. 사업주체는 사전방문계획을 수립하여 사용검사권자에게 제출하고, 입주예정자에게 그 내용을 서면(전자문서 포함)으로 알려야 한다. 이 경우 사전방문계획의 제출 및 통보는 사전방문기간 시작일 1개월 전까지 해야 한다.

② **조치요청**: 입주예정자는 사전방문 결과 하자가 있다고 판단하는 경우 사업주체에게 보수공사 등 적절한 조치를 해줄 것을 요청할 수 있다.

기출

01 사업계획승인권자는 감리자가 감리업무 수행 중 발견한 위반 사항을 묵인한 경우에는 감리자를 교체하고, 그 감리자에 대하여는 ( )의 범위에서 감리업무의 지정을 제한할 수 있다. 제31회

02 사업주체는 사전방문을 주택공급계약에 따라 정한 입주지정기간 시작일 ( )일 까지 ( )일 이상 실시해야 한다. 제35회

기출정답
01 1년   02 45, 2

③ **하자보수**: 하자에 대한 조치요청을 받은 사업주체는 다음의 구분에 따른 시기까지 보수공사 등의 조치를 완료하기 위한 계획(이하 '조치계획')을 수립하고,❶ 해당 계획에 따라 보수공사 등의 조치를 완료해야 한다.

> 1. **중대한 하자인 경우**: 사용검사를 받기 전
> 2. **그 밖의 하자인 경우**: 전유부분은 입주예정자에게 인도하기 전, 공용부분은 사용검사를 받기 전

❶ 조치계획을 수립한 사업주체는 사전방문기간의 종료일부터 7일 이내에 사용검사권자에게 해당 조치계획을 제출해야 한다.

TIP
과태료
품질점검단의 점검에 따르지 않거나 기피 또는 방해한 자에게는 2천만원 이하의 과태료를 부과한다.

(3) 품질점검단의 설치 및 운영

① **설치·운영**: 시·도지사는 사전방문을 실시하고 사용검사를 신청하기 전에 공동주택의 품질을 점검하여 사업계획의 내용에 적합한 공동주택이 건설되도록 할 목적으로 주택 관련 분야 등의 전문가로 구성된 공동주택 품질점검단(이하 '품질점검단')을 설치·운영할 수 있다. 이 경우 시·도지사는 조례로 정하는 바에 따라 대도시 시장에게 위임할 수 있다.

② **시공품질 점검**: 품질점검단은 대통령령으로 정하는 공동주택❷의 건축·구조·안전·품질관리 등에 대한 시공품질을 대통령령으로 정하는 바에 따라 점검하여 그 결과를 시·도지사(① 후단의 경우에는 대도시 시장)와 사용검사권자에게 제출해야 한다.

③ **제출**: 품질점검단은 품질점검을 실시한 후 점검 종료일부터 5일 이내에 점검결과를 시·도지사와 사용검사권자에게 제출해야 한다.

④ **보관**: 사용검사권자는 ②에 따라 제출받은 점검결과를 사용검사가 있은 날부터 2년 이상 보관해야 하며, 입주자(입주예정자를 포함)가 관련 자료의 공개를 요구하는 경우에는 이를 공개해야 한다.

❷ **대통령령으로 정하는 공동주택**
민간사업주체가 건설하는 300세대 이상인 공동주택. 다만, 시·도지사가 필요하다고 인정하는 경우에는 조례로 정하는 바에 따라 300세대 미만인 공동주택으로 정할 수 있다.

기출
01 ( )는 품질점검단을 설치·운영할 수 있다.
제36회
02 한국토지주택공사가 사업주체인 경우에는 ( )의 사용검사를 받아야 한다.
제36회
03 하나의 주택단지의 입주자를 분할모집하여 전체 단지의 사용검사를 마치기 전에 입주가 필요한 경우에는 공사가 완료된 주택에 대하여 ( )로 사용검사를 받을 수 있다.
제34회

(4) 사용검사 등

① **대상**: 사업주체는 사업계획승인을 받아 시행하는 주택건설사업 또는 대지조성사업을 완료한 경우에는 주택 또는 대지에 대하여 **시장·군수·구청장**(국가 또는 **한국토지주택공사가** 사업주체인 경우와 국토교통부장관으로부터 사업계획승인을 받은 경우에는 **국토교통부장관**)의 사용검사를 받아야 한다. 다만, 공구별 분할시행의 승인을 받은 경우에는 완공된 주택에 대하여 **공구별로 사용검사를 받을 수 있고**, 다음의 어느 하나에 해당하는 사유가 있는 경우에는 공사가 완료된 주택에 대하여 **동별로 사용검사를 받을 수 있다**.

기출정답
01 시·도지사
02 국토교통부장관
03 동별

> 1. 사업계획승인의 조건으로 부과된 사항의 미이행
> 2. 하나의 주택단지의 입주자를 분할모집하여 전체 단지의 사용검사를 마치기 전에 입주가 필요한 경우
> 3. 그 밖에 사업계획승인권자가 동별로 사용검사를 받을 필요가 있다고 인정하는 경우

② **신청**: 사업주체가 파산 등으로 주택건설사업을 계속할 수 없는 경우에는 **시공보증자**가 잔여공사를 하고 사용검사를 받아야 한다. 다만, 시공보증자가 없거나 파산 등으로 시공할 수 없는 경우에는 **입주예정자대표회의**가 시공자를 정하여 잔여공사를 하고 사용검사를 받아야 한다.[1] 이 경우 사용검사를 받은 자의 구분에 따라 시공보증자 또는 세대별 입주자의 명의로 건축물관리대장 등재 및 소유권보존등기를 할 수 있다.

③ **기간**: 시장·군수·구청장(이하 '사용검사권자')은 사용검사를 할 때 다음의 사항을 확인해야 하며, 사용검사는 신청일부터 **15일 이내**에 해야 한다.

> 1. 주택 또는 대지가 사업계획의 내용에 적합한지 여부
> 2. 사용검사를 받기 전까지 조치해야 하는 하자를 조치완료했는지 여부

④ **효과**: 사업주체 또는 입주예정자는 **사용검사를 받은 후**가 아니면 주택 또는 대지를 사용하게 하거나 이를 사용할 수 없다. 다만, 다음의 구분에 따라 사용검사권자의 **임시사용승인**을 받은 경우에는 그러하지 않다.[2]

> 1. **주택건설사업의 경우**: 건축물의 동별로 공사가 완료된 경우
> 2. **대지조성사업의 경우**: 구획별로 공사가 완료된 경우

⑤ **의제**: 사업주체가 사용검사를 받았을 때에는 사업계획승인에 따라 의제되는 인·허가 등에 따른 해당 사업의 사용승인·준공검사 또는 준공인가 등을 받은 것으로 본다.

---

[1] 사업주체의 파산 등으로 입주예정자가 사용검사를 받을 때에는 입주예정자의 대표회의가 사용검사권자에게 사용검사를 신청할 때 하자보수보증금을 예치해야 한다.

⚡기출

01 사용검사는 신청일부터 (　　) 이내에 해야 한다. 제36회

TIP
준공검사의 비교
1. 「건축법」상 사용승인: 7일 이내
2. 「주택법」상 사용검사: 15일 이내

[2] 임시사용승인
사용검사권자는 임시사용승인대상인 주택 또는 대지가 사업계획의 내용에 적합하고 사용에 지장이 없는 경우에만 임시사용을 승인할 수 있다. 이 경우 공동주택의 경우에는 세대별로 임시사용승인을 할 수 있다.

기출정답
01 15일

(5) 사용검사 후 매도청구 등

① **대상:** 주택(복리시설 포함)의 소유자들은 주택단지 전체 대지에 속하는 일부의 토지에 대한 소유권이전등기 말소소송 등에 따라 사용검사를 받은 이후에 해당 토지의 소유권을 회복한 자(이하 '실소유자')에게 해당 토지를 시가로 매도할 것을 청구할 수 있다. 이 경우 해당 토지의 면적이 주택단지 전체 대지면적의 5% 미만이어야 한다.

② **기한:** 매도청구의 의사표시는 실소유자가 해당 토지소유권을 회복한 날부터 2년 이내에 해당 실소유자에게 송달되어야 한다.

③ **매도청구 소송:** 주택의 소유자들은 대표자를 선정하여 매도청구 소송을 제기할 수 있다. 이 경우 대표자는 주택의 소유자 전체의 4분의 3 이상의 동의를 얻어 선정한다.

④ **효력:** 매도청구에 관한 소송에 대한 판결은 주택의 소유자 전체에 대하여 효력이 있다.

⑤ **구상:** 주택의 소유자들은 매도청구로 인해 발생한 비용의 전부를 사업주체에게 구상(求償)할 수 있다.

TIP

매도청구 요건
1. 사업계획승인 후 모든 소유자에게 매도청구: 대지면적 95% 이상 사용권 확보
2. 사용검사 후 실소유자에게 매도청구: 주택단지 전체 대지면적 5% 미만

⚡기출

01 주택의 소유자가 사용검사 후 매도청구를 하려는 경우에는 해당 토지의 면적이 주택단지 전체 대지면적의 ( )% 미만이어야 한다. 이 경우 매도청구의 의사표시는 실소유자가 해당 토지소유권을 회복한 날부터 ( ) 이내에 해당 실소유자에게 송달되어야 한다.
제30회

기출정답
01 5, 2년

제3장 주택의 공급

01 주택의 분양가격 제한 등

(1) 분양가상한제 〈빈출〉

① **적용주택**: 사업주체가 일반인에게 공급하는 공동주택 중 다음에 해당하는 지역에서 공급하는 주택은 이 법에 따라 산정되는 분양가격 이하로 공급(이에 따라 공급되는 주택을 '분양가상한제 적용주택'이라 함)해야 한다.

> 1. 공공택지
> 2. 공공택지 외의 택지에서 주택가격 상승 우려가 있어 국토교통부장관이 「주거기본법」에 따른 주거정책심의위원회의 심의를 거쳐 지정하는 지역

② **예외**: 다음에 해당하는 주택은 분양가상한제를 적용하지 않는다.

> 1. 도시형 생활주택[1]
> 2. 경제자유구역에서 건설·공급하는 공동주택으로서 경제자유구역위원회에서 외자유치 촉진과 관련이 있다고 인정하여 분양가격 제한을 적용하지 않기로 심의·의결한 경우
> 3. 관광특구에서 건설·공급하는 공동주택으로서 해당 건축물의 층수가 50층 이상이거나 높이가 150m 이상인 경우
> 4. 한국토지주택공사 또는 지방공사가 다음의 정비사업의 시행자로 참여하는 등 공공성 요건(전체 세대수의 10% 이상을 임대주택으로 건설·공급할 것)을 충족하는 경우로서 해당 사업에서 건설·공급하는 주택
>   ① 다음에 해당하는 정비사업: 정비구역의 면적이 2만m² 미만 또는 전체 세대수가 200세대 미만
>   ② 「빈집 및 소규모주택 정비에 관한 특례법」에 따른 소규모주택정비사업
> 5. 「도시 및 주거환경정비법」에 따른 주거환경개선사업 및 공공재개발사업에서 건설·공급하는 주택
> 6. 「도시재생 활성화 및 지원에 관한 특별법」에 따른 주거재생혁신지구에서 시행하는 혁신지구재생사업에서 건설·공급하는 주택
> 7. 「공공주택 특별법」에 따른 도심 공공주택 복합사업에서 건설·공급하는 주택

TIP
주택의 공급이란 주택 및 복리시설을 분양 또는 임대하는 것을 말한다.

[1] 도시형 생활주택에 대하여는 「주택법」상 감리와 분양가상한제를 적용하지 않는다.

⚡기출

01 사업주체가 공공택지에서 일반인에게 공급하는 공동주택이라도 (   )은 분양가상한제 적용주택에 해당하지 않는다. 제33회

02 「관광진흥법」에 따라 지정된 관광특구에서 건설·공급하는 공동주택으로서 해당 건축물의 층수가 (   )층 이상이거나 높이가 (   )m 이상인 경우에는 분양가상한제를 적용하지 않는다. 제26회

기출정답
01 도시형 생활주택
02 50, 150

⚡ **기출**

01 분양가상한제 적용주택의 분양가격은 택지비와 건축비로 구성된다. 다만, 토지임대부 분양주택은 (   )만 해당된다.
제36회

③ **분양가격의 구성**: 분양가격은 택지비와 건축비로 구성(토지임대부 분양주택은 건축비만 해당)되며, 구체적인 명세, 산정방식, 감정평가기관 선정방법 등은 국토교통부령으로 정한다.

(2) 사업주체의 분양가격 공시

사업주체는 분양가상한제 적용주택으로서 공공택지에서 공급하는 주택의 입주자모집 승인을 받았을 때에는 입주자 모집공고에 다음에 대하여 분양가격을 공시해야 한다.

> 1. 택지비, 공사비, 간접비
> 2. 그 밖에 국토교통부령으로 정하는 비용

(3) 분양가심사위원회의 설치 등

🔟 **심사의 구속력**
시장·군수·구청장은 입주자 모집승인을 할 때에는 분양가심사위원회의 심사결과에 따라 승인 여부를 결정해야 한다.

① **설치**: 시장·군수·구청장은 주택의 분양가격 제한 등에 관한 사항을 심의하기 위하여 분양가심사위원회를 설치·운영해야 한다.🔟
② **시기**: 시장·군수·구청장은 사업계획승인 신청(「도시 및 주거환경정비법」에 따른 사업시행계획인가 및 「건축법」에 따른 건축허가 포함)이 있는 날부터 20일 이내에 위원회를 설치·운영해야 한다.

TIP
분양가상한제 적용주택: 수도권 공공택지
1. **거주의무**: 최초 입주가능일부터 3년 이내에 입주 + 5년 이내에서 거주
2. **전매제한**: 입주자로 선정된 날부터 수도권 3년, 비수도권 1년

(4) 분양가상한제 적용주택 등의 입주자의 거주의무 등

① **거주의무대상 및 기간**: 다음의 어느 하나에 해당하는 주택의 입주자(상속받은 자는 제외. 이하 '거주의무자')는 해당 주택의 최초 입주가능일부터 3년 이내(토지임대부 분양주택은 최초 입주가능일을 말함)에 입주해야 하고, 5년 이내의 범위에서 대통령령으로 정하는 거주의무기간 동안 계속하여 해당 주택에 거주해야 한다.

> 1. 사업주체가 수도권에서 건설·공급하는 분양가상한제 적용주택
>   (1) 공공택지에서 건설·공급되는 주택의 경우
>   ① 분양가격이 인근지역주택매매가격의 80% 미만인 주택: 5년
>   ② 분양가격이 인근지역주택매매가격의 80% 이상 100% 미만인 주택: 3년
>   (2) 공공택지 외의 택지에서 건설·공급되는 주택의 경우
>   ① 분양가격이 인근지역주택매매가격의 80% 미만인 주택: 3년
>   ② 분양가격이 인근지역주택매매가격의 80% 이상 100% 미만인 주택: 2년
> 2. 토지임대부 분양주택: 5년

기출정답
01 건축비

② **예외**: 해외체류 등 다음에 해당하는 부득이한 사유가 있는 경우 그 기간은 해당 주택에 거주한 것으로 본다. 이 경우 **한국토지주택공사의 확인**을 받아야 한다.

> 1. 해당 주택에 입주하기 위하여 준비기간이 필요한 경우. 이 경우 해당 주택에 거주한 것으로 보는 기간은 최초 입주가능일 이후 3년이 되는 날부터 90일(토지임대부 분양주택은 최초 입주가능일부터 90일)까지로 한다.
> 2. 거주의무자가 거주의무기간 중 근무·생업·취학 또는 질병치료를 위하여 해외에 체류하는 경우
> 3. 거주의무자가 거주의무기간 중 세대원의 근무·생업·취학 또는 질병치료를 위하여 세대원 전원이 다른 주택건설지역에 거주하는 경우. 다만, 수도권 안에서 거주를 이전하는 경우는 제외한다.
> 4. 전매제한이 적용되지 않는 경우(배우자 일부 증여, 경제적 어려움은 제외) 등

③ **양도제한 및 매입신청**: 거주의무자는 거주의무를 이행하지 않은 경우 해당 주택을 양도(매매·증여나 그 밖에 권리 변동을 수반하는 모든 행위를 포함하되, 상속은 제외)할 수 없다. 다만, 거주의무자가 부득이한 사유 없이 거주의무기간 이내에 거주를 이전하려는 경우 거주의무자는 **한국토지주택공사**(사업주체가 공공주택사업자인 경우에는 공공주택사업자를 말함)에 해당 주택의 매입을 신청해야 한다.

④ **매입의무**: 한국토지주택공사는 매입신청을 받거나 거주의무자 등이 거주의무를 위반했다는 사실을 알게 된 경우 위반사실에 대한 의견청취를 하는 등 절차를 거쳐 특별한 사유가 없으면 해당 주택을 매입해야 한다.[1]

⑤ **매입비용**: 한국토지주택공사가 주택을 매입하는 경우 거주의무자 등에게 그가 **납부한 입주금**과 그 입주금에 은행의 1년 만기 정기예금의 평균이자율을 적용한 **이자를 합산한 금액**(이하 '매입비용')을 지급한 때에는 그 지급한 날에 한국토지주택공사가 해당 주택을 취득한 것으로 본다.

⑥ **부기등기**: 사업주체는 ①에 따른 주택을 공급하는 경우에는 거주의무자가 거주의무기간을 거주해야 해당 주택을 양도할 수 있음을 소유권 등기에 부기등기해야 한다. 이 경우 부기등기는 주택의 **소유권보존등기와 동시**에 해야 한다.

(5) 분양가상한제 적용지역

① **지정권자**: 국토교통부장관은 공공택지 외의 택지에서 주택가격상승률이 물가상승률보다 현저히 높은 지역으로서 **주택가격이 급등**하거나 급등할 우려가 있는 지역 중 다음의 기준을 충족하는 지역은 **주거정책심의위원회 심의**를 거쳐 분양가상한제 적용지역으로 지정할 수 있다.

---

[1] 한국토지주택공사는 주택을 매입하려면 14일 이상의 기간을 정하여 거주의무자에게 의견을 제출할 수 있는 기회를 줘야 한다.

TIP

부기등기의 말소
거주의무자 등은 거주의무기간을 거주한 후 지방자치단체의 장으로부터 그 거주사실을 확인받은 경우 부기등기 사항을 말소할 수 있다.

기출

01 ( )은 공공택지 외의 택지에서 주택가격이 급등할 우려가 있는 지역은 주거정책심의위원회 심의를 거쳐 분양가상한제 적용지역으로 지정할 수 있다. 제30회

기출정답

01 국토교통부장관

> 투기과열지구 중 다음에 해당하는 지역을 말한다.
> 1. 분양가상한제 적용지역으로 지정하는 날이 속하는 달의 바로 전달(이하 '분양가상한제적용직전월')부터 소급하여 12개월간의 아파트 분양가격상승률이 물가상승률의 2배를 초과한 지역
> 2. 분양가상한제적용직전월부터 소급하여 3개월간의 주택매매거래량이 전년 동기 대비 20% 이상 증가한 지역
> 3. 분양가상한제적용직전월부터 소급하여 주택공급이 있었던 2개월 동안 해당 지역에서 공급되는 주택의 월평균 청약경쟁률이 모두 5대 1을 초과하였거나 해당 지역에서 공급되는 국민주택규모 주택의 월평균 청약경쟁률이 모두 10대 1을 초과한 지역

② **의견청취**: 국토교통부장관이 분양가상한제 적용지역을 지정하는 경우에는 미리 시·도지사의 의견을 들어야 한다.

③ **해제의무**: 국토교통부장관은 분양가상한제 적용지역으로 계속 지정할 필요가 없다고 인정하는 경우에는 주거정책심의위원회 심의를 거쳐 지정을 해제해야 한다.

④ **해제요청**: 분양가상한제 적용지역으로 지정된 지역의 시·도지사, 시장, 군수 또는 구청장은 해당 지역의 주택가격이 안정되는 등 분양가상한제 적용지역으로 계속 지정할 필요가 없다고 인정하는 경우에는 국토교통부장관에게 그 지정의 해제를 요청할 수 있다.

⑤ **해제결정·통보**: 국토교통부장관은 해제를 요청받은 경우에는 주거정책심의위원회의 심의를 거쳐 40일 이내에 해제 여부를 결정하고, 그 결과를 시·도지사, 시장, 군수 또는 구청장에게 통보해야 한다.

02 주택의 공급

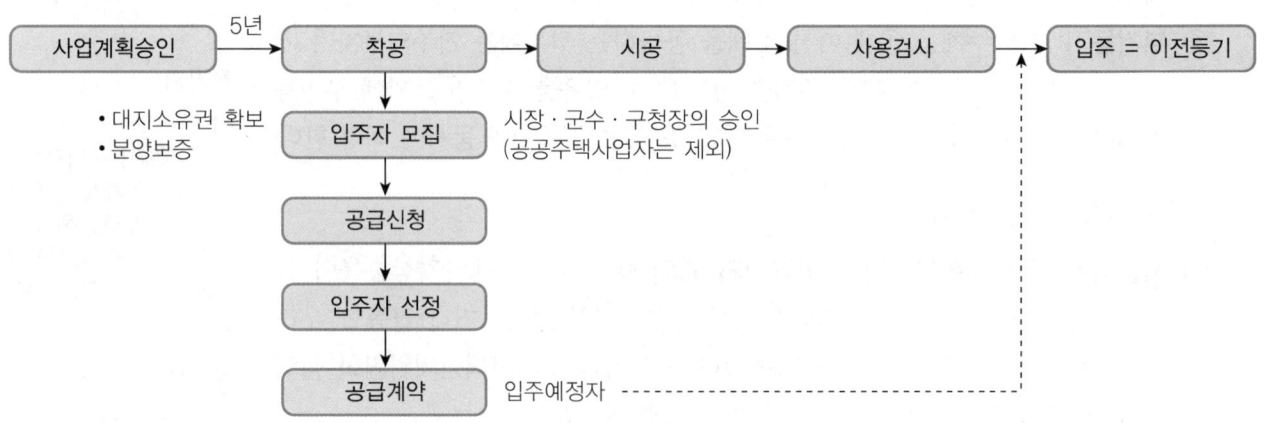

(1) 입주자 모집

사업주체(공공주택사업자는 제외)가 입주자를 모집하려는 경우에는 시장·군수·구청장의 승인(복리시설의 경우에는 신고)을 받아야 한다.[1]

> **개념 PLUS | 공공주택사업자(「공공주택 특별법」제4조)**
> 1. 국가·지방자치단체, 한국토지주택공사, 지방공사, 대통령령으로 정하는 공공기관
> 2. 1.에 해당하는 자가 총지분의 50%를 초과하여 출자·설립한 법인
> 3. 주택도시기금 또는 1.에 해당하는 자가 총지분의 전부를 출자하여 설립한 부동산투자회사

[1] 공공주택사업자는 입주자 모집의 승인을 받거나 신고하지 않는다.

(2) 견본주택의 마감재 목록표 등의 제출

① 사업주체가 시장·군수·구청장의 승인을 받으려는 경우(공공사업주체는 견본주택을 건설하는 경우)에는 견본주택에 사용되는 마감자재 목록표와 각 실의 내부를 촬영한 영상물 등을 제작하여 승인권자에게 제출해야 한다.

② 시장·군수·구청장은 마감자재 목록표와 영상물 등을 사용검사가 있은 날부터 2년 이상 보관해야 하며, 입주자가 열람을 요구하는 경우에는 이를 공개해야 한다.

③ 사업주체가 제품의 품귀 등 부득이한 사유로 인하여 사업계획승인 또는 마감자재 목록표와 다르게 마감자재를 시공·설치하려는 경우에는 당초의 마감자재와 같은 질 이상으로 설치해야 하고, 그 사실을 입주예정자에게 알려야 한다.

⚡ 기출

01 한국토지주택공사가 사업주체로서 입주자를 모집하려는 경우에는 시장·군수·구청장의 승인을 받지 (   ). 제26회

02 입주자저축이란 국민주택과 민영주택을 공급받기 위하여 가입하는 (   )을 말한다. 제35회

(3) 입주자저축

① 국토교통부장관은 주택을 공급받으려는 자에게 미리 입주금의 전부 또는 일부를 저축(이하 '입주자저축')하게 할 수 있다.[2]

② 국토교통부장관은 다음의 업무를 수행하기 위해 필요한 경우 입주자저축취급기관(「은행법」에 따른 은행 중 국토교통부장관이 지정)의 장에게 입주자저축에 관한 자료 및 정보(이하 '입주자저축정보')를 제공하도록 요청할 수 있다.

> 1. 주택을 공급받으려는 자의 입주자자격, 재당첨 제한 여부 및 공급 순위 등 확인 및 정보제공 업무
> 2. 입주자저축 가입을 희망하는 자의 기존 입주자저축 가입 여부 확인 업무 등

[2] 입주자저축이란 국민주택과 민영주택을 공급받기 위하여 가입하는 주택청약종합저축을 말하며, 한 사람이 한 계좌만 가입할 수 있다.

기출정답
01 않는다
02 주택청약종합저축

기출

01 입주자저축정보를 제공하는 입주자저축취급기관의 장은 입주자저축정보의 (　)이 요구할 때에는 입주자저축정보의 제공사실을 통보해야 한다. 　제35회

02 사업주체는 입주자 모집공고 승인신청일 이후부터 입주예정자가 그 주택 및 대지의 소유권이전등기를 신청할 수 있는 날 이후 (　)일까지의 기간 동안 입주예정자의 동의 없이 저당권을 설정하는 행위 등을 해서는 안 된다. 　제20회

[1] 국토교통부장관은 입주자저축에 관한 국토교통부령을 제정하거나 개정할 때에는 재정경제부장관과 미리 협의해야 한다.

③ 입주자저축정보를 제공한 입주자저축취급기관의 장은 「금융실명거래 및 비밀보장에 관한 법률」에도 불구하고 입주자저축정보의 제공사실을 명의인에게 통보하지 않을 수 있다. 다만, 입주자저축정보의 명의인이 요구할 때에는 제공사실을 통보해야 한다.

> **개념 PLUS ┃ 주택의 공급 등**
>
> 1. 다음의 사항은 「주택공급에 관한 규칙」으로 정한다.
>   ① 법 제54조에 따른 주택의 공급
>   ② 법 제56조에 따른 입주자저축[1]
>   ③ 법 제60조에 따른 견본주택의 건축기준
>   ④ 법 제65조 제5항에 따른 입주자자격 제한
> 2. 법 제57조에 따른 분양가격 산정방식 등은 「공동주택 분양가격의 산정 등에 관한 규칙」으로 정한다.

03 저당권설정 등의 제한

(1) 사업주체의 금지행위

① **원칙**: 사업주체는 주택건설사업에 의하여 건설된 주택 및 대지에 대하여는 입주자 모집공고 승인신청일(주택조합의 경우에는 사업계획승인신청일) 이후부터 입주예정자가 그 주택 및 대지의 소유권이전등기를 신청할 수 있는 날(사업주체가 입주예정자에게 통보한 입주가능일을 말함) 이후 60일까지의 기간 동안 입주예정자의 동의 없이 다음에 해당하는 행위를 해서는 안 된다.

> 1. 해당 주택 및 대지에 저당권 또는 가등기담보권 등 담보물권을 설정하는 행위
> 2. 해당 주택 및 대지에 전세권·지상권 또는 등기되는 부동산임차권을 설정하는 행위
> 3. 해당 주택 및 대지를 매매 또는 증여 등의 방법으로 처분하는 행위

② **예외**: 주택의 건설을 촉진하기 위하여 다음에 해당하는 경우에는 그러하지 않다.

> 1. 해당 주택의 입주자에게 주택구입자금의 일부를 융자해 줄 목적으로 주택도시기금이나 금융기관으로부터 주택건설자금 또는 주택구입자금의 융자를 받는 경우
> 2. 사업주체가 파산, 합병, 분할, 등록말소 또는 영업정지 등의 사유로 사업을 시행할 수 없게 되어 사업주체가 변경되는 경우

기출정답
01 명의인　02 60

(2) 부기등기(附記登記)

① **의무**: 사업주체는 해당 주택 또는 대지가 입주예정자의 동의 없이는 양도하거나 제한물권을 설정하거나 압류·가압류·가처분 등의 목적물이 될 수 없는 재산임을 소유권등기에 부기등기해야 한다. 다만, 사업주체가 국가·지방자치단체 및 한국토지주택공사 등 공공기관이거나 해당 대지가 사업주체의 소유가 아닌 경우 등은 그러하지 않다.

② **시기**: 부기등기는 주택건설대지에 대하여는 입주자 모집공고 승인신청과 동시에, 건설된 주택에 대하여는 소유권보존등기와 동시[1]에 해야 한다.

③ **효과**: 부기등기일 이후에 해당 대지 또는 주택을 양수하거나 제한물권을 설정받은 경우 또는 압류·가압류·가처분 등의 목적물로 한 경우에는 그 효력을 무효로 한다.

[1] **주택의 부기등기시기**
소유권보존등기와 동시에:
거주의무, 전매제한 동일

04 투기과열지구의 지정 및 해제

(1) 지정권자 등

① **지정권자**: 국토교통부장관 또는 시·도지사는 주택가격의 안정을 위하여 필요한 경우에는 주거정책심의위원회의 심의[2]를 거쳐 투기과열지구를 지정하거나 이를 해제할 수 있다. 이 경우 투기과열지구는 그 지정목적을 달성할 수 있는 최소한의 범위에서 시·군·구 또는 읍·면·동의 지역 단위로 지정하되, 택지개발지구 등 해당 지역여건을 고려하여 지정 단위를 조정할 수 있다.

② **지정·해제절차**: 국토교통부장관이 투기과열지구를 지정하거나 해제할 경우에는 미리 시·도지사의 의견을 듣고 그 의견에 대한 검토의견을 회신해야 하며, 시·도지사가 투기과열지구를 지정하거나 해제할 경우에는 국토교통부장관과 협의해야 한다.

[2] **주거정책심의위원회의 심의대상**
1. 분양가상한제 적용지역의 지정 또는 해제
2. 투기과열지구의 지정 또는 해제
3. 조정대상지역의 지정 또는 해제

(2) 지정대상

투기과열지구는 해당 지역의 주택가격상승률이 물가상승률보다 현저히 높은 지역으로서 주택에 대한 투기가 성행하고 있거나 성행할 우려가 있는 지역 중 대통령령으로 정하는 다음의 기준을 충족하는 곳이어야 한다.

기출

01 주택공급이 있었던 직전 ( )개월 동안 해당 지역에서 공급되는 주택의 월평균 청약경쟁률이 모두 ( )대 1을 초과하였거나 국민주택규모 주택의 월평균 청약경쟁률이 모두 ( )대 1을 초과한 곳, 주택( )이 전달보다 30% 이상 감소한 곳은 투기과열지구의 지정기준에 해당한다.
제32회

02 국토교통부장관은 ( )마다 주거정책심의위원회의 회의를 소집하여 투기과열지구 지정의 유지 여부를 재검토해야 한다.
제29회

03 ( )은 주택분양 등이 과열되어 있거나 과열될 우려가 있는 지역을 주거정책심의위원회의 심의를 거쳐 조정대상지역으로 지정할 수 있다.
제29회

---

1. 투기과열지구로 지정하는 날이 속하는 달의 바로 전달(이하 '투기과열지구지정 직전월')부터 소급하여 주택공급이 있었던 2개월 동안 해당 지역에서 공급되는 주택의 월별 평균 청약경쟁률이 모두 5대 1을 초과했거나 국민주택규모 주택의 월별 평균 청약경쟁률이 모두 10대 1을 초과한 곳
2. 다음에 해당하는 곳으로서 주택공급이 위축될 우려가 있는 곳
   ① 투기과열지구지정직전월의 주택분양실적이 전달보다 30% 이상 감소한 곳
   ② 사업계획승인 건수나 건축허가 건수가 직전 연도보다 급격하게 감소한 곳
3. 신도시 개발이나 주택 전매행위의 성행 등으로 투기 및 주거불안의 우려가 있는 곳
   ① 해당 지역이 속하는 시·도의 주택보급률 또는 자가주택비율이 전국 평균 이하인 곳
   ② 해당 지역의 분양주택의 수가 주택청약 제1순위자의 수보다 현저히 적은 곳

(3) 지정해제

① **해제의무:** 국토교통부장관 또는 시·도지사는 투기과열지구에서 지정사유가 없어졌다고 인정하는 경우에는 지체 없이 투기과열지구 지정을 해제해야 한다.

② **재검토:** 국토교통부장관은 반기마다 주거정책심의위원회의 회의를 소집하여 투기과열지구로 지정된 지역별로 해당 지역의 주택가격안정여건의 변화 등을 고려하여 투기과열지구 지정의 유지 여부를 재검토해야 한다. 재검토 결과 해제가 필요하다고 인정되는 경우에는 지체 없이 투기과열지구 지정을 해제하고 이를 공고해야 한다.

③ **해제요청:** 투기과열지구로 지정된 지역의 시·도지사, 시장, 군수 또는 구청장은 주택가격이 안정되는 등 지정사유가 없어졌다고 인정되는 경우에는 국토교통부장관 또는 시·도지사에게 투기과열지구 지정의 해제를 요청할 수 있다.

④ **해제결정·통보:** 해제를 요청받은 국토교통부장관 또는 시·도지사는 40일 이내에 주거정책심의위원회의 심의를 거쳐 투기과열지구 지정의 해제 여부를 결정하여 관할 지방자치단체의 장에게 심의결과를 통보해야 한다.

05 조정대상지역의 지정 및 해제

(1) 조정대상지역의 지정

① **지정권자 및 지정대상:** 국토교통부장관은 다음에 해당하는 지역으로서 대통령령으로 정하는 기준을 충족하는 지역을 주거정책심의위원회의 심의를 거쳐 조정대상지역으로 지정할 수 있다.

TIP

지정권자
1. **분양가상한제 적용지역:** 국토교통부장관
2. **투기과열지구:** 국토교통부장관, 시·도지사
3. **조정대상지역:** 국토교통부장관

기출정답
01 2, 5, 10, 분양실적
02 반기
03 국토교통부장관

> 1. **과열지역[1]**: 주택가격, 청약경쟁률, 분양권 전매량 및 주택보급률 등을 고려하였을 때 주택분양 등이 과열되어 있거나 과열될 우려가 있는 지역
> 2. **위축지역**: 주택가격, 주택거래량, 미분양주택의 수 및 주택보급률 등을 고려하여 주택의 분양·매매 등 거래가 위축되어 있거나 위축될 우려가 있는 지역

② **의견청취**: 국토교통부장관은 조정대상지역을 지정하는 경우에는 미리 시·도지사의 의견을 들어야 한다.

③ **조정대상지역의 지정기준**

> 1. **과열지역**: 조정대상지역으로 지정하는 날이 속하는 달의 바로 전달(이하 '조정대상지역지정직전월')부터 소급하여 3개월간의 해당 지역 주택가격상승률이 그 지역이 속하는 시·도 소비자물가상승률의 1.3배를 초과한 지역으로서 다음에 해당하는 지역
>   ① 조정대상지역지정직전월부터 소급하여 주택공급이 있었던 2개월 동안 해당 지역에서 공급되는 주택의 월별 평균 청약경쟁률이 모두 5대 1을 초과했거나 국민주택규모 주택의 월별 평균 청약경쟁률이 모두 10대 1을 초과한 지역
>   ② 조정대상지역지정직전월부터 소급하여 3개월간의 분양권(주택의 입주자로 선정된 지위를 말함) 전매거래량이 직전 연도의 같은 기간보다 30% 이상 증가한 지역
>   ③ 해당 지역이 속하는 시·도의 주택보급률 또는 자가주택비율이 전국 평균 이하인 지역
> 2. **위축지역**: 조정대상지역지정직전월부터 소급하여 6개월간의 평균 주택가격 상승률이 마이너스 1% 이하인 지역으로서 다음에 해당하는 지역
>   ① 조정대상지역지정직전월부터 소급하여 3개월 연속 주택매매거래량이 직전 연도의 같은 기간보다 20% 이상 감소한 지역
>   ② 조정대상지역지정직전월부터 소급하여 3개월간의 평균 미분양주택의 수가 직전 연도의 같은 기간보다 2배 이상인 지역
>   ③ 해당 지역이 속하는 시·도의 주택보급률 또는 자가주택비율이 전국 평균을 초과하는 지역

[1] 과열지역은 그 지정 목적을 달성할 수 있는 최소한의 범위에서 시·군·구 또는 읍·면·동의 지역 단위로 지정하되, 택지개발지구 등 해당 지역 여건을 고려하여 지정 단위를 조정할 수 있다.

(2) 조정대상지역의 해제

① **해제의무**: 국토교통부장관은 조정대상지역으로 유지할 필요가 없다고 판단되는 경우에는 주거정책심의위원회의 심의를 거쳐 조정대상지역의 지정을 해제해야 한다.

② **재검토:** 국토교통부장관은 반기마다 주거정책심의위원회의 회의를 소집하여 조정대상지역으로 지정된 지역별로 해당 지역의 주택가격안정여건의 변화 등을 고려하여 조정대상지역 지정의 유지 여부를 재검토해야 한다. 재검토 결과 해제가 필요하다고 인정되는 경우에는 지체 없이 조정대상지역 지정을 해제하고 이를 공고해야 한다.

③ **해제요청:** 조정대상지역으로 지정된 지역의 시·도지사 또는 시장·군수·구청장은 주택가격이 안정되는 등 조정대상지역으로 유지할 필요가 없다고 판단되는 경우에는 국토교통부장관에게 그 지정의 해제를 요청할 수 있다.

④ **해제결정·통보:** 해제를 요청받은 국토교통부장관은 40일 이내에 주거정책심의위원회의 심의를 거쳐 조정대상지역의 해제 여부를 결정하고, 그 결과를 해당 지역을 관할하는 시·도지사 또는 시장·군수·구청장에게 통보해야 한다.

⚡ **기출**

01 조정대상지역으로 지정된 지역의 시장·군수·구청장은 조정대상지역으로 유지할 필요가 없다고 판단되는 경우 국토교통부장관에게 그 지정의 해제를 요청할 수 (   ).
제29회

06 주택의 전매행위제한 등

(1) 전매행위제한의 대상 및 기간

사업주체가 건설·공급하는 주택(해당 주택의 입주자로 선정된 지위[1]를 포함)으로서 다음에 해당하는 경우에는 10년 이내의 범위에서 대통령령으로 정하는 기간(이하 '전매제한기간')이 지나기 전에는 그 주택을 전매(매매·증여나 그 밖에 권리의 변동을 수반하는 모든 행위를 포함하되, 상속의 경우는 제외)하거나 이의 전매를 알선할 수 없다.

[1] 입주자로 선정되어 그 주택에 입주할 수 있는 권리·자격·지위 등을 말한다.

> ★ **개념 PLUS | 공통사항**
> 1. 전매행위 제한기간은 해당 주택의 입주자로 선정된 날부터 기산한다.
> 2. 주택에 대한 전매행위 제한기간이 둘 이상일 경우에는 그중 가장 긴 전매행위 제한기간을 적용한다. 다만, 조정대상지역 중 위축지역에서 건설·공급되는 주택의 경우에는 가장 짧은 전매행위 제한기간을 적용한다.
> 3. 주택에 대한 전매행위 제한기간 이내에 해당 주택에 대한 소유권이전등기를 완료한 경우 소유권이전등기를 완료한 때에 전매행위 제한기간이 지난 것으로 본다.

① 투기과열지구에서 건설·공급되는 주택: 수도권 3년, 수도권 외의 지역 1년
② 조정대상지역에서 건설·공급되는 주택: 다음의 구분에 따른 기간
  ㉠ 과열지역: 수도권 3년, 수도권 외의 지역 1년

기출정답
01 있다

ⓒ 위축지역

공공택지에서 건설·공급되는 주택	공공택지 외의 택지에서 건설·공급되는 주택
6개월	-

③ **분양가상한제 적용주택**: 다음의 구분에 따른 기간
  ㉠ 공공택지에서 건설·공급되는 주택: 수도권 **3년**, 수도권 외의 지역 **1년**
  ㉡ 공공택지 외의 택지에서 건설·공급되는 주택: 다음의 구분에 따른 기간
    ⓐ 투기과열지구: ㉠의 구분에 따른 기간
    ⓑ 투기과열지구가 아닌 지역: ④의 구분에 따른 기간
④ **공공택지 외의 택지에서 건설·공급되는 주택**: 다음의 구분에 따른 기간

구분		전매행위 제한기간
수도권	과밀억제권역	1년
	성장관리권역 및 자연보전권역	6개월
수도권 외의 지역	광역시 중 도시지역	6개월
	그 밖의 지역	-

⑤ **공공재개발사업**(공공택지 외의 택지에서 국토교통부장관이 지정하는 분양가상한제 적용 지역에 한정)에서 건설·공급하는 주택: ③의 ㉡에 따른 기간
⑥ **토지임대부 분양주택**: 10년

(2) 전매행위제한의 예외

주택을 공급받은 자의 생업상의 사정 등으로 전매가 불가피하다고 인정되는 경우로서 다음에 해당하여 **한국토지주택공사의 동의**를 받은 때에는 전매제한을 적용하지 않는다. 다만, 분양가상한제 적용주택을 전매하는 경우에는 한국토지주택공사가 우선 매입할 수 있다.

1. 세대원이 근무 또는 생업상의 사정이나 질병치료·취학·결혼으로 인하여 **세대원 전원**이 다른 광역시·특별자치시·특별자치도·시 또는 군으로 이전하는 경우. 다만, **수도권 안에서 이전**하는 경우는 제외한다.
2. 상속에 따라 취득한 주택으로 **세대원 전원**이 이전하는 경우
3. **세대원 전원**이 해외로 이주하거나 **2년 이상**의 기간 동안 해외에 체류하려는 경우
4. **이혼**으로 인하여 입주자로 선정된 지위 또는 주택을 배우자에게 이전하는 경우
5. 「공취법」에 따라 공익사업의 시행으로 주거용 건축물을 제공한 자가 사업시행자로부터 이주대책용 주택을 공급받은 경우로서 시장·군수·구청장이 확인하는 경우
6. 주택의 소유자가 국가·지방자치단체, 금융기관 및 주택도시보증공사에 대한 채무를 이행하지 못하여 **경매 또는 공매가 시행**되는 경우

> **TIP**
> **토지임대부 분양주택**
> 1. **거주의무**: 최초 입주가능일부터 5년
> 2. **전매제한**: 입주자로 선정된 날부터 10년
>
> ⚡**기출**
> 01 투기과열지구로 지정되면 지구 내 기존 주택은 전매행위제한의 대상이 ( ). 제29회
> 02 주택의 소유자가 국가에 대한 채무를 이행하지 못하여 경매 또는 공매가 시행되는 경우 한국토지주택공사의 ( )를 받아야 전매를 할 수 있다. 제27회
>
> **기출정답**
> 01 아니다 02 동의

7. 입주자로 선정된 지위 또는 주택의 일부를 배우자에게 증여하는 경우
8. 실직·파산 또는 신용불량으로 경제적 어려움이 발생한 경우

(3) 부기등기

사업주체가 전매행위제한대상인 주택을 공급하는 경우에는 그 주택의 소유권을 제3자에게 이전할 수 없음을 소유권에 관한 등기에 부기등기해야 하며,[1] 한국토지주택공사가 우선 매입한 주택을 공급하는 경우에도 이를 준용한다.

[1] 부기등기는 주택의 소유권보존등기와 동시에 해야 한다.

(4) 위반시의 조치

① **환매**: 전매행위제한(토지임대부 분양주택은 제외)을 위반하여 주택의 입주자로 선정된 지위의 전매가 이루어진 경우, 사업주체가 매입비용을 그 매수인에게 지급한 경우에는 그 지급한 날에 사업주체가 해당 입주자로 선정된 지위를 취득한 것으로 본다.
② **입주자자격의 제한**: 국토교통부장관은 전매행위제한을 위반한 자에 대하여 10년의 범위에서 주택의 입주자자격을 제한할 수 있다.

TIP
벌칙(법 제101조)
전매행위제한을 위반하여 주택을 전매하거나 이의 전매를 알선한 자는 3년 이하의 징역 또는 3천만원 이하의 벌금에 처한다. 다만, 그 위반행위로 얻은 이익의 3배에 해당하는 금액이 3천만원을 초과하는 경우 그 이익의 3배에 해당하는 금액 이하의 벌금에 처한다.

07 공급질서 교란금지

(1) 금지행위

누구든지 다음에 해당하는 증서 또는 지위를 양도·양수(매매·증여나 그 밖에 권리 변동을 수반하는 모든 행위를 포함하되, 상속·저당의 경우는 제외) 또는 이를 알선하거나 광고(각종 간행물·인쇄물·전화·인터넷, 그 밖의 매체를 통한 행위 포함)를 해서는 안 되며, 누구든지 거짓이나 그 밖의 부정한 방법으로 이 법에 따라 건설·공급되는 증서나 지위 또는 주택을 공급받거나 공급받게 해서는 안 된다.

⚡ **기출**
01 주택을 공급받을 수 있는 조합원 지위, 입주자저축 증서는 양도·양수해서는 안 된다. 다만, (　) · (　)은 제외한다. 제32회

1. 주택을 공급받을 수 있는 주택조합원 지위
2. 입주자저축 증서
3. 주택상환사채
4. 그 밖에 주택을 공급받을 수 있는 증서 또는 지위
   ① 시장·군수·구청장이 발행한 무허가건물 확인서, 건물철거예정 증명서 또는 건물철거 확인서
   ② 공공사업의 시행으로 인한 이주대책에 따라 주택을 공급받을 수 있는 지위 또는 이주대책대상자 확인서

기출정답
01 상속, 저당

(2) 위반시의 조치

① **지위의 무효 등**: 국토교통부장관 또는 사업주체는 다음에 해당하는 자에 대하여 그 주택공급을 신청할 수 있는 **지위를 무효로** 하거나 이미 체결된 주택의 공급계약을 취소해야 한다.[1]

> 1. **(1)**을 위반하여 증서 또는 지위를 양도하거나 양수한 자
> 2. **(1)**을 위반하여 거짓이나 그 밖의 부정한 방법으로 증서나 지위 또는 주택을 공급받은 자

② **환매**: 사업주체가 **(1)**을 위반한 자에게 주택가격에 해당하는 금액을 지급한 경우에는 그 지급한 날에 그 주택을 취득한 것으로 본다.

③ **퇴거명령**: 사업주체가 매수인에게 주택가격을 지급하거나, 매수인을 알 수 없어 주택가격의 수령통지를 할 수 없는 경우 등에 해당하여 주택가격을 관할 법원에 공탁한 경우에는 그 주택에 입주한 자에 대하여 기간을 정하여 퇴거를 명할 수 있다.

④ **입주자자격의 제한**: 국토교통부장관은 **(1)**을 위반한 자에 대하여 10년 이내의 범위에서 주택의 입주자자격을 제한할 수 있다.

TIP

벌칙(법 제101조)
공급질서 교란금지를 위반한 자는 3년 이하의 징역 또는 3천만원 이하의 벌금에 처한다. 다만, 그 위반행위로 얻은 이익의 3배에 해당하는 금액이 3천만원을 초과하는 경우 그 이익의 3배에 해당하는 금액 이하의 벌금에 처한다.

[1]
국토교통부장관 또는 사업주체는 ①에도 불구하고 (1)을 위반한 공급질서 교란행위가 있었다는 사실을 알지 못하고 주택을 취득한 매수인이 해당 공급질서 교란 행위와 관련이 없음을 대통령령으로 정하는 바에 따라 소명하는 경우에는 이미 체결된 주택의 공급계약을 취소해서는 안 된다.

제4장 리모델링 · 빈출

기본서 p.540~545

TIP
리모델링의 허가
1. **입주자·사용자 또는 관리주체**: 입주자 전체의 동의
2. **입주자대표회의**: 소유자 전원의 동의
3. **리모델링주택조합**: 전체 구분소유자 및 의결권의 75% 이상 동의

⚡기출
01 공동주택을 리모델링 하려는 경우에는 ( )의 허가를 받아야 한다. 제33회

02 입주자대표회의가 리모델링하려는 경우에는 리모델링 설계개요, 공사비, 소유자의 비용분담 명세가 적혀 있는 결의서에 주택단지 소유자 ( )의 동의를 받아야 한다. 제31회

03 공동주택의 리모델링은 주택단지별 또는 ( )로 할 수 있다. 제33회

04 리모델링주택조합이 공동주택의 리모델링허가를 받으려는 경우에는 주택단지 전체 구분소유자 및 의결권의 각 ( )% 이상의 동의와 각 동별 구분소유자 및 의결권의 각 ( )% 이상의 동의를 받아야 한다. 제36회

기출정답
01 시장·군수·구청장
02 전원 **03** 동별
04 75, 50

01 리모델링의 허가

(1) 리모델링의 허가 등

① 공동주택의 **입주자·사용자 또는 관리주체**가 공동주택을 리모델링하려는 경우에는 **시장·군수·구청장의 허가**를 받아야 한다.

② **입주자대표회의나 리모델링주택조합**은 시장·군수·구청장의 허가를 받아 리모델링을 할 수 있다. 다만, 리모델링에 동의한 소유자는 시장·군수·구청장에게 **허가신청서를 제출하기 전까지** 서면으로 동의를 철회할 수 있다.

③ **허가기준**: ① 및 ②에 따른 리모델링 허가기준은 다음과 같다.

> 1. **입주자·사용자 또는 관리주체**: 공사기간, 공사방법 등이 적혀 있는 동의서에 **입주자 전체의 동의**를 받아야 한다.
> 2. **입주자대표회의**: 리모델링 설계의 개요, 공사비 및 소유자의 비용분담 명세가 적혀 있는 결의서에 주택단지의 **소유자 전원의 동의**를 받아야 한다.
> 3. **리모델링주택조합**: 리모델링 설계의 개요, 공사비 및 조합원의 비용분담 명세가 적혀 있는 결의서에 다음의 구분에 따른 동의를 받아야 한다.
>   ① **주택단지 전체를 리모델링하는 경우**: 주택단지 **전체** 구분소유자 및 의결권의 **각 75% 이상**의 동의와 각 **동별** 구분소유자 및 의결권의 **각 50% 이상**의 동의
>   ② **동을 리모델링하는 경우**: 그 동의 구분소유자 및 의결권의 **각 75% 이상**의 동의
> 4. **허용행위**: 공동주택의 리모델링은 **주택단지별** 또는 **동별**로 한다.

> ★ **암기 PLUS** | 리모델링주택조합의 결의요건
>
> | 구분 | 주택단지 전체 | 동 |
> | --- | --- | --- |
> | 조합설립인가 신청시 | 전체 구분소유자와 의결권의 각 3분의 2 이상 + 각 동의 구분소유자와 의결권의 각 과반수 | 동의 구분소유자와 의결권의 각 3분의 2 이상 |
> | 리모델링허가 신청시 | 전체 구분소유자와 의결권의 각 75% 이상 + 각 동의 구분소유자와 의결권의 각 50% 이상 | 동의 구분소유자와 의결권의 각 75% 이상 |

④ **심의**: 시장·군수·구청장이 세대수 증가형 리모델링(50세대 이상으로 세대수가 증가하는 경우로 한정)을 허가하려는 경우에는 기반시설에의 영향이나 도시·군관리계획과의 부합 여부 등에 대하여 시·군·구도시계획위원회의 심의를 거쳐야 한다.

⑤ **사용검사**: 공동주택의 입주자·사용자·관리주체, 입주자대표회의 또는 리모델링주택조합이 리모델링에 관하여 시장·군수·구청장의 허가를 받은 후 그 공사를 완료하였을 때에는 시장·군수·구청장의 사용검사를 받아야 한다.

(2) 시공자의 선정

① **선정주체**: 리모델링을 하는 경우 설립인가를 받은 리모델링주택조합의 총회 또는 소유자 전원의 동의를 받은 입주자대표회의에서 건설사업자 또는 등록사업자를 시공자로 선정해야 한다.

② **선정방법**: 시공자를 선정하는 경우에는 **국토교통부장관이 정하는 경쟁입찰**의 방법으로 해야 한다. 다만, 2회 이상 경쟁입찰을 했으나 최저 입찰자 수에 미달하여 경쟁입찰의 방법으로 시공자를 선정할 수 없게 된 경우에는 그러하지 않다.

02 공동주택의 리모델링

(1) 권리변동계획의 수립

세대수가 증가되는 리모델링을 하는 경우에는 다음의 사항에 대한 권리변동계획을 수립하여 사업계획승인 또는 행위허가를 받아야 한다.

> 1. 리모델링 전후의 대지 및 건축물의 권리변동명세
> 2. 조합원의 비용분담
> 3. 사업비
> 4. 조합원 외의 자에 대한 분양계획 등

(2) 증축형 리모델링의 안전진단

① **안전진단의 요청**: 증축형 리모델링을 하려는 자는 시장·군수·구청장에게 안전진단을 요청해야 하며, 시장·군수·구청장은 해당 건축물의 증축 가능 여부의 확인 등을 위하여 안전진단을 실시해야 한다.[1]

② **증축형 리모델링의 불허**: 시장·군수·구청장이 안전진단으로 건축물 구조의 안전에 위험이 있다고 평가하여 재건축사업 및 소규모재건축사업의 시행이 필요하다고 결정한 건축물은 증축형 리모델링을 해서는 안 된다.

⚡기출

01 사업비에 관한 사항은 세대수가 증가되는 리모델링을 하는 경우 수립해야 하는 (　　)계획에 포함된다. 제31회

02 (　　) 리모델링을 하려는 자는 시장·군수·구청장에게 안전진단을 요청해야 한다. 제34회

TIP

수직증축형 리모델링의 설계자는 국토교통부장관이 정하여 고시하는 구조기준에 맞게 구조설계도서를 작성해야 한다.

[1] 비용부담

시장·군수·구청장은 안전진단 비용의 전부 또는 일부를 리모델링을 하려는 자에게 부담하게 할 수 있다.

기출정답

01 권리변동　02 증축형

03 리모델링 기본계획[1]

(1) 수립권자 및 대상 지역 등

① **수립의무**: 특별시장·광역시장 및 대도시의 시장은 관할 구역에 대하여 다음의 사항을 포함한 리모델링 기본계획을 10년 단위로 수립해야 한다.[2] 다만, 세대수 증가형 리모델링에 따른 도시과밀의 우려가 적은 경우 등은 수립하지 않을 수 있다.

> 1. 계획의 목표 및 기본방향
> 2. 도시기본계획 등 관련 계획 검토
> 3. 리모델링대상 공동주택 현황 및 세대수 증가형 리모델링 수요예측
> 4. 세대수 증가에 따른 기반시설의 영향 검토
> 5. 일시집중 방지 등을 위한 단계별 리모델링 시행방안 등

② 리모델링 기본계획의 작성기준 등은 **국토교통부장관**이 정한다.

(2) 수립절차

① **의견청취**: 특별시장·광역시장 및 대도시의 시장은 리모델링 기본계획을 수립하거나 변경하려면 14일 이상 주민에게 공람하고, 지방의회의 의견을 들어야 한다. 이 경우 지방의회는 30일 이내에 의견을 제시해야 한다. 다만, 경미한 변경인 경우에는 주민공람 및 지방의회 의견청취절차를 거치지 않을 수 있다.

② **협의·심의**: 특별시장·광역시장 및 대도시의 시장은 리모델링 기본계획을 수립하거나 변경하려면 관계 행정기관의 장과 **협의**한 후 시·도 또는 시·군·구도시계획위원회의 **심의**를 거쳐야 한다. 이 경우 협의를 요청받은 관계 행정기관의 장은 특별한 사유가 없으면 30일 이내에 의견을 제시해야 한다.

③ **승인**: 대도시의 시장은 리모델링 기본계획을 수립하거나 변경하려면 도지사의 승인[3]을 받아야 하며, 도지사는 리모델링 기본계획을 승인하려면 시·도도시계획위원회의 심의를 거쳐야 한다.

(3) 타당성 검토

특별시장·광역시장 및 대도시의 시장은 5년마다 리모델링 기본계획의 타당성을 검토하여 그 결과를 리모델링 기본계획에 반영해야 한다.

---

[1] 리모델링 기본계획
세대수 증가형 리모델링으로 인한 도시과밀, 이주수요집중 등을 체계적으로 관리하기 위하여 수립하는 계획을 말한다.

[2]
대도시가 아닌 시의 시장은 세대수 증가형 리모델링에 따른 도시과밀이나 일시집중 등이 우려되어 도지사가 필요하다고 인정한 경우 리모델링 기본계획을 수립해야 한다.

⚡ 기출

01 특별시장·광역시장 및 대도시의 시장은 리모델링 기본계획을 수립하거나 변경하려면 (   )일 이상 주민에게 공람하고, 지방의회의 의견을 들어야 한다. 이 경우 지방의회는 의견제시를 요청받은 날부터 (   )일 이내에 의견을 제시해야 한다.
제27회

TIP
특별시장·광역시장 및 대도시의 시장은 리모델링 기본계획을 수립하거나 변경한 때에는 이를 지체 없이 해당 지방자치단체의 공보에 고시해야 한다.

[3] 도지사의 승인
1. **도시·주거환경정비 기본계획**: 대도시의 시장이 아닌 시장은 도지사의 승인
2. **리모델링 기본계획**: 대도시의 시장은 도지사의 승인

기출정답
01 14, 30

제5장 보칙 및 벌칙

기본서 p.546~554

01 토지임대부 분양주택

(1) 토지임대부 분양주택의 토지에 관한 임대차 관계

① **임대차기간**: 토지임대부 분양주택의 토지에 대한 임대차기간은 40년 이내로 한다. 이 경우 토지임대부 분양주택 소유자의 75% 이상이 계약갱신을 청구하는 경우 40년의 범위에서 이를 갱신할 수 있다.

② 토지임대부 분양주택을 공급받은 자가 토지소유자와 임대차계약을 체결한 경우 해당 주택의 구분소유권을 목적으로 그 토지 위에 임대차기간 동안 지상권이 설정된 것으로 본다.

③ 토지임대료는 월별 임대료를 원칙으로 하되, 토지소유자와 주택을 공급받은 자가 합의한 경우 임대료를 선납하거나 보증금으로 전환하여 납부할 수 있다.❶

④ 토지소유자는 토지임대주택을 분양받은 자와 토지임대료에 관한 약정을 체결한 후 2년이 지나기 전에는 토지임대료의 증액을 청구할 수 없다.

(2) 토지임대부 분양주택의 공공매입

① **매입신청**: 토지임대부 분양주택을 공급받은 자는 전매제한기간이 지나기 전에 한국토지주택공사에 해당 주택의 매입을 신청할 수 있다.

② **매입의무**: 한국토지주택공사는 매입신청을 받거나 전매행위 제한을 위반하여 토지임대부 분양주택의 전매가 이루어진 경우 대통령령으로 정하는 특별한 사유가 없으면 해당 주택을 매입해야 한다.

02 주택상환사채

(1) 주택상환사채의 발행

① **발행자**: 한국토지주택공사와 등록사업자는 주택상환사채를 발행할 수 있다.

② **발행승인**: 주택상환사채를 발행하려는 자는 주택상환사채발행계획을 수립하여 국토교통부장관의 승인을 받아야 한다.

③ **보증 등**: 등록사업자는 다음의 기준에 맞고 금융기관 또는 주택도시보증공사의 보증을 받은 경우에만 주택상환사채를 발행할 수 있다.

TIP

토지임대부 분양주택
토지의 소유권은 사업계획의 승인을 받아 토지임대부 분양주택 건설사업을 시행하는 자가 가지고, 건축물 및 복리시설 등에 대한 소유권은 주택을 분양받은 자가 가지는 주택을 말한다.

❶ 토지임대료를 선납하거나 보증금으로 전환하려는 경우 그 선납 토지임대료 또는 보증금을 산정할 때 적용되는 이자율은 은행의 3년 만기 정기예금 평균 이자율 이상이어야 한다.

⚡기출

01 토지임대부 분양주택의 토지에 대한 임대차기간은 ( )년 이내로 한다. 이 경우 토지임대부 분양주택 소유자의 ( )% 이상이 계약갱신을 청구하는 경우 40년의 범위에서 이를 갱신할 수 있다. 제33회

02 주택상환사채를 발행하려는 자는 주택상환사채발행계획을 수립하여 ( )장관의 승인을 받아야 한다. 제33회

기출정답
01 40, 75 02 국토교통부

⚡ **기출**

01 법인으로서 자본금이 (　　)원 이상인 등록사업자는 주택상환사채를 발행할 수 있다. 이 경우 발행규모는 최근 (　　)간 연평균 주택건설호수 이내로 한다. 제36회

02 주택상환사채는 (　　) 증권으로 하고, 사채권자의 명의변경은 취득자의 성명과 주소를 (　　)에 기록하는 방법으로 한다. 제36회

03 등록사업자의 등록이 말소된 경우에도 등록사업자가 발행한 주택상환사채의 효력에는 영향을 (　　). 제36회

04 주택상환사채의 상환기간은 (　　)을 초과할 수 없다. 제36회

1. 법인으로서 자본금이 5억원 이상일 것
2. 「건설산업기본법」에 따라 건설업 등록을 한 자일 것
3. 최근 3년간 연평균 주택건설 실적이 300호 이상일 것
4. 발행규모는 최근 3년간의 연평균 주택건설 호수 이내로 할 것

(2) 발행책임과 조건 등

① **발행책임**: 주택상환사채를 발행한 자는 발행조건에 따라 주택을 건설하여 사채권자에게 상환해야 한다.

② **상환기간**: 주택상환사채의 상환기간은 3년을 초과할 수 없다. 이 경우 상환기간은 주택상환사채발행일부터 주택의 공급계약체결일까지의 기간으로 한다.

③ **양도 등의 제한**: 주택상환사채는 이를 양도하거나 중도에 해약할 수 없다. 다만, 해외이주 등 다음의 부득이한 사유가 있는 경우는 예외로 한다.

1. 세대원의 근무 또는 생업상의 사정이나 질병치료, 취학 또는 결혼으로 세대원 전원이 다른 행정구역으로 이전하는 경우
2. 세대원 전원이 상속으로 취득한 주택으로 이전하는 경우
3. 세대원 전원이 해외로 이주하거나 2년 이상 해외에 체류하려는 경우

④ **사채의 효력**: 등록사업자의 등록이 말소된 경우에도 등록사업자가 발행한 주택상환사채의 효력에는 영향을 미치지 않는다.

⑤ **적용규정**: 주택상환사채의 발행에 관하여 이 법에서 규정한 것 외에는 「상법」 중 사채발행에 관한 규정을 적용한다.

(3) 발행방법 등

① 주택상환사채는 액면 또는 할인의 방법으로 발행한다.❶

② 주택상환사채는 기명증권(記名證券)으로 하고, 사채권자의 명의변경은 취득자의 성명과 주소를 사채원부에 기록하는 방법으로 하며, 취득자의 성명을 채권에 기록하지 않으면 사채발행자 및 제3자에게 대항할 수 없다.

③ 주택상환사채의 납입금은 해당 보증기관과 주택상환사채발행자가 협의하여 정하는 금융기관에서 관리한다.

④ **납입금의 사용**: 주택상환사채의 납입금은 다음의 용도로만 사용할 수 있다.

1. 택지의 구입 및 조성, 주택건설자재의 구입, 건설공사비에의 충당
2. 그 밖에 주택상환에 필요한 비용으로서 국토교통부장관의 승인을 받은 비용에의 충당

❶ **주택상환사채 기재사항**
1. 발행 기관
2. 발행 금액
3. 발행 조건
4. 상환 시기와 절차

TIP
주택상환사채의 양도
1. **양도방법(명의변경)**: 사채원부에 기록
2. **대항요건**: 채권에 기록

기출정답
01 5억, 3년
02 기명, 사채원부
03 미치지 않는다
04 3년

03 청문

국토교통부장관 또는 지방자치단체의 장은 다음의 처분을 하려면 청문을 해야 한다.

1. 주택건설사업 등의 등록말소
2. 주택조합의 설립인가취소
3. 사업계획승인의 취소
4. 리모델링허가의 취소

MEMO

해커스 공인중개사
핵심요약집
land.Hackers.com

제6편

농지법

제1장 총칙
제2장 농지의 소유
제3장 농지의 이용
제4장 농지의 보전 등

제1장 총칙

기본서 p.559~561

01 용어정의 빈출

이 법**①**에서 사용하는 용어의 뜻은 다음과 같다.

①
「농지법」 ⇨ 이하 이 편에서 '법'이라 한다.

⚡ **기출**

01 관상용 수목의 묘목을 (　　)목적으로 식재한 재배지로 실제로 이용되는 토지는 농지에 해당하지 않는다. 제30회

02 (　　)m² 이상의 농지에서 경작 또는 재배하거나 1년 중 (　　)일 이상 농업에 종사하는 자, 농업경영을 통한 농산물의 연간 판매액이 (　　)원 이상인 자는 농업인에 해당한다. 제28회

② 농축산물 생산시설
1. **농막**: 연면적 20m² 이하일 것
2. **간이저온저장고**: 연면적 33m² 이하일 것
3. **간이액비저장조**: 저장용량이 200t 이하일 것

농지	1. 의의: 농지란 다음에 해당하는 토지를 말한다. 　(1) 전·답, 과수원, 그 밖에 법적 지목(地目)을 불문하고 실제로 농작물 경작지 또는 다음에 해당하는 다년생식물 재배지로 이용되는 토지 　　① 목초·종묘·인삼·약초·잔디 및 조림용 묘목 　　② 과수·뽕나무·유실수 그 밖의 생육기간이 2년 이상인 식물 　　③ 조경 또는 관상용 수목과 그 묘목(조경목적으로 식재한 것은 제외) 　(2) 농지개량시설의 부지: 유지(溜池: 웅덩이), 양·배수시설, 수로·농로·제방, 토양의 침식이나 재해로 인한 농작물의 피해를 방지하기 위한 계단·흙막이·방풍림 등 　(3) 농축산물 생산시설의 부지: 고정식온실·버섯재배사 및 비닐하우스, 축사(간이양축시설은 제외)·곤충사육사, 간이퇴비장, 농막·농촌체류형 쉼터, 간이저온저장고·간이액비저장조, 수직농장·식물공장 등**②** 2. 제외 　(1) 지목이 전·답, 과수원이 아닌 토지로서 농작물 경작지 또는 다년생식물 재배지로 계속하여 이용되는 기간이 3년 미만인 토지 　(2) 지목이 임야인 토지로서 「산지관리법」에 따른 산지전용허가를 거치지 않고 농작물의 경작 또는 다년생식물의 재배에 이용되는 토지 　(3) 「초지법」에 따라 조성된 초지
농업인	농업에 종사하는 개인으로서 다음에 해당하는 자 1. 1천m² 이상의 농지에서 농작물 또는 다년생식물을 경작 또는 재배하거나 1년 중 90일 이상 농업에 종사하는 자 2. 농지에 330m² 이상의 고정식온실·버섯재배사·비닐하우스, 그 밖의 농업생산에 필요한 시설을 설치하여 농작물 또는 다년생식물을 경작 또는 재배하는 자 3. 대가축 2두, 중가축 10두, 소가축 100두, 가금(家禽: 집에서 기르는 날짐승) 1천수 또는 꿀벌 10군 이상을 사육하거나 1년 중 120일 이상 축산업에 종사하는 자 4. 농업경영을 통한 농산물의 연간 판매액이 120만원 이상인 자
농업법인	「농어업경영체 육성 및 지원에 관한 법률」에 따라 설립된 영농조합법인과 업무집행권을 가진 자 중 3분의 1 이상이 농업인인 농업회사법인

기출정답
01 조경
02 1천, 90, 120만

농업경영	농업인이나 농업법인이 자기의 계산과 책임으로 농업을 영위하는 것
자경 (自耕)	농업인이 그 소유농지에서 농작물 경작 또는 다년생식물 재배에 상시 종사하거나 농작업의 2분의 1 이상을 자기의 노동력으로 경작 또는 재배하는 것과 농업법인이 그 소유농지에서 농작물을 경작하거나 다년생식물을 재배하는 것
위탁경영	농지소유자가 타인에게 일정한 보수를 지급하기로 약정하고 농작업의 전부 또는 일부를 위탁하여 행하는 농업경영
농지의 개량	농지의 생산성을 높이기 위해 농지의 형질을 변경하는 다음의 행위 1. 농지의 이용가치를 높이기 위해 농지의 구획을 정리하거나 개량시설을 설치하는 행위 2. 농지의 토양개량이나 관개, 배수, 농업기계 이용의 개선을 위해 해당 농지에서 객토·성토 또는 절토하거나 암석을 채굴하는 행위
농지의 전용(轉用)	농지를 농작물의 경작이나 다년생식물의 재배 등 농업생산 또는 농지개량 외의 용도로 사용하는 것
주말· 체험영농	농업인이 아닌 개인이 주말 등을 이용하여 취미생활이나 여가활동으로 농작물을 경작하거나 다년생식물을 재배하는 것

TIP

주말·체험영농을 하려는 자는 농업진흥지역 외의 농지를 소유할 수 있고, 주말·체험영농계획서를 작성해서 농지취득자격증명을 발급받아야 한다.

개념 PLUS | 농막 등의 범위

1. **농막**: 농작업에 직접 필요한 농자재 및 농기계 보관, 수확 농산물 간이 처리 또는 농작업 중 일시 휴식을 위하여 설치하는 다음의 요건을 모두 갖춘 임시창고
   ① 주거 목적으로 사용되지 않을 것
   ② 연면적이 $20m^2$ 이하일 것
   ③ 「건축법」에 따라 가설건축물의 축조신고를 했을 것
   ④ 농지대장에 등재되었을 것 등

2. **농촌체류형 쉼터**: 농업인 또는 주말·체험영농을 하려는 사람(이하 '농업인 등')이 농작업을 위한 임시숙소의 용도로 직접 사용하기 위해 설치하는 다음의 요건을 모두 갖춘 시설
   ① 방재지구, 붕괴위험지역, 자연재해위험개선지구 외의 농지에 설치되었을 것
   ② 연면적이 $33m^2$ 이하일 것. 다만, 한 필지의 농지에 농막과 함께 농촌체류형 쉼터를 설치하는 경우에는 합산한 연면적이 $33m^2$ 이하일 것
   ③ 농지의 면적은 농촌체류형 쉼터의 연면적의 두 배 이상일 것
   ④ 「건축법」에 따라 가설건축물의 축조신고를 했을 것. 이 경우 건축조례로 존치기간의 연장 횟수를 3회 이상으로 정할 수 있다.
   ⑤ 농지대장에 등재되었을 것
   ⑥ 소방자동차를 통한 소방활동이 가능한 도로에 접한 농지에 설치되고, 주택용소방시설이 설치되었을 것 등

제2장 농지의 소유 빈출

기본서 p.562~571

01 농지소유제한

(1) 경자유전(耕者有田)의 원칙

① 농지는 **자기의 농업경영**에 이용하거나 이용할 자가 아니면 소유하지 못한다. 다만, 다음의 어느 하나에 해당하는 경우에는 농지를 소유할 수 있다. 이 경우 소유농지는 농업경영에 이용되도록 해야 한다(2. 및 3.은 제외).

> 1. **국가나 지방자치단체**가 농지를 소유하는 경우
> 2. **학교, 공공단체·농업연구기관**·농업생산자단체 또는 종묘나 그 밖의 농업 기자재 생산자가 그 목적사업을 수행하기 위하여 필요한 시험지·연구지·실습지·종묘생산지 또는 과수 인공수분용 꽃가루 생산지로 쓰기 위하여 농지를 취득하여 소유하는 경우
> 3. **주말·체험영농**을 하려고 **농업진흥지역 외의 농지**를 소유하는 경우
> 4. **상속**[상속인에게 한 유증(遺贈) 포함]으로 농지를 취득하여 소유하는 경우
> 5. **8년 이상** 농업경영을 하던 사람이 이농(離農)한 후에도 이농 당시 소유하고 있던 농지를 계속 소유하는 경우
> 6. 담보농지를 취득하여 소유하는 경우
> 7. **농지전용허가**를 받거나 **농지전용신고**를 한 자가 그 농지를 소유하는 경우
> 8. **농지전용협의**를 마친 농지를 소유하는 경우
> 9. 농지의 개발사업지구에 있는 농지로서 대통령령으로 정하는 1,500m² 미만의 농지나 「농어촌정비법」에 따른 농지를 취득하여 소유하는 경우
> 10. 농업진흥지역 밖의 농지 중 최상단부부터 최하단부까지의 평균경사율이 15% 이상인 농지로서 대통령령으로 정하는 농지(이하 '영농여건불리농지')를 소유하는 경우
> 11. 다음에 해당하는 경우
>   ① 한국농어촌공사가 농지를 취득하여 소유하는 경우
>   ② 「공유수면 관리 및 매립에 관한 법률」에 따라 **매립농지**를 취득하여 소유하는 경우
>   ③ 토지수용으로 농지를 취득하여 소유하는 경우

⚡기출

01 주말·체험영농을 하려는 사람은 농업진흥지역 ( )의 농지를 소유할 수 있다. 제33회

기출정답
01 외

④ 농림축산식품부장관과 협의를 마치고 「공취법」에 따라 농지를 취득하여 소유하는 경우
⑤ 「공공토지의 비축에 관한 법률」에 해당하는 토지 중 공공토지비축심의위원회가 비축이 필요하다고 인정하는 토지로서 「국토법」에 따른 계획관리지역과 자연녹지지역 안의 농지를 한국토지주택공사가 취득하여 소유하는 경우. 이 경우 그 취득한 농지를 전용하기 전까지는 한국농어촌공사에 지체 없이 위탁하여 임대하거나 무상사용하게 해야 한다.

② **임대·사용대의 특례**: 농지를 임대하거나 무상사용하게 하는 경우에는 (1)에도 불구하고 임대하거나 무상사용하게 하는 기간 동안 농지를 계속 소유할 수 있다.

③ **특례의 제한**: 이 법에서 허용된 경우 외에는 농지소유에 관한 특례를 정할 수 없다.

(2) 소유상한(上限)[1]

① **상속농지**: 상속으로 농지를 취득한 사람으로서 **농업경영을 하지 않는 사람**은 그 상속농지 중에서 총 1만m² 까지만 소유할 수 있다.
② **이농농지**: 8년 이상 농업경영을 한 후 이농한 사람은 이농 당시 소유농지 중에서 총 1만m² 까지만 소유할 수 있다.
③ **주말·체험영농**: 주말·체험영농을 하려는 사람은 총 1천m² 미만의 농지를 소유할 수 있다. 이 경우 면적계산은 그 세대원 전부가 소유하는 총면적으로 한다.

TIP
농업경영을 하는 자는 농지소유상한의 제한이 없다.

[1] 농지를 한국농어촌공사 등에게 위탁하여 임대하거나 무상사용하게 하는 경우에는 그 기간 동안 소유상한을 초과하는 농지를 계속 소유할 수 있다.

02 농지취득자격증명의 발급

(1) 발급대상

농지를 취득(매매·교환, 증여, 판결 및 경매 등)하려는 자는 농지소재지를 관할하는 시장, 구청장, 읍장 또는 면장(이하 '시·구·읍·면장')에게서 농지취득자격증명을 발급받아야 한다.[2] 다만, 다음에 해당하면 **농지취득자격증명을 발급받지 않고** 농지를 취득할 수 있다.

1. 국가나 지방자치단체가 농지를 소유하는 경우
2. 농지전용협의를 마친 농지를 소유하는 경우
3. 상속으로 농지를 취득하여 소유하는 경우

[2] **벌칙**
농지소유제한이나 농지소유상한을 위반하여 농지를 소유할 목적으로 거짓이나 그 밖의 부정한 방법으로 농지취득자격증명을 발급받은 자는 5년 이하의 징역 또는 해당 토지의 개별공시지가에 따른 토지가액에 해당하는 금액 이하의 벌금에 처한다.

⚡ 기출

01 주말·체험영농을 하려고 농업진흥지역 외의 농지를 소유하는 경우에는 (　　)을 발급받아야 한다. 제32회

4. 농업법인의 합병으로 농지를 취득하는 경우
5. 담보농지를 취득하여 소유하는 경우
6. **다음에 해당하는 농지를 취득하여 소유하는 경우**: 한국농어촌공사, 매립농지, 토지수용 등
7. 공유농지의 분할이나 그 밖에 대통령령으로 정하는 경우: 시효의 완성 등

(2) 농업경영계획서의 작성

① **원칙**: 농지취득자격증명을 발급받으려는 자는 다음의 사항이 모두 포함된 **농업경영계획서 또는 주말·체험영농계획서**를 작성하여 농지소재지를 관할하는 시·구·읍·면장에게 발급신청을 해야 한다.🔳

1. 취득대상 농지의 면적(공유로 취득하려는 경우 공유지분의 비율 및 각자가 취득하려는 농지의 위치도 함께 표시함)
2. 취득대상 농지에서 농업경영을 하는 데에 필요한 노동력 및 농업기계·장비·시설의 확보 방안
3. 소유농지의 이용실태(농지소유자만 해당)
4. 농지취득자격증명을 발급받으려는 자의 직업·영농경력·영농거리

🔳 시·구·읍·면장은 농업경영계획서 또는 주말·체험영농계획서를 10년간 보존해야 한다.

② **작성면제**: 다음에 따라 농지를 취득하는 자는 **농업경영계획서 또는 주말·체험영농계획서를 작성하지 않고** 농림축산식품부령으로 정하는 서류를 첨부하지 않아도 발급신청을 할 수 있다.

1. **학교**, **공공단체·농업연구기관·농업생산자단체** 또는 종묘나 그 밖의 농업기자재 생산자가 그 목적사업을 수행하기 위하여 필요한 농지를 취득하여 소유하는 경우
2. **농지전용허가를 받거나 농지전용신고를 한 자**가 그 농지를 소유하는 경우
3. 농지의 개발사업지구에 있는 1,500m² 미만의 농지나 「농어촌정비법」에 따른 농지를 취득하여 소유하는 경우
4. 농업진흥지역 밖의 농지 중 최상단부부터 최하단부까지의 평균경사율이 15% 이상인 농지(영농여건불리농지)를 소유하는 경우
5. 「공공토지의 비축에 관한 법률」에 해당하는 토지 중 공공토지비축심의위원회가 비축이 필요하다고 인정하는 토지로서 계획관리지역과 자연녹지지역 안의 농지를 한국토지주택공사가 취득하여 소유하는 경우

TIP
영농계획서의 작성면제 (농취증은 발급)
1. 학교, 공공단체, 농업연구기관
2. 농지전용허가
3. 농지전용신고 등

기출정답
01 농지취득자격증명

(3) 농지위원회의 심의 등

① **농지위원회 심의**: 시·구·읍·면의 장은 농지 투기가 성행하거나 성행할 우려가 있는 지역의 농지를 취득하려는 자 등이 농지취득자격증명 발급을 신청한 경우 농지위원회의 심의를 거쳐야 한다.

② **발급기한**: 시·구·읍·면의 장은 농지취득자격증명의 발급신청을 받은 날부터 7일(농업경영계획서 또는 주말·체험영농계획서를 작성하지 않고 발급신청을 할 수 있는 경우에는 4일, 농지위원회의 심의대상의 경우에는 14일) 이내에 신청인에게 농지취득자격증명을 발급해야 한다.

(4) 농지소유의 세분화방지

① **공유자 수 제한**: 시장·군수 또는 구청장은 농지 1필지를 공유로 소유(상속은 제외)하려는 자의 최대인원수를 7인 이하의 범위에서 시·군·구의 조례로 제한할 수 있다.

② **발급제한**: 시·구·읍·면의 장은 1필지를 공유로 취득하려는 자가 시·군·구의 조례로 정한 수를 초과한 경우에는 농지취득자격증명을 발급하지 않을 수 있다.

> **TIP**
> **첨부서면**
> 농지취득자격증명을 발급받아 농지를 취득하는 자가 그 소유권에 관한 등기를 신청할 때에는 농지취득자격증명을 첨부해야 한다.

03 농지의 위탁경영

농지소유자는 다음에 해당하는 경우 외에는 소유농지를 위탁경영할 수 없다.

1. 「병역법」에 따라 징집 또는 소집된 경우
2. 3개월 이상 국외여행 중인 경우
3. 농업법인이 청산 중인 경우
4. **질병, 취학, 선거에 따른 공직취임, 그 밖에 다음의 사유로 자경할 수 없는 경우**
   ① 부상으로 3개월 이상의 치료가 필요한 경우
   ② 교도소·구치소 또는 보호감호시설에 수용 중인 경우
   ③ 임신 중이거나 분만 후 6개월 미만인 경우
5. 농지이용증진사업 시행계획에 따라 위탁경영하는 경우
6. **농업인이 자기 노동력이 부족하여 농작업의 일부를 위탁하는 경우**
   ① 주요 농작업의 3분의 1 이상을 자기 또는 세대원의 노동력에 의하는 경우
   ② 자기의 농업경영에 관련된 농작업에 1년 중 30일 이상 직접 종사하는 경우

> **⚡ 기출**
> **01** 농지의 소유자가 (　　) 이상 (　　)여행 중인 경우, 농업인이 자기 노동력이 부족하여 농작업의 (　　)를 위탁하는 경우에는 소유농지를 위탁경영할 수 있다. 제36회
>
> **기출정답**
> 01 3개월, 국외, 일부

04 농업경영에 이용하지 않는 농지 등의 처분

(1) 농지의 처분의무

농지소유자는 다음에 해당하게 되면 그 사유가 발생한 날부터 1년 이내에 해당 농지를 그 사유가 발생한 날 당시 세대를 같이하는 세대원이 아닌 자, 그 밖에 농림축산식품부령으로 정하는 자에게 처분해야 한다.

> 1. 소유농지를 자연재해·농지개량·질병 등 다음의 정당한 사유 없이 **자기의 농업경영에 이용하지 않거나 이용하지 않게 되었다고 시장·군수 또는 구청장이 인정한 경우**
>   (1) 소유농지를 임대 또는 무상사용하게 하는 경우
>   (2) 자연재해 등으로 인하여 영농이 불가능하게 되어 휴경(休耕)하는 경우
>   (3) 농지개량 또는 영농준비를 위하여 휴경하는 경우
>   (4) 「병역법」에 따라 징집 또는 소집되어 휴경하는 경우
>   (5) 질병 또는 취학, 선거에 따른 공직취임으로 휴경하는 경우
>   (6) 다음에 해당하는 사유로 휴경하는 경우
>   ① 부상으로 3개월 이상의 치료가 필요한 경우
>   ② 교도소·구치소 또는 보호감호시설에 수용 중인 경우
>   ③ 3개월 이상 국외여행을 하는 경우 등
> 2. 농지를 소유하고 있는 농업회사법인이 요건에 맞지 않게 된 후 3개월이 지난 경우
> 3. 주말·체험영농을 하려고 농지를 취득한 자가 자연재해·농지개량·질병 등 대통령령으로 정하는 정당한 사유 없이 그 농지를 주말·체험영농에 이용하지 않게 되었다고 시장·군수 또는 구청장이 인정한 경우
> 4. 농지전용허가를 받거나 농지전용신고를 하고 농지를 취득한 자가 취득한 날부터 2년 이내에 그 목적사업에 착수하지 않은 경우
> 5. 농지소유상한을 초과하여 농지를 소유한 것이 판명된 경우(소유상한을 초과하는 면적에 해당하는 농지만 해당)
> 6. 자연재해·농지개량·질병 등 정당한 사유 없이 농업경영계획서 또는 주말·체험영농계획서 내용을 이행하지 않았다고 시장·군수 또는 구청장이 인정한 경우 등

⚡ **기출**
01 농지소유자가 선거에 따른 (   )으로 휴경하는 경우에는 소유농지를 자기의 농업경영에 이용하지 않더라도 농지처분의무가 면제된다. 제25회

기출정답
01 공직취임

(2) 처분명령 및 매수청구

① **처분명령**: 시장·군수 또는 구청장은 다음의 어느 하나에 해당하는 농지소유자에게 6개월 이내에 그 농지를 처분할 것을 명할 수 있다.

> 1. 거짓이나 그 밖의 부정한 방법으로 농지취득자격증명을 발급받아 농지를 소유한 것으로 시장·군수 또는 구청장이 인정한 경우
> 2. 처분의무기간에 처분대상 농지를 처분하지 않은 경우
> 3. 농업법인이 부동산업을 영위한 것으로 시장·군수 또는 구청장이 인정한 경우

② **매수청구**: 농지소유자는 처분명령을 받으면 한국농어촌공사에 그 농지의 매수를 청구할 수 있다.

③ **매수가격**: 한국농어촌공사는 매수청구를 받으면 공시지가를 기준으로 해당 농지를 매수할 수 있다. 이 경우 인근지역의 실제 거래가격이 공시지가보다 낮으면 실제 거래가격을 기준으로 매수할 수 있다.

(3) 이행강제금

① **부과대상**: 시장·군수 또는 구청장은 다음의 어느 하나에 해당하는 자에게 해당 농지의 감정가격 또는 개별공시지가(개별공시지가가 없는 경우에는 표준지공시지가) 중 더 높은 가액의 100분의 25에 해당하는 이행강제금을 부과한다. **❶**

> 1. 처분명령을 받은 후 매수청구하여 협의 중인 경우 등 정당한 사유 없이 지정기간까지 그 처분명령을 이행하지 않은 자
> 2. 원상회복 명령을 받은 후 시장·군수·구청장이 그 원상회복 명령의 이행에 필요한 상당한 기간을 정했음에도 그 기한까지 원상회복을 않은 자
> 3. 시정명령을 받은 후 그 기간 내에 시정명령을 이행하지 않아 시장·군수·구청장이 그 시정명령의 이행에 필요한 상당한 기간을 정했음에도 그 기한까지 시정을 않은 자

② **반복부과**: 시장·군수 또는 구청장은 처분명령·원상회복 명령 또는 시정명령 이행기간이 만료한 다음 날을 기준으로 하여 그 처분명령·원상회복 명령 또는 시정명령이 이행될 때까지 이행강제금을 매년 1회 **❷** 부과·징수할 수 있다.

③ **부과의 중지**: 시장·군수 또는 구청장은 처분명령·원상회복 명령 또는 시정명령을 이행하면 새로운 이행강제금의 부과는 즉시 중지하되, 이미 부과된 이행강제금은 징수해야 한다.

TIP

농지처분의무(1년) × ⇨ 농지처분명령(6개월) × ⇨ 이행강제금 부과

❶
서면계고 ⇨ 의견제출(10일 이상) ⇨ 부과처분 ⇨ 이의제기(30일 이내)

❷ 부과횟수
1. 「건축법」: 1년에 2회 이내
2. 「농지법」: 매년 1회

⚡기출

01 시장·군수 또는 구청장은 처분명령을 받은 후 정당한 사유 없이 지정기간까지 그 처분명령을 이행하지 않은 자에게 해당 농지의 감정가격 또는 개별공시지가 중 더 높은 가액의 100분의 (　)에 해당하는 이행강제금을 매년 (　)회 부과한다. 제28회 수정

기출정답

01 25, 1

제3장 농지의 이용

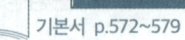
기본서 p.572~579

01 대리경작제

⚡ **기출**

01 시장·군수 또는 구청장은 유휴농지에 대하여 대리경작자를 (　) 으로 지정하거나 (　) 을 받아 지정할 수 있다.
제32회

(1) 대리경작자의 지정

시장·군수 또는 구청장은 유휴농지(농작물 경작이나 다년생식물 재배에 이용되지 않는 농지를 말함)에 대하여 그 농지의 소유권자나 임차권자를 대신하여 경작할 자(이하 '대리경작자')를 직권으로 지정하거나 유휴농지를 경작하려는 자의 신청을 받아 대리경작자를 지정할 수 있다. 다만, 다음에 해당하는 농지는 제외한다.

> 1. 지력의 증진이나 토양의 개량·보전을 위하여 필요한 기간 동안 휴경하는 농지
> 2. 연작으로 인하여 피해가 예상되는 재배작물의 경작 또는 재배 전후에 지력의 증진 또는 회복을 위하여 필요한 기간 동안 휴경하는 농지
> 3. 농지전용허가를 받거나 농지전용신고를 한 농지 및 농지전용협의를 거친 농지
> 4. 농지의 타용도 일시사용허가를 받거나 일시사용신고를 하거나 협의를 거친 농지

(2) 지정요건

TIP
대리경작자
1. **원칙**: 농업인 또는 농업법인
2. **예외**: 농업생산자단체·학교 등

① **원칙**: 시장·군수 또는 구청장은 대리경작자를 직권으로 지정하려는 경우에는 다음에 해당하지 않는 농업인 또는 농업법인을 지정해야 한다.

> 1. 농지처분의무를 통지받거나 처분명령을 받고 그 처분대상 농지를 처분하지 않은 자
> 2. 이 법에 따라 징역형의 실형을 선고받고 그 집행이 끝나거나 집행이 면제된 날부터 1년이 지나지 않은 자
> 3. 이 법에 따라 징역형의 집행유예나 선고유예를 받고 그 유예기간 중에 있는 자
> 4. 이 법에 따라 벌금형을 선고받고 1년이 지나지 않은 자

② **예외**: 시장·군수 또는 구청장은 대리경작자를 지정하기가 곤란한 경우에는 농업생산자단체·학교나 그 밖의 해당 농지를 경작하려는 자를 대리경작자로 지정할 수 있다.

기출정답
01 직권, 신청

(3) 지정절차

① **지정예고**: 시장·군수 또는 구청장은 대리경작자를 지정하려면 그 농지의 소유권자 또는 임차권자에게 예고해야 한다.

② **이의신청**: 농지의 소유권자나 임차권자는 지정예고를 받은 날부터 10일 이내에 시장·군수 또는 구청장에게 이의를 신청할 수 있다.[1]

(4) 대리경작기간 등

① **대리경작기간**: 대리경작기간은 따로 정하지 않으면 3년으로 한다.

② **토지사용료의 지급**: 대리경작자는 수확량의 100분의 10을 수확일부터 2개월 이내에 그 농지의 소유권자나 임차권자에게 토지사용료로 지급해야 한다. 이 경우 수령을 거부하거나 지급이 곤란한 경우에는 공탁할 수 있다.

③ **지정중지의 신청**: 대리경작농지의 소유권자 또는 임차권자가 그 농지를 스스로 경작하려면 대리경작기간이 끝나기 3개월 전까지, 그 대리경작기간이 끝난 후에는 대리경작자 지정을 중지할 것을 시장·군수 또는 구청장에게 신청해야 한다.

④ **지정해지**: 시장·군수 또는 구청장은 다음의 어느 하나에 해당하면 대리경작기간이 끝나기 전이라도 대리경작자 지정을 해지할 수 있다.

> 1. 대리경작농지의 소유권자나 임차권자가 정당한 사유를 밝히고 해지신청을 하는 경우
> 2. 대리경작자가 경작을 게을리하는 경우 등

[1] 대리경작자의 지정예고에 대하여 이의신청을 할 수 있고, 지정처분에 대하여는 이의신청을 할 수 없다.

⚡기출

01 대리경작기간은 따로 정하지 않으면 (　)으로 한다. 제32회

02 대리경작자는 수확량의 100분의 (　)을 농림축산식품부령으로 정하는 바에 따라 그 농지의 소유권자나 임차권자에게 토지사용료로 지급해야 한다. 제28회

02 농지의 임대차 또는 사용대차 〈빈출〉

(1) 농지의 임대·사용대

① **허용사유**: 다음에 해당하는 경우 외에는 농지를 임대하거나 무상사용하게 할 수 없다.

> 1. 경자유전의 예외에 해당하는 경우(학교·공공단체·농업연구기관, 주말·체험영농[2]은 제외): 국가·지방자치단체, 상속, 이농, 농지전용허가·신고, 농지전용협의 등
> 2. 농지이용증진사업 시행계획에 따라 농지를 임대하거나 무상사용하게 하는 경우

[2] 주말·체험영농을 하려고 농업진흥지역 외의 농지를 취득한 사람은 소유농지를 임대할 수 없다.

기출정답

01 3년   02 10

3. 질병, 징집, 취학, 선거에 따른 공직취임, 그 밖에 다음의 부득이한 사유로 인하여 일시적으로 농지를 임대하거나 무상사용하게 하는 경우
   ① 부상으로 3개월 이상의 치료가 필요한 경우
   ② 교도소·구치소 또는 보호감호시설에 수용 중인 경우
   ③ 3개월 이상 국외여행을 하는 경우
   ④ 농업법인이 청산 중인 경우
   ⑤ 임신 중이거나 분만 후 6개월 미만인 경우
4. 60세 이상으로서 농업인 또는 농업경영에 더 이상 종사하지 않게 된 사람이 자기의 농업경영에 이용한 기간이 5년이 넘은 농지를 임대하거나 무상사용하게 하는 경우
5. 개인이 소유하고 있는 농지 중 3년 이상 소유한 농지를 주말·체험영농을 하려는 자에게 임대하거나 무상사용하게 하는 경우, 또는 주말·체험영농을 하려는 자에게 임대하는 것을 업(業)으로 하는 자에게 임대하거나 무상사용하게 하는 경우
6. 농업법인이 소유하고 있는 농지를 주말·체험영농을 하려는 자에게 임대하거나 무상사용하게 하는 경우
7. 개인이 소유하고 있는 농지 중 3년 이상 소유한 농지를 한국농어촌공사나 그 밖에 대통령령으로 정하는 자에게 위탁하여 임대하거나 무상사용하게 하는 경우
8. 자경농지를 농림축산식품부장관이 정하는 이모작을 위하여 8개월 이내로 임대하거나 무상사용하게 하는 경우 등

② **종료명령**: 농지의 임차인이 정당한 사유 없이 농업경영에 사용하지 않을 때에는 **시장·군수 또는 구청장**이 임대차의 종료를 명할 수 있다.

(2) 임대차계약 방법과 확인
① **서면계약**: 임대차계약과 사용대차계약은 **서면계약**을 원칙으로 한다.
② **대항력**: 임대차계약은 그 등기가 없는 경우에도 임차인이 농지소재지를 관할하는 **시·구·읍·면의 장의 확인**을 받고, 해당 농지를 **인도(引渡)**받은 경우에는 그 다음 날부터 제3자에 대하여 효력이 생긴다.
③ **승계**: 임대농지의 양수인(讓受人)은 임대인의 지위를 승계한 것으로 본다.

(3) 임대차기간 등[1]
① 임대차기간은 **3년 이상**으로 해야 한다. 다만, 다음의 어느 하나에 해당하는 농지의 경우에는 **5년 이상**으로 해야 한다.

⚡ **기출**

01 ( ) 이상 농업인은 자신이 거주하는 시·군에 있는 소유농지 중에서 자기의 농업경영에 이용한 기간이 ( )이 넘은 농지를 임대할 수 있다.
제34회

[1] ①부터 ③까지의 규정에 따른 임대차기간은 임대차계약을 연장 또는 갱신하거나 재계약을 체결하는 경우에도 동일하게 적용한다.

기출정답
01 60세, 5년

1. 농지의 임차인이 다년생식물의 재배지로 이용하는 농지
2. 농지의 임차인이 농작물의 재배시설로서 고정식온실 또는 비닐하우스를 설치한 농지

② 임대차기간을 정하지 않거나 ①에 따른 기간 미만으로 정한 경우에는 ①에 따른 기간으로 약정된 것으로 본다. 다만, 임차인은 ①에 따른 기간 미만으로 정한 임대차기간이 유효함을 주장할 수 있다.

③ 임대인은 질병, 징집, 취학 등 불가피한 사유가 있는 경우에는 임대차기간을 ①에 따른 기간 미만으로 정할 수 있다.

④ **묵시의 갱신**: 임대인이 임대차기간이 끝나기 3개월 전까지 임차인에게 임대차계약을 갱신하지 않는다는 뜻이나 조건을 변경한다는 뜻을 통지하지 않으면 그 임대차기간이 끝난 때에 이전과 같은 조건으로 다시 임대차계약을 한 것으로 본다.

(4) 강행규정

이 법에 위반된 약정으로서 임차인에게 불리한 것은 그 효력이 없다.

(5) 국유농지와 공유농지의 임대차 특례

국유재산과 공유재산인 농지에 대하여는 임대차·사용대차 계약방법과 확인, 임대차기간, 임대차계약에 관한 조정 등, 묵시의 갱신, 임대인의 지위승계 및 강행규정을 적용하지 않는다.

⚡ 기출

01 임대차기간은 ( ) 이상으로 해야 한다. 다만, 농지의 임차인이 농작물의 재배시설로서 비닐하우스를 설치한 농지의 임대차기간은 ( ) 이상으로 해야 한다. 제31회

TIP

농지의 임대차기간
1. **원칙**: 3년 이상
2. **다년생식물 재배지**: 5년 이상
3. **이모작**: 8개월 이내

1
국유재산과 공유재산인 농지에 대하여는 임대차기간에 관한 규정을 적용하지 않는다.

기출정답
01 3년, 5년

제4장 농지의 보전 등

01 농업진흥지역

(1) 농업진흥지역의 지정

① **지정권자**: 특별시장·광역시장·특별자치시장·도지사 또는 특별자치도지사(이하 '시·도지사')는 농지를 효율적으로 이용하고 보전하기 위하여 다음의 용도구역으로 구분하여 농업진흥지역[1]을 지정한다.

농업진흥구역[1]	농업의 진흥을 도모해야 하는 지역으로서 농지가 집단화되어 농업목적으로 이용할 필요가 있는 지역: 농지조성사업 또는 농업기반정비사업이 시행되었거나 시행 중인 지역
농업보호구역	농업진흥구역의 용수원 확보, 수질보전 등 농업환경을 보호하기 위하여 필요한 지역

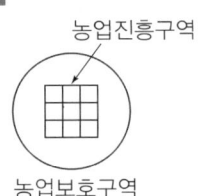

② **지정대상**: 농업진흥지역 지정은 녹지지역·관리지역·농림지역 및 자연환경보전지역을 대상으로 한다. 다만, 특별시의 녹지지역은 제외한다.

(2) 농업진흥지역의 지정절차

① **심의·승인**: 시·도지사는 시·도 농업·농촌 및 식품산업정책심의회의 심의를 거쳐 농림축산식품부장관의 승인을 받아 농업진흥지역을 지정한다. 이 경우 녹지지역이나 계획관리지역이 농업진흥지역에 포함되면 농림축산식품부장관은 승인 전에 국토교통부장관과 협의해야 한다.

② **주민의견청취**: 시·도지사는 농업진흥지역을 지정·변경 및 해제하려는 때에는 미리 해당 토지소유자에게 그 내용을 개별통지하고 지역주민의 의견을 청취해야 한다.

02 용도구역에서의 행위제한

(1) 농업진흥구역

① **원칙적 금지**: 농업진흥구역에서는 농업생산 또는 농지개량과 직접적으로 관련된 다음의 행위 외의 토지이용행위를 할 수 없다.

TIP

농림축산식품부장관은 매년 농업진흥지역의 실태조사를 해야 한다.

⚡기출

01 ( )는 농지를 효율적으로 이용하고 보전하기 위하여 농업진흥구역과 농업보호구역으로 구분하여 농업진흥지역을 지정한다. 제18회

02 농업진흥지역의 지정은 녹지지역·관리지역·농림지역 및 자연환경보전지역을 대상으로 한다. 다만, ( )의 녹지지역은 제외한다. 제31회

기출정답

01 시·도지사 02 특별시

1. 농작물의 경작, 다년생식물의 재배
2. 농지개량사업 또는 농업용수개발사업의 시행
3. 고정식온실·버섯재배사 및 비닐하우스와 그 부속시설의 설치
4. 축사·곤충사육사와 그 부속시설의 설치
5. 간이퇴비장, 농막·농촌체류형 쉼터·간이저온저장고 및 간이액비저장조, 수직농장·식물공장의 설치

② **예외적 허용**: 다음의 토지이용행위는 농업진흥구역에서 할 수 있다.

1. 농수산물의 가공·처리시설(3만m^2 미만)의 설치 및 농수산업 관련 시험·연구시설(3천m^2 미만)의 설치
2. 어린이놀이터, 마을회관, 그 밖에 농업인의 공동생활에 필요한 편의시설의 설치
3. 농업인 주택[1], 농업용·축산업용 또는 어업용 시설의 설치
4. 국방·군사시설, 하천, 제방, 그 밖에 이에 준하는 국토보존시설의 설치
5. 국가유산의 보수·복원·이전, 매장유산의 발굴
6. 도로, 철도, 그 밖에 대통령령으로 정하는 공공시설의 설치

[1] **농업인 주택**
세대원이 장기간 독립된 주거생활을 영위할 수 있는 구조로 된 건축물(별장 또는 고급주택을 제외) 및 해당 건축물에 부속한 창고·축사 등 농업·임업·축산업 또는 어업을 영위하는 데 필요한 시설로서 그 부지의 총면적이 1세대당 660m^2 이하일 것. 다만, 다음의 어느 하나에 해당하는 사람을 고용하여 거주하게 할 목적인 경우에는 1천m^2 이하로 한다.
1. 내국인 근로자
2. 「출입국관리법」에 따라 취업활동을 할 수 있는 체류자격을 받은 외국인 근로자

(2) 농업보호구역

농업보호구역에서는 다음 외의 토지이용행위를 할 수 없다.

1. 농업진흥구역에서 허용되는 토지이용행위
2. 농업인 소득증대에 필요한 시설의 설치
   ① 관광농원사업으로 설치하는 시설: 부지면적 3만m^2 미만
   ② 주말농원사업으로 설치하는 시설: 부지면적 3천m^2 미만
   ③ 태양에너지 발전설비: 부지면적 1만m^2 미만
3. 농업인의 생활여건을 개선하기 위하여 필요한 시설의 설치
   ① 단독주택, 제1종 근린생활시설, 제2종 근린생활시설(일반음식점, 골프연습장, 단란주점, 안마시술소 등은 제외): 부지면적이 1천m^2 미만인 것
   ② 제1종 근린생활시설 중 공중화장실·대피소 및 통신용시설·양수장·정수장: 부지면적이 3천m^2 미만인 것

(3) 행위제한의 특례

① 한 필지의 토지가 농업진흥구역과 농업보호구역에 걸쳐 있으면서 농업진흥구역에 속하는 토지 부분이 330m² 이하이면 그 토지 부분에 대하여는 농업보호구역의 행위제한을 적용한다.

② 한 필지의 토지 일부가 농업진흥지역에 걸쳐 있으면서 농업진흥지역에 속하는 토지 부분의 면적이 330m² 이하이면 그 토지 부분에 대하여는 농업진흥지역의 행위제한을 적용하지 않는다.

(4) 농업진흥지역의 농지매수청구

> **TIP**
>
> **농지처분명령에 따른 매수청구**
> 공시지가(> 실거래가격) 기준

① **매수청구권자**: 농업진흥지역의 농지를 소유하고 있는 농업인 또는 농업법인은 한국농어촌공사에 그 농지의 매수를 청구할 수 있다.

② **매수가격**: 한국농어촌공사는 매수청구를 받으면 감정평가법인 등이 평가한 금액을 기준으로 해당 농지를 매수할 수 있다.

03 농지전용[1]의 제한

> [1] 농지전용이란 농지를 농작물의 경작이나 다년생식물의 재배 등 농업생산 또는 농지개량 외의 용도로 사용하는 것을 말한다.

(1) 농지전용허가

① **허가대상**: 농지를 전용하려는 자는 다음에 해당하는 경우 외에는 농림축산식품부장관의 허가(다른 법률에 따라 농지전용허가가 의제되는 협의를 포함)를 받아야 한다. 허가받은 농지의 면적 또는 경계 등 중요 사항(동일 필지 안에서 전용허가를 받은 농지의 위치를 변경하는 경우)을 변경하려는 경우에도 또한 같다.

---

1. 도시지역 또는 계획관리지역에 있는 농지로서 농지전용협의를 거친 농지나 협의대상에서 제외되는 농지를 전용하는 경우
2. 농지전용신고를 하고 농지를 전용하는 경우
3. 「산지관리법」에 따른 산지전용허가를 받지 않거나 산지전용신고를 하지 않고 불법으로 개간한 농지를 산림으로 복구하는 경우

---

② **허가권자**: 농림축산식품부장관은 농지전용에 대한 허가의 권한을 다음의 구분에 따라 시·도지사, 시장·군수 또는 구청장에게 위임한다.

구분	시장·군수 또는 구청장	시·도지사
농업진흥지역 안	3천m² 미만	3천m² 이상 3만m² 미만
농업진흥지역 밖	3만m² 미만	3만m² 이상 30만m² 미만 (계획관리지역과 자연녹지지역의 경우에는 3만m² 이상)

> **개념 PLUS | 농지전용허가권자**
>
> 시·군·구청장 ――― 시·도지사 ――― 농림축산식품부장관
>
> 농업진흥지역 안: 3천m² 이상   3만m² 미만
> 농업진흥지역 밖: 3만m² 이상   30만m² 미만

③ **허가의 취소 등**: 농림축산식품부장관, 시장·군수 또는 자치구구청장은 농지전용허가 또는 농지의 타용도 일시사용허가를 받았거나 농지전용신고, 농지의 타용도 일시사용신고 또는 농지개량행위의 신고를 한 자가 다음에 해당하면 허가를 취소하거나 관계 공사의 중지, 조업의 정지, 사업규모의 축소 또는 사업계획의 변경, 그 밖에 필요한 조치를 명할 수 있다. 다만, 7.에 해당하면 그 허가를 취소해야 한다.

1. 거짓이나 그 밖의 부정한 방법으로 허가를 받거나 신고한 것이 판명된 경우
2. 허가목적이나 허가조건을 위반하는 경우
3. 허가를 받지 않거나 신고하지 않고 사업계획 또는 사업규모를 변경하는 경우
4. 허가를 받거나 신고를 한 후 농지전용 목적사업과 관련된 사업계획의 변경 등 정당한 사유 없이 최초로 허가를 받거나 신고한 날부터 2년 이상 대지의 조성, 시설물의 설치 등 농지전용 목적사업에 착수하지 않거나 농지전용 목적사업에 착수한 후 1년 이상 공사를 중단한 경우
5. 농지보전부담금을 내지 않은 경우
6. 허가를 받은 자나 신고를 한 자가 허가취소를 신청하거나 신고를 철회하는 경우
7. 허가를 받은 자가 관계 공사의 중지 등 조치명령을 위반한 경우(필수적 취소 사유)

④ **용도변경의 승인**: 농지전용허가, 농지전용협의 또는 농지전용신고를 하고 농지전용목적사업에 사용되고 있거나 사용된 토지를 5년 이내에 다른 목적으로 사용하려는 경우에는 시장·군수 또는 자치구구청장의 승인을 받아야 한다.

TIP
필수적 취소
1. 건축허가: 2년 이내에 공사에 착수 ×
2. 농지전용허가: 조치명령을 위반

⚡**기출**
01 농지전용허가를 받은 자가 조업의 정지 등 ( )을 위반한 경우에 해당하면 그 허가를 취소해야 한다. 제24회

02 농지를 농업인 주택의 부지로 전용하려는 경우에는 ( )에게 농지전용신고를 해야 한다. 제29회

기출정답
01 조치명령
02 시장·군수 또는 자치구구청장

TIP
농지의 지목변경 제한 다음에 해당하는 경우 외에는 농지를 전·답·과수원 외의 지목으로 변경하지 못한다. 1. 농지전용허가를 받거나 농지전용협의를 거쳐 농지를 전용한 경우 2. 농지전용신고를 하고 농지를 전용한 경우 등

(2) 농지전용신고

① **신고대상**: 농지를 다음에 해당하는 시설의 부지로 전용하려는 자는 시장·군수 또는 자치구구청장에게 신고해야 한다. 신고한 사항을 변경하려는 경우에도 또한 같다.

> 1. 농업인 주택, 농축산업용 시설, 농수산물 유통·가공시설
> 2. 어린이놀이터·마을회관 등 농업인의 공동생활 편의시설
> 3. 농수산 관련 연구시설과 양어장·양식장 등 어업용 시설

② **농지전용신고대상 시설의 범위와 규모 등**

시설의 범위	설치자	규모
1. 농업진흥지역 밖에 설치하는 농업인 주택	무주택인 세대의 세대주	세대당 660m² 이하
2. 농업용 시설	농업인과 농업법인	• **농업인**: 세대당 1,500m² 이하 • **농업법인**: 법인당 7천m² (농업진흥지역 안의 경우에는 3,300m²) 이하
3. 농업진흥지역 밖에 설치하는 축산업용 시설	농업인과 농업법인	• **농업인**: 세대당 1,500m² 이하 • **농업법인**: 법인당 7천m² 이하
4. 농업진흥지역 밖에 설치하는 농수산물 유통·가공시설	• 농업인과 임·어업인 • 농업생산자단체, 영농조합법인 및 농업회사법인, 어촌계·수산업협동조합	• 세대당 3,300m² 이하 • 단체당 7천m² 이하
5. 농업진흥지역 밖에 설치하는 어린이놀이터, 마을회관 등 농업인의 공동생활시설	제한 없음	제한 없음

(3) 농지전용협의

주무부장관이나 지방자치단체의 장은 다음에 해당하면 농림축산식품부장관과 미리 농지전용에 관한 협의를 해야 한다.

> 1. 도시지역에 주거지역·상업지역 또는 공업지역을 지정하거나 도시지역에 도시·군계획시설을 결정할 때에 해당 지역 예정지 또는 시설 예정지에 농지가 포함되어 있는 경우
> 2. 계획관리지역에 지구단위계획구역을 지정할 때에 해당 구역 예정지에 농지가 포함되어 있는 경우
> 3. 녹지지역 및 개발제한구역의 농지에 대하여 개발행위를 허가하거나 토지의 형질변경허가를 하는 경우

TIP

농지전용협의를 마친 농지는 농지취득자격증명을 발급받지 않는다.

(4) 농지의 타용도 일시사용허가 [1]

농지를 다음에 해당하는 용도로 일시사용하려는 자는 일정 기간 사용한 후 농지로 복구한다는 조건으로 시장·군수 또는 자치구구청장의 허가를 받아야 한다.

일시사용허가대상	일시사용기간	연장기간
1. 건축허가 또는 건축신고대상이 아닌 간이 농수축산업용 시설과 농수산물의 간이 처리시설을 설치하는 경우	7년 이내	5년을 초과하지 않는 범위
2. 주(主)목적사업을 위하여 현장사무소나 부대시설을 설치하거나 물건을 적치(積置)·매설(埋設)하는 경우	주목적사업의 시행에 필요한 기간 이내	-
3. 토석과 광물을 채굴하는 경우	5년 이내	3년을 초과하지 않는 범위
4. 태양에너지 발전설비를 설치하는 경우	5년 이내	18년. 이 경우 1회 연장기간은 3년 초과 ×
5. 건축허가 또는 건축신고 대상이 아닌 작물재배사(고정식온실·버섯재배사 및 비닐하우스는 제외) 중 농업생산성 제고를 위하여 정보통신기술을 결합한 시설	7년 이내	9년. 이 경우 1회 연장기간은 3년 초과 ×

[1] **농지의 타용도 일시사용신고**

농지를 썰매장, 지역축제장 등으로 일시사용하려는 자는 6개월 이내로 사용한 후 원상복구하는 조건으로 시장·군수 또는 자치구구청장에게 신고해야 한다.

기출

01 「전기사업법」상 전기사업을 영위하기 위한 목적으로 설치하는 「신에너지 및 재생에너지 개발·이용·보급 촉진법」에 따른 태양에너지 발전설비는 농지의 타용도 일시사용( )대상이다. 제35회

기출정답

01 허가

(5) 농지개량행위의 신고

농지를 개량하려는 자 중 성토 또는 절토를 하려는 자는 시장·군수 또는 자치구구청장에게 신고해야 하며, 신고한 사항을 변경하려는 경우에도 또한 같다. 다만, 다음의 어느 하나에 해당하는 경우에는 그러하지 않다.

> 1. 「국토법」에 따라 개발행위의 허가를 받은 경우
> 2. 국가 또는 지방자치단체가 공익상의 필요에 따라 직접 시행하는 사업을 위하여 성토 또는 절토하는 경우
> 3. 재해복구나 재난수습에 필요한 응급조치를 위한 경우
> 4. 대통령령으로 정하는 경미한 행위인 경우❶

❶ 대통령령으로 정하는 경미한 행위
1. 면적(성토나 절토가 이루어지는 해당 필지의 총면적을 말한다) 1천 m^2 이하인 농지에 대한 성토나 절토
2. 높이(성토나 절토가 이루어지는 해당 필지에서 최근 1년간 성토나 절토한 높이나 깊이를 합산한 것을 말한다) 50cm 이내의 성토나 절토

⚡ **기출**
01 면적 (   )m^2 이하인 농지 또는 높이 (   )cm 이내의 성토는 농지개량행위의 신고를 하지 않아도 되는 경미한 행위이다. 제36회

TIP
농지의 타용도 일시사용허가를 받은 자는 농지보전부담금의 납부대상이 아니다.

04 농지보전부담금

(1) 납부의무자 등

① **납부의무자**: 다음에 해당하는 자는 농지보전부담금을 농지관리기금을 운용·관리하는 자에게 내야 한다.

> 1. 농지전용허가를 받는 자
> 2. 농지전용협의를 거친 지역 예정지, 시설 예정지 또는 구역 예정지에 있는 농지를 전용하려는 자
> 3. 농지전용협의를 거친 농지를 전용하려는 자
> 4. 농지전용신고를 하고 농지를 전용하려는 자

② **사전납부**: 농림축산식품부장관이나 시장·군수 또는 자치구구청장은 농지전용의 허가 또는 농지전용의 신고수리를 하려는 때에는 농지보전부담금의 전부 또는 일부를 미리 납부하게 해야 한다.

③ **부과금액**: 농지보전부담금의 부과금액은 부과기준일 현재 m^2당 금액(해당 농지의 개별공시지가의 농업진흥지역의 농지는 100분의 30, 농업진흥지역 밖의 농지는 100분의 20)에 전용하는 농지의 면적을 곱하여 산출한 금액으로 한다.

(2) 납부기한 등

① **납부기한**: 농지보전부담금의 납부기한은 납부통지서 발행일부터 농지전용허가 또는 농지전용신고 전까지로 한다.

기출정답
01 1천, 50

② **가산금**: 농림축산식품부장관은 농지보전부담금을 내야 하는 자가 납부기한까지 내지 않은 경우에는 납부기한이 지난 날부터 체납된 부담금의 100분의 3에 상당하는 금액을 가산금으로 부과한다.

③ **중가산금**: 농림축산식품부장관은 농지보전부담금을 체납한 자가 체납된 부담금을 납부하지 않은 때에는 납부기한이 지난 날부터 1개월이 지날 때마다 체납된 부담금의 1,000분의 12에 상당하는 가산금(중가산금)을 가산금에 더하여 부과하되, 체납된 부담금이 100만원 미만인 경우는 중가산금을 부과하지 않는다. 이 경우 중가산금을 가산하여 징수하는 기간은 60개월을 초과하지 못한다.

(3) 환급 및 감면

① **환급**: 농지관리기금을 운용·관리하는 자는 다음에 해당하는 경우 그에 해당하는 농지보전부담금을 환급해야 한다.

> 1. 농지보전부담금을 낸 자의 허가가 취소되거나 사업계획이 변경된 경우
> 2. 농지보전부담금을 납부하고 허가를 받지 못한 경우
> 3. 그 밖에 전용하려는 농지의 면적이 당초보다 줄어든 경우 등

② **감면**: 농림축산식품부장관은 다음에 해당하면 농지보전부담금을 감면할 수 있다.

> 1. 국가나 지방자치단체가 공용 목적이나 공공용 목적으로 농지를 전용하는 경우
> 2. 중요 산업시설을 설치하기 위하여 농지를 전용하는 경우
> 3. 농지전용신고대상인 시설을 설치하기 위하여 농지를 전용하는 경우

05 농지관리기본방침 등

(1) 농지관리 기본방침의 수립

① 농림축산식품부장관은 10년마다 농지의 관리에 관한 기본방침(이하 '기본방침')을 수립·시행해야 하며, 필요한 경우 5년마다 그 내용을 재검토하여 정비할 수 있다.

② 농림축산식품부장관은 기본방침을 수립하거나 변경하려면 미리 지방자치단체의 장의 의견을 수렴하고 관계 중앙행정기관의 장과 협의한 후 농지관리위원회의 심의를 거쳐야 한다. 다만, 대통령령으로 정하는 경미한 사항을 변경하는 경우에는 그러하지 않다.

⚡기출

01 농림축산식품부장관은 농지보전부담금을 내야 하는 자가 납부기한까지 내지 아니한 경우에는 납부기한이 지난 날부터 체납된 부담금의 100분의 ( )에 상당하는 금액을 가산금으로 부과한다.
제22회

TIP

강제징수
농림축산식품부장관은 농지보전부담금을 내야 하는 자가 독촉장을 받고 지정된 기한까지 부담금과 가산금 및 중가산금을 내지 않으면 국세 또는 지방세 체납처분의 예에 따라 징수할 수 있다.

1
농림축산식품부장관은 기본방침을 수립·변경한 경우에는 관보 및 농림축산식품부의 인터넷 홈페이지에 그 내용을 공고하고, 관계 중앙행정기관의 장 및 지방자치단체의 장에게 통보해야 한다.

기출정답
01 3

(2) 농지 관리 기본계획 및 실천계획의 수립

① **기본계획:** 시·도지사는 기본방침에 따라 관할 구역의 농지의 관리에 관한 기본계획(이하 '기본계획')을 10년마다 수립하여 농림축산식품부장관의 승인을 받아 시행하고, 필요한 경우 5년마다 그 내용을 재검토하여 정비할 수 있다. 기본계획 중 대통령령으로 정하는 중요한 사항을 변경할 때에도 또한 같다.

② **실천계획:** 시장·군수 또는 자치구구청장(관할 구역에 농지가 없는 자치구구청장은 제외)은 기본계획에 따라 관할 구역의 농지의 관리에 관한 세부 실천계획(이하 '실천계획')을 5년마다 수립하여 시·도지사의 승인을 받아 시행해야 한다. 실천계획 중 대통령령으로 정하는 중요한 사항을 변경할 때에도 또한 같다.

③ 시·도지사가 기본계획을 수립 또는 변경하려면 미리 관계 시장·군수 또는 자치구구청장과 전문가 등의 의견을 수렴하고 해당 지방의회의 의견을 들어야 한다. 다만, 대통령령으로 정하는 경미한 사항을 변경하는 경우에는 그러하지 않다.

④ 시장·군수 또는 자치구구청장이 실천계획을 수립 또는 변경하려면 대통령령으로 정하는 바에 따라 미리 주민과 관계 전문가 등의 의견을 수렴하고 해당 지방의회의 의견을 들어야 한다. 다만, 대통령령으로 정하는 경미한 사항을 변경하는 경우에는 그러하지 않다.

⑤ 시·도지사, 시장·군수 또는 자치구구청장은 기본계획 또는 실천계획의 수립 또는 변경에 대한 승인을 받으면 대통령령으로 정하는 바에 따라 그 내용을 공고한 후 일반인이 열람할 수 있도록 해야 한다.

TIP
기본계획 및 실천계획에는 다음의 사항이 포함되어야 한다.
1. 관할 구역의 농지 관리에 관한 시책의 방향
2. 관할 구역의 농지 면적 현황 및 장래예측
3. 관할 구역별로 관리해야 하는 농지의 목표면적
4. 관할 구역 내 농업진흥지역 지정 및 관리
5. 관할 구역 내 농업진흥지역으로 지정하는 것이 타당한 지역의 위치 및 규모
6. 관할 구역의 농지의 전용 등으로 인한 농지면적 감소의 방지에 관한 사항 등

1 공청회
시장·군수 또는 자치구구청장은 주민과 관계 전문가 등의 의견을 수렴하기 위하여 공청회를 개최해야 한다. 이 경우 공청회 개최예정일 14일 전까지 다음의 사항을 해당 지방자치단체의 공보 또는 인터넷 홈페이지에 공고하고 일반인이 이를 열람할 수 있도록 해야 한다.
1. 공청회의 개최 목적
2. 공청회의 개최예정 일시 및 장소
3. 실천계획 또는 기본계획의 개요

06 농지대장

① **작성·비치**: 시·구·읍·면의 장은 농지소유 실태와 농지이용 실태를 파악하여 이를 효율적으로 이용하고 관리하기 위해 농지대장(農地臺帳)을 작성하여 갖추어 두어야 한다.

② **포함**: 농지대장은 모든 농지에 대해 필지별로 작성한다. 이 경우 농지대장에는 농지의 소재지·지번·지목·면적·소유자·임대차 정보·농업진흥지역 여부 등을 포함해야 한다.

③ **변경**: 농지소유자 또는 임차인은 다음의 사유가 발생하는 경우 그 변경사유가 발생한 날부터 60일 이내에 시·구·읍·면의 장에게 농지대장의 변경을 신청해야 한다.

> 1. 농지의 임대차계약과 사용대차계약이 체결·변경 또는 해제되는 경우
> 2. 토지의 개량시설과 농축산물 생산시설을 설치하는 경우 등

TIP

농지대장의 보존
시·구·읍·면장은 관할 구역 안에 있는 농지가 농지전용허가 등의 사유로 농지에 해당하지 않게 된 경우에는 그 농지대장을 따로 편철하여 10년간 보존해야 한다.

기출

01 농지대장은 (   ) 농지에 대해 필지별로 작성한다. 제33회

기출정답
01 모든

MEMO

해커스 공인중개사 한종민 핵심요약집

2차 부동산공법

개정3판 1쇄 발행	2026년 1월 5일

지은이	한종민
펴낸곳	해커스패스
펴낸이	해커스 공인중개사 출판팀
주소	서울시 강남구 강남대로 428 해커스 공인중개사
고객센터	1588-2332
교재 관련 문의	land@pass.com
	해커스 공인중개사 사이트(land.Hackers.com) 1:1 무료상담
	카카오톡 채널 [해커스 공인중개사]
학원 강의 및 동영상강의	land.Hackers.com
ISBN	979-11-7404-665-9 (13360)
Serial Number	03-01-01

저작권자 ⓒ 2026, 한종민
이 책의 모든 내용, 이미지, 디자인, 편집 형태는 저작권법에 의해 보호받고 있습니다.
서면에 의한 저자와 출판사의 허락 없이 내용의 일부 혹은 전부를 인용, 발췌하거나, 복제, 배포할 수 없습니다.

공인중개사 시험 전문,
해커스 공인중개사 land.Hackers.com

해커스 공인중개사

- 해커스 공인중개사학원 및 동영상강의
- 해커스 공인중개사 온라인 전국 실전모의고사
- 해커스 공인중개사 무료 학습자료 및 필수 합격정보 제공

해커스 공인중개사

공인중개사 1위 해커스
한경비즈니스 2024 한국브랜드만족지수 교육(온·오프라인 공인중개사 학원) 1위

해커스 공인중개사
100% 환급 평생수강반

* 교재비 환급대상 제외, 제세공과금 본인부담
* 상품페이지 이용안내 필수 확인

합격할 때까지 평생 무제한 수강

* 매년 응시확인서 제출 필요

전과목 최신교재 21권 제공

2026대비 3대 유료특강 제공

온가족 5명 줄줄이 합격!

해커스 합격생 정*진 님

15세 중학생 역대 최연소 합격!

해커스 합격생 문*호 님

70대 어르신도 해커스로 합격!

해커스 합격생 김*호 님

지금 등록 시 **최대할인 쿠폰지급**

지금 바로 수강신청 ▶

* 상품 구성 및 혜택은 추후 변동 가능성 있습니다. 상품에 대한 자세한 정보는 이벤트페이지에서 확인하실 수 있습니다. * 상품페이지 내 유의사항 필수 확인

1588-2332 land.Hackers.com